Bertelsmann Stiftung (Hrsg.)

Wegweiser Demographischer Wandel 2020

Analysen und Handlungskonzepte für Städte und Gemeinden

| Verlag Bertelsmann Stiftung

Bibliografische Information der Deutschen Bibliothek

Die Deutsche Bibliothek verzeichnet diese Publikation in der
Deutschen Nationalbibliografie; detaillierte bibliografische Daten
sind im Internet unter http://dnb.ddb.de abrufbar.

© 2006 Verlag Bertelsmann Stiftung, Gütersloh
Verantwortlich: Kerstin Schmidt
Lektorat: Heike Herrberg
Herstellung: Christiane Raffel
Karten: Lutum + Tappert, Bonn
Umschlaggestaltung und Layout: Nicole Meyerholz, Bielefeld
Umschlagabbildung: Veit Mette, Bielefeld
Satz und Druck: Hans Kock Buch- und Offsetdruck GmbH, Bielefeld
ISBN-10: 3-89204-875-4
ISBN-13: 978-3-89204-875-6

www.bertelsmann-stiftung.de/verlag

Inhalt

1. Einführung
Kommunen und Regionen im Wettbewerb – Perspektive und Konsequenz

Johannes Meier, Andreas Esche

Gemeinden, Städte, Kreise und Regionen Deutschlands werden sich durch die demographischen Entwicklungen von Grund auf wandeln. Die Veränderungen betreffen alle kommunalen Bereiche, die wir mit Lebensqualität und Zukunftsfähigkeit verbinden: Schulen, Regional- und Stadtplanung, Wohnungsmarkt, Wirtschaftsentwicklung, das Zusammenleben untereinander und die Entwicklung der kommunalen Finanzen.

Die demographischen Fakten akzeptieren

In den letzten 15 Jahren haben die neuen Bundesländer einen Bevölkerungsschwund bislang nicht gekannten Ausmaßes erlebt: Zwei Millionen Menschen haben seit der Wende den Osten Deutschlands verlassen. Auch für die Zukunft wird eine Abwanderung auf hohem Niveau vorausgesagt. Mit dem Fortzug gut ausgebildeter und mobiler Personengruppen gehen Zukunftspotenziale verloren – natürliches Bevölkerungswachstum genauso wie Wirtschaftswachstum.

Diese vom Osten ausgehende Entwicklung erfasst aber auch strukturschwache und ländliche Regionen im Westen. Im Saarland, in Süd-Niedersachsen, im Ruhrgebiet, in Nord-Bayern und dem Norden von Schleswig-Holstein ist der demographische Wandel bereits heute auf kommunaler Ebene stark zu spüren.

Um die Realitäten zu analysieren, ist eine Betrachtung der Bevölkerungsentwicklung im Durchschnitt aller Kommunen nicht ausreichend. Infolge der Binnenwanderung werden beispielsweise auch in den nächsten Jahrzehnten die Einwohnerzahlen gerade der Metropolregionen weiter wachsen, während Kommunen in strukturschwachen und ländlichen Räumen dramatisch schrumpfen.

Darüber hinaus sind vor allem die Veränderungen innerhalb der Bevölkerungsstruktur zu betrachten. So nimmt der Anteil der Älteren in den Kommunen zu, der Anteil der Kinder sinkt, und zugleich wachsen viele Kinder in sozial schwierigen Verhältnissen auf.

Zukunft neu denken – Prioritäten setzen

Angesichts dieser Entwicklungen fordert der demographische Wandel die Kommunen heraus, ihre Zukunft neu zu denken. Denn Städte, Gemeinden und Kreise stehen vor grundsätzlichen Herausforderungen, die sowohl die strategische Positionierung im Wettbewerb der Regionen betrifft, ihre wirtschaftliche und städtebauliche Entwicklung als auch die Neuausrichtung der Infrastruktur.

Wenn sich Kommunen im Wettbewerb untereinander, aber auch im Sinne der eigenen Zukunftsfähigkeit etablieren wollen, müssen sie mit wirtschaftlich tragfähigen, sozialen und kulturellen Differenzierungen neue Wege finden und klare Prioritäten setzen. Letztendlich geht es darum, die Attraktivität im Wettbewerb um Einwohner und Betriebe zu erhöhen und die Infrastruktur anzupassen, aber auch langfristig die Lebensqualität in den Kommunen weiterzuentwickeln. Zukunftsrobuste und demographiesensible Ziele und Strategien sind notwendige Voraussetzung für eine Gestaltungsaufgabe, die ähnlich der einer Unternehmenssanierung ist. Am schwierigsten ist diese Aufgabe in Kommunen, die sich sowohl auf Alterung als auch Reduzierung der Zahl ihrer Einwohner einstellen müssen.

Die Entwicklung glaubwürdiger Perspektiven wird damit zu einer der wichtigsten Aufgaben kommunaler Politik. Dass dies möglich ist, zeigen viele positive Beispiele von Kommunen, die durch intelligente Wege ihre Handlungsspielräume erweitern konnten und sich auf zukünftige Entwicklungen erfolgreich vorbereiten.

Neu positionieren und Kirchturmdenken überwinden

Die vordringlichste Aufgabe einer strategischen Neuausrichtung ist es, umfassend und rechtzeitig auf die veränderte Situation zu reagieren, denn die Folgen des demographischen Wandels für einzelne Wohnstandorte, die Infrastruktur, die Wirtschaft und den Arbeitsmarkt sind für die meisten Kommunen und Regionen das Thema Nr. 1 der Zukunft. Dabei spielen gerade im Standortwettbewerb neben den harten Faktoren, wie Lage, Verfügbarkeit qualifizierter Arbeitskräfte und Verkehrsanbindung, auch zunehmend weiche Faktoren, wie das Image des Standortes, das Bildungsangebot und die Lebensqualität, eine entscheidende Rolle.

Zu einer aktiven Gestaltung des demographischen Wandels gehört es dabei auch, intensiv mit lokalen und regionalen Akteuren zu kooperieren und das eigene Kirchturmdenken zu überwinden. Kommunale Entscheider in Politik und Verwaltung sind aufgefordert, angemessen und zeitnah zu agieren und ihre Politik langfristig auszurichten.

Demographietypen geben Orientierung

Angesichts dieser Herausforderungen müssen im ersten Schritt die konkreten und absehbaren Entwicklungen vor Ort realistisch bewertet werden. Denn nur auf der Basis fundierter Analysen können Entwicklungen erkannt und notwendige Weichenstellungen vorgenommen werden.

Um diese Prozesse zu unterstützen, hat die Bertelsmann Stiftung den »Wegweiser Demographischer Wandel« entwickelt. Er soll Kommunen bei der Gestaltung des demographischen Wandels vor Ort helfen und erste Handlungsbedarfe und -optionen aufzeigen. Er richtet sich an alle Kommunen mit mehr als 5000 Einwohnern – fast 3000 Städte und Gemeinden, in denen 85 Prozent der Bevölkerung Deutschlands leben. Der Wegweiser
- ist ein Frühwarn- und Informationssystem für kommunale Entscheider und Bürger,
- basiert auf 52 Indikatoren, die im Internet zur Verfügung gestellt werden,
- unterstützt mit individuellen Demographieberichten die Arbeit in Ausschüssen und Veranstaltungen und

- beinhaltet differenzierte Handlungsempfehlungen für 15 Demographietypen in ganz Deutschland.

Die Demographietypen wurden mit Hilfe einer Clusteranalyse über alle untersuchten Kommunen identifiziert und stellen den Kern des Wegweisers dar: Sechs Typen bilden die Gruppe der Großstädte mit mehr als 100 000 Einwohnern, neun Typen alle Städte und Gemeinden zwischen 5000 und 100 000 Einwohnern.

Aktiv werden auf lokaler Ebene

Wer sich für eine aktive Gestaltung des demographischen Wandels auf kommunaler Ebene einsetzen will, muss bedenken, dass es keine Patentrezepte gibt, die überall gleichermaßen Erfolg versprechen können. Vielmehr ist es notwendig, die für unterschiedliche Demographietypen entwickelten Maßnahmenbündel den Bedingungen vor Ort entsprechend zu interpretieren und zu konkretisieren.

Gleichwertigkeit der Lebensverhältnisse neu interpretieren

Aus den Daten des Wegweisers lassen sich die großen regionalen und kommunalen Unterschiede in Bezug auf die Auswirkungen des demographischen Wandels und die damit verbundenen Veränderungen der Bevölkerungsstruktur ablesen. Diese Unterschiede werfen auch die Frage auf, ob und ggf. in welcher Form das Leitbild von der Gleichwertigkeit der Lebensverhältnisse Gültigkeit besitzt. Müssen wir dieses Leitbild neu interpretieren? Braucht es eine offene Diskussion über Mindeststandards, die beispielsweise in benachteiligten Räumen garantiert werden müssen? Wie kann der demographische Wandel dazu veranlassen, über neue Formen des Zusammenlebens nachzudenken und Lebensqualität neu zu schaffen?

Mit dem »Wegweiser Demographischer Wandel« und der vorliegenden Publikation möchten wir die Diskussion über diese und viele andere Fragen anregen. Die detaillierten Daten und Handlungskonzepte zu Ihrer Kommune finden Sie im Internet unter www.aktion2050.de/wegweiser.

Städte und Gemeinden gestalten den demographischen Wandel

Kerstin Schmidt, Carsten Große Starmann

Die Kommunen sind der Ort, wo der demographische Wandel unmittelbar erlebt wird – die Entwicklung der Städte und Gemeinden ist dabei höchst individuell. Zwar gibt es eindeutige regionale Trends, aber auch hier liegen Wachstum und Schrumpfung oft nah beieinander.

Für eine Stadtgesellschaft ist der demographische Wandel konkret spürbar:

In vielen Städten und Gemeinden lässt sich der Rückgang der Kinderzahlen an der Zusammenlegung oder Schließung von Schulen und Kindergärten ablesen. Vor allem in Ostdeutschland gleichen manche innerstädtischen Viertel bereits Geisterstädten, Stadtumbaumaßnahmen laufen in den neuen Bundesländern auf Hochtouren. In ehemals blühenden Städten wie Schwedt oder Guben stehen heute zehntausende Wohnungen leer.

Doch auch ganze Landstriche entleeren sich. »Zurück zur Natur« erhält hier eine ganz eigene Bedeutung, wenn etwa in Hoyerswerda in ehemaligen Wohnsiedlungen Naturschutzgebiete angelegt und zu Naherholungsgebieten umfunktioniert werden.

Viele Kommunen stellen sich bereits auf eine immer älter werdende Bevölkerung ein. So befasst sich beispielsweise die Stadtpolitik von Bad Sassendorf in Nordrhein-Westfalen ganz intensiv mit dem Ausbau einer seniorengerechten Infrastruktur. Einige attraktiv gelegene Kommunen in Bayern gewinnen als Altersruhesitz mehr und mehr an Bedeutung und richten ihr Handeln an dieser Entwicklung aus. Die Stadt Duisburg im Ruhrgebiet entwickelt Konzepte, um sich baulich, planerisch und sozial auf eine schrumpfende Bevölkerungszahl einzustellen. Hier wurde die Abkehr vom Wachstumsparadigma bereits vollzogen, als Chance zur Neuausrichtung verstanden oder als notwendige Reaktion auf eine nicht aufzuhaltende Entwicklung.

Das soziale Bild der Kommunen ändert sich

Die demographischen Entwicklungen in Deutschland und vor allem in den Kommunen gehen einher mit tief greifenden wirtschaftlichen, sozialen und gesellschaftlichen Veränderungen. Die Pluralität von Lebensstilen, Individualisierungstendenzen, die wachsende Anzahl (junger und alter) Alleinlebender und die infolge von Arbeitslosigkeit zunehmende Armut führen zu einer Auflösung traditioneller Strukturen. Zudem haben die Suburbanisierungsprozesse der letzten drei Jahrzehnte zu einer regionalen Umverteilung der Bevölkerung nach Lebenslagen und nach Lebensformen (z. B. Menschen mit Kindern bzw. ohne Kinder) geführt.

Diese Entwicklungstrends machen es erforderlich, das Zusammenleben der Bevölkerungsgruppen neu zu organisieren und die Potenziale der Stadtgesellschaft aktiv zu nutzen.

Die wachsende Komplexität dieser Herausforderungen stellt immer höhere Anforderungen an die handelnden Personen vor Ort. Auch für die kommunale Ebene gilt: Entwicklungstendenzen müssen frühzeitig erkannt, beleuchtet und durchdacht werden, um sie langfristigen und nachhaltigen Lösungen zuzuführen – in der Regel bei knappen Haushaltsmitteln. Die demographischen Herausforderungen sind dabei im Licht der gesamtgesellschaftlichen Veränderungen zu betrachten.

Zielorientierte Strategien sind gefragt

Die Liste der Städte, die sich schon heute aktiv um die Gestaltung des demographischen Wandels kümmern, wird zwar länger, doch bei vielen Bürgermeistern, Landräten und Kommunalpolitikern herrscht immer noch große Unsicherheit, wie vor Ort mit dem Thema umgegangen werden soll. Dies betrifft vor allem inhaltliche Fragen in den zentralen Politikfeldern (»Welche Themen werden mit welcher Priorität bearbeitet?«). Aber auch Fragen der Prozessgestaltung sind von großer Bedeutung (»Wer wird wie eingebunden?«).

Besonders schwierig gestaltet sich in der kommunalen Praxis die notwendige Prioritätenbildung, denn die defizitären kommunalen Haushalte setzen enge Grenzen. Die Gestaltung des demographischen Wandels wird für Politik und Verwaltung in den Kommunen damit zu einer strategischen Daueraufgabe. Dabei stellen sich z.B. folgende Fragen:

- Wie werden wir in unseren Städten und Gemeinden mit immer weniger Kindern und immer mehr älteren Menschen leben?
- Welche Konsequenzen ergeben sich aus dem demographischen Wandel für die Wohnraumversorgung, den Finanzhaushalt, für Fragen des Städtebaus oder die Planung neuer Einzelhandelsprojekte?
- Welche Strategien und Konzepte müssen in zentralen kommunalen Politikfeldern wie Integration, Bildung, Kinder- und Familienfreundlichkeit oder Seniorenpolitik entwickelt und umgesetzt werden?
- Welche Handlungsfelder haben für die Kommune die höchste Priorität, und was muss ganz konkret getan werden?
- Wie können die Ideen und Potenziale der Bürgerinnen und Bürger in die Entwicklung stadtspezifischer Entwicklungskonzepte eingebracht werden?

Fünf zentrale Handlungsfelder für Kommunen

Aus Sicht der Bertelsmann Stiftung müssen in den folgenden fünf Handlungsfeldern vorausschauende und langfristig orientierte Strategien etabliert werden:

1. Zukunftsorientierte Seniorenpolitik

Jede Kommune in Deutschland wird vom Alterungsprozess der Gesellschaft betroffen sein. Eine zukunftsorientierte kommunale Seniorenpolitik ist daher als zentrale kommunale Querschnittsaufgabe anzusehen, die von der Bau- und Verkehrsplanung bis zu Bildungs- und Gesundheitsthemen reicht. Die Aktivierung der Potenziale älterer Menschen steht dabei besonders im Fokus.

2. Kinder- und familienfreundliche Politik

Das Thema Kinder- und Familienfreundlichkeit wird für Kommunen mehr und mehr zum Standortfaktor. Eine kinder- und familienfreundliche Kommune bedeutet weit mehr, als die Kinderbetreuung zu verbessern. Es kommt auf ein klares Bekenntnis zur Zielgruppe an und erfordert, ein umfassendes und integriertes Angebot zu realisieren.

3. Ausbalanciertes Infrastrukturmanagement

Die Bevölkerungsstruktur in den Kommunen verändert sich. Eine zielgruppenorientierte Infrastrukturausstattung wird damit zum entscheidenden Faktor für ihre Tragfähigkeit insgesamt, aber auch für die Attraktivität der Kommune. Art und Umfang von neu zu schaffenden, zu erhaltenden oder anzupassenden Einrichtungen müssen genau analysiert und auf die regionale Situation ausgerichtet werden. Regionale Kooperationen sind frühzeitig mitzudenken und zu realisieren.

4. Urbanität und Flächenentwicklung

Alle Kommunen haben im demographischen Wandel die zentrale Aufgabe, ihre Flächenentwicklung aktiv zu steuern. Hier gilt es, dem Grundsatz »Innenentwicklung geht vor Außenentwicklung« zu folgen. Konkret bedeutet das eine Begrenzung der Siedlungsentwicklung außerhalb der Zentren und Investitionen in Erhalt und Ausbau der urbanen Zentren. So werden lebenswerte und lebendige Quartiere zu Standortfaktoren für die Städte und Gemeinden.

5. Sozialer Segregation entgegenwirken und aktive Integrationspolitik betreiben

Segregation und Integration gehören insbesondere in den Großstädten, aber auch in vielen kleineren Städten zu den wichtigsten kommunalen Handlungsfeldern. Hier geht es prioritär darum, eine sozial stabile und integrative Stadtteilpolitik zu etablieren und im Sinne ganzheitlicher Ansätze neu auszurichten.

Die Publikation im Überblick

Die vorliegende Publikation ermöglicht in Kombination mit dem »Online-Wegweiser Demographischer Wandel« (www.aktion2050.de/wegweiser) einen fundierten Einstieg in die lokal zu führenden Diskussionen. Angesichts der weit reichenden Folgen des demographischen Wandels sind gerade Kommunen aufgefordert, individuell passende Handlungsstrategien und konkrete Gestaltungslösungen zu entwickeln.

In Fortführung der Broschüre »Demographie konkret« erwarten die Leserinnen und Leser im »Wegweiser Demographischer Wandel« Analysen zur zukünftigen Entwicklung der Kommunen. Im Mittelpunkt steht eine Clusteranalyse, die auf Basis von acht Indikatoren 15 Demographietypen ermittelt hat. Für diese Typen wurden in Zusammenarbeit mit Fachleuten aus der kommunalen Praxis und Wissenschaft differenzierte Handlungsstrategien entwickelt, die in den Kommunen in konkrete Umsetzungskonzepte einfließen müssen.

Unser Wunsch ist es, dass jede Kommune sich von dem reichhaltigen Angebot inspirieren lässt, die vorliegenden Analysen mit den eigenen in Zusammenhang bringt, in neue Diskussionen einsteigt – und aus dem Knäuel von Handlungsansätzen den für die eigene Kommune passenden Handlungsfaden spinnt.

Im folgenden Kapitel wird zunächst der Blick auf die Entwicklung der Bevölkerung bis zum Jahr 2020 gerichtet. Dort finden sich die wichtigsten Ergebnisse der kleinräumigen Bevölkerungsprognose für alle Kommunen Deutschlands mit mehr als 5000 Einwohnern.

Im Anschluss folgen die Ergebnisse der Typisierung dieser Städte und Gemeinden auf der Basis von acht Indikatoren. Hier werden auch die zentralen Herausforderun-

gen für die kommunalen Demographietypen beschrieben und erste Handlungsansätze aufgezeigt, die detailliert im Online-Portal des Wegweisers nachzulesen sind.

Im darauf folgenden Kapitel haben Expertinnen und Experten aus Wissenschaft und Praxis für die zentralen kommunalen Handlungsfelder Empfehlungen erarbeitet, die bei der Gestaltung der Folgen des demographischen Wandels besondere Bedeutung haben.

Abschließend werden Anregungen zur Gestaltung der Prozesse vor Ort gegeben und mit einem Beispiel aus der kommunalen Praxis verknüpft.

Gute Strategien gibt es viele. Entscheidend für den Erfolg einer Kommune ist die konkrete Umsetzung vor Ort. Daran werden die Akteure gemessen werden – heute und vor allem von den nachfolgenden Generationen.

2. Demographische Entwicklung der Kommunen im Jahr 2020

Der »Wegweiser Demographischer Wandel«

In ländlichen Räumen, städtischen Gebieten und europäischen Metropolregionen müssen kommunale Entscheider maßgeschneiderte Konzepte für die Gestaltung des demographischen Wandels entwickeln. Das erfordert eine fundierte Analyse der Ausgangssituation in der Kommune und eine genaue Identifizierung der Herausforderungen und wichtigsten Handlungsfelder.

Für zukünftige Entwicklungsstrategien sind sowohl Kenntnisse über Struktur und Entwicklung der Bevölkerung als auch über die wirtschaftliche und soziale Situation notwendig. Diesen Entwicklungsprozess frühzeitig zu erkennen und in langfristig tragfähige Konzepte zu übertragen – unabhängig von kurzfristigen Wahlperioden – ist ein wichtiger Erfolgsfaktor.

Vor diesem Hintergrund hat die Bertelsmann Stiftung den »Wegweiser Demographischer Wandel« für Kommunen entwickelt. Er ist ein Frühwarn- und Informationssystem für alle Kommunen mit mehr als 5000 Einwohnern, das heißt 2959 Kommunen deutschlandweit. Der Wegweiser beinhaltet folgende Bausteine:

Abb. 1: Wegweiser Demographischer Wandel – Bausteine im Überblick

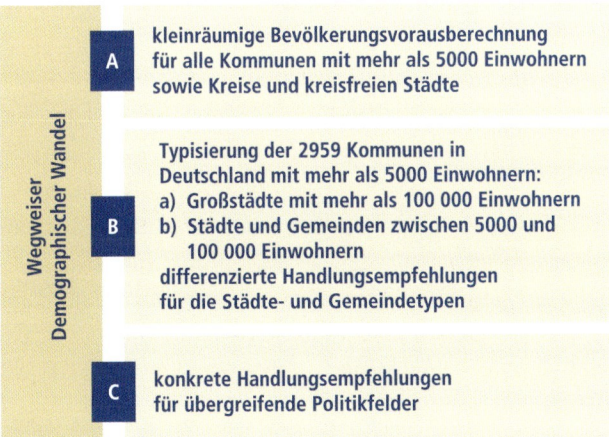

Der Wegweiser ist damit die bislang umfassendste flächendeckende Analyse für die Städte und Gemeinden in Deutschland.

Die kleinräumige Bevölkerungsprognose

Im folgenden Kapitel werden die Ergebnisse der kleinräumigen Bevölkerungsvorausberechnung für alle Städte und Gemeinden mit mehr als 5000 Einwohnern für die Jahre 2003 bis 2020 dargestellt, differenziert nach Altersgruppen. In die Vorausberechnung fließen die Daten aller Bundesländer und der jeweils zugehörigen Kommunen ein. Berücksichtigt wird die Entwicklung aus vier Basisjahren (2000–2003); diese wurden unter Status-quo-Bedingungen gleichermaßen in die Zukunft projiziert. Die Annahmen für die Bevölkerungsvorausberechnung sind für alle Bundesländer einheitlich.

Typisierung der 2959 Kommunen

Die Neuheit des Wegweisers Demographischer Wandel ist die Typisierung der Städte und Gemeinden mit mehr als 5000 Einwohnern in Deutschland. Diese basiert auf acht Indikatoren. Mit der Typisierung wurde der Versuch unternommen, alle 2959 Kommunen so genannten Demographietypen zuzuordnen. Im Ergebnis wurden 15 Typen ermittelt, die sich auf zwei Gruppen verteilen: Großstädte mit mehr als 100 000 Einwohnern sowie Städte und Gemeinden zwischen 5000 und 100 000 Einwohnern.

Handlungsstrategien

Die Typisierung zielt darauf ab, differenzierte Handlungsstrategien für die Gestaltung des demographischen Wandels zu entwickeln. Diese große Herausforderung wurde in einem interdisziplinären Team, im ständigen Dialog mit Wissenschaftlern und mit Kenntnis bereits vorliegender Typisierungen bewältigt. Diese werden ab Seite 24 vorgestellt.

Ein Klick reicht aus: www.aktion2050.de/wegweiser

Das Herzstück des Wegweisers Demographischer Wandel ist der Online-Wegweiser. Dieser ist im Internet unter *www.aktion2050.de/wegweiser* zu finden. Hier können alle Kommunen, interessierte Bürgerinnen, Bürger und Fachleute die Ergebnisse der Bevölkerungsvorausberechnung und der Typisierung sowie die Handlungsempfehlungen abrufen. Bei Eingabe des Ortsnamens (und bis zu fünf Vergleichskommunen) erscheinen alle relevanten Daten auf

Abb. 2: Startseite des Online-Wegweisers

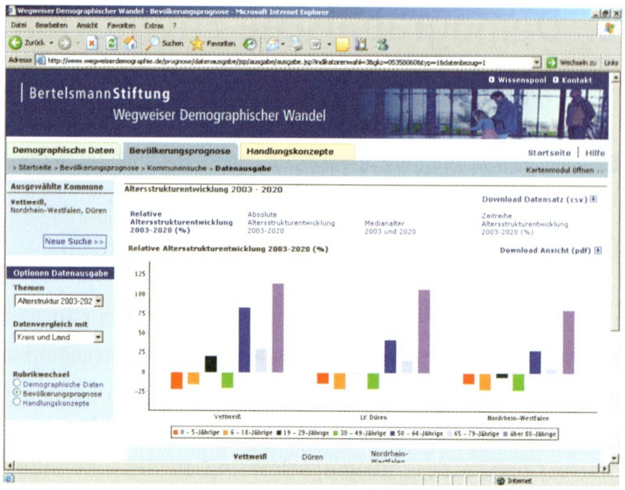

Abb. 3: Prognosedaten im Online-Wegweiser

dem Bildschirm und können in Entscheidungsvorlagen, Demographieberichte usw. eingearbeitet werden.

Handlungsempfehlungen für jeden Demographietyp

In der vorliegenden Publikation wie auch im Internet sind jedem Demographie- und Strukturtyp Handlungsempfehlungen zugeordnet, die im Internet ausführlich dargestellt werden. Diese spezifischen Handlungsempfehlungen werden ergänzt durch Empfehlungen für übergreifende Politikfelder, die aus Sicht der Bertelsmann Stiftung im Zusammenhang mit dem demographischen Wandel relevant sind.

Das Team des Wegweisers

Das Wegweiser-Projekt wurde unter Federführung der Bertelsmann Stiftung von einem interdisziplinären Team aus Wissenschaft und Praxis realisiert. Bei der Bertelsmann Stiftung wurde der Wegweiser Demographischer Wandel von Jens Gebert, Carsten Große Starmann und Kerstin Schmidt konzipiert und umgesetzt.

An der Entwicklung und Interpretation der Typisierung waren beteiligt: Katrin Fahrenkrug, Institut Raum & Energie, Wedel/Hamburg; Carsten Große Starmann; Anja Mareczek, GPA NRW Herne; Ingo Neumann, Leibniz-Institut für ökologische Raumentwicklung (IöR), Dresden; Thomas Schleifnecker, Institut für Entwicklungsplanung und Strukturforschung GmbH an der Universität Hannover (ies); Kerstin Schmidt; Thorsten Wiechmann, IöR Dresden; Ruth Rohr-Zänker, ies Hannover.

Alle Berechnungen, die der Clusterung zugrunde liegen, hat Bernd Behrensdorf vom ies in Hannover vorgenommen. Die Bevölkerungsprognose hat Uwe Tovote, ebenfalls ies Hannover, berechnet. Wissenschaftlicher Berater bei der Prognose war E.-Jürgen Flöthmann, Universität Bielefeld.

Ein Blick in die Zukunft:
Deutschlands Kommunen im Wettbewerb um Einwohner

Ergebnisse der kleinräumigen Bevölkerungsprognose 2020

E.-Jürgen Flöthmann, Uwe Tovote, Thomas Schleifnecker

Sinkende Einwohnerzahlen als langfristige Perspektive

Deutschlandweit reicht schon seit Jahrzehnten die durchschnittliche Kinderzahl für eine Bestandserhaltung nicht aus; die Bevölkerung altert, und der Strukturwandel in den klassischen Wirtschafts- und Industrieregionen dauert an. Daher wird es in den nächsten 30 Jahren – das entspricht dem mittleren Generationenabstand – in vielen Kommunen große demographische Veränderungen geben. Bereits heute nimmt der Wettbewerb zwischen den Städten und Regionen um Einwohner deutlich zu.

Um die Relevanz dieser Entwicklung deutlich zu machen, hat die Bertelsmann Stiftung in Zusammenarbeit mit dem Institut für Entwicklungsplanung und Strukturforschung (ies) an der Universität Hannover für alle Kommunen mit mehr als 5000 Einwohnern – und damit für rund 85 Prozent der Menschen in Deutschland – eine Bevölkerungsvorausberechnung auf Gemeindeebene durchgeführt. Mit dieser Prognose werden 2959 von rund 12 000 Kommunen im gesamten Bundesgebiet erfasst.

Schrumpfung und Wachstum liegen nah beieinander

Die kommunalen Vorausberechnungen zeigen außerordentlich starke regionale Unterschiede hinsichtlich Bevölkerungswachstum bzw. -schrumpfung. Die Abnahme der Einwohnerzahlen, die schon seit Jahren in den neuen Bun-

desländern Realität ist, gewinnt an Dynamik und greift zunehmend auf Regionen in den westdeutschen Bundesländern über. Die räumlichen Muster zeigen eindrucksvoll, dass unter Deutschlands Kommunen Schrumpfung und Wachstum teils nah beieinander liegen – und diese Gegensätze nehmen zu:

- Obwohl die Kommunen der neuen Bundesländer besonders stark von der Schrumpfung betroffen sind, gibt es auch hier Gebiete mit zunehmenden Einwohnerzahlen, vor allem im Umland größerer Städte, insbesondere von Berlin.
- In den alten Bundesländern weisen einzelne Regionen ebenfalls stark sinkende Einwohnerzahlen auf, etwa das Ruhrgebiet, Süd-Niedersachsen und das Saarland. Unmittelbar angrenzend finden sich teilweise Wachstumsgebiete, wie zum Beispiel das Münsterland in direkter Nachbarschaft zum Ruhrgebiet.
- Vor allem die wirtschaftlich prosperierenden Regionen Baden-Württembergs und Bayerns bilden aktuell die demographischen Wachstumsregionen. Dort gibt es noch zahlreiche Gemeinden, deren Wachstum auf Geburtenüberschüssen und/oder Wanderungsgewinnen beruht.
- Während der nächsten Jahre ist im Umfeld vieler großer Städte und Ballungsgebiete noch mit einer wachsenden Bevölkerung zu rechnen. Während in diesen Regionen die Zunahme meist auf Wanderungsgewinnen basiert, gibt es einzelne Gebiete, deren Bevölkerung aufgrund von Geburtenüberschüssen wächst.
- Vor allem zahlreiche ländliche Räume werden innerhalb der nächsten 30 Jahre stark vom demographischen Wandel betroffen sein (z.B. Nord-Hessen, Nord-Thüringen). Diese Städte und Regionen werden als Lebens- und Arbeitsorte sehr an Bedeutung verlieren. Die Nähe zu den wirtschaftlich starken Zentren und attraktive Umfeldbedingungen entscheiden über positive und negative Perspektiven.

Demographischer Wandel gewinnt an Fahrt

Die Vorausberechnungen zeigen deutlich, dass auch unter optimistischen Annahmen die Wanderungsgewinne Deutschlands insgesamt nur noch kurze Zeit ausreichen werden, um die Geburtendefizite zu kompensieren. Schon für die nächsten Jahre wird erwartet, dass die Sterbeüberschüsse (Lebendgeborene abzüglich Sterbefälle) die Wandergewinne übersteigen und die Bevölkerungszahl langsam zunehmend schrumpft.

Die steigenden Geburtendefizite werden den Rückgang der Einwohnerzahl beschleunigen. Dieser wird bis zum Jahr 2020 mit etwa einer Million prognostiziert. Das entspricht einer Abnahme gegenüber 2003 um rund 1,4 Prozent. Der Bevölkerungsbestand wird dann ein Niveau wie Mitte der 90er Jahre erreichen.

Die demographische Zukunft der Bundesländer

Der demographische Wandel ist zunehmend von regionalen Unterschieden gekennzeichnet: Während etwa Hamburg bis 2020 noch mit Einwohnerzuwächsen von knapp drei Prozent rechnen kann, werden für Sachsen-Anhalt 12 Prozent Verluste erwartet.

Mit hoher Wahrscheinlichkeit werden im Jahr 2020 zwölf der 16 Bundesländer dünner besiedelt sein als 2003. Von dieser Entwicklung sind die ostdeutschen Länder, Bremen und das Saarland voraussichtlich am stärksten betroffen. Das bevölkerungsreichste Bundesland Nordrhein-Westfalen wird bis 2020 einen Rückgang von 1,9 Prozent verzeichnen, das entspricht rund 330 000 Einwohnern.

Bevölkerungszuwächse werden sich großräumig auf Bayern und Baden-Württemberg sowie auf Hamburg und Schleswig-Holstein beschränken. Allerdings schwächt sich auch dort das Wachstum ab, und es tritt langfristig ein Bevölkerungsrückgang ein. Nach den Berechnungen werden ab 2018 alle Bundesländer abnehmende Einwohnerzahlen verzeichnen

Der regional unterschiedliche, zeitversetzte Beginn des Bevölkerungsrückgangs ist in erster Linie auf Wanderungsbewegungen zurückzuführen: Die zunehmenden Geburtendefizite einzelner Regionen werden bislang und teilweise auch weiterhin durch Wanderungsgewinne kompensiert, während sie in anderen Regionen durch Wanderungsverluste zusätzlich verschärft werden. Großräumige Wanderungsbewegungen (zwischen den Bundesländern) sind vor allem arbeitsmarktbedingt, die Ursachen kleinräumiger Wanderungen liegen vielfach in der Wohnungsmarkt- und Standortattraktivität.

Die besondere Entwicklung im Land Brandenburg

Nach der Wiedervereinigung erlangte das Gebiet um Berlin seine ursprüngliche Umlandfunktion zurück. Der Ausbau der Infrastruktur, vor allem die Anbindung durch den öffentlichen Nahverkehr an die Hauptstadt mit einem einheitlichen Tarifsystem sowie ein breites Angebot an Baugebieten führten zu einer außergewöhnlich starken Suburbanisierung.

Obwohl davon nur die unmittelbar an Berlin grenzenden Gemeinden betroffen waren, spiegelte sich dieser Prozess in der demographischen Entwicklung des Landes Brandenburg insgesamt wider. Der Effekt war so ausgeprägt, dass die Wanderungsverluste, vor allem jüngerer Menschen, in den übrigen Städten und Regionen Brandenburgs mehr als ausgeglichen wurden. Das Land gehörte vorübergehend zu den Bundesländern mit dem höchsten Bevölkerungswachstum.

Würde sich diese Entwicklung fortsetzen, könnte das Land auch während der nächsten Jahre noch Zuwächse aufweisen. Doch in jüngster Zeit zeichnet sich eine Konsolidierung ab. In diesem Fall werden die zunehmenden Geburtendefizite in Brandenburg nicht mehr durch Wanderungsgewinne kompensiert werden können, sodass bis 2020 das Wachstum der Bevölkerung in eine Abnahme übergehen könnte, woraus insgesamt ein leichter Bevölkerungsverlust von etwa einem Prozent resultiert.

Abb. 1: Bevölkerungsentwicklung 2003 bis 2020 in den Bundesländern (in Prozent)

Hamburg	2,8
Bayern	2,2
Baden-Württemberg	1,0
Schleswig-Holstein	1,0
Niedersachsen	−0,2
Berlin	−0,5
Brandenburg	−0,9
Rheinland-Pfalz	−1,0
Deutschland	**−1,4**
Hessen	−1,8
Nordrhein-Westfalen	−1,9
Bremen	−2,3
Saarland	−4,5
Mecklenburg-Vorpommern	−5,8
Thüringen	−8,2
Sachsen	−8,6
Sachsen-Anhalt	−11,9

−12 −10 −8 −6 −4 −2 0 2 4

Abb. 2: Bevölkerungsentwicklung 2003 bis 2020 in den Landkreisen und kreisfreien Städten (in Prozent)

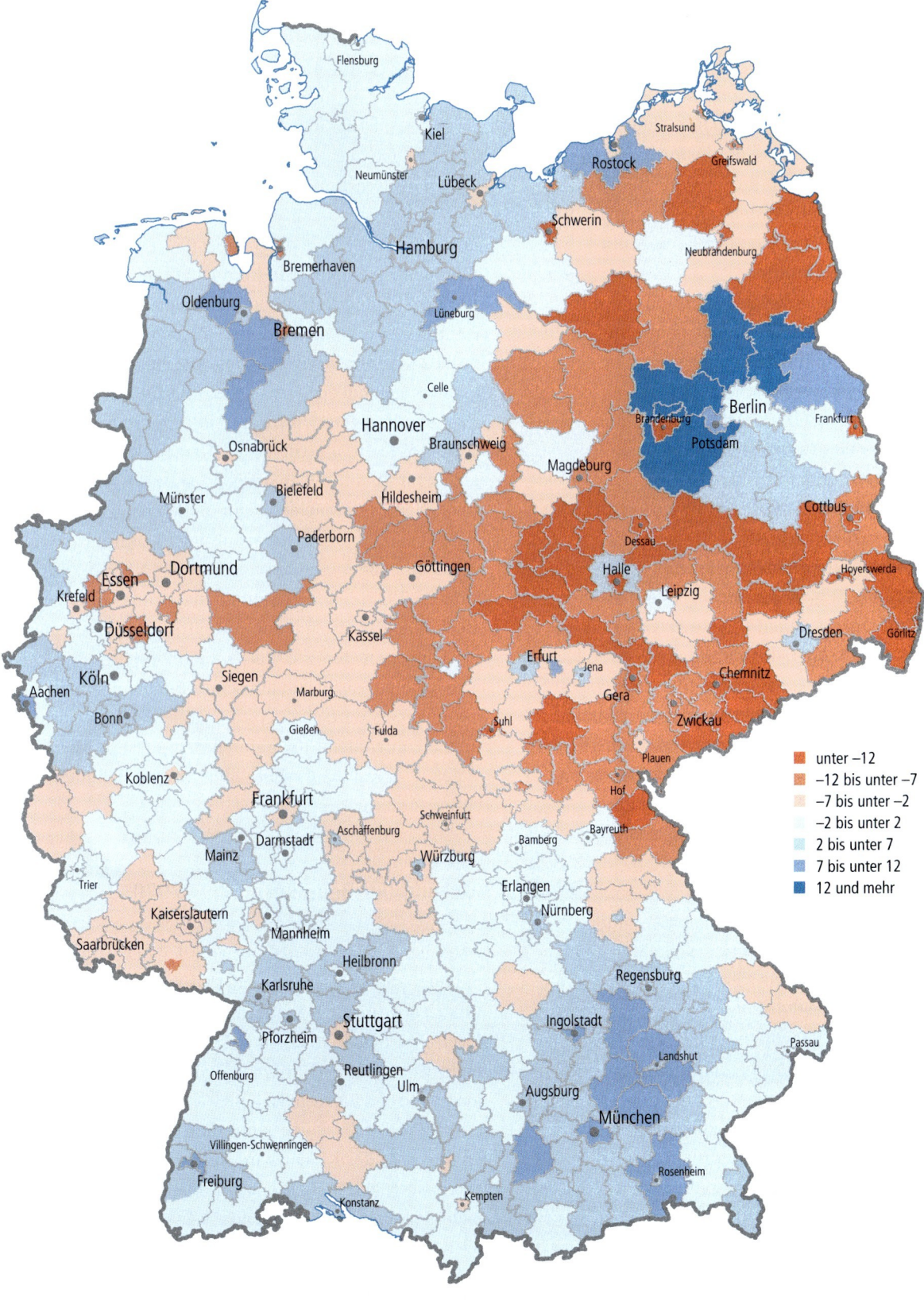

Legende:

- unter −12
- −12 bis unter −7
- −7 bis unter −2
- −2 bis unter 2
- 2 bis unter 7
- 7 bis unter 12
- 12 und mehr

Die Bevölkerungsentwicklung
in den Kreisen und kreisfreien Städten

Als Folge der regional sehr unterschiedlichen Entwicklungen werden im Jahr 2020 wahrscheinlich in rund 60 Prozent aller Kreise und kreisfreien Städte Deutschlands weniger Menschen leben als im Jahr 2003. Auf dieser räumlichen Bezugsebene liegt die Spannweite zwischen 15 Prozent Zunahme und 40 Prozent Abnahme. Die Veränderungen der weitaus meisten Kreise und kreisfreien Städte (rund 90 Prozent) liegen zwischen +7 und –15 Prozent.

Abbildung 2 zeigt, dass die größten Bevölkerungsverluste überwiegend in Regionen der neuen Bundesländer zu erwarten sind. Allerdings werden bis 2020 auch zunehmend Kreise und kreisfreie Städte West-Deutschlands von dieser Entwicklung erfasst: vor allem entlang der früheren innerdeutschen Grenze (Zonenrandgebiet) in Niedersachsen, Hessen und Bayern, aber auch altindustrialisierte Regionen im Ruhrgebiet und im Saarland.

Die Regionen, die bis 2020 noch Zuwächse verzeichnen können, konzentrieren sich auf die ökonomisch starken Ballungsräume München, Stuttgart, Rhein-Main, Köln/Bonn und Hamburg sowie auf die nordwestlichen Kreise im Münster- und Emsland, die aufgrund ihrer vergleichsweise hohen Geburtenraten noch Geburtenüberschüsse und damit ein inneres, von der Migration unabhängiges Wachstum aufweisen.

Vielfältige Entwicklungsverläufe
in den Gemeinden mit über 5000 Einwohnern

Auf kommunaler Ebene sind die Entwicklungsunterschiede erwartungsgemäß noch deutlicher ausgeprägt als auf Länder- oder Landkreisebene. Die Veränderungen in den Gemeinden mit mehr als 5000 Einwohnern liegen im Zeitraum von 2003 bis 2020 (in 90 Prozent der Fälle) zwischen einer Zunahme der Bevölkerungszahl um 12 Prozent und einer Abnahme um 15 Prozent. Werden auch die Gemeinden mit extremen Entwicklungen einbezogen, erweitern sich die Zuwächse und Verluste auf rund 50 Prozent.

Die Polarisierung zwischen schrumpfenden und wachsenden Gemeinden in Deutschland wird weiter zunehmen. Für rund ein Drittel werden deutliche Verluste erwartet, ein Drittel kann noch mit klaren Gewinnen rechnen, während das restliche Drittel quasi stagniert. Die räumliche Verteilung zeigt, dass sich diese Entwicklungen jeweils regional konzentrieren.

Differenzierte Betrachtungen
zeigen die Wirklichkeit

Die Vorausberechnung auf kommunaler Ebene stellt die bereits auf Kreisebene erkennbaren Muster noch prägnanter heraus. Die demographischen Unterschiede zwischen den Gemeinden sind besonders durch die Strukturen der regionalen Arbeitsmärkte und Bildungsangebote bestimmt. Diese tragen wesentlich zu einer Umverteilung der Bevölkerung durch Binnenwanderungen bei.

Auf Gemeindeebene weichen die Entwicklungen teilweise deutlich von den Durchschnittswerten auf Landes- oder Kreisebene ab. Oft liegen Gemeinden mit starkem Wachstum unmittelbar neben stark schrumpfenden Gemeinden. Hier spielen Wohn- und Lebensbedingungen sowie andere kommunale Attraktivitätsfaktoren eine entscheidende Rolle.

Diese Diskrepanzen werden nach den vorliegenden Schätzungen noch zunehmen, weil sowohl die demographischen Parameter, wie Wachstum und Alterung, als auch die relevanten sozioökonomischen Rahmenbedingungen, wie regionale Wirtschaftskraft, Wohn- und Lebensbedingungen, zunehmend divergieren. Um diese Herausforderungen zu bewältigen, sind differenzierte Handlungskonzepte erforderlich.

Alterung der Bevölkerung bis 2020

Neben dem absehbaren Rückgang der Bevölkerungszahlen bilden die altersstrukturellen Veränderungen (»demographische Alterung«) ein wichtiges Merkmal demographischen Wandels. Steigende Lebenserwartung und sinkende Kinderzahlen führen bereits seit Jahrzehnten zu einer Alterung der Gesellschaft.

Dies wird sich auch zukünftig fortsetzen. Insbesondere die Zahl der Kinder wird in den kommenden Jahren weiter stark abnehmen, denn die geburtenstarken Jahrgänge der 60er und 70er Jahre wachsen aus der reproduktiven Phase heraus, wodurch sich die Zahl potenzieller Mütter deutlich verringert. Gleichzeitig wird sich die

Abb. 3: Bevölkerungsentwicklung 2003 bis 2020 in Städten und Gemeinden mit mehr als 5000 Einwohnern (in Prozent)

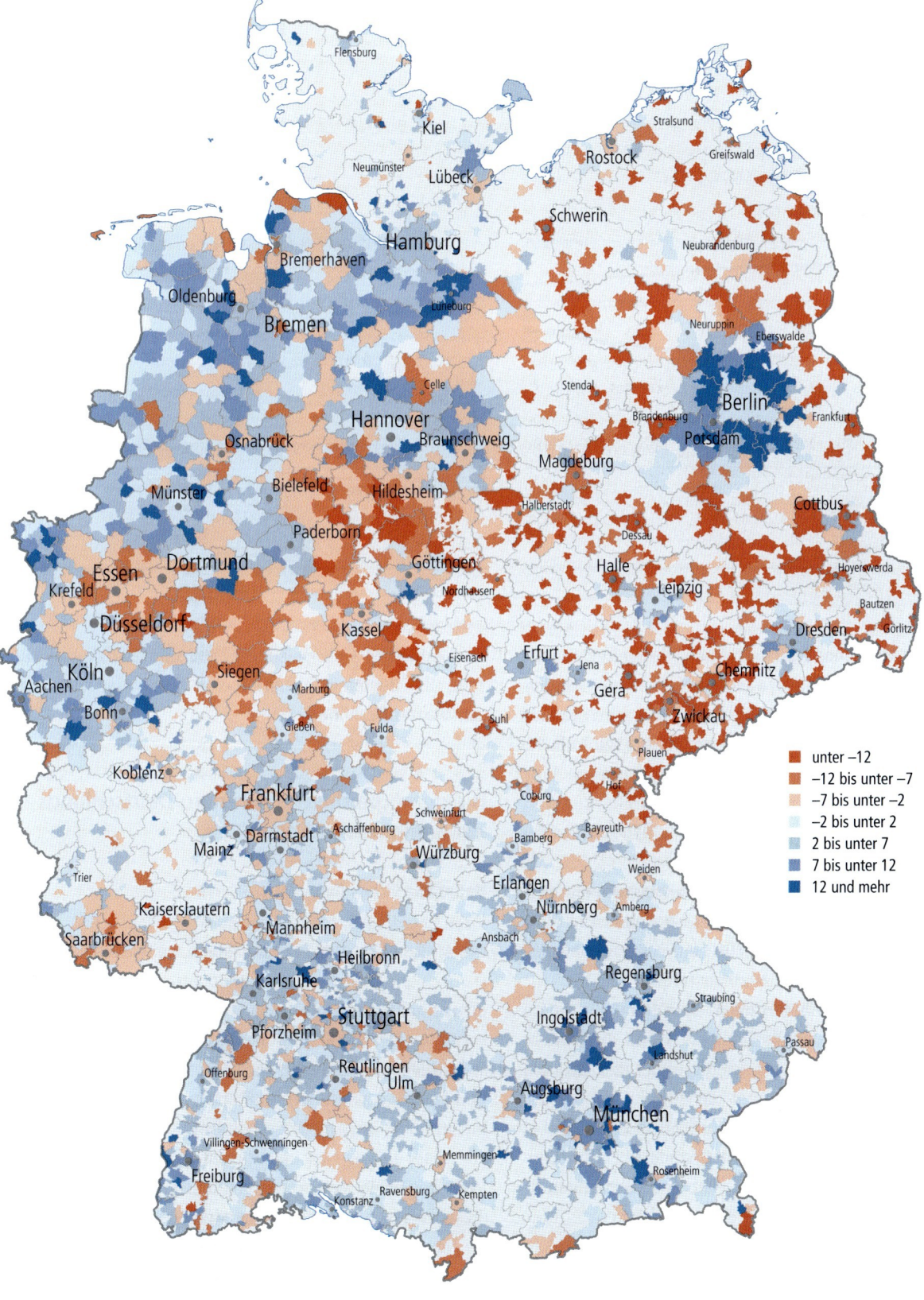

■	unter −12
■	−12 bis unter −7
■	−7 bis unter −2
■	−2 bis unter 2
■	2 bis unter 7
■	7 bis unter 12
■	12 und mehr

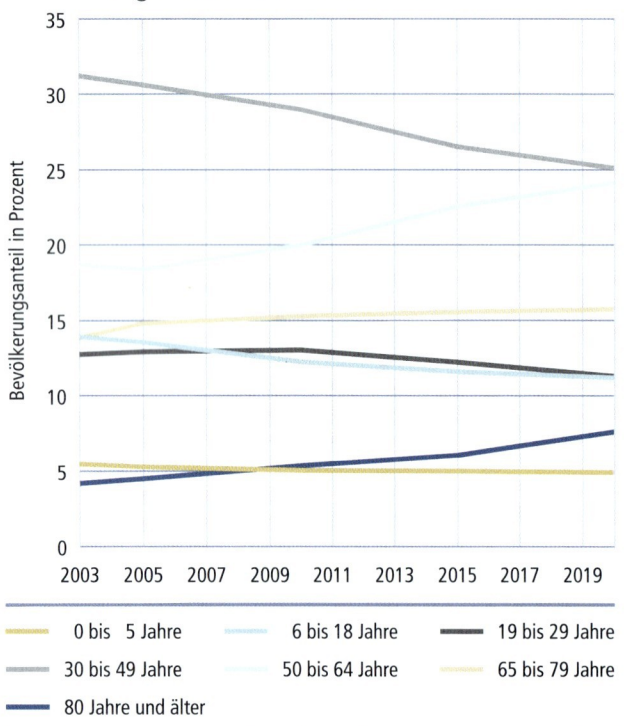

Abb. 4: Bevölkerungsanteile nach Altersgruppen in ausgewählten Jahren bis 2020

O bis 5 Jahre
6 bis 18 Jahre
19 bis 29 Jahre
30 bis 49 Jahre
50 bis 64 Jahre
65 bis 79 Jahre
80 Jahre und älter

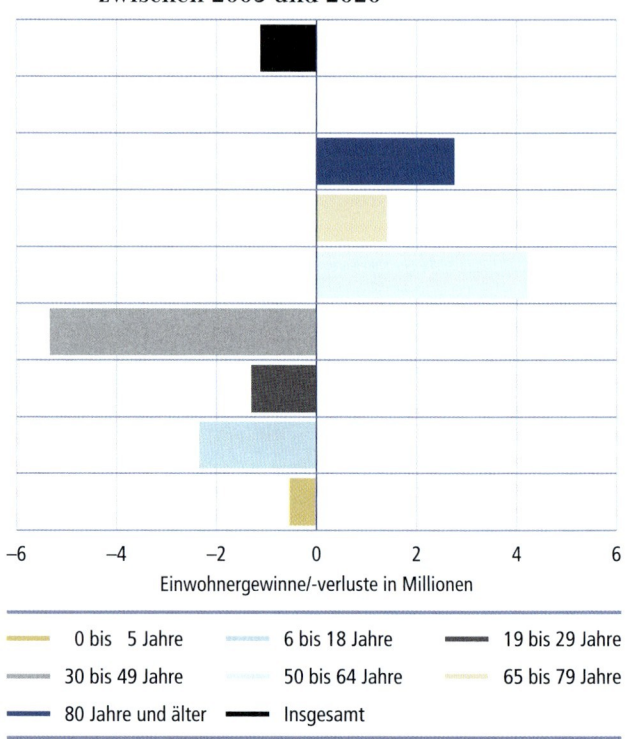

Abb. 5: Veränderungen in den Altersgruppen zwischen 2003 und 2020

O bis 5 Jahre
6 bis 18 Jahre
19 bis 29 Jahre
30 bis 49 Jahre
50 bis 64 Jahre
65 bis 79 Jahre
80 Jahre und älter
Insgesamt

Zahl älterer Menschen stark erhöhen, da weiterhin mit einer steigenden Lebenserwartung gerechnet werden kann. Als Folge nimmt die Zahl jüngerer Menschen immer weiter ab und die der Älteren immer mehr zu (vgl. Abb. 4).

Während die Bevölkerung unter 50 Jahren im Jahr 2003 noch einen Anteil an der Gesamtbevölkerung von 63 Prozent aufwies, wird sich dieser bis 2020 auf fast 50 Prozent reduzieren.

Die Anteile aller älteren Bevölkerungsgruppen werden steigen. Die 65-jährige und ältere Bevölkerung wird von rund 15 Millionen im Jahr 2003 auf schätzungsweise 19 Millionen Einwohner bis 2020 ansteigen.

Die stärksten Veränderungen betreffen die heute größte Gruppe der 30- bis 49-Jährigen. Wenn diese Menschen in die nächsthöhere Altersgruppe der 50- bis 64-Jährigen aufrücken, bedeutet das für die Gruppe 30 bis 49 eine Abnahme um etwa fünf Millionen. Hierbei handelt es sich um die wichtige Gruppe der Familien- bzw. Haushaltgründenden und der am Arbeitsmarkt nachrückenden Jahrgänge.

Die prozentual stärksten Zuwächse werden die Hochbetagten aufweisen, d. h. die über 80-jährige Bevölkerung.

Ihre Zahl wird sich zwischen 2003 und 2020 um 80 Prozent, ihr Bevölkerungsanteil von rund vier auf knapp acht Prozent erhöhen.

Die demographische Alterung Deutschlands auf kommunaler Ebene

Unterschiedliches Tempo

Die Alterung der Bevölkerung ist ein weltweites Phänomen. Deutschland weist neben Japan und Italien die stärkste demographische Alterung auf. Regional und vor allem auf kommunaler Ebene führen Unterschiede bei der durchschnittlichen Kinderzahl, der Lebenserwartung und der Zu- und Fortzüge zu großen Diskrepanzen. Diese werden nicht nur in hohen und niedrigen Alterungskennziffern, sondern vor allem in der Geschwindigkeit des Prozesses deutlich. Viele regionale und kommunale Besonderheiten können diese Unterschiede nachhaltig beeinflussen.

Das Durchschnittsalter in den betrachteten Gemeinden lag 2003 zwischen 35 und 50 Jahren, im Jahr 2020

Abb. 6: Altersdurchschnitt in Städten und Gemeinden mit mehr als 5000 Einwohnern im Jahr 2020 (in Jahren)

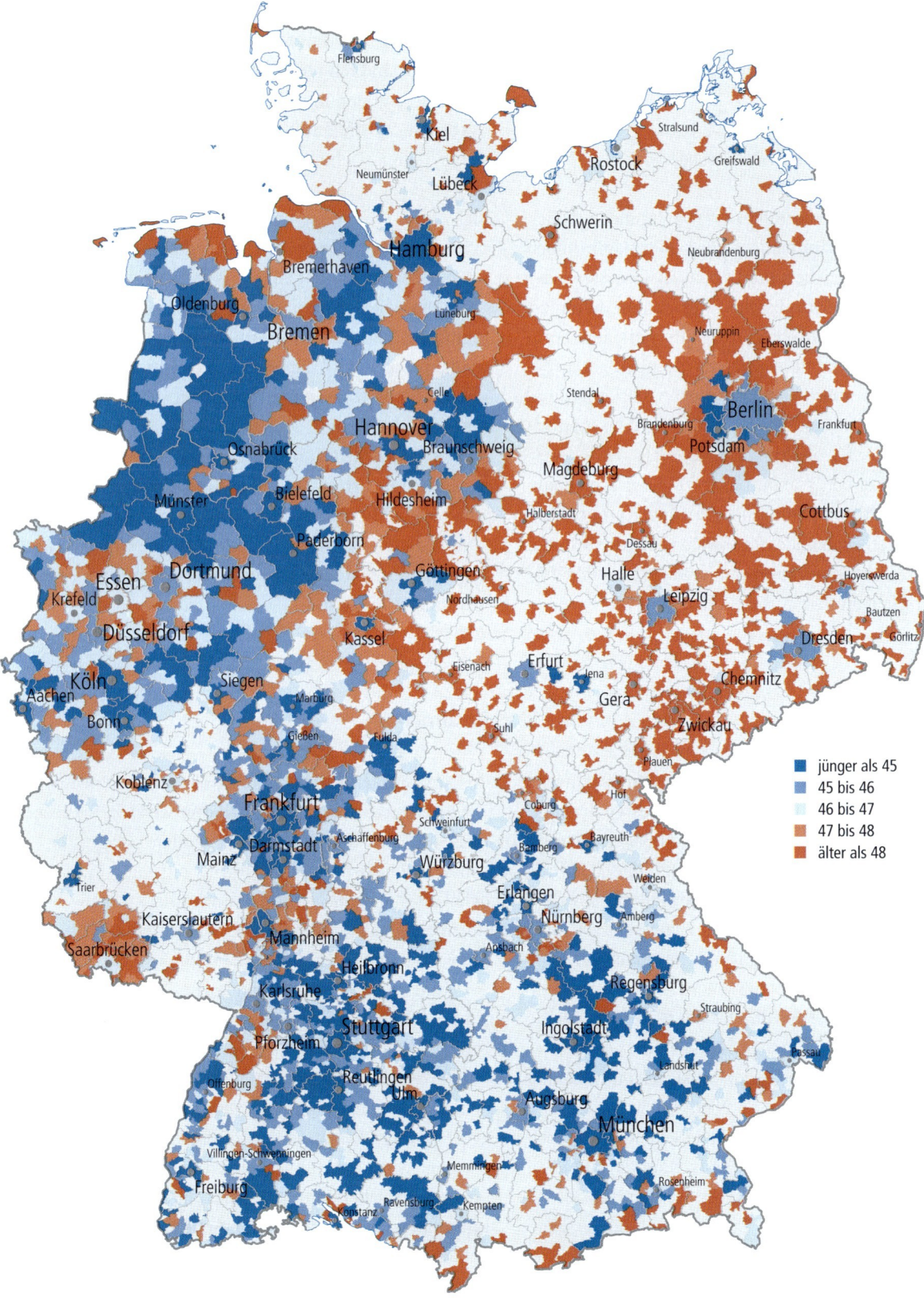

wird es wahrscheinlich zwischen 40 und 56 Jahren liegen. Während die Bevölkerungen einzelner Gemeinden langsam altern, deren Durchschnittsalter bis 2020 lediglich um zwei Jahre steigt, weisen andere einen außerordentlich schnellen Anstieg um 12 Jahre auf.

Entscheidender Einflussfaktor: Wanderungen

Auf kommunaler Ebene beeinflussen Wanderungen oft den Grad der Alterung: Zahlreiche Universitätsstädte haben vergleichsweise junge Bevölkerungen, in Kurorten oder einzelnen landschaftlich reizvollen Gemeinden dominiert in der Regel die alte Bevölkerung. Diese Beispiele beruhen auf einer so genannten »aktiven Alterung«: Die Zuwanderungen junger Bevölkerungsgruppen führen zu einer Verjüngung, die Zuwanderungen älterer Menschen zu einer Alterung der Bevölkerung.

Umgekehrt können Wanderungen zu einer so genannten »passiven Alterung« führen, wenn etwa junge Menschen aus einer Gemeinde fortziehen und die Älteren dableiben, d.h. die Bevölkerung dort auch ohne Zuzüge älterer Menschen altert.

Unterschiede verstärken sich – der Durchschnitt ist nirgendwo

Im Jahr 2020 werden neben den neuen Bundesländern vor allem die südlichen und östlichen Landesteile Niedersachsens, Teile Nord-Hessens und Nord-Bayerns sowie das Saarland eine überdurchschnittlich hohe Alterung aufweisen. Hier handelt es sich überwiegend um strukturschwache Regionen, die Wanderungsverluste junger Menschen verzeichnen. Einzelne, teilweise peripher gelegene Gemeinden mit überdurchschnittlicher Alterung sind häufig touristisch geprägt oder durch andere Merkmale, die vor allem für ältere Menschen attraktiv sind.

In den prosperierenden Regionen Bayerns und Baden-Württembergs sowie im Westen Niedersachsens und im nördlichen Nordrhein-Westfalen überwiegen (noch) relativ junge Bevölkerungen. In den erstgenannten Gebieten mit hoher Wirtschaftskraft resultiert der niedrige Altersdurchschnitt vor allem aus der Zuwanderung junger Menschen. Arbeitsmarktstrukturen und Bildungsangebote sind die wichtigsten Pullfaktoren der Wanderungen. Zunehmend ziehen Menschen im Rahmen dieser Migration nicht in die Kernstädte, sondern direkt in die Umlandgemeinden, woraus relativ viele Familiengründungen und ein niedriges Durchschnittsalter resultieren.

In den ländlich strukturierten Regionen West-Niedersachsens und den angrenzenden Gebieten im nördlichen Nordrhein-Westfalen führen seit längerem die vergleichsweise hohen Geburtenraten zu Geburtenüberschüssen und zu einer verhältnismäßig jungen Bevölkerungsstruktur.

Insgesamt werden nach den Prognosen die Unterschiede zwischen Regionen mit geringer Alterung und denen mit starker Alterung bis 2020 noch zunehmen. Die räumliche Verteilung der jüngeren und älteren Bevölkerungsgruppen wird sich in den Städten und Regionen Deutschlands während der nächsten Jahre also noch wesentlich verschieben.

Der Anteil der Kinder und Jugendlichen bis 17 Jahre wird 2020 in Extremfällen bei unter zehn Prozent und in anderen deutlich über 20 Prozent liegen. Auch der Bevölkerungsanteil der Hochbetagten über 80 Jahre weist eine hohe Spanne auf: Die Extremwerte liegen hier zwischen vier und 17 Prozent.

Resümee

Die Ergebnisse verweisen auf große Unterschiede, die in der Altersstruktur bis 2020 erwartet werden. Sie resultieren aus bereits heute abweichenden Strukturen und demographischen Veränderungen mit sehr unterschiedlicher Dynamik. So wird der erwartete Zuwachs bei den Hochbetagten in den betrachteten Gemeinden über 5000 Einwohner zwischen –2 und +300 Prozent liegen. Bei den Kindern und Jugendlichen reicht die Spanne von Rückgängen über 60 Prozent bis zu Zuwächsen von 40 Prozent.

Um die Herausforderungen des demographischen Wandels anzunehmen und aktiv gestalten zu können, benötigen Städte und Gemeinden Informationen über ihre spezifische Situation und Perspektive. Der »Wegweiser Demographischer Wandel« stellt dafür eine Vielzahl an Informationen bereit, die eine erste Orientierung ermöglichen. Konzepte und Handlungsstrategien müssen aber immer auf die örtliche Situation zugeschnitten werden.

Abb. 7: Anteile Jüngerer (0 bis 17 Jahre) und Älterer (über 80 Jahre) an der Gesamtbevölkerung 2020 in Städten und Gemeinden mit mehr als 5000 Einwohnern (in Prozent)

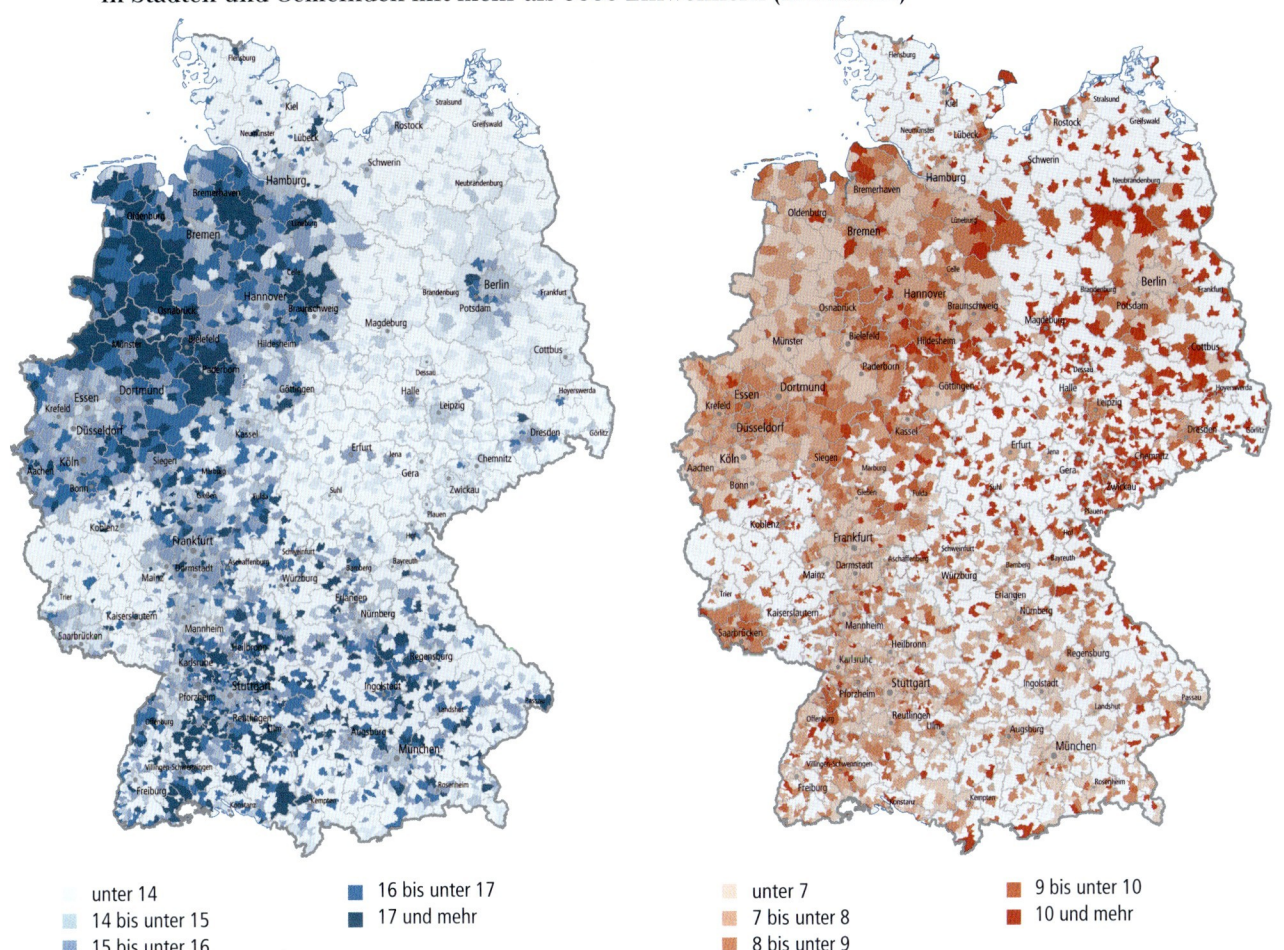

unter 14
14 bis unter 15
15 bis unter 16
16 bis unter 17
17 und mehr

unter 7
7 bis unter 8
8 bis unter 9
9 bis unter 10
10 und mehr

Zur Methodik der Bevölkerungsprognose

Bevölkerungsprognosen sind in zweifacher Hinsicht eine unverzichtbare Informationsgrundlage für das Thema des demographischen Wandels.

Einerseits sensibilisieren sie die Akteure, indem sie die Konsequenzen der abstrakten demographischen Veränderungen in Zahlen fassen und damit die Tragweite von Prozessen verdeutlichen, die in ihrer Langsamkeit kaum wahrgenommen werden. Prognosen können und sollen auf diese Weise Aufmerksamkeit erregen. Sie sollen Politik und Gesellschaft bewegen, die Herausforderungen durch den demographischen Wandel ernst zu nehmen und aktiv zu werden.

Bevölkerungsprognosen geben aber auch wichtige Informationen: Akteure in verschiedenen Handlungsfeldern müssen wissen, in welchem Umfang sich die Veränderungen in ihrem Zuständigkeitsbereich auswirken, damit sie zukunftsfähige Entscheidungen treffen können.

Die Aussagen der meisten Bevölkerungsprognosen reichen jedoch nicht bis auf die Gemeindeebene. Liegen sie regionalisiert vor, ist die Ebene der Landkreise und kreisfreien Städte meist die feinste Differenzierung. Da sich die demographischen Veränderungen aber kleinräumig sehr unterschiedlich ausprägen, bieten Informationen auf aggregierter Ebene zwar eine grobe Orientierung, sind aber für kommunale Akteure nur begrenzt zu nutzen.

Doch die Kommunen sind die wichtigste Handlungsebene, weil sich hier die konkreten Konsequenzen zeigen und bewältigt werden müssen.

Das Prognosemodell

Bevölkerungsprognosen treffen Aussagen darüber, welche Situation eintreten wird, wenn sich die Entwicklung der vergangenen Jahre fortsetzt. Sie schreiben den Status quo bis zum Zieljahr unter der Annahme fort, dass sich die Rahmenbedingungen nicht verändern. Ist das Eintreten der prognostizierten Situation nicht erwünscht, muss gehandelt werden. Fehlen geeignete Steuerungsmaßnahmen oder Einflussmöglichkeiten oder können sie nur begrenzt wirksam werden, ist es ebenfalls erforderlich zu handeln: Man muss sich rechtzeitig auf die absehbaren Veränderungen einstellen und Vorsorge treffen.

Die Bevölkerungsprognose dieses Wegweisers wurde mit einem so genannten Komponentenmodell berechnet. Es baut auf dem Zusammenhang auf, wonach sich die Endbevölkerung aus der Anfangsbevölkerung unter Berücksichtigung von Sterbefällen, Geburten sowie Zu- und Abwanderungen ergibt:

- Dazu wird jede dieser Komponenten für jedes Jahr getrennt prognostiziert, bevor sie in die Vorausschätzung der Bevölkerung zum nächsten Zeitabschnitt eingehen (Komponentenmethode).
- Der Berechnung der natürlichen Bevölkerungsentwicklung liegen alters- und regionsspezifische Geburtenziffern sowie alters- und geschlechtsspezifische Sterbewahrscheinlichkeiten zugrunde.
- Zu- und Abwanderungen werden für jede regionale Einheit getrennt berechnet und gehen als spezifische Wanderungsraten ein (siehe Abbildung 9).
- Das Modell arbeitet hierarchisch und ermittelt zunächst die Ergebnisse für den Bund und dann schrittweise für die nachgeordneten Ebenen Länder, Kreise und Kommunen. So ist sichergestellt, dass sich die Gemeindeergebnisse in die übergeordneten Entwicklungen einordnen.

Jede räumliche Einheit kann also mit spezifischen Parametern berechnet werden. Diese Stärke des Modells birgt aber auch Unsicherheiten, und diese steigen mit zunehmender Kleinräumigkeit der Prognose bzw. sinkender Größe der Prognoseeinheiten. Denn bei kleinen Einheiten wie der Gemeindeebene kommen Sonderentwicklungen (z.B. hohe Zuwanderung infolge neuer Baugebiete, Abwanderung durch Schließung größerer Betriebe) sehr viel stärker zum Tragen als auf aggregierten Ebenen. Je größer

also die Prognoseeinheit, desto stärker werden Sonderereignisse nivelliert und desto »sicherer« sind die Ergebnisse.

Die Geburten und Wanderungen wurden über vier Basisjahre (2000–2003) gemittelt, um Sonderentwicklungen zu nivellieren. Die Entscheidung, nur Gemeinden mit mehr als 5000 Einwohnern in die Prognose einzubeziehen, ist Ergebnis einer Abwägung: So sollten die Ergebnisse auf der einen Seite methodisch belastbar sein, während auf der anderen Seite eine möglichst flächendeckende Prognose angestrebt wurde. Als Resultat liegen damit immerhin für knapp 3000 Gemeinden, in denen rund 85 Prozent der Bevölkerung Deutschlands leben, erstmals abgestimmte und belastbare Prognoseergebnisse vor.

Abb. 8: Grundlegende Ausgangsparameter und Annahmen

Komponenten und Ausgangsbedingung	Allgemeine Annahmen/Stand
Fertilität	• West-Deutschland: konstante Fruchtbarkeitsraten (regionalisiert) • Ost-Deutschland: Anpassung der Fruchtbarkeit auf das westdeutsche Niveau bis 2010, danach konstant (regionalisiert)
Mortalität	• kontinuierliche Steigerung der Lebenserwartung wie in der mittleren Variante der 10. koordinierten Bevölkerungsprognose[1] • gleiche Lebenserwartung der Frauen in Ost- und West-Deutschland • Angleichung der Lebenserwartung der Männer in Ost-Deutschland auf das Niveau der Männer in West-Deutschland bis 2010
Außenwanderung	• durchschnittlicher jährlicher Außenwanderungssaldo von 150 000 Personen pro Jahr für Deutschland
Bevölkerungsbewegungen	• Fortschreibung auf Grundlage der Geburten und Wanderungen (Zu- und Fortzüge) im Mittel der Jahre 2000 bis 2003
Bevölkerungsstand und Ausgangsjahr	• 31.12.2003, Bevölkerung am Ort der Hauptwohnung nach Angaben der statistischen Landesämter
Gebietsstand	• 31.12.2003 sowie bekannte Gebietsstandsänderungen aus dem Jahr 2004

Ausgangsbasis der Prognoserechnungen ist die »Bevölkerung am Ort der Hauptwohnung« (Erstwohnsitze) am 31.12.2003. Basisjahre für die Fortschreibung der Gebur-

---

1 Männer: von 75,8 Jahren 2004 auf 78,1 Jahre 2020; Frauen: von 81,6 Jahren 2004 auf 83,8 Jahren 2020.

Abb. 9: Das Prognosemodell

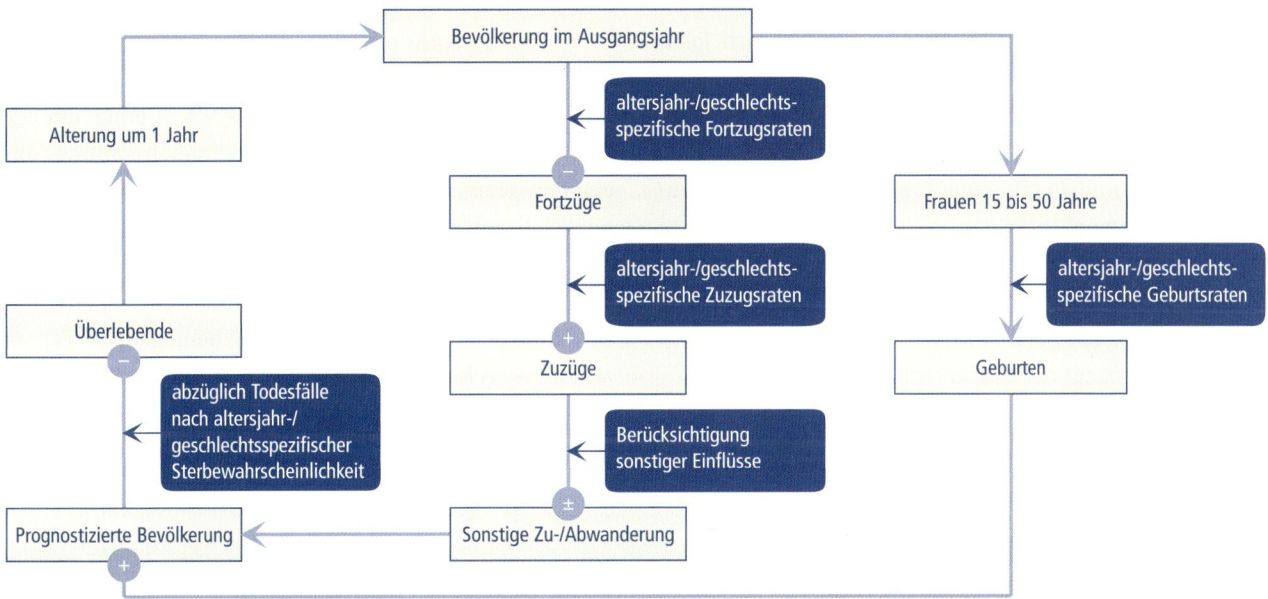

ten und Wanderungen sind die gemittelten Werte der Jahre 2000 bis 2003.

Bevölkerungsprognosen erfordern neben einem geeigneten Rechenmodell auch eine Reihe von Annahmen zur künftigen Entwicklung. Sie werden normativ auf Grundlage plausibler Überlegungen und Einschätzungen vorgenommen und sind in gewisser Weise die Stellhebel einer Prognose. Dieser sensible Arbeitsschritt wurde für die vorliegende Prognose offensiv angegangen. Alle wichtigen Arbeitsschritte wurden in mehreren Runden anerkannter Prognoseexperten diskutiert und abgestimmt.

Besonders wichtig waren Überlegungen zur künftigen Zuwanderung nach Deutschland. Die jährlichen Zuwanderungsüberschüsse schwanken hierzulande seit den 1990er Jahren zwischen 780 000 und 140 000 Personen. Prognosen der letzten Jahre (beispielsweise die 10. koordinierte Bevölkerungsvorausberechnung des Statistischen Bundesamtes) gehen von einem jährlichen Wanderungs-

überschuss zwischen 100 000 und 300 000 Personen – meist aber der mittleren Variante von 200 000 Personen – aus.

Allerdings bestehen aktuell Zweifel, ob diese Zahlen künftig erreicht werden. Im Jahr 2003 fielen sie bereits unter 150 000, und 2004 sank der Außenwanderungsüberschuss auf nur noch 83 000 Personen. Weitere Hinweise, wie stark rückläufige Asylbewerber- und Spätaussiedlerzahlen sowie geringe Zuzugserwartungen durch die EU-Ost-Erweiterung, führten dazu, mit einer eher zurückhaltenden Annahme des Wanderungssaldos von durchschnittlich 150 000 Personen zu arbeiten.

Die vorliegende, kleinräumige Bevölkerungsprognose basiert auf den Berechnungen vom Uwe Tovote vom Institut für Entwicklungsplanung und Strukturforschung (ies) an der Universität Hannover. Sie wurde wissenschaftlich begleitet von E.-Jürgen Flöthmann, Universität Bielefeld und Universität Rostock.

Die Demographietypen: Analyse und Handlungsansätze für Kommunen mit mehr als 5000 Einwohnern

Für die Gestaltung des demographischen Wandels gibt es keine Patentrezepte. Die Unterschiede in der Ausgangslage der Städte, Gemeinden und Kreise erfordern lokal höchst differenzierte Handlungsstrategien.

Vor diesem Hintergrund hat die Bertelsmann Stiftung in Zusammenarbeit mit Expertinnen und Experten aus Wissenschaft und Praxis eine Typisierung von Kommunen vorgenommen. Diese berücksichtigt

- alle Städte in Deutschland mit mehr als 5000 Einwohnern,
- insgesamt 2959 Städte und Gemeinden,
- rund 85 Prozent der Bevölkerung Deutschlands,

und basiert auf acht demographischen, sozioökonomischen und wirtschaftlichen Indikatoren.

Insgesamt wurden 15 Demographietypen ermittelt, die sich auf zwei Gruppen aufteilen.

Aufgrund der Komplexität des demographischen Wandels ist eine differenzierte Betrachtung notwendig. Dabei ist ein Kompromiss erforderlich zwischen einer unübersichtlichen, aber präziseren Einzelfallbetrachtung und einer zu aggregierten und damit unübersichtlicheren, aber teilweise pauschalisierenden Betrachtungsweise.

Genau dies kann mit Hilfe der Typisierung auf Basis einer Clusteranalyse erreicht werden. Die Städte und Gemeinden werden somit zu relativ homogenen Gruppen zusammengefasst, die durch gemeinsame Merkmale charakterisiert sind.

Großstädte mit mehr als 100 000 Einwohnern		Anzahl	Prozent
Typ 1	Stabile Großstädte mit geringem Familienanteil	21	25,6
Typ 2	Schrumpfende Großstädte im postindustriellen Strukturwandel	19	23,2
Typ 3	Schrumpfende und alternde ostdeutsche Großstädte	5	6,1
Typ 4	Prosperierende Wirtschaftszentren	19	23,2
Typ 5	Stabile Großstädte mit hohem Familienanteil	11	13,4
Typ 6	Aufstrebende ostdeutsche Großstädte mit Wachstumspotenzialen	7	8,5
	gesamt	82	100,0

Städte und Gemeinden mit 5000 bis 100 000 Einwohnern	Anzahl	Prozent
Typ 1 Stabile Mittelstädte und regionale Zentren mit geringem Familienanteil	514	17,9
Typ 2 Suburbane Wohnorte mit hohen Wachstumserwartungen	90	3,1
Typ 3 Suburbane Wohnorte mit rückläufigen Wachstumserwartungen	361	12,5
Typ 4 Schrumpfende und alternde Städte und Gemeinden mit hoher Abwanderung	352	12,2
Typ 5 Stabile Städte und Gemeinden im ländlichen Raum mit hohem Familienanteil	740	25,7
Typ 6 Städte und Gemeinden im ländlichen Raum mit geringer Dynamik	579	20,1
Typ 7 Prosperierende Städte und Gemeinden im ländlichen Raum	165	5,7
Typ 8 Wirtschaftlich starke Städte und Gemeinden mit hoher Arbeitsplatzzentralität	71	2,5
Typ 9 Exklusive Standorte	5	0,2
gesamt	2877	100,0

Zielsetzung der Typisierung

Der Wegweiser Demographischer Wandel möchte den Kommunen möglichst passgenaue Impulse und Anregungen für die aktive Gestaltung des demographischen Wandels geben. Dennoch gibt es keine Handlungsempfehlungen, die für alle Städte und Gemeinden gleichermaßen gültig sind; sie würden die sehr unterschiedlichen lokalen Ausgangsbedingungen, Entwicklungsperspektiven, Handlungsressourcen und Gestaltungsspielräume nicht berücksichtigen.

Die Orientierung auf die Erarbeitung von Handlungsempfehlungen machte es erforderlich, Großstädte als eigene Gruppe zu erfassen. Mit ihrer Komplexität und Vielfalt an Funktionen und Nutzungen, dem Aufgabenspektrum von Politik und Verwaltung sowie ihren institutionellen und personellen Ressourcen sind sie im Vergleich zu kleineren Städten und Gemeinden eine »eigene Welt«, die folgerichtig eigene Handlungsempfehlungen erfordert. Daher

wurden Städte mit mehr als 100 000 Einwohnern (82) und Städte und Gemeinden mit weniger als 100 000 Einwohnern (2877) jeweils gesondert gruppiert.

Für jeden der insgesamt 15 ermittelten kommunalen Typen wurden spezifische Herausforderungen formuliert und differenzierte Handlungsempfehlungen entwickelt. Sie liefern den Kommunen Orientierungen angesichts der Unsicherheit über die Ausprägung der demographischen Veränderungen, der Handlungsspielräume und Entwicklungschancen. Sie beschreiben Möglichkeitsräume, benennen Handlungsprioritäten und liefern Anregungen für ein zielgerichtetes politisches und planerisches Handeln.

Aber auch diese gruppenspezifischen Handlungsempfehlungen können die besonderen Bedingungen einer Kommune nicht vollständig erfassen, und sie können nicht unmittelbar in Maßnahmen umgesetzt werden. Dafür ist die Betrachtung des konkreten Einzelfalls, der spezifischen Rahmenbedingungen und endogenen Potenziale erforderlich. Die Handlungsempfehlungen müssen also vor Ort bewertet und diskutiert werden, und sie müssen im Kontext der politischen Ziele und Strategien der Kommunen betrachtet werden. Erst auf dieser Grundlage können Prioritäten gesetzt und Handlungskonzepte konkretisiert werden.

Methodik der Typisierung

Die Typisierung der Städte und Gemeinden erfolgte anhand einer Clusteranalyse: eines Klassifikationsverfahrens, das die untersuchten Raumeinheiten zu möglichst homogenen Gruppen zusammenfasst. Ihre besondere Leistungsfähigkeit besteht darin, eine größere Zahl von Merkmalen berücksichtigen zu können.

Um den unterschiedlichen Entwicklungspotenzialen der Städte und Gemeinden gerecht zu werden, muss die Klassifikation neben ihrem demographischen Profil auch ihre sozialen und wirtschaftlichen Probleme und Perspektiven widerspiegeln.

Demographische Entwicklungen wurden daher um Indikatoren aus den Bereichen Soziales, Arbeit und Wirtschaft ergänzt, die für die kommunale Entwicklungsfähigkeit besondere Aussagekraft haben. Damit wird zudem vermieden, dass Bevölkerungswachstum und relativ geringe Anteile alter Menschen an der Gesamtbevölkerung per se wichtigster Gradmesser für eine positive Perspektive sind bzw. eine schrumpfende Bevölkerungszahl und relativ viele alte Menschen selbstverständlich für eine negative Perspektive stehen. Diese Bewertung würde die Ungleichzeitigkeit demographischer Entwicklungen fälschlich als strukturelle Unterschiede interpretieren und Fehlschlüsse hinsichtlich der Herausforderungen und Handlungsempfehlungen ziehen.

Den Variablen, die für die Entwicklungsperspektiven der Städte und Gemeinden besonders aussagekräftig sind, lag ein Set von 52 Indikatoren zugrunde, die den Kommunen gleichermaßen als Frühwarnsystem und Informationsplattform dienen soll.

Um die Übersichtlichkeit und Verständlichkeit zu sichern, musste die Zahl der Variablen für die Clusteranalyse deutlich reduziert werden. Auf der Grundlage inhaltlicher Bewertungen und mit Hilfe einer Korrelationsanalyse der statistischen Merkmale wurden acht Indikatoren als die aussagekräftigsten ausgewählt. Sie kennzeichnen in ihrer Summe die Situation, die Zukunftsperspektive und die Gestaltungsspielräume in den Kommunen:

- **Prognose der Bevölkerungsentwicklung 2003 bis 2020** (Index 2003 = 100): Die Prognose vereint die Trends der natürlichen Bevölkerungsentwicklung und Wanderungsmuster. Sie beschreibt die bisherige und die zu erwartende Entwicklungsdynamik und ist somit konstituierend für das demographische Profil einer Kommune.

- **Medianalter 2020** (Jahre): Die Prognose des Medianalters bündelt Informationen zur aktuellen und zukünftigen Altersstruktur. Damit beschreibt sie gleichermaßen Situation und Dynamik des Alterungsprozesses in einer Kommune.

- **Arbeitsplatzzentralität 2003** (Verhältnis zwischen der Anzahl sozialversicherungspflichtig Beschäftigter am Arbeitsort und derjenigen am Wohnort): Arbeitsplatzzentralität kennzeichnet die Funktion einer Kommune, vorrangig Wohnort oder Wirtschaftsstandort mit überlokaler Reichweite zu sein. Sie liefert damit Aufschlüsse zu den Entwicklungsschwerpunkten einer Kommune.

- **Arbeitsplatzentwicklung 1998 bis 2003** (Index 1998 = 100): Der Indikator beschreibt die wirtschaftliche Dynamik einer Kommune.

- **Arbeitslosenquote 2003:** Der Indikator steht für die Arbeitsmarktsituation in einer Kommune und ist zugleich ein Merkmal für das Ausmaß sozialer Belastungen und Probleme.

- **Kommunale Steuereinnahmen pro Einwohner** (gemittelt über die Jahre 2000 bis 2003): Der Indikator kennzeichnet die Stärke der lokalen Wirtschaft und der Bewohner und ist ein wichtiger Bestandteil des finanziellen Handlungsspielraums einer Kommune.

- **Qualifikationsniveau der Bewohner** (Anteil von Beschäftigten mit Hochschulabschluss an allen sozialversicherungspflichtig Beschäftigten am Wohnort 2003): Der Indikator steht ebenso für das Ausbildungs- und Qualifikationsniveau der Bevölkerung wie für die

Attraktivität der Kommune als Wohnort für Hochqualifizierte und Besserverdienende.

- **Anteil Mehrpersonenhaushalte mit Kindern** (Anteil an allen Haushalten 2003): Der Indikator verweist auf die Haushaltsstruktur der Kommune und auf ihre Attraktivität als Wohnort für Familien.

Für die Gruppierung wurden alle Indikatoren standardisiert, um inhaltliche Verzerrungen aufgrund der Maßeinheiten und Merkmalsdimensionen zu vermeiden.

Durchführung der Clusteranalyse

Ziel der Analyse war es, möglichst eindeutige Typen von Städten und größeren Gemeinden zu erhalten. Die Typisierung erfolgte durch eine hierarchische Clusterung mit Hilfe des Ward-Verfahrens (vgl. www.aktion2050.de/wegweiser). Damit werden in einem iterativen Prozess Gruppen gebildet, die hinsichtlich ihrer Merkmale in sich möglichst homogen sind, untereinander aber möglichst große Unterschiede aufweisen.

Ergebnis

Die Ergebnisse der Klassifizierung sind sowohl hinsichtlich des Charakters der jeweiligen Gruppe als auch im Hinblick auf die Zugehörigkeit einzelner Kommunen zu einem bestimmten Cluster plausibel.

Gleichwohl ist innerhalb der Cluster eine teils erhebliche Varianz zwischen den 2959 Kommunen festzustellen.

In jedem Cluster dominieren bestimmte demographische Tendenzen; eindeutige demographische Profile, die für alle Clusterkommunen gelten, gibt es nicht.

Die Indikatoren Bevölkerungsentwicklung und Medianalter weisen in den meisten Clustern ein breites Spektrum auf. Dafür gibt es zwei Gründe. So trugen nicht nur die demographischen, sondern auch die weiteren Indikatoren zur Typenbildung bei; insbesondere Arbeitsplatzzentralität, Steuerkraft und Arbeitsplatzentwicklung waren sehr wirksam für die Typisierung.

Zudem schwächen sich Zusammenhänge zwischen demographischen, sozialen und wirtschaftlichen Strukturen und Entwicklungen durch die extreme Vielfalt der Untersuchungseinheiten (Kommunen unterschiedlichster Größe) und den flächendeckenden Charakter der Analyse (alte und neue Bundesländer, Verdichtungsräume und periphere Räume) ab. So verbinden sich zum Beispiel in manchen Gemeinden hohes Arbeitsplatzwachstum mit Bevölkerungsschrumpfung oder hohe Arbeitsplatzverluste mit Bevölkerungsgewinnen.

Vor diesem Hintergrund muss für die meisten Cluster eine relativ hohe Varianz bei einzelnen Variablen akzeptiert werden. Die Folge ist, dass bei etwa 75 Prozent der Kommunen eines Clusters ähnliche Ausprägungen vorzufinden sind. Zudem gibt es aber auch in jedem Cluster eindeutige Außenseiter hinsichtlich einzelner Merkmale.

Die vorliegende Typisierung mit den daraus abgeleiteten Handlungsstrategien ist eine wichtige Hilfestellung. Gleichwohl ist jede Kommune gefordert, ihren eigenen Weg zu gehen. Die für die Demographietypen passenden Maßnahmenbündel müssen vor Ort für jede Stadt und jede Gemeinde konkretisiert werden.

Städte mit mehr als 100 000 Einwohnern

In Deutschland gibt es 82 Städte mit mehr als 100 000 Einwohnern. In dieser Gruppe befinden sich die Bundeshauptstadt Berlin, die Stadtstaaten Hamburg und Bremen sowie, mit Ausnahme von Schwerin in Mecklenburg-Vorpommern, die Hauptstädte aller Bundesländer. Ein Schwerpunkt der Gruppe liegt mit 30 Städten in Nordrhein-Westfalen. Zwei Drittel der Städte dieser Gruppe (55) sind mittlere Großstädte mit weniger als 250 000 Einwohnern.

Das demographische Profil der Städte und die Prognose für ihre Bevölkerungsentwicklung bis 2020 sind sehr unterschiedlich. Dabei wird die Entwicklung durchweg von einem Zusammenhang zwischen der Bevölkerungsentwicklung bis 2020 und dem Medianalter 2020 bestimmt, wodurch die wachsenden Städte eine relativ junge und die schrumpfenden Städte eine relativ alte Bevölkerung aufweisen werden.

Die höchsten Wachstumserwartungen liegen bei zehn Prozent, die höchsten prognostizierten Verluste bei 20 Prozent. Für jeweils etwa 40 Prozent der Städte ist von einer weitgehend stabilen Einwohnerzahl (35 Städte) bzw. einer sinkenden Einwohnerzahl (32 Städte) auszugehen. Ein Wachstum um mehr als drei Prozent können nur knapp 20 Prozent erwarten, das sind 15 der 82 Städte.

Auch die Alterung der Bevölkerung verläuft sehr unterschiedlich. Zu den »jungen« Städten, die auch weiterhin verhältnismäßig langsam altern, gehören vor allem Universitätsstädte wie Freiburg, Göttingen, Jena, Heidelberg und Münster. Auch in den nationalen Wirtschaftszentren werden hohe Zuwanderungsgewinne von jungen Erwachsenen die Alterungstendenzen weiter verzögern und abschwächen. Zu den besonders stark alternden Städten gehören demgegenüber altindustrielle Großstädte wie Essen und Gelsenkirchen.

In den vergangenen Jahren hat sich in den großen Städten kein eindeutiger Zusammenhang zwischen der Bevölkerungsentwicklung und der Arbeitsplatzentwicklung gezeigt. Für nahezu zwei Drittel (51 Städte) blieb die Zahl der Beschäftigten während der wirtschaftsschwachen Jahre 1998 bis 2003 weitgehend stabil; in 17 Städten sank die Beschäftigtenzahl um mehr als fünf Prozent, und in 14 Städten wuchs sie um über fünf Prozent.

Alle Großstädte zeichnen sich gegenüber kleineren Städten und Gemeinden durch ihre soziale Heterogenität und gesellschaftliche Polarisierung aus. Sie sind durch den demographischen Wandel mit besonderen Herausforderungen konfrontiert und weisen bei den Indikatoren zur sozialen Lage und den daraus resultierenden Integrationsanforderungen große Unterschiede zu kleineren Kommunen auf.

Aber auch innerhalb der Großstädtegruppe variieren die Indikatoren zur sozialen Lage. Zum Beispiel liegen die Arbeitslosenquoten zwischen knapp zehn und über 20 Prozent, der Anteil ausländischer Haushalte streut in den Städten der alten Bundesländer zwischen vier und 20 Prozent. Die durchschnittliche Kaufkraft der Privathaushalte ist in manchen Städten doppelt so hoch wie in anderen.

Entwicklungsperspektiven, Herausforderungen und Handlungsspielräume sind also auch für die Gruppe der Großstädte unterschiedlich, sodass der demographische Wandel jeweils spezifische Antworten verlangt.

Durch die Clusteranalyse wurden sechs unterschiedliche Demographietypen für die Gruppe der 82 Großstädte mit mehr als 100 000 Einwohnern ermittelt. Auf der Grundlage der Mittelwerte der acht Indikatoren (siehe Seite 25 f.) und ihrer räumlichen Verteilung lassen sie sich wie folgt charakterisieren:

- Cluster 1 (21 Städte): Stabile Großstädte mit geringem Familienanteil
- Cluster 2 (19 Städte): Schrumpfende Großstädte im postindustriellen Strukturwandel
- Cluster 3 (5 Städte): Schrumpfende und alternde ostdeutsche Großstädte
- Cluster 4 (19 Städte): Prosperierende Wirtschaftszentren
- Cluster 5 (11 Städte): Stabile Großstädte mit hohem Familienanteil
- Cluster 6 (7 Städte): Aufstrebende ostdeutsche Großstädte mit Wachstumspotenzialen

Matrix der Handlungsempfehlungen für die Kommunen mit mehr als 100 000 Einwohnern

In den Großstädten ist die Initiierung eines *ressortübergreifenden Gesamtprozesses* von zentraler Bedeutung. Ziel ist es, den demographischen Wandel umfassend zu bearbeiten und im Dialog mit den lokalen Akteuren aus Politik, Verwaltung und Bürgerschaft, den kommunalen Entscheidern und den Fachressorts Maßnahmenpakete zu entwickeln.
Angesichts der komplexen Herausforderungen in den Großstädten muss Bildung hier das zentrale Thema sein. In seiner großen Spannbreite reicht es von der frühkindlichen Förderung über Ganztagsschulen bis zur Qualifizierung älterer Arbeitnehmer.
Angesichts der Finanzsituation in den Kommunen müssen klare Prioritäten gesetzt werden, obwohl generell alle Bereiche wichtig sind. Im Folgenden werden die prioritären Handlungsfelder für die Großstadttypen aufgezeigt.

Großstadttypen	Prioritäre Handlungsansätze
Cluster 1: Stabile Großstädte mit geringem Familienanteil	1. sozialer Segregation entgegenwirken und aktive Integrationspolitik betreiben 2. bürgerschaftliche Verantwortung stärken 3. Kinder- und Familienfreundlichkeit leben
Cluster 2: Schrumpfende Großstädte im postindustriellen Strukturwandel	1. sozialer Segregation entgegenwirken und aktive Integrationspolitik betreiben 2. zukunftsorientierte Seniorenpolitik realisieren 3. Kinder- und Familienfreundlichkeit leben 4. regionale Wirtschaftsförderung intensivieren als Voraussetzung für wirtschaftliche Prosperität
Cluster 3: Schrumpfende und alternde ostdeutsche Großstädte	1. bedarfsgerechten Stadtumbau mit höchster Priorität weiterverfolgen 2. regionale Clusterpolitik realisieren 3. Kinder- und Familienfreundlichkeit leben 4. seniorengerechte Stadt verwirklichen
Cluster 4: Prosperierende Wirtschaftszentren	1. sozialer Segregation entgegenwirken und aktive Integrationspolitik betreiben 2. Kinder- und Familienfreundlichkeit leben
Cluster 5: Stabile Großstädte mit hohem Familienanteil	1. Kinder- und Familienfreundlichkeit leben 2. Wohnstadtteile generationenverbindend weiterentwickeln 3. sozialer Segregation entgegenwirken und aktive Integrationspolitik betreiben 4. Handelszentralität sichern und Stadtimage schärfen 5. berufliche Qualifizierungsoffensive durchführen, um den Anteil der Hochqualifizierten zu steigern
Cluster 6: Aufstrebende ostdeutsche Großstädte mit Wachstumspotenzialen	1. regionale Clusterpolitik realisieren 2. Entwicklung zu einer europäischen Metropolregion beschleunigen 3. bedarfsgerechten Stadtumbau weiterführen

Herausforderungen und Handlungsansätze in Großstädten

Aufgrund der komplexen Herausforderungen in den heterogenen Großstädten sind nahezu alle kommunalen Handlungsfelder von den Auswirkungen des demographischen Wandels betroffen (siehe Abbildung 1). Bei der Entwicklung von Handlungsstrategien kommt es deshalb gerade in den großen Städten darauf an, integrierte und ressortübergreifende Gesamtkonzepte zu entwickeln. Dabei ist es ganz entscheidend, die Fachressorts der Kommunen mit ihren – auch externen Akteuren – einzubinden, das Know-how zu bündeln und dies in eine gemeinsame, zukunftweisende und demographierobuste Stadtpolitik einfließen zu lassen. Die Bausteine einer integrierten und ressortübergreifenden Gesamtstrategie werden ausführlich in Kapitel 4 dargestellt.

Ein wichtiges Beispiel für die Notwendigkeit integrierter Strategien zeigt sich in der stark zunehmenden Segregation, die sich gerade in den Großstädten manifestiert.

»Zum einen entstehen die Polarisierungen durch das unterschiedliche Reproduktionsschema in deutschen Familien und in Familien mit Migrationshintergrund, die bisher noch eine höhere Zahl an Kindern zur Welt bringen. Zum anderen durch die Abwanderung der besser verdienenden aus der Stadt hinaus ins Umland. Das bedeutet für die Städte, dass sich ihre Einwohner zunehmend zusammensetzen aus Singles einerseits und gering verdienenden Familien (Familien mit Migrationshintergrund, Alleinerziehenden, Sozialhilfeempfängern, Arbeitslosen, Senioren) andererseits.«

Soziale Segregation ist städtisch, sagt Prof. Klaus Peter Strohmeier von der Ruhr-Universität Bochum, und sie ist eine der größten Herausforderungen, die auf die Großstädte zukommt.

Ausführliche Informationen zu den übergreifenden Handlungsfeldern finden sich in Kapitel 3 dieser Publikation. Anregungen für clusterspezifische Handlungskonzepte stehen als Download unter www.aktion2050.de/wegweiser bereit.

Abb. 1: Mindestens elf zentrale Handlungsfelder auf kommunaler Ebene

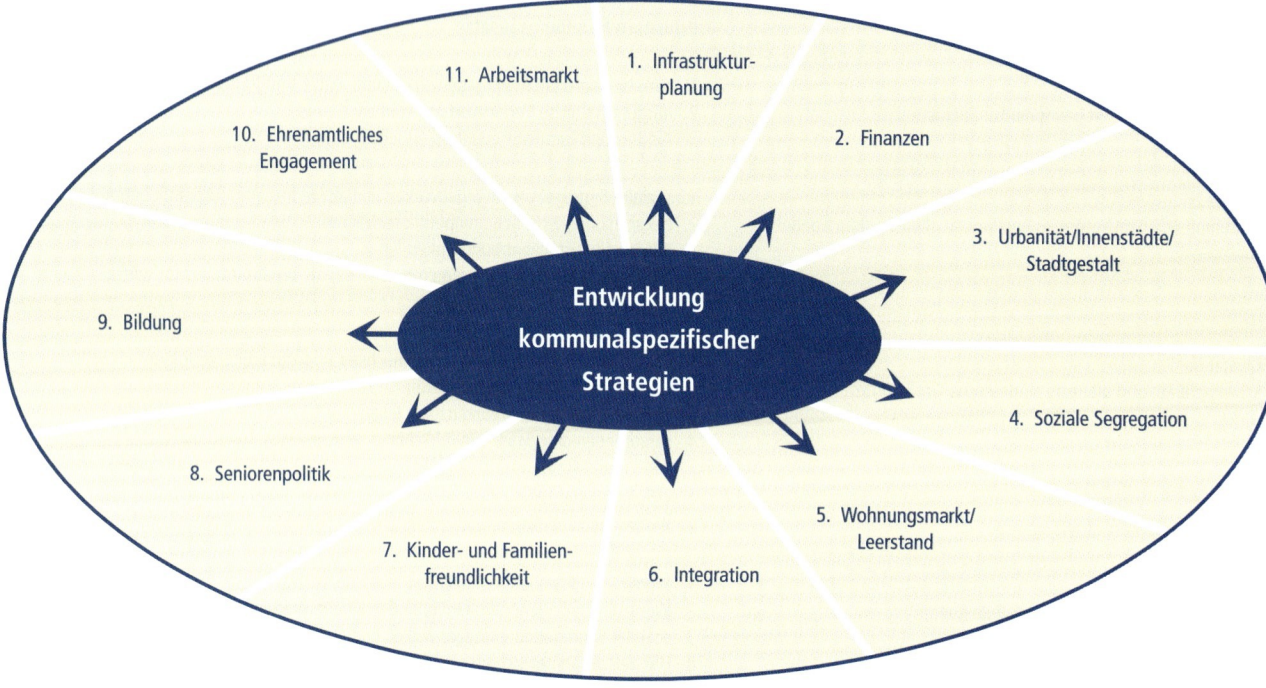

Stabile Großstädte mit geringem Familienanteil

Räumliche Einordnung

Die 21 Großstädte dieses Demographietyps* verteilen sich auf die alten Bundesländer und konzentrieren sich hier auf die Agglomerationsräume und die verstädterten Räume höherer Dichte. Ostdeutsche Großstädte sind in diesem Cluster nicht enthalten.
Die Städte dieses Demographietyps finden Sie in der Tabelle auf Seite 33.

Die Großstädte des Clusters 1 liegen überwiegend zentralräumlich. Neun Großstädte befinden sich abseits der Metropolregionen – Kiel, Osnabrück, Bielefeld, Paderborn, Kassel, Koblenz, Trier, Augsburg, Saarbrücken –, die anderen zwölf verteilen sich auf sieben europäische Metropolregionen.

Neben dem Stadtstaat Bremen sind mit Kiel, Hannover, Wiesbaden und Saarbrücken ebenso wie in Cluster 4 vier Landeshauptstädte vereint. In zwölf der 21 Großstädte wohnen zwischen 150 000 und 500 000 Einwohner. Die mittleren Großstädte sind somit überproportional stark vertreten. Dennoch gibt es sowohl kleine Großstädte wie Trier mit gerade 100 000 Einwohnern als auch mit Köln (965 000 Einwohner) eine Millionenstadt.

Charakteristische Entwicklungen

Die wirtschaftlichen und demographischen Entwicklungen der Großstädte dieses Demographietyps verliefen im Vergleich zu den anderen Großstädte-Clustern in den letzten Jahren relativ gut. Die Cluster 1 und 4 weisen Ähnlichkeiten in der Kombination von eher positiven demographischen und ökonomischen Entwicklungen auf. Die Merkmale sind in diesem Cluster allerdings weniger stark ausgeprägt als bei den prosperierenden Wirtschaftszentren des Clusters 4.

Die Bevölkerungsentwicklung wird auch für die kommenden Jahre weitgehend stabil prognostiziert. Die Alterungsprozesse verlaufen im Vergleich zum Durchschnitt aller Großstädte-Cluster leicht verzögert. Neben einer relativ hohen Arbeitsplatzzentralität zählen vor allem ihre

Attraktivität für Berufseinsteiger und als Ausbildungs- und Hochschulstandort zu ihren Stärken. Dadurch wandern in hohem Maße insbesondere die 18- bis 24-Jährigen zu.

Stabile Bevölkerungsentwicklung

Nach Rückgängen in den 1990er Jahren verläuft derzeit die Bevölkerungsentwicklung weitgehend stabil. Bereits zwischen 1996 und 2003 veränderte sich die Einwohnerzahl in jeder einzelnen Stadt nicht über einen relativ engen Korridor von plus fünf Prozent bis minus vier Prozent hinaus. Und im Jahr 2020 wird voraussichtlich in 13 der 21 Städte die Zahl der Einwohner in etwa der aktuellen entsprechen. Keine der Städte wird die Fünf-Prozent-Marke stark überschreiten.

Für Großstädte (bzw. insbesondere für die Kernstädte) ist es typisch, dass dort unterproportional viele Familien mit Kindern und ausgesprochen viele Singles leben. In diesem Cluster sind die Städte mit einem besonders geringen Anteil an Mehrpersonenhaushalten mit Kindern konzentriert. Sieben der insgesamt elf Großstädte, deren Anteil an Mehrpersonenhaushalten mit Kindern unter 20 Prozent liegt, befinden sich in diesem Cluster. In diesen Großstädten gibt es somit in vier von fünf Haushalten keine Kinder. Der Anteil an ausländischen Haushalten in den stabilen Großstädten des Clusters 1 beträgt gut elf Prozent und entspricht damit in etwa dem Durchschnitt der Großstädte in den alten Bundesländern.

Positive Wanderungsbilanzen

Trotz der niedrigen Geburtenraten und der weiterhin stattfindenden Abwanderungen von Familien in den suburba-

---

* Die Begriffe »Demographietyp« und »Cluster« werden synonym verwendet.

Profil des Demographietyps 1

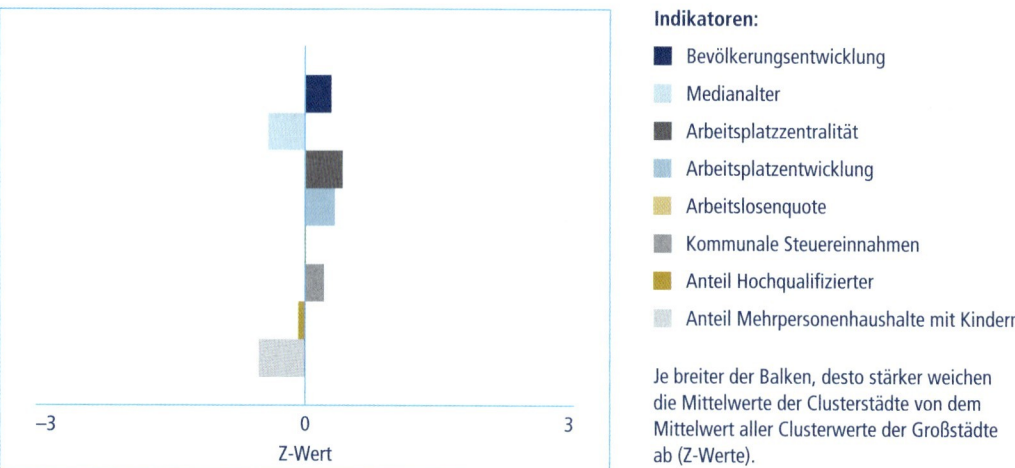

Indikatoren:

- ■ Bevölkerungsentwicklung
- ■ Medianalter
- ■ Arbeitsplatzzentralität
- ■ Arbeitsplatzentwicklung
- ■ Arbeitslosenquote
- ■ Kommunale Steuereinnahmen
- ■ Anteil Hochqualifizierter
- ■ Anteil Mehrpersonenhaushalte mit Kindern

Je breiter der Balken, desto stärker weichen die Mittelwerte der Clusterstädte von dem Mittelwert aller Clusterwerte der Großstädte ab (Z-Werte).

nen Raum entwickeln sich die Bevölkerungen dieser Großstädte weitgehend stabil. Dies ist vor allem auf die positive Wanderungsbilanz bei den jungen Erwachsenen zurückzuführen.

Die Städte verzeichnen hohe Wanderungsgewinne in der Altersgruppe der 18- bis 24-Jährigen, also bei den Bildungswanderern und Berufseinsteigern. Auch wenn sie deutlich unter denen der Großstädte des Clusters 4 liegen, sind sie doch weit überproportional im Vergleich aller Großstädte-Cluster. Hinsichtlich der Wanderungssalden nehmen hier einige der Universitätsstädte sogar über alle untersuchten Großstädte hinweg Spitzenwerte ein.

Die Wanderungsverluste in der mittleren Generation bzw. bei den Familien mit Kindern sind in den Großstädten dieses Typs leicht überproportional. So verloren in den letzten Jahren etwas mehr als die Hälfte der 21 Städte Familien, also 30- bis 49-Jährige sowie Kinder und Jugendliche unter 18 Jahre. Zwar waren diese Verluste meist moderat und auch typisch für Kernstädte. In einzelnen Städten (Göttingen, Kiel) fielen die Wanderungsverluste allerdings ausgesprochen hoch aus. Etwas weniger als die Hälfte der Städte hatte bei den Familien mit Kindern dagegen einen weitgehend ausgeglichenen Wanderungssaldo.

Leicht verzögerter Alterungsprozess

Der Alterungsprozess verläuft aufgrund der hohen Zuwanderung junger Erwachsener im Vergleich zu den anderen Großstädten etwas verzögert. Die Altersgrenze, die die Bevölkerung in zwei gleich große Gruppen teilt (Medianalter), wird bis 2020 gegenüber 2003 voraussichtlich um vier Jahre auf 44 Jahre ansteigen und damit geringfügig unter dem Durchschnitt von 45 Jahren liegen. Gleichzeitig wird

der Anteil der Senioren, also der über 60-Jährigen, von knapp einem Viertel im Jahre 2003 auf 28 Prozent im Jahre 2020 unterproportional zunehmen. Die Hochaltrigen, d.h. die über 80-Jährigen, werden 2020 mit knapp sieben Prozent einen doppelt so hohen Anteil haben wie heute.

Stabile bis wachsende wirtschaftliche Entwicklung

Die Arbeitsplatzentwicklung der letzten Jahre verlief weitgehend stabil und damit positiver als in den meisten anderen Demographietypen. In drei der 21 Städte kam es zwischen 1998 und 2003 zu Arbeitsplatzgewinnen um etwas mehr als fünf Prozent. Der durchschnittliche Wert von zwei Prozent ist deutlich überproportional im Vergleich zum Mittel aller Großstädte-Cluster und wird nur von den prosperierenden Wirtschaftszentren des Clusters 4 übertroffen (fast sechs Prozent).

Für alle diese Städte gilt gleichermaßen, dass sie als regional und überregional bedeutende Wirtschaftszentren eine große Zahl von Arbeitsplätzen, Dienstleistungen und viel Infrastruktur auch für das Umland bereitstellen. Sie sind ebenso wie die Großstädte aus Cluster 4 Motoren der wirtschaftlichen Entwicklung in der Region.

Hinsichtlich der Zugehörigkeit der Arbeitsplätze nach Wirtschaftssektoren und des Anteils an hochwertigen Arbeitsplätzen gibt es keine Besonderheiten gegenüber den Durchschnittswerten aller Städte über 100 000 Einwohner. Der Anteil an Arbeitsplätzen im produzierenden Gewerbe liegt damit allerdings höher und der Anteil an Dienstleistungsarbeitsplätzen niedriger als in den prosperierenden Wirtschaftszentren des Clusters 3.

Die Ausprägungen der weiteren sozialen und wirtschaftlichen Indikatoren, wie Arbeitslosenquoten, der Besatz oberer und unterer Einkommensgruppen und die durch-

Die Indikatoren des Demographietyps 1 im Überblick

Name	Bevölkerungs-entwicklung 2003 bis 2020 in Prozent	Median-alter 2020 in Jahren	Arbeits-platz-zentralität	Arbeitsplatz-entwicklung 1998 bis 2003 in Prozent	Arbeits-losen-quote in Prozent	Kommunale Steuer-einnahmen in Euro	Anteil hochqual. Beschäftigter in Prozent	Anteil Mehr-personen-haushalte mit Kindern in Prozent
Kiel, Landeshauptstadt	−1,9	42,4	1,4	−0,2	18,0	813,8	10,0	19,7
Braunschweig, Stadt	−3,5	45,0	1,4	1,4	15,6	857,5	14,7	18,5
Göttingen, Stadt	−4,2	39,9	1,7	2,0	17,4	704,5	20,8	17,3
Hannover, Landeshauptstadt	−1,8	42,9	1,7	−0,7	17,6	1157,9	13,7	14,5
Oldenburg (Oldenburg), Stadt	3,2	43,7	1,4	5,2	15,4	713,5	11,8	24,1
Osnabrück, Stadt	−2,5	41,9	1,6	1,9	13,9	809,6	11,1	23,3
Bremen, Stadt	0,7	45,0	1,4	1,4	16,3	1010,5	11,5	24,0
Köln, Stadt	−1,3	43,5	1,4	5,2	15,7	1228,7	14,1	17,5
Bielefeld, Stadt	3,6	41,2	1,2	0,3	17,3	849,8	10,0	26,6
Paderborn, Stadt	5,0	41,4	1,4	6,4	13,8	759,6	11,1	28,3
Offenbach am Main, Stadt	2,1	41,9	1,2	4,4	15,0	947,9	8,5	19,9
Wiesbaden, Landeshauptstadt	1,3	44,7	1,3	4,6	12,2	1354,8	13,6	21,4
Kassel, Stadt	−5,1	44,4	1,7	0,0	20,4	944,0	12,0	22,9
Koblenz, Stadt	−2,6	46,6	1,9	1,2	11,6	975,3	9,2	28,4
Ludwigshafen am Rhein	−3,6	44,9	1,7	−3,9	13,2	1301,7	6,7	28,4
Trier, Stadt	−1,1	42,0	1,8	2,4	14,2	642,2	10,1	19,6
Mannheim, Stadt	−1,0	43,9	1,6	1,2	14,2	1059,7	11,3	23,1
Fürth, Stadt	3,4	45,7	1,0	2,4	13,4	864,5	8,8	25,7
Nürnberg, Stadt	2,0	45,7	1,6	0,6	15,3	1048,2	10,6	21,5
Augsburg, Stadt	2,8	45,4	1,4	2,8	13,5	764,8	10,0	23,3
Saarbrücken, Landeshauptstadt	−3,0	47,1	2,0	1,5	19,7	1076,3	13,5	22,2
Mittelwerte der Clusterstädte	−0,4	43,8	1,5	1,9	15,4	946,9	11,6	22,4
Mittelwerte aller Großstädte	−2,1	45,1	1,4	−0,2	15,4	873,4	11,9	25,2

schnittliche Kaufkraft ebenso wie die Erwerbstätigenquoten und der Anteil an Akademikern in der Bevölkerung liegen weitgehend auf dem Durchschnittsniveau aller Städte über 100 000 Einwohner, die kommunalen Steuereinnahmen leicht darüber.

Berücksichtigt man allerdings, dass die Städte der neuen Bundesländer mit ihren relativ schwachen wirtschaftlichen Strukturdaten die Durchschnittswerte über alle Großstädte beeinflussen, lässt sich daraus für einige Städte dieses Clusters auch eine Tendenz zur wirtschaftlichen Strukturschwäche ablesen. Diese wird auch bei einem Vergleich mit den prosperierenden Wirtschaftszentren des Großstädte-Clusters 4 deutlich.

Herausforderungen für die Kommunen

Diese Großstädte sind Motoren der wirtschaftlichen Entwicklung für die Region. Daraus resultiert die Verantwortung, ihre Position im Wettbewerb der Regionen in interkommunaler Kooperation weiter auszubauen. Die meisten

Städte sind bereits in profilierte regionale Organisationen eingebunden (z.B. Region Hannover, Metropolregion Hannover–Göttingen–Braunschweig, Kommunalverband Bremen/Niedersachsen, Region Köln/Bonn).

Die Wirtschafts- und Arbeitsmarktentwicklung muss im Zusammenhang des demographischen Wandels in diesen Städten oberste Priorität haben. Außerdem bieten sie mit ihrem differenzierten Bildungs-, Kultur- und Freizeitangebot den Bürgerinnen und Bürgern eine hohe Lebensqualität. Dies zeichnet die Attraktivität der Kommunen aus.

Dennoch verlassen überdurchschnittlich viele Erwachsene die Städte, wenn sie eine Familie gründen oder Eigentum bilden wollen. Der Familienanteil ist der niedrigste aller Cluster, die Zahl der Single-Haushalte ist überproportional hoch und weiter ansteigend. Aus vielen Kernstädten sind die mittelständischen Familien mit Kindern weitgehend verschwunden, die verbleibenden Familienhaushalte sind oft allein erziehende Mütter und (kinderreiche) nichtdeutsche Familien.

Hieraus resultiert ein zentraler Handlungsbedarf, der sich aus der Statistik zunächst nicht ablesen lässt. Der

Anteil ausländischer Haushalte ist in diesem Cluster mit elf Prozent durchschnittlich hoch. Jedoch sind hiermit nicht alle Familien mit Migrationshintergrund erfasst, und vor allem wird mit dieser Zahl nicht deutlich, dass der Anteil der Kinder und Jugendlichen mit Migrationshintergrund in diesen Städten heute schon bei rund 40 Prozent liegt.

Die Zukunftsfähigkeit dieser Städte, ihre Wirtschaftsentwicklung und ihre soziale Stabilität werden ganz maßgeblich von ihrer Integrationsfähigkeit abhängen. Die Altersstruktur wird sich zu einem hohen Anteil älterer deutscher Bevölkerung sowie einem steigenden Anteil jüngerer Bevölkerungsgruppen ausländischer Herkunft verändern. Dies kann eine große Chance für multikulturelle urbane Attraktivität und wirtschaftliche Vitalität sein, erfordert aber höchste Anstrengungen zur Vermeidung sozialer Segregationserscheinungen und für ein integratives Bildungs- und Ausbildungssystem.

In diesem Zusammenhang stellt auch die Verbesserung der Kinder- und Familienfreundlichkeit der Städte zusätzliche Anforderungen. Hierbei gilt der gesamte Maßnahmenkatalog, der clusterübergreifend in Kapitel 3 zusammengestellt ist.

Handlungsansätze

Die Auswirkungen des demographischen Wandels werden in den Großstädten in nahezu allen Feldern der Stadtentwicklung spürbar sein. Daher ist es erforderlich, ressortübergreifende Gesamtprozesse zu initiieren. Ziel ist es, den demographischen Wandel umfassend zu bearbeiten und im Dialog mit den lokalen Akteuren aus Politik, Verwaltung und Bürgerschaft, den kommunalen Entscheidern und den Fachressorts Maßnahmenpakete zu entwickeln. Dabei müssen angesichts der Finanzsituation klare Prioritäten gesetzt werden. Diese werden in den folgenden Handlungsfeldern gesehen.

1. Sozialer Segregation entgegenwirken und aktive Integrationspolitik betreiben

   Segregation und Integration gehören in nahezu allen Großstädten zu den wichtigsten kommunalen Handlungsfeldern. Den absehbaren oder bereits spürbaren Folgen ist in den Städten aktiv zu begegnen – im Interesse der Menschen und auch des Wirtschaftsstandortes:

   - sozial stabile und integrative Stadtteilpolitik etablieren und im Sinne ganzheitlicher Ansätze neu ausrichten
   - sozialen Segregationsprozessen entgegenwirken durch Maßnahmen in Bildung, Sprachförderung, Partizipation und Städtebau (z. B. Bildungs- und Ausbildungsoffensive für junge Menschen in sozial benachteiligten Milieus)

   - zehn Handlungsempfehlungen für Integrationspolitik umsetzen (siehe ab Seite 155)

2. Bürgerschaftliche Verantwortung
   - Beteiligungsmöglichkeiten für Senioren schaffen
   - bürgerschaftliches Engagement von Studierenden fördern

3. Kinder- und Familienfreundlichkeit – Chance für die Zukunft

   Entscheidend ist die umfassende und zielgruppenorientierte Umsetzung der Bausteine einer kinder- und familienfreundlichen Kommune (siehe ab Seite 134). Dazu gehören:

   - ein qualitätsvolles Bildungsangebot vor allem in Schulen mit hohem Ausländeranteil
   - durchgängige, verlässliche und flexible Betreuungsstrukturen, Beratungsangebote für Familien sowie qualitätsvolle Freizeiteinrichtungen
   - ein qualitätsvolles und sicheres Wohnumfeld sowie bezahlbarer Wohnraum, um die Attraktivität der Städte für Familien zu erhöhen und eine Trendumkehr der abwandernden Familienhaushalte einzuleiten
   - eine spezielle Förderung der Kinder aus sozial benachteiligten Familien

Weitere ausführliche Informationen zu den Handlungsansätzen für die Kommunen dieses Clusters finden Sie im Internet unter www.aktion2050.de/wegweiser.

Schrumpfende Großstädte im postindustriellen Strukturwandel

Räumliche Einordnung

Die 19 Kommunen sind typischerweise altindustriell geprägte Großstädte und liegen überwiegend in Nordrhein-Westfalen, konzentriert im Ruhrgebiet. Lediglich vier Städte liegen in Norddeutschland: Lübeck, Salzgitter, Hildesheim und Bremerhaven.

Die Städte dieses Demographietyps finden Sie in der Tabelle auf Seite 38.

Die Großstädte befinden sich überwiegend zentralräumlich und konzentrieren sich vor allem auf die Metropolregion Rhein-Ruhr. Die Verteilung nach Größenklassen entspricht weitgehend dem Muster aller Großstädte in Deutschland. Die größten Städte sind Essen und Dortmund mit jeweils knapp 590 000, die kleinste ist Witten mit rund 102 000 Einwohnern.

Charakteristische Entwicklungen

Die Kommunen des Großstädte-Clusters 2 sind schrumpfende Städte: Die Schrumpfung bezieht sich auf demographische wie auch auf wirtschaftliche Strukturprobleme. Die Werte liegen für nahezu alle Merkmale (deutlich) schlechter als der Durchschnitt aller Großstädte-Cluster der alten Bundesländer. Dies ist sowohl auf die natürlichen demographischen Entwicklungen und hier insbesondere auf die Alterung der Gesellschaft zurückzuführen als auch auf die Wanderungsverluste. Dabei wandern nicht nur Familien ab, sondern teilweise sogar die jungen Erwachsenen. Aufgrund des unterdurchschnittlichen Arbeitsplatzangebots sehen hier immer weniger Berufseinsteiger und Bildungswanderer eine berufliche Perspektive.

Hinzu kommen wirtschaftsstrukturelle Probleme. Die Großstädte befinden sich bereits seit langem im Strukturwandel. Die Arbeitsplatzentwicklung war in den letzten Jahren rückläufig, die Arbeitslosigkeit ist überproportional hoch, und die finanziellen Handlungsspielräume der Kommunen sind für Großstädte (der alten Bundesländer) auffallend niedrig. Die wirtschaftlichen Potenziale werden auch in Zukunft eingeschränkt, da die Zahl der hoch qualifizierten Beschäftigten voraussichtlich sehr gering sein wird.

Deutlicher Bevölkerungsrückgang

Kennzeichnend für die Städte dieses Demographietyps ist der deutliche Rückgang der Einwohnerzahlen. Schon in der Vergangenheit schrumpfte die Bevölkerung, und perspektivisch ist mit noch größeren Verlusten zu rechnen. Bereits zwischen 1996 und 2003 ging die Zahl deutlich um durchschnittlich 3,4 Prozent zurück, und auch zukünftig verzeichnen sämtliche Großstädte des Clusters einen Bevölkerungsrückgang. In 14 der 19 Großstädte nimmt die Bevölkerung um mehr als fünf Prozent ab, in fünf Städten sogar um zehn Prozent und mehr. Dies ist auf die natürliche Bevölkerungsentwicklung und auch auf die negativen Wanderungsbewegungen zurückzuführen.

Die Haushaltsstruktur gleicht in etwa dem Mittel aller untersuchten Städte über 100 000 Einwohner. Jedoch ist der Anteil der Einpersonenhaushalte etwas niedriger und der der Mehrpersonenhaushalte ohne Kinder etwas höher. Der Anteil ausländischer Haushalte ist der geringste unter den Cluster-Typen der alten Bundesländer.

Ausgeprägte Alterung der Gesellschaft

Die Alterungsprozesse sind stark ausgeprägt. So liegt die Altersgrenze, die die Bevölkerung in zwei gleich große Gruppen teilt, im Jahr 2003 verglichen mit allen anderen Clustern der alten Bundesländer mit fast 42 Jahren am höchsten. Diesen Wert des Medianalters werden die prosperierenden Wirtschaftszentren des Großstädte-Clusters 4 voraussichtlich erst 2020 überschreiten; er wird aktuell nur noch von den schrumpfenden und alternden ostdeutschen Städten des Großstädte-Clusters 3 überboten (43 Jahre).

Der deutliche Alterungsprozess ist jedoch weniger auf fehlende Geburten oder wenige Kinder und Jugendliche zurückzuführen. Die Geburtenrate ist sogar überdurch-

Profil des Demographietyps 2

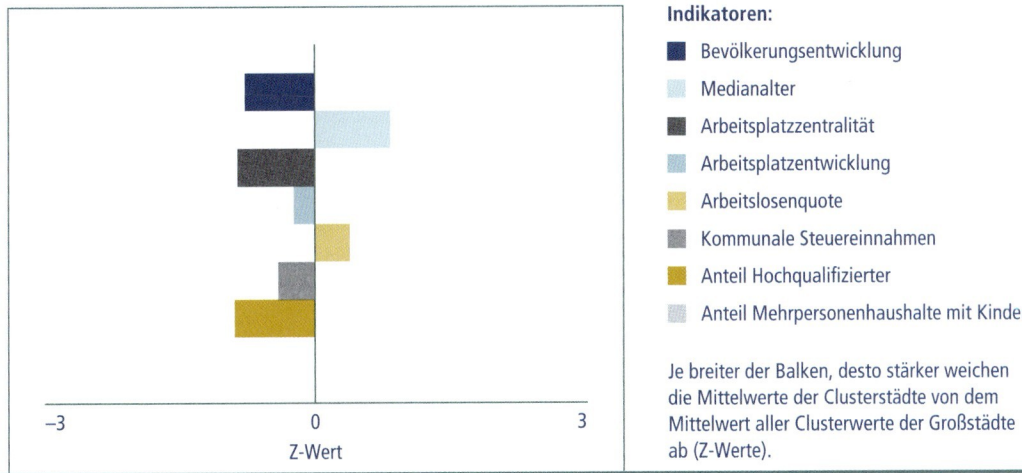

Indikatoren:

- ■ Bevölkerungsentwicklung
- ■ Medianalter
- ■ Arbeitsplatzzentralität
- ■ Arbeitsplatzentwicklung
- ■ Arbeitslosenquote
- ■ Kommunale Steuereinnahmen
- ■ Anteil Hochqualifizierter
- ■ Anteil Mehrpersonenhaushalte mit Kindern

Je breiter der Balken, desto stärker weichen die Mittelwerte der Clusterstädte von dem Mittelwert aller Clusterwerte der Großstädte ab (Z-Werte).

schnittlich gut, und sowohl die aktuellen als auch die zukünftigen Anteile der unter 18-Jährigen (bis 2020) liegen leicht überproportional im Vergleich aller Großstädte-Cluster.

Stark ausgeprägt ist jedoch der Anteil der Senioren in der Gesellschaft. Während der Anteil der 60-Jährigen bereits heute um 1,5 Prozent höher liegt als der Durchschnitt aller Großstädte-Cluster (25 Prozent), wird 2020 nahezu ein Drittel der Einwohner älter als 60 Jahre sein. Damit wird der Wert voraussichtlich bereits um 2,5 Prozent höher liegen als der Durchschnitt (30 Prozent). Gleichzeitig wird sich der Anteil der über 80-Jährigen nahezu verdoppeln und dann gut acht Prozent betragen. Die Alterungsprozesse verlaufen auch deshalb relativ schnell, weil es keine ausreichende Zuwanderung junger Erwachsener gibt, die den Prozess verlangsamen könnte.

Untypische Wanderungsmuster

Bei der Betrachtung der Wanderungsverluste fällt auf, dass im Durchschnitt nicht nur Familien aus den Großstädten wegziehen. In manchen Städten liegen auch bei den 18- bis 24-Jährigen Wanderungsverluste vor. So verzeichnen nur 16 der 19 Städte überhaupt Wanderungsgewinne in dieser Altersgruppe – und die sind meist sehr gering. Demnach suchen immer weniger dieser Berufseinsteiger und Bildungswanderer hier eine berufliche Perspektive.

Andererseits wandern relativ wenige Menschen aus der mittleren Generation zwischen 30 und 49 Jahren bzw. Familien mit Kindern bis zu 17 Jahren aus diesen Städten ab. Fast die Hälfte der Kommunen hat in dieser Altersgruppe sogar einen ausgeglichenen Wanderungssaldo. Das Muster entspricht damit nur in Ansätzen dem für Großstädte üblichen Bild.

Wirtschaft im strukturellen Wandel

Die Arbeitsplätze in diesen Großstädten sind zu etwa zwei Dritteln im Dienstleistungsbereich und zu einem Drittel im verarbeitenden Gewerbe angesiedelt. Damit hat Letzteres im Vergleich zu den meisten anderen Großstädten eine relativ starke Position. Die Erwerbstätigenquote von Frauen ist sehr gering.

Die Strukturschwäche wird an verschiedenen Merkmalen deutlich. So ist die Arbeitsplatzentwicklung rückläufig. Dabei kam es zwischen 1998 und 2003 in vier der 19 Städte zu einem deutlichen Abbau von Arbeitsplätzen zwischen sieben und zehn Prozent. Nur in acht der 19 Städte gibt es deutlich mehr Arbeitsplätze als Erwerbstätige in der Bevölkerung. Insbesondere im Ruhrgebiet wird die Funktion einiger Großstädte als regionale Zentren in Frage gestellt, fünf Städte weisen dort sogar Auspendlerüberschüsse auf.

Die überproportional hohe Arbeitslosigkeit von durchschnittlich 17 Prozent macht auch die Strukturschwäche deutlich. In 16 der 19 Städte liegt die Arbeitslosenquote über 15 Prozent. Die für Großstädte der alten Bundesländer sehr niedrigen kommunalen Steuereinnahmen von knapp 750 Euro pro Einwohner und Jahr verweist auf stark eingeschränkte Handlungsspielräume der Kommunen.

Trotz der guten Hochschullandschaft, die insbesondere im Ruhrgebiet unverkennbar ist, liegt der Anteil der hoch qualifiziert Beschäftigten mit 7,5 Prozent ebenso wie bei den »suburbanen« Großstädten (acht Prozent) deutlich am unteren Ende aller Großstädte-Cluster; diese haben im Mittel zwölf Prozent Hochqualifizierte.

Auch die Ausprägungen der weiteren wirtschaftlichen und sozialen Indikatoren, wie Besatz der oberen und unteren Einkommensgruppen, die durchschnittliche Kaufkraft ebenso wie die Erwerbstätigenquoten verweisen auf wirtschaftliche und soziale Probleme in diesen Städten.

Die Indikatoren des Demographietyps 2 im Überblick

Name	Bevölkerungs-entwicklung 2003 bis 2020 in Prozent	Median-alter 2020 in Jahren	Arbeits-platz-zentralität	Arbeitsplatz-entwicklung 1998 bis 2003 in Prozent	Arbeits-losen-quote in Prozent	Kommunale Steuer-einnahmen in Euro	Anteil hochqual. Beschäftigter in Prozent	Anteil Mehr-personen-haushalte mit Kindern in Prozent
Lübeck, Stadt	− 2,7	47,3	1,3	− 1,0	18,4	637,8	7,2	21,4
Salzgitter, Stadt	−11,0	49,7	1,4	− 2,6	15,5	706,3	4,3	29,2
Hildesheim, Stadt	− 5,3	46,7	1,4	− 3,3	15,2	754,0	10,2	24,8
Bremerhaven, Stadt	−11,5	48,5	1,4	− 2,3	23,9	683,7	4,9	24,7
Duisburg, Stadt	− 9,8	46,9	1,0	− 1,3	18,2	651,2	5,6	24,4
Essen, Stadt	− 6,3	47,2	1,2	− 0,3	15,9	917,8	9,9	21,5
Krefeld, Stadt	− 6,8	48,6	1,2	− 0,1	15,7	796,8	8,8	28,9
Mönchengladbach, Stadt	− 3,4	46,8	1,0	− 1,5	16,2	862,8	7,0	28,6
Mülheim an der Ruhr, Stadt	− 7,7	50,5	1,0	− 8,0	12,4	1018,0	10,0	27,0
Oberhausen, Stadt	− 4,8	47,8	0,9	1,0	15,9	656,9	5,8	28,0
Wuppertal, Stadt	− 8,1	47,0	1,0	− 7,2	14,6	857,7	7,7	25,1
Bottrop, Stadt	− 4,4	48,3	0,9	− 1,5	16,3	586,7	7,1	30,1
Gelsenkirchen, Stadt	−11,7	47,6	1,0	− 4,8	22,2	598,9	5,3	18,9
Recklinghausen, Stadt	− 5,9	47,9	0,9	− 9,9	16,8	653,0	8,4	24,6
Bochum, Stadt	− 6,1	47,2	1,1	− 3,0	16,1	779,8	10,6	25,3
Dortmund, Stadt	− 2,3	45,4	1,1	− 1,2	19,0	720,8	9,4	24,3
Hagen, Stadt	−11,0	46,8	1,1	− 7,3	16,2	836,9	6,1	23,8
Herne, Stadt	− 7,0	48,0	1,0	20,8	19,7	545,8	5,9	23,6
Witten, Stadt	− 7,0	48,5	0,9	− 0,3	14,1	732,1	9,8	25,0
Mittelwerte der Clusterstädte	−7,0	47,7	1,1	−1,8	17,0	736,7	7,6	25,2
Mittelwerte aller Großstädte	−2,1	45,1	1,4	−0,2	15,4	873,4	11,9	25,2

Herausforderungen für die Städte

Die demographischen Probleme hängen in den Städten des Clusters 2 grundlegend mit der wirtschaftlichen Struktur-schwäche zusammen. Um sie zu lösen, müssen vornehm-lich die wirtschaftlichen Herausforderungen angegangen und bewältigt werden.

Die größten ökonomischen Herausforderungen erge-ben sich vor allem aus dem großen Mangel an qualifizier-ten Arbeitsplätzen, der zu einer starken Abwanderung bei den 18- bis 24-Jährigen führt. Dies wiederum führt zu einem langfristig bedeutsamen Fachkräftemangel. Die ausbleibenden Wanderungsgewinne bei den jungen Er-wachsenen können mittelfristig durch die Qualifizierung älterer Arbeitnehmer und die Weiterbeschäftigung der »jüngeren« Senioren kompensiert werden. Dabei sollten die Potenziale der Hochschulen besser genutzt werden: Über experimentelle Kooperationen zwischen Hochschu-len und der Wirtschaft kann der Weg in die Informations- und Wissensgesellschaft geebnet werden, wie es teil-weise bereits geschieht (z. B. in der Stadt Dortmund).

Experimente sollten auch in anderen Themenfeldern gewagt werden, um eine neue Rolle im nationalen und internationalen Städtewettbewerb zu finden. Aus demo-graphischer Sicht wird es vor allem darauf ankommen, den Stadtumbau auf die Alterungsprozesse auszurichten, dabei die jeweiligen Standortqualitäten für eine langfris-tige Entwicklung herauszuarbeiten und sozialen Segrega-tionsprozessen entgegenzuwirken.

Fokus Ruhrgebiet

Der demographische Wandel wird das Ruhrgebiet rascher und härter treffen als andere Regionen Nordrhein-Westfalens. Das Ruhrgebiet ist ein Vorläufer der gesamtdeutschen Entwicklung und kann als Laboratorium des demographischen Wandels bezeichnet werden. Es »ist nicht zuletzt durch die seit langer Zeit anhaltende Abwanderung von Erwerbstätigen und ihren Familien bereits vergleichsweise stark ›gealtert‹ und läuft dadurch tendenziell der gesamtdeutschen demographischen Entwicklung um etwa 25 Jahre voraus«, beschreiben Prof. Dr. Christoph Schmidt und Dr. Uwe Neumann vom RWI in Essen die Situation. Dennoch gibt es auch im Ruhrgebiet starke demographische Disparitäten, die teilweise zu weit über die drängenden wirtschaftlichen Probleme der Region hinaus gehenden Herausforderungen führen.

Aus den seit Jahren andauernden Wanderungsverlusten (insbesondere der Gruppe der Erwerbstätigen und ihrer Familien) resultiert eine ungünstige Altersstruktur, die für Großstädte absolut untypisch ist. In den meisten Ruhrgebietsstädten kommen mehrere negative Faktoren zusammen: Kinder und Jugendliche sowie die Gruppe der jüngeren Erwerbspersonen (bis etwa 40 Jahre) sind stark unterrepräsentiert. Der Anteil der über 60-Jährigen ist dagegen überdurchschnittlich groß. Diese Entwicklung wird sich bis zum Jahr 2020 verstärken. Der Bestand an Erwerbspersonen wird in dieser Region weiterhin überproportional abnehmen.

»Stadtregionen sind durch altersspezifische interne Wanderungsbewegungen gekennzeichnet, die eng mit der Siedlungsstruktur zusammenhängen«, so Schmidt und Neumann. Es gibt einerseits Stadtteile, in denen vorwiegend ältere, wohlhabende Menschen und wenig Kinder wohnen, und andererseits Gebiete, deren Bevölkerung deutlich jünger, dafür aber auch deutlich ärmer ist (wie in Essen und Gelsenkirchen). Im Ruhrgebiet zeigt sich zudem eine deutliche Segregation von Zuwanderern in der zweiten oder dritten Generation. Sie zeigt sich durch eine überdurchschnittlich hohe Segregation in manchen Stadtteilen. Diese Entwicklungen erfordern viele Anstrengungen in den Bereichen Integration und Segregation.

Die für den Demographietyp 2 entwickelten Handlungsansätze müssen im Ruhrgebiet mit oberster Priorität und in enger interkommunaler Zusammenarbeit bearbeitet werden.

Handlungsansätze

Die Auswirkungen des demographischen Wandels werden in den Großstädten in nahezu allen Feldern der Stadtentwicklung spürbar sein. Daher ist es erforderlich, ressortübergreifende Gesamtprozesse zu initiieren. Ziel ist es, den demographischen Wandel umfassend zu bearbeiten und im Dialog mit den lokalen Akteuren aus Politik, Verwaltung und Bürgerschaft, den kommunalen Entscheidern und den Fachressorts Maßnahmenpakete zu entwickeln. Dabei müssen angesichts der Finanzsituation klare Prioritäten gesetzt werden. Diese werden in den folgenden Handlungsfeldern gesehen.

1. Intensivierung der regionalen Wirtschaftsförderung als Voraussetzung für wirtschaftliche Prosperität
   In Kooperation mit der Privatwirtschaft kommt es bei der regionalen Wirtschaftsförderung darauf an, Infrastrukturangebote, also im Verkehrs-, Kommunikations-, Bildungs- und Forschungsbereich sowie im Gesundheitswesen der Altersstruktur anzupassen. Folgende Punkte sollten in den Kommunen eine Rolle spielen:
   - zielgruppenorientierte Qualifizierungsangebote für Menschen mit Migrationshintergrund und ältere Arbeitnehmer sowie in der Nachwuchsförderung
   - Abbau bürokratischer Hemmnisse bei der Entfaltung privatwirtschaftlicher Initiativen als regionales Wettbewerbsinstrument
   - Um der Abwanderung der Fachkräfte entgegenzuwirken, müssen die Kooperation und Vernetzung zwischen Wirtschaft und Hochschulen intensiviert werden.

2. Zukunftsorientierte Seniorenpolitik
   - Bausteine einer zukunftsorientierten Seniorenpolitik (siehe ab Seite 126) in die Praxis umsetzen, da die Alterung der Gesellschaft in diesen Großstädten besonders weit fortgeschritten ist
   - ältere Arbeitnehmer qualifizieren und junge Senioren länger beschäftigen, da das klassische Potenzial an Erwerbspersonen stark zurückgeht

3. Sozialer Segregation entgegenwirken und aktive Integrationspolitik betreiben
   Segregation und Integration gehören in nahezu allen Großstädten zu den wichtigsten kommunalen Handlungsfeldern. Das Ruhrgebiet ist davon besonders betroffen. Den absehbaren oder bereits spürbaren Folgen ist in den Städten aktiv zu begegnen – im Interesse der Menschen und auch des Wirtschaftsstandortes:
   - sozial stabile und integrative Stadtteilpolitik etablieren und im Sinne ganzheitlicher Ansätze neu ausrichten
   - sozialen Segregationsprozessen entgegenwirken durch Maßnahmen in Bildung, Sprachförderung, Partizipation und Städtebau (z. B. Bildungs- und Ausbildungsoffensive für junge Menschen in sozial benachteiligten Milieus)
   - zehn Handlungsempfehlungen für Integrationspolitik umsetzen (siehe ab Seite 155)

4. Kinder- und Familienfreundlichkeit – Chance für die Zukunft
   Entscheidend ist die umfassende und zielgruppenorientierte Umsetzung der Bausteine einer kinder- und familienfreundlichen Kommune (siehe ab Seite 134). Dazu gehören:
   - ein qualitätsvolles Bildungsangebot auch in Schulen mit hohem Ausländeranteil
   - durchgängige, verlässliche und flexible Betreuungsstrukturen, Beratungsangebote für Familien sowie qualitätsvolle Freizeiteinrichtungen
   - ein qualitätsvolles und sicheres Wohnumfeld sowie bezahlbarer Wohnraum, um die Attraktivität der Städte für mittelständische Familien zu erhöhen und eine Trendumkehr der abwandernden Familienhaushalte einzuleiten
   - eine spezielle Förderung der Kinder aus sozial benachteiligten Familien

Weitere ausführliche Informationen zu den Handlungsansätzen für die Kommunen dieses Clusters finden Sie im Internet unter www.aktion2050.de/wegweiser.

Schrumpfende und alternde ostdeutsche Großstädte

Räumliche Einordnung

Die fünf Großstädte befinden sich ebenso wie die des Clusters 6 ausschließlich in Ost-Deutschland. Die Städte dieses Demographietyps finden Sie in der Tabelle auf Seite 43.

Dieses Cluster bilden eher kleinere Großstädte in verstädterten Räumen jenseits von Agglomerationsräumen. In Gera und Cottbus leben etwas mehr als 100 000 Einwohner, in Chemnitz, Halle und Magdeburg zwischen 200 000 und 250 000 Einwohner. Chemnitz ist die größte Stadt. Mit Magdeburg ist eine Landeshauptstadt vertreten. Nur Halle und Chemnitz gehören einer europäischen Metropolregion (Sachsendreieck) an.

Charakteristische Entwicklungen

Die Städte zeichnen sich tendenziell durch eine mehrdimensionale Kombination von demographischen und wirtschaftlichen Schrumpfungsprozessen aus. Sie befinden sich in einem tief greifenden Umstrukturierungsprozess, der vielfältige strukturelle Defizite offenbart. Nahezu alle betrachteten demographischen und ökonomischen Merkmale sind (deutlich) schlechter als der Durchschnitt aller Großstädte-Cluster.

Durch stark rückläufige Bevölkerungszahlen wird voraussichtlich langfristig in einigen Fällen der Großstadtcharakter verloren gehen. Hohe Wanderungsverluste in allen Altersgruppen und ein hoher und weiter stark wachsender Anteil älterer Menschen gehen dabei einher mit sehr hohen Arbeitslosenquoten und einem geringen Einkommensniveau in der Bevölkerung sowie sehr kleinen finanziellen Spielräumen der Kommune. Die Handlungsfähigkeit der Städte ist hinsichtlich der notwendigen Anpassungen an den gesellschaftlichen Wandel somit stark abhängig von neuen kreativen Ideen und externen Mitteln (Umlagen, Subventionen usw.).

Sehr hohe Bevölkerungsrückgänge

Die fünf Städte haben stark rückläufige Einwohnerzahlen; zwischen 1996 und 2003 lagen die Verluste zwischen zehn und 14 Prozent. Für 2003 bis 2020 ist mit weiteren Rückgängen zwischen zehn und 20 Prozent zu rechnen. Durchschnittlich bedeutet dies einen Bevölkerungsverlust von zwölf Prozent zwischen 1996 bis 2003 und weiteren 17 Prozent bis zum Jahre 2020.

Hohe Wanderungsverluste

Die starken Bevölkerungsverluste sind in erster Linie das Ergebnis hoher Abwanderungszahlen. Alle fünf Städte hatten in den letzten Jahren sehr hohe Verluste von jungen Familien und Erwachsenen der mittleren Generation (Kinder und Jugendliche bis 17 Jahre sowie Erwachsene zwischen 30 und 49 Jahren).

Selbst bei den jungen Erwachsenen stagnieren die durchschnittlichen Wanderungssalden. Nur Halle und Magdeburg konnten in den letzten Jahren 18- bis 24-Jährige hinzugewinnen. Die anderen drei Städte verzeichneten in dieser Altersgruppe Wanderungsverluste. Da Großstädte generell Zielgebiete für junge Berufseinsteiger und Bildungswanderer sind, verweisen die Verluste auf gravierende Attraktivitätsprobleme dieser Städte.

Deutliche Alterungsprozesse

Parallel zum Bevölkerungsrückgang finden hier starke Alterungsprozesse statt. Schon aktuell gibt es in diesen Städten relativ wenige Kinder und Jugendliche und relativ viele ältere Menschen. Während der geringe Anteil der Kinder und Jugendlichen unter 18 Jahren voraussichtlich

Profil des Demographietyps 3

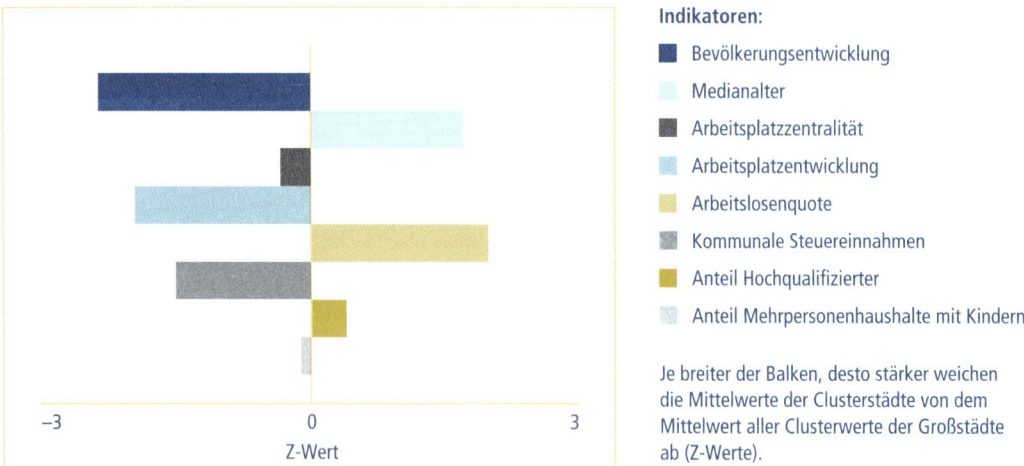

Indikatoren:

- ■ Bevölkerungsentwicklung
- ■ Medianalter
- ■ Arbeitsplatzzentralität
- ■ Arbeitsplatzentwicklung
- ■ Arbeitslosenquote
- ■ Kommunale Steuereinnahmen
- ■ Anteil Hochqualifizierter
- ■ Anteil Mehrpersonenhaushalte mit Kindern

Je breiter der Balken, desto stärker weichen die Mittelwerte der Clusterstädte von dem Mittelwert aller Clusterwerte der Großstädte ab (Z-Werte).

nur leicht von 13,8 auf 13,2 Prozent im Jahr 2020 zurückgehen wird, wird der Anteil der über 60-Jährigen deutlich um zehn auf 38 Prozent anwachsen.

Die Altersgrenze, die die Bevölkerung in zwei gleich große Gruppen teilt (Medianalter), wird somit bis 2020 um mehr als sieben Jahre auf 50 Jahre ansteigen. Gleichzeitig wächst der Anteil der Hochaltrigen, der über 80-Jährigen, um mehr als das Doppelte auf gut zehn Prozent und nähert sich damit dem Anteil der Kinder und Jugendlichen unter 18 Jahren an.

Die Struktur der Haushalte weicht nur wenig vom Durchschnitt aller Städte über 100 000 Einwohnern ab. Familienhaushalte mit Kindern sind leicht unterrepräsentiert. Dieses Muster korrespondiert mit einer niedrigen Geburtenrate und einem geringen Anteil junger Frauen. Der im Vergleich zu allen Großstädten sehr geringe Anteil ausländischer Haushalte (etwa ein Prozent) ist ein typisches Merkmal von ostdeutschen Großstädten.

Strukturelle Defizite im wirtschaftlichen Umstrukturierungsprozess

Alle fünf Städte haben in den letzten Jahren Arbeitsplätze in beträchtlichem Ausmaß verloren: Die Rückgänge lagen zwischen 1998 und 2003 innerhalb einer Spanne von zehn bis 16 Prozent. Dennoch sind sie nach wie vor regionale Arbeitsplatzzentren mit einem überwiegend hohen Einpendlerüberschuss von Berufstätigen. Der hohe Anteil der Arbeitsplätze im Dienstleistungsbereich (82 Prozent) ist eine Besonderheit in den neuen Bundesländern und Ausdruck der massiven Arbeitsplatzverluste im verarbeitenden Gewerbe. Sein Anteil von 17 Prozent liegt um etwa zehn Prozentpunkte unter dem Durchschnittswert aller Städte über 100 000 Einwohnern.

In allen fünf Städten sind die Arbeitslosenquoten mit über 20 Prozent sehr hoch. Die geringe wirtschaftliche Dynamik der Städte dieses Typs ist auch an anderen Indikatoren zu erkennen. Ihre kommunalen Steuereinnahmen sind sehr gering: Sie betragen weniger als die Hälfte des Durchschnitts aller Städte über 100 000 Einwohner. Auch bei der durchschnittlichen Kaufkraft der Einwohner und beim Besatz der oberen Einkommensgruppen liegen die Werte jeweils am unteren Ende der Skala.

Die Frauenerwerbstätigenquote beträgt über 50 Prozent und übersteigt damit leicht die der Männer. Gleichzeitig liegt der Anteil der Frauen in der bildungs- und berufsaktiven Altersgruppe zwischen 20 und 34 Jahren deutlich unter dem der Männer (47 zu 53 Prozent). Dies ist teilweise auf die selektive Abwanderung von (jungen) Frauen Anfang der 1990er Jahre zurückzuführen.

Herausforderungen für die Städte

Von den negativen Folgen des demographischen Wandels ist kein anderer deutscher Großstadttyp so stark betroffen wie die ostdeutschen Städte, die dieses Cluster bilden. Zur Beseitigung der strukturellen Defizite benötigen die Großstädte einen langen Atem und spezifische integrierte Strategien, mit denen sämtliche lokale Akteure ihr Handeln an die Schrumpfungserfordernisse anpassen und gleichzeitig ihre Routinen und Strukturen auf das notwendige Maß verändern können. Dabei können die Großstädte die hohe Sensibilität für den demographischen Wandel nutzen und sich auf eine deutlich kleinere Stadt einstellen (»Face Reality«).

Eine zentrale Herausforderung wird deshalb sein, Anpassungs- und Veränderungsstrategien zu entwickeln und anzuwenden und dabei klare Prioritäten zu setzen, sowie in engen Zyklen der Strategieentwicklung und -ver-

Die Indikatoren des Demographietyps 3 im Überblick

Name	Bevölkerungs-entwicklung 2003 bis 2020 in Prozent	Median-alter 2020 in Jahren	Arbeits-platz-zentralität	Arbeitsplatz-entwicklung 1998 bis 2003 in Prozent	Arbeits-losen-quote in Prozent	Kommunale Steuer-einnahmen in Euro	Anteil hochqual. Beschäftigter in Prozent	Anteil Mehr-personen-haushalte mit Kindern in Prozent
Cottbus, Stadt	−18,3	51,1	1,4	−16,1	23,9	393,6	15,3	27,1
Chemnitz, Stadt	−16,7	52,6	1,3	−11,9	21,8	415,5	16,1	24,1
Halle (Saale), Stadt	−16,7	44,1	1,2	−15,7	25,5	335,4	14,4	21,5
Magdeburg, Landeshauptstadt	−11,2	49,5	1,4	− 9,6	23,5	459,5	12,7	26,1
Gera, Stadt	−21,6	55,2	1,1	−12,2	23,2	295,8	11,0	24,1
Mittelwerte der Clusterstädte	−16,9	50,5	1,3	−13,1	23,6	380,0	13,9	24,6
Mittelwerte aller Großstädte	− 2,1	45,1	1,4	− 0,2	15,4	873,4	11,9	25,2

änderung die neueren Entwicklungen achtsam aufzugreifen und ggf. die prioritären Maßnahmen zu modifizieren.

Ziel muss es sein, die sehr hohen Bevölkerungsrückgänge sowie die Prozesse der »Entjüngung« mittel- und langfristig zu stoppen. In diesem Zusammenhang wird es wichtig sein, aktiv und handlungsorientiert vorzugehen, dabei auch neue Wege zu beschreiten und kreative Experimente zu wagen und gleichzeitig Trendbrüche und andere mögliche Entwicklungen sensibel zu verfolgen und einzubeziehen.

Die anhaltenden Abwanderungen erodieren die ökonomische Basis der Kommunen. Aufgrund der Abwanderungsverluste der Hochqualifizierten und der Bildungswanderer und Berufseinsteiger müssen sich die Großstädte auf einen deutlichen Fachkräftemangel einstellen. Ein erfolgreicher Umstrukturierungsprozess und die Schaffung neuer Arbeitsplätze wird somit grundlegend davon abhängen, ob es gelingt, die Abwanderung junger und qualifizierter Arbeitskräfte (»brain drain«) zu stoppen und umzukehren. Hierfür muss die Attraktivität der Großstädte für junge Erwachsene erhöht, zu Existenzgründungen ermutigt und Ausbildungsplätze geschaffen werden. Gleichzeitig sollten jedoch – ähnlich wie in den schrumpfenden (Ruhrgebiets-)Städten des Großstädte-Clusters 2 – auch die jungen Senioren qualifiziert und länger in den Arbeitsmarkt einbezogen werden.

Eine wichtige Herausforderung für die Großstädte ist es, die Siedlungsentwicklung auch im Hinblick auf eine zukünftige effiziente technische Infrastruktur auszurichten. Dies erfordert eine Konzentration der Siedlungsentwicklung und der Aufbau dezentraler Systeme. Für den Wohnungsmarkt gilt, sich auf die Verschiebung der Zielgruppen einzustellen und ggf. auch die Fusion von Wohnungsunternehmen in Betracht zu ziehen. Eine Verdopplung der Hochaltrigen (über 80-Jährigen) auf mehr als zehn Prozent schafft einen neuen Markt für betreutes Wohnen und die entsprechenden Dienstleistungen.

Handlungsansätze

Die schrumpfenden und alternden ostdeutschen Großstädte können die übergreifenden gesellschaftlichen Rahmenbedingungen, die Prozesse des demographischen Wandels und des wirtschaftlichen Niedergangs durch kommunale Handlungen nur begrenzt beeinflussen. Allerdings können die Kommunen einen aktiven Beitrag leisten, um sich den Folgen der Schrumpfung anzupassen und günstige Rahmenbedingungen für neue Entwicklungschancen zu schaffen. Eine aktive, zukunftsgewandte Stadtpolitik ist auch unter den schwierigen Bedingungen schrumpfender Städte unverzichtbar. Dabei gilt es, sich prioritär mit folgenden Handlungsfeldern zu befassen:

1. Bedarfsgerechter Stadtumbau mit räumlicher Konzentration des Mitteleinsatzes
   - Konzentration auf stabile Siedlungskerne (Revitalisierung der Zentren, Entwicklung der gewerblichen Schwerpunkte, Aufwertung des Wohnumfeldes)
   - selektiver randstädtischer Rückbau mit flächenhaftem Rückbau der Infrastruktur
   - Infrastruktur an einen sinkenden Bedarf anpassen
   - Stadtumbaumonitoring installieren
   - »Geduld als Tugend«, Experimente ermöglichen und leer stehende Gebäude und Brachen mitunter einfach liegen lassen

2. Regionale Clusterpolitik
   - regionale Branchenschwerpunkte und endogene Potenziale des Mittelstands fördern
   - regionale Vernetzungen unterstützen (als Impulsgeber und Moderator agieren, Bewusstseinsbildung fördern, Anreize und Unterstützung für Kooperationen, Plattformen organisieren)
   - endogene Potenziale durch die lose institutionelle Verkopplung von Wissenschaft, Politik und Wirtschaft aktivieren
   - Netzwerkstrukturen weiterentwickeln und diversifizieren

3. Kinder- und Familienfreundlichkeit
   - umfassend und zielgruppenorientiert die Bausteine einer kinder- und familienfreundlichen Kommune umsetzen (siehe ab Seite 134)
   - das relativ gute Angebot zur Kindertagesbetreuung aufrechterhalten
   - die Stadtgesellschaft für familien- und kinderfreundliche Maßnahmen aktivieren

4. Seniorengerechte Stadt
   - Potenziale des Alters nutzen (seniorenspezifische Beratungen, Ehrenamtsbörsen oder Seniorenbüros einrichten, Senioren in Planungsprozesse aktiv einbeziehen)
   - Bildungsmöglichkeiten im Alter fördern (Bildungsberatung älterer Menschen, Qualifizierungsangebote für Senioren)
   - Wirtschaftskraft Alter nutzen (die Entwicklung seniorenorientierter Produkte und Dienste initiieren und unterstützen, Erfahrungswissen Älterer nutzen)
   - neue Wohnkonzepte im Alter realisieren (Wohnungsbestand strukturell umbauen, neue Wohnformen schaffen, erproben und unterstützen, integrierte Planung der sozialen Infrastruktur)
   - Alter und Pflege optimal vereinbaren (Wohn- und Pflegeberatung, Soziale Dienstleistungen, Maßnahmen zur besseren Vereinbarkeit von Beruf und Pflege usw.)

Prosperierende Wirtschaftszentren

Räumliche Einordnung

Die 19 Wirtschaftszentren mit einer hohen wirtschaftlichen Dynamik konzentrieren sich auf die süd- und westdeutschen Agglomerationsräume der alten Bundesländer. Ostdeutsche Städte sind in diesem Cluster nicht enthalten. Neben dem Stadtstaat Hamburg gehören mit Stuttgart, München, Düsseldorf und Mainz vier Landeshauptstädte dazu. Die Städte dieses Demographietyps finden Sie in der Tabelle auf Seite 47.

Die Städte liegen zentralräumlich in den über die Landes- und Staatsgrenzen hinweg reichenden Siedlungs- und Verkehrskorridoren und dabei gleichermaßen in den wie auch abseits der europäischen Metropolregionen. Sie sind in allen Größenklassen über 100 000 Einwohner vertreten. Zu den bevölkerungsreichsten gehören die Millionenstädte Hamburg und München. Die kleinste ist Erlangen mit knapp 103 000 Einwohnern.

Charakteristische Entwicklungen

Die prosperierenden Wirtschaftszentren tragen als wichtige Motoren der wirtschaftlichen Entwicklung wesentlich zur internationalen Wettbewerbsfähigkeit Deutschlands (und auch Europas) bei. Charakteristisch ist die hohe wirtschaftliche Dynamik und Prosperität, die sich seit der Jahrhundertwende auch positiv auf die demographische Entwicklung dieser Großstädte auswirkt. Auffällige ökonomische Charakteristika sind vor allem der sehr hohe Akademikeranteil, das starke Arbeitsplatzwachstum und die hohen kommunalen Steuereinnahmen.

Ende der 1990er Jahre stagnierte die Bevölkerungsentwicklung noch bzw. war relativ stabil. Bis 2020 werden die Städte voraussichtlich wieder wachsen (zum Teil in sehr großem Umfang), obwohl Familien auch weiterhin noch ins Umland abwandern werden. Sehr hohe Wanderungsgewinne bei den jungen Erwachsenen, d.h. bei den Berufseinsteigern und Bildungswanderern, überkompensieren die Abwanderungen.

Eine relativ junge Altersstruktur verdeutlicht einen aktuell unterdurchschnittlichen Alterungsprozess. Dieser setzt sich in Zukunft fort und verlangsamt sich sogar etwas im Vergleich zu den anderen Großstädte-Clustern. Abgesehen von den relativ niedrigen Geburtenraten sind weder die Schrumpfungs- noch die Alterungsprozesse problematisch. Das zentrale Themenfeld der Zukunft ist aus demographischer Perspektive – neben der internationalen Wettbewerbsfähigkeit – die wachsende sozialräumliche Spaltung der Gesellschaft, die in manchen Stadtteilen erhebliche Integrationsleistungen erforderlich macht.

Stabile bis wachsende Bevölkerungsentwicklung

Zwischen 1996 und 2003 hat sich die Zahl der Einwohner in den meisten Städten nur geringfügig verändert. Fünf dieser 19 Großstädte verzeichneten Gewinne zwischen drei und sechs Prozent.

Dieser Trend wird sich voraussichtlich fortsetzen, sodass 2020 in gut der Hälfte der Städte die Einwohnerzahl in etwa der gegenwärtigen entsprechen wird. Hohe Wachstumsraten von fünf Prozent und mehr werden neben München insbesondere für die regionalen Wirtschaftszentren abseits der Metropolregionen prognostiziert. Die Bevölkerungsentwicklung der anderen Wirtschaftszentren liegt überwiegend zwischen zwei Prozent Zuwachs und zwei Prozent Abnahme; nur eine (Frankfurt am Main) verzeichnet einen Bevölkerungsrückgang von drei Prozent.

Ein weiteres wichtiges Merkmal dieses Demographietyps ist der hohe Besatz ausländischer Haushalte, mit durchschnittlich zwölf Prozent der höchste aller Großstädte-Cluster.

Hohe Zuwanderungsgewinne bei jungen Erwachsenen

Den stabilen bzw. wachsenden Einwohnerzahlen liegen hohe Wanderungsgewinne bei jungen Erwachsenen zugrunde. Unter den 18- bis 24-Jährigen, also denjenigen, die sich in Ausbildung befinden oder ins Berufsleben einsteigen, gehören die Städte dieses Typs zu den attraktivs-

Profil des Demographietyps 4

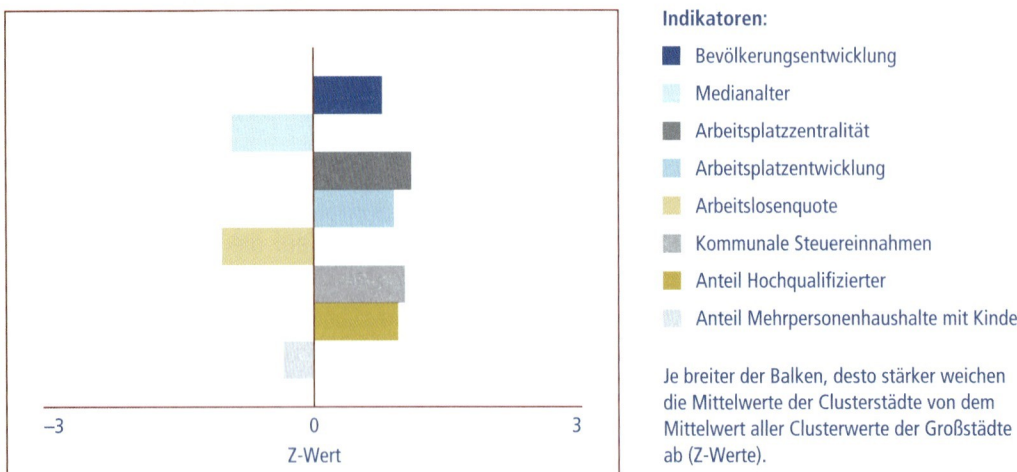

ten Wohnorten. Hinsichtlich der Wanderungsgewinne nimmt dieser Typ den Spitzenplatz unter den Großstädte-Clustern ein. Durch die sehr hohen Gewinne bei den jungen Leuten konnten die Wanderungsverluste in den mittleren Altersgruppen und bei den Familien in der Regel überkompensiert werden.

Verlangsamte Alterungsprozesse

Die Altersstruktur ist von dem überproportional hohen Anteil junger Erwachsener geprägt, während Kinder und ältere Menschen leicht unterrepräsentiert sind. Der Alterungsprozess wird aufgrund dieser Strukturen relativ langsam verlaufen.

Die Altersgrenze, die die Bevölkerung in zwei gleich große Gruppen teilt (Medianalter), wird bis 2020 gegenüber 2003 voraussichtlich um drei Jahre auf dann 42 Jahre ansteigen und damit deutlich unter dem Durchschnitt der Großstädte von 45 Jahren liegen. Gleichzeitig wird der Anteil der über 60-Jährigen lediglich von aktuell 23 auf 26 Prozent im Jahr 2020 ansteigen. Sowohl aktuell als auch zukünftig wird der Anteil der Senioren an der Gesamtbevölkerung nur gering zunehmen. Der Anteil der Hochaltrigen über 80 Jahre wird dabei um etwa die Hälfte zunehmen und dann gut sechs Prozent betragen; auch dies ist ein verhältnismäßig geringer Wert.

In den Städten dieses Typs liegt der Anteil an Einpersonenhaushalten über dem Durchschnitt aller Großstädte über 100 000 Einwohner – kein überraschender Befund bei den hohen Zuwanderungsraten der 18- bis 24-Jährigen. Gleichzeitig gibt es relativ wenig Mehrpersonenhaushalte mit Kindern. In fünf der 19 Städte machen sie weniger als 20 Prozent aller Haushalte aus, das sind sehr niedrige Werte. Sie korrespondieren mit den geringen Geburtenraten, die diesen Typ kennzeichnen.

Wirtschaftliche Prosperität

Die Hälfte dieser Großstädte sind Zentren europäischer Metropolregionen bzw. Teile von polyzentrischen europäischen Metropolregionen (Hamburg, Frankfurt, Stuttgart, München, Düsseldorf, Mainz, Darmstadt, Heidelberg). Sie sind stark international ausgerichtet. Daneben gibt es allerdings auch prosperierende Wirtschaftszentren, die abseits liegen: Sie sind ausnahmslos entweder Konzernsitz eines großen Unternehmens (Ingolstadt, Wolfsburg) oder haben bedeutende Bildungs- und Verwaltungseinrichtungen (Münster, Aachen, Bonn, Karlsruhe, Freiburg, Ulm, Würzburg, Regensburg).

Die prosperierenden Wirtschaftszentren verfügen über eine Reihe von Forschungsbetrieben und Unternehmen der Hochtechnologie, die oft aus den Fachhochschulen und Universitäten entstanden sind. Sie befördern die dynamische Wirtschaftsentwicklung und drücken sich in der großen Zahl hochwertiger Arbeitsplätze bzw. in dem großen Anteil hoch qualifizierter Arbeitskräfte aus. Dieser liegt durchschnittlich bei 16,5 Prozent und reicht bis 25 Prozent. Ausgeprägtes Merkmal ist somit – insbesondere für die regionalen Wirtschaftszentren abseits der europäischen Metropolregionen – die enge Kopplung zwischen den Hochschulen und der lokal ansässigen Wirtschaft.

Auffällig ist der sehr hohe Anteil an Arbeitsplätzen im Dienstleistungssektor von über 70 Prozent. Das verarbeitende Gewerbe spielt daher in den meisten Städten dieses Typs eine eher nachrangige Rolle. Bemerkenswert ist auch die hohe Erwerbstätigenquote von Frauen.

Aufgrund ihrer hohen Wirtschaftskraft stellen die prosperierenden Wirtschaftszentren wie auch die stabilen Großstädte aus Cluster 1 überproportional viele Arbeitsplätze für die Erwerbstätigen der umliegenden Städte und Gemeinden zur Verfügung. Die Entwicklung der letzten

Die Indikatoren des Demographietyps 4 im Überblick

Name	Bevölkerungs-entwicklung 2003 bis 2020 in Prozent	Median-alter 2020 in Jahren	Arbeits-platz-zentralität	Arbeitsplatz-entwicklung 1998 bis 2003 in Prozent	Arbeits-losen-quote in Prozent	Kommunale Steuer-einnahmen in Euro	Anteil hochqual. Beschäftigter in Prozent	Anteil Mehr-personen-haushalte mit Kindern in Prozent
Hamburg	2,8	42,6	1,3	2,6	13,4	1433,6	11,4	23,9
Wolfsburg, Stadt	− 2,0	46,4	2,2	22,1	10,2	1487,0	7,0	26,5
Düsseldorf, Landeshauptstadt	0,2	45,3	1,8	1,9	13,1	1696,0	13,9	15,8
Aachen, Stadt	10,4	39,1	1,5	5,1	15,5	877,3	18,9	19,7
Bonn, Stadt	4,5	42,4	1,5	− 0,1	11,1	1144,7	20,7	23,3
Münster, Stadt	0,9	40,9	1,5	8,7	11,2	1173,7	17,0	24,6
Darmstadt, Stadt	1,0	43,0	1,8	4,0	11,2	959,4	20,3	26,3
Frankfurt am Main, Stadt	− 3,0	42,0	2,1	5,3	11,2	2263,8	16,3	15,9
Mainz, Stadt	1,4	42,4	1,5	2,6	10,3	1041,3	18,1	24,1
Stuttgart, Landeshauptstadt	− 2,0	41,6	1,7	3,6	9,5	1325,1	16,9	20,6
Karlsruhe, Stadt	2,2	44,3	1,6	6,1	11,3	1073,9	16,2	23,6
Heidelberg, Stadt	− 0,5	40,5	1,9	6,2	9,7	885,1	24,9	20,3
Freiburg im Breisgau, Stadt	7,2	40,6	1,6	4,4	11,9	898,3	17,6	22,1
Ulm, Stadt	4,7	42,1	1,9	1,0	10,3	946,3	14,6	30,3
Ingolstadt, Stadt	7,8	43,1	1,7	13,4	10,2	1245,8	9,9	39,0
München, Landeshauptstadt	7,8	42,4	1,4	6,5	9,2	1517,2	18,7	17,5
Regensburg, Stadt	4,3	42,7	2,2	10,0	12,4	1094,3	15,9	24,1
Erlangen, Stadt	− 0,4	42,0	1,9	5,6	9,2	1084,8	23,3	29,1
Würzburg, Stadt	5,6	38,9	1,9	0,9	11,5	803,8	13,9	17,9
Mittelwerte der Clusterstädte	2,8	42,2	1,7	5,8	11,2	1208,0	16,6	23,4
Mittelwerte aller Großstädte	−2,1	45,1	1,4	− 0,2	15,4	873,4	11,9	25,2

Jahre verlief durchweg positiv: Die Zahl der Arbeitsplätze stieg von 1998 bis 2003 durchschnittlich um knapp sechs Prozent. Zehn der 19 Städte konnten die Zahl um über fünf Prozent steigern, die anderen hielten sie weitgehend stabil. Keine Stadt verzeichnete größere Verluste.

Die durchschnittlichen kommunalen Steuereinnahmen von 1200 Euro pro Kopf und Jahr stellen den höchsten Wert aller Großstädte-Cluster dar. Sie liegen ein Drittel höher als der Durchschnitt aller Großstädte und doppelt so hoch wie der Durchschnitt aller Städte und Gemeinden zwischen 5000 und 100 000 Einwohnern. Dieser hohe Wert deutet auf relativ große kommunale Handlungsspielräume hin.

Die Arbeitslosigkeit von zehn bis elf Prozent entspricht den Durchschnittswerten der Großstädte in den alten Bundesländern. Die Ausprägungen der weiteren sozialen und wirtschaftlichen Indikatoren, wie der Besatz oberer und unterer Einkommensgruppen und die durchschnittliche Kaufkraft sowie der Anteil an Akademikern, verweisen auf recht große privilegierte Bevölkerungsgruppen in diesen Städten, jedoch auch auf eine große Spaltung der Gesellschaft.

Herausforderungen für die Städte

Für die großen prosperierenden Wirtschaftszentren ist der demographische Wandel Herausforderung und Entwicklungschance zugleich. Sie verfügen im Hinblick auf Alterung und Schrumpfung über eine gute Basis, die durch die gute wirtschaftliche Situation unterstützt wird. Die positive Ausgangslage zu stärken und frühzeitig aktiv den absehbaren Entwicklungen zu begegnen, ist daher besonders wichtig.

Demographisch gesehen sind diese Großstädte in der Gesamtsicht zwar weder von Schrumpfung noch von Überalterung besonders stark betroffen; gleichwohl werden auch hier – vor allem stadtteilbezogen – soziodemographische Folgen der Entwicklung deutlich spürbar sein, die es abzufedern gilt. Das betrifft vor allem die zunehmende Polarisierung von Lebenslagen und Lebensformen. Dauerarbeitslosigkeit, Hilfsbedürftigkeit und Armut, aber auch nichtdeutsche Bevölkerungsgruppen konzentrieren sich in bestimmten Stadtteilen und führen zu vielfältigen Problemlagen sozialer Segregation. Verschärft werden diese Entwicklungen dadurch, dass sozial stabilere Bevölkerungsgruppen diese Stadtteile zunehmend verlassen. Hier sind deshalb frühzeitig kreative und quartiersbezogene Maßnahmen notwendig, um langfristig eine soziale Stabilität zu schaffen.

Mit der Vermeidung der sozialen Segregation einher gehen Anforderungen an die Integration in den Städten. Aufgrund ihrer teils ausgeprägten Internationalität, vor allem aber ihrer prosperierenden wirtschaftlichen Entwicklung, müssen die Städte dieses Clusters wie auch die aus Cluster 1 von einer weiterhin bedeutsamen Zuwanderung von Migranten ausgehen. Dieses Potenzial gilt es zum einen zu nutzen, um die urbane Attraktivität und die wirtschaftliche Leistungskraft weiter zu erhöhen, zum anderen muss aber auch den Herausforderungen des jetzt schon höchsten Anteils ausländischer Haushalte in allen Großstädten insgesamt begegnet werden. Dies zusammengenommen erfordert große Anstrengungen im Bereich der Integration.

Die Wirtschafts- und Arbeitsmarktentwicklung muss hier oberste Priorität haben. Als Motoren der bundesdeutschen Wirtschaftsentwicklung stehen diese Städte in einer besonderen Verantwortung. So ist die Profilierung im Wettbewerb der Wirtschaftszentren – vor allem auch international – weiterhin zu verstärken, um sich langfristig als überregional und international bedeutsamer Wirtschafts-, Arbeits- und Innovationsstandort etablieren zu können.

Letztlich kommt den Städten mit ihrer überregionalen und teils auch internationalen Ausstrahlungskraft eine Vorbildfunktion bei der Gestaltung der Folgen des demographischen Wandels zu. In dieser Funktion, mit vielen innovativen Partnern aus Wirtschaft und Wissenschaft, können sie frühzeitig in den verschiedenen kommunalen Handlungsfeldern – auch modellhaft – aktiv werden.

Handlungsansätze

Die Auswirkungen des demographischen Wandels werden in den Großstädten in nahezu allen Feldern der Stadtentwicklung spürbar sein. Daher ist es erforderlich, ressortübergreifende Gesamtprozesse zu initiieren. Ziel ist es, den demographischen Wandel umfassend zu bearbeiten und im Dialog mit den lokalen Akteuren aus Politik, Verwaltung und Bürgerschaft, den kommunalen Entscheidern und den Fachressorts Maßnahmenpakete zu entwickeln. Dabei kommt es angesichts der Finanzsituation auf klare Prioritäten an. Diese werden in folgenden Handlungsfeldern gesehen.

1. Sozialer Segregation entgegenwirken und aktive Integrationspolitik betreiben
   Segregation und Integration gehören in nahezu allen Großstädten zu den wichtigsten kommunalen Handlungsfeldern. Den absehbaren oder bereits spürbaren Folgen ist in den Städten aktiv zu begegnen – im Interesse der Menschen, aber auch des Wirtschaftsstandortes und mit Blick auf die Vorbildfunktion dieser Städte:

   • sozial stabile und integrative Stadtteilpolitik etablieren und im Sinne ganzheitlicher Ansätze neu ausrichten

   • sozialen Segregationsprozessen entgegenwirken durch Maßnahmen in Bildung, Sprachförderung, Partizipation und Städtebau (z. B. Bildungs- und Ausbildungsoffensive für junge Menschen in sozial benachteiligten Milieus)

   • zehn Handlungsempfehlungen für Integrationspolitik umsetzen (siehe ab Seite 155)

2. Kinder- und Familienfreundlichkeit – Chance für die Zukunft
   Entscheidend ist die umfassende und zielgruppenorientierte Umsetzung der Bausteine einer kinder- und familienfreundlichen Kommune (siehe ab Seite 134), angepasst an die stadtteilspezifischen Anforderungen und Möglichkeiten. Dazu gehören:

   • ein qualitätsvolles Bildungsangebot auch in Schulen mit hohem Ausländeranteil

   • durchgängige, verlässliche und flexible Betreuungsstrukturen, Beratungsangebote für Familien sowie qualitätsvolle Freizeiteinrichtungen

   • ein qualitätsvolles und sicheres Wohnumfeld sowie bezahlbarer Wohnraum, um die Attraktivität der Städte für mittelständische Familien zu erhöhen und eine Trendumkehr der abwandernden Familienhaushalte einzuleiten bzw. zu stärken, insbesondere bei der Betreuung

   • eine spezielle Förderung der Kinder aus sozial benachteiligten Familien

Aus der Bedeutung, die diese Großstädte als Motoren der wirtschaftlichen Entwicklung für die Region und die Bundesrepublik insgesamt übernehmen, resultiert ihre Verantwortung, sich als (Wirtschafts-)Zentren weiter – auch international – zu profilieren und ihre Position im Wettbewerb der Regionen in interkommunaler Kooperation auszubauen.

Weitere ausführliche Informationen zu den Handlungsansätzen für die Kommunen dieses Clusters finden Sie im Internet unter www.aktion2050.de/wegweiser.

Stabile Großstädte mit hohem Familienanteil

Räumliche Einordnung

Die elf Großstädte liegen vor allem am Rande des Ruhrgebiets sowie im (Pendler-)Einzugsbereich von Stuttgart und Karlsruhe. Sie befinden sich damit ausschließlich in Nordrhein-Westfalen (acht Städte) und Baden-Württemberg (drei Städte).

Die Städte dieses Demographietyps finden Sie in der Tabelle auf Seite 52.

Bei den Städten dieses Clusters handelt es sich ausschließlich um kleinere Großstädte zwischen 100 000 und 200 000 Einwohnern. Am größten ist Hamm mit knapp 185 000 Einwohnern.

Diese überwiegend kreisfreien Städte oder (großen) Kreisstädte fungieren als urbane Subzentren im verstädterten Raum zwischen den peripheren ländlichen Räumen und dem Ruhrgebiet bzw. den Kernstädten Stuttgart und Karlsruhe. Sie gehören darüber hinaus – mit Ausnahme von Pforzheim und Siegen – den beiden europäischen Metropolregionen Rhein-Ruhr und Stuttgart an.

Charakteristische Entwicklungen

Die Städte zeichnen sich vor allem durch ihre hohe Attraktivität als Wohnorte für Familien und ihren überproportional hohen Anteil an Kindern und Jugendlichen (unter 18-Jährigen) aus. Sie bilden das Zentrum eines eigenen Arbeitsmarktes, sind Handels- und Kulturzentrum für ihr Umland.

Die Städte des Clusters 5 haben im Vergleich zu den anderen Großstädte-Clustern durchschnittlich sowohl die höchste Geburtenrate als auch den höchsten Anteil an Mehrpersonenhaushalten mit Kindern.

Dennoch finden auch hier leicht rückläufige Bevölkerungsentwicklungen sowie Alterungsprozesse statt, die dem Mittel aller Großstädte-Cluster entsprechen. Aufgrund der geringen Arbeitsmarktdynamik weisen die Städte zudem unterdurchschnittliche Wanderungsgewinne bei den Berufseinsteigern und Bildungswanderern auf. Ähnlich wie beim Großstädte-Cluster 2, das die größeren Ruhrgebietsstädte repräsentiert, können sie lediglich auf einen unterproportionalen Anteil hoch qualifizierter Beschäftigter zurückgreifen. Ähnlich sind ebenfalls ihre vergleichsweise geringen finanziellen Handlungsspielräume.

Hohe Attraktivität für Familien mit Kindern

Charakteristisches Merkmal der Großstädte ist die hohe Attraktivität als Wohnort für Familien. So ist dieses Cluster das einzige Großstädte-Cluster mit überwiegend positiven Wanderungssalden für Familien, d.h. in den Altersgruppen der 30- bis 49-Jährigen sowie der unter 18-Jährigen. Die moderaten Wanderungsgewinne kennzeichnen sie als suburbane Wohnorte mit hohen (Aus-)Pendlerraten. Dies sind Eigenschaften, die für Großstädte eigentlich untypisch sind und tendenziell eher kleineren Umlandgemeinden zugewiesen werden.

Hier finden sich preiswerter Wohnraum mit hohem Wohnwert, ein »komplettes« Versorgungs- und Freizeitangebot sowie intakte soziale Nachbarschaften. Zusammen mit dem gehobenen und umfassenden schulischen Angebot erklärt sich so die hohe Attraktivität dieser kleineren Großstädte für Familien mit Kindern.

Auffällig ist auch der überproportional hohe Anteil an Kindern und Jugendlichen unter 18 Jahren, der aktuell der höchste aller Großstädte-Cluster ist und mit 18,5 zwei Prozent über dem Mittel liegt. Auch wenn der Anteil voraussichtlich bis 2020 um drei Prozent zurückgehen wird, ändert sich zukünftig nichts an der Spitzenstellung. Sie ist auf die überproportional hohen Geburtenraten in diesen Städten zurückzuführen sowie auf die positiven Wanderungsgewinne bei den Familien.

Spezifisch für diese Großstädte ist deshalb auch der im Vergleich zu den anderen Clustern höchste Anteil an Mehrpersonenhaushalten mit Kindern. Er liegt mit fast 35 Prozent deutlich über den anderen Großstädte-Clustern und nimmt eher typische Ausprägungen von kleineren (suburbanen) Städten unter 100 000 Einwohnern an. Die Mehrpersonenhaushalte mit Kindern und die Einpersonenhaushalte halten sich in diesen Großstädten in etwa die Waage. Der Anteil ausländischer Haushalte entspricht

Profil des Demographietyps 5

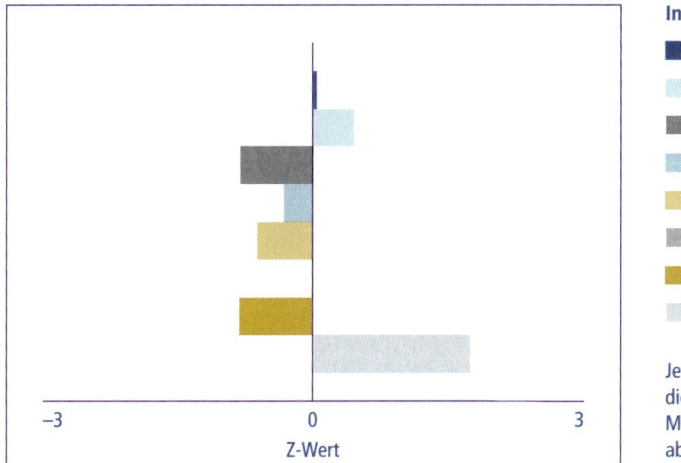

dem Durchschnitt für Großstädte in den alten Bundesländern.

Stagnierende Bevölkerungsentwicklung bei leicht überdurchschnittlichen Alterungsprozessen

Die Großstädte kennzeichnet eine bislang weitgehend stabile Bevölkerungsentwicklung. Zwischen 1996 und 2003 veränderte sich die Einwohnerzahl in allen elf Städten nur geringfügig. Dieser Trend wird sich für die meisten voraussichtlich fortsetzen, sodass ihre Einwohnerzahl im Jahr 2020 in etwa so groß sein wird wie gegenwärtig. Allerdings setzt fast überall eine leicht negative Tendenz ein. Für vier Städte wird sie bis 2020 voraussichtlich schon zu einem deutlichen Rückgang der Bevölkerung zwischen vier und acht Prozent führen.

Hohe Pendlerverflechtungen

Die Arbeitsplätze der Beschäftigten sind zu über 35 Prozent im verarbeitenden Gewerbe angesiedelt. Diese vergleichsweise starke Bedeutung geht einher mit einer eher mittelständisch geprägten Betriebsstruktur. Gleichzeitig ist der Anteil an hoch qualifizierten Beschäftigten gering. Die Frauenerwerbsquote, die deutlich unter der der Männer liegt, weist auf eher traditionell geprägte Arbeitsmarktstrukturen hin.

Die Städte dieses Demographietyps zeichnen sich durch hohe Pendlerverflechtungen sowohl zum ländlichen Raum als auch zu den benachbarten Kernstädten aus. Sieben der elf Städte verzeichnen Einpendlerüberschüsse. Da diese oft sehr moderat ausfallen, können lediglich die Hälfte der Großstädte als regionale Arbeitsplatzzentren aufgefasst werden. Die andere Hälfte sind eher klassische Wohnorte im suburbanen Raum.

Die tendenziell unterdurchschnittliche Bedeutung als Arbeitsplatzzentrum wird ebenfalls durch die niedrigen Wanderungsgewinne bei den Berufseinsteigern und Bildungswanderern deutlich. Auch wenn die Wanderungsgewinne unter den 18- bis 24-Jährigen durchschnittlich etwas höher ausfallen als bei den benachbarten, zentralräumlich gelegenen Großstädten des Clusters 2 der größtenteils schrumpfenden Ruhrgebietsstädte, sind sie doch im Vergleich zum Mittel aller Großstädte-Cluster deutlich geringer. Dabei werden ähnliche Muster erkennbar wie bei den Pendlerüberschüssen. Nur acht der elf Städte verzeichnen Wanderungsgewinne, die meist sehr gering ausfallen.

Die Arbeitslosenquote liegt in neun Großstädten relativ homogen zwischen zwölf und 14 Prozent und damit unter den Durchschnittswerten auch der westdeutschen Städte. Nur Reutlingen (9 Prozent) und Hamm (17 Prozent) liegen außerhalb dieses Korridors.

Auch die Ausprägungen der weiteren sozialen und wirtschaftlichen Indikatoren lassen nicht auf größere Probleme schließen. Bei der durchschnittlichen Kaufkraft nimmt dieses Cluster sogar die Spitzenstellung aller Großstädte-Cluster ein. Der Besatz oberer Einkommensgruppen und die Erwerbstätigenquote liegen über dem Mittel aller Großstädte, und der Anteil unterer Einkommensgruppen liegt darunter.

Herausforderungen für die Städte

Die Großstädte dieses Demographietyps verfügen über günstige Ausgangsbedingungen im Standortwettbewerb. Diese Vorteile können sie für die weitere Entwicklung und den bevorstehenden Wandel der Bevölkerungsstruktur (Alterung) frühzeitig und aktiv nutzen.

Die Indikatoren des Demographietyps 5 im Überblick

Name	Bevölkerungs-entwicklung 2003 bis 2020 in Prozent	Median-alter 2020 in Jahren	Arbeits-platz-zentralität	Arbeitsplatz-entwicklung 1998 bis 2003 in Prozent	Arbeits-losen-quote in Prozent	Kommunale Steuer-einnahmen in Euro	Anteil hochqual. Beschäftigter in Prozent	Anteil Mehr-personen-haushalte mit Kindern in Prozent
Remscheid, Stadt	−8,1	46,6	1,1	−9,2	12,7	886,1	5,7	31,9
Solingen, Stadt	−4,2	47,7	0,9	−3,3	12,3	888,3	6,5	36,6
Neuss, Stadt	1,4	45,8	1,2	−0,3	12,4	1184,3	8,7	31,7
Moers, Stadt	0,2	49,3	0,9	2,8	13,0	642,9	7,6	38,9
Leverkusen, Stadt	−2,5	47,3	1,2	−5,5	13,0	967,1	8,1	31,0
Bergisch Gladbach, Stadt	−4,9	49,8	0,9	3,6	12,2	812,6	14,2	34,2
Hamm, Stadt	1,1	45,0	1,0	−1,8	17,4	562,5	5,1	41,0
Siegen, Stadt	−6,5	44,3	1,3	−3,4	13,8	738,8	8,2	38,7
Heilbronn, Stadt	0,3	44,5	1,5	−3,3	12,2	1044,2	6,8	34,4
Pforzheim, Stadt	2,6	46,0	1,2	−5,8	12,9	938,8	6,0	27,8
Reutlingen, Stadt	−0,1	45,2	1,2	0,1	8,9	864,5	10,8	34,0
Mittelwerte der Clusterstädte	−1,9	46,5	1,1	−2,4	12,8	866,4	8,0	34,6
Mittelwerte aller Großstädte	−2,1	45,1	1,4	−0,2	15,4	873,4	11,9	25,2

Die Kommunen haben die große Chance, sich als kinder- und familienfreundliche Großstädte zu behaupten, indem sie die vorhandenen Stärken ausbauen und den Wettbewerbsvorteil insbesondere gegenüber den hoch verdichteten Stadträumen in der Nachbarschaft betonen. Durch eine systematische Verbesserung und Ergänzung der Wohn- und Lebensbedingungen kann so ein Umfeld entstehen, das durch ein klares Profil als familienfreundliche Stadt z.B. auch die Standortwahl von Unternehmen positiv beeinflussen könnte.

Aufgrund ihrer Erfahrungen, ihres Know-hows und ihrer verfügbaren Zeit können vor allem die gut ausgebildeten und erfahrungsreichen »jungen Alten« für die Nachbarschaften von großem Nutzen sein. Für Kontakte und darauf aufbauende Aktivitäten und Unterstützungsleistungen sind sowohl die kleinräumige Mischung zu organisieren als auch Möglichkeiten der Begegnung. Dies erfordert ein kontinuierliches Stadtteilmanagement, evtl. auch auf bürgerschaftlicher Basis.

Die meisten Städte dieses Clusters haben ein nach außen hin wenig wahrnehmbares Image. Erfolg und überregionale Wahrnehmung werden sich einstellen, wenn das Image der Stadt klar ist und vermittelt werden kann.

Weiterhin sollten diese Städte den Anteil der hoch qualifizierten Beschäftigten am Wohnort erhöhen. Denn es werden nur solche Betriebe und Belegschaften den wirtschaftlichen Strukturwandel erfolgreich bestehen, die innovative Produkte erfinden und sich in modernen Arbeitsformen flexibel organisieren. Zudem bringt eine geringe Qualifikation ein erhöhtes Arbeitsmarktrisiko mit sich. Darüber hinaus binden sich gut ausgebildete Frauen (und Männer) nur dann an den Betrieb und die Kommune, wenn sie Familie und Beruf vereinbar leben können. Dies wird bereits in ein paar Jahren umso wichtiger, wenn weniger junge Menschen aus dem Bildungssystem ins Erwerbsleben kommen werden.

Handlungsansätze

Die Auswirkungen des demographischen Wandels werden in diesen Großstädten in nahezu allen Feldern der Stadtentwicklung spürbar sein. Daher müssen ressortübergreifende Gesamtprozesse initiiert werden. Ziel ist es, den demographischen Wandel umfassend zu bearbeiten und im Dialog mit den lokalen Akteuren aus Politik, Verwaltung und Bürgerschaft, den kommunalen Entscheidern und den Fachressorts Maßnahmenpakete zu entwickeln. Dabei kommt es angesichts der Finanzsituation auf klare Prioritäten an. Diese werden in den folgenden Handlungsfeldern gesehen.

1. Kinder- und Familienfreundlichkeit – Chance für die Zukunft
   Entscheidend ist die umfassende und zielgruppenorientierte Umsetzung der Bausteine einer kinder- und familienfreundlichen Kommune (siehe ab Seite 134), angepasst an die stadtteilspezifischen Anforderungen und Möglichkeiten.
   Dazu gehören:
   - ein qualitätsvolles Bildungsangebot auch in Schulen mit hohem Ausländeranteil
   - durchgängige, verlässliche und flexible Betreuungsstrukturen, Beratungsangebote für Familien sowie qualitätsvolle Freizeiteinrichtungen
   - ein qualitätsvolles und sicheres Wohnumfeld sowie bezahlbarer Wohnraum, um die Attraktivität der Städte zu erhöhen
   - eine spezielle Förderung der Kinder aus sozial benachteiligten Familien

2. Wohnstadtteile generationenverbindend weiterentwickeln
   Eine besonders große Chance liegt darin, die Stadtgesellschaft im Dialog der Generationen weiterzuentwickeln. Empfohlen werden etwa folgende Aktivitäten:
   - lebenslagenspezifische Wohnformen im Quartier mischen
   - Nachbarschaften und die Integration Neuzugezogener fördern
   - Anlässe zum Dialog der Generationen schaffen

3. Sozialer Segregation entgegenwirken und aktive Integrationspolitik betreiben
   Segregation und Integration gehören in nahezu allen Großstädten zu den wichtigsten kommunalen Handlungsfeldern. Den absehbaren oder bereits spürbaren Folgen ist in den Städten aktiv zu begegnen – im Interesse der Menschen, aber auch des Wirtschaftsstandortes und mit Blick auf die Vorbildfunktion dieser Städte:
   - sozial stabile und integrative Stadtteilpolitik etablieren und im Sinne ganzheitlicher Ansätze neu ausrichten
   - sozialen Segregationsprozessen entgegenwirken durch Maßnahmen in Bildung, Sprachförderung, Partizipation und Städtebau (z. B. Bildungs- und Ausbildungsoffensive für junge Menschen in sozial benachteiligten Milieus)
   - zehn Handlungsempfehlungen für Integrationspolitik umsetzen (siehe ab Seite 155)

4. Handelszentralität sichern und Stadtimage schärfen
   Ein Stärkenprofil »familienfreundliche kleine Großstadt« klärt die Substanz der Werbeargumente:
   - Marketingstrategie »Stadt XY – Heimat für Familien« entwickeln mit Zielen und Schritten der Öffentlichkeitsstrategie; Investoren werben mit Hinweis auf günstige Altersstruktur und Entwicklungsperspektiven
   - zusammen mit Arbeitgebern, Vermietern, Institutionen und Medien arbeitsteilige Kampagnen zur Stärkung der »weichen« Standortvorteile durchführen
   - bewusste Ausrichtung auf Familien, auch die der benachbarten Ballungsräume, als Kunden

Weitere ausführliche Informationen zu den Handlungsansätzen für die Kommunen dieses Clusters finden Sie im Internet unter www.aktion2050.de/wegweiser.

Aufstrebende ostdeutsche Großstädte mit Wachstumspotenzialen

Räumliche Einordnung

In Cluster 6 sind tendenziell größere und zentralräumlicher gelegene Städte Ost-Deutschlands vertreten. Neben der Bundeshauptstadt Berlin sind die drei Landeshauptstädte Potsdam, Dresden und Erfurt vertreten.
Die Städte dieses Demographietyps finden Sie in der Tabelle auf Seite 56.

Mit Berlin (3,4 Mio. Einwohner) befindet sich die bundesweit größte Stadt in diesem Cluster. Die kleinsten Großstädte hier sind Jena mit 103 000 und Potsdam mit 145 000 Einwohnern. Dazwischen befinden sich Rostock und Erfurt mit annähernd 200 000 Einwohnern sowie Dresden und Leipzig mit knapp 500 000 Einwohnern. Während sich Berlin, Potsdam, Dresden und Leipzig in Agglomerationsräumen befinden, liegen Rostock, Erfurt und Jena in verstädterten Räumen. Letztere haben dort allerdings eine hervorgehobene Bedeutung als regionale Wirtschaftszentren.

Berlin und Potsdam sind die tragenden Säulen der europäischen Metropolregion Berlin/Brandenburg. Als wichtige Pole der Metropolregion »Sachsendreieck« versuchen Dresden und Leipzig (zusammen mit Halle und Chemnitz) ebenfalls, sich im europäischen Wettbewerb der Städte und Regionen zu positionieren.

Charakteristische Entwicklungen

Die Städte des Clusters 6 sind vielfach »Wachstumsinseln« inmitten eines ostdeutschen Flickenteppichs von Gewinner- und Verliererräumen. Cluster 6 repräsentiert die wirtschaftsstärkeren ostdeutschen Großstädte mit teilweise hohen Wachstumserwartungen und deutlich positiveren demographischen Entwicklungen als Cluster 3 der schrumpfenden und alternden ostdeutschen Großstädte.

Die Städte des Demographietyps 6 konnten ihre Bevölkerungszahlen in den vergangenen Jahren stabilisieren. Sie werden in Zukunft voraussichtlich sogar die demographische Entwicklung von der Schrumpfung zu geringfügigem Wachstum umkehren – trotz einer sehr niedrigen Geburtenrate und einem geringen Anteil von Kindern und Jugendlichen. In Dresden und Leipzig lässt sich dieser Trend schon heute beobachten.

In den letzten Jahren sind in diesem Cluster veränderte Wanderungsmuster erkennbar: Neben hohen Gewinnen bei den jungen Erwachsenen zeigt sich eine Tendenz, dass Familien (mit Kindern) und ältere Menschen seit der Jahrhundertwende teilweise wieder aus dem suburbanen Raum in die Kernstadt zurückkehren. Aufgrund unterdurchschnittlicher Alterungsprozesse im Vergleich zum Mittel aller Cluster bleiben die Großstädte auch in Zukunft vergleichsweise jung.

Die Großstädte stecken inmitten eines sehr dynamischen wirtschaftlichen Strukturwandels und verzeichneten in der Vergangenheit deutliche Arbeitsplatzverluste: Hohe Arbeitslosigkeit, ein geringes Einkommensniveau in der Bevölkerung sowie eine geringe Steuereinnahmekraft kennzeichnen die aktuelle wirtschaftliche Situation. In den letzten Jahren konnten sich die Städte jedoch wirtschaftlich festigen und ihre negativen ökonomischen Strukturdaten vielfach umkehren.

Die hohe Dynamik des ökonomischen und demographischen Wandels sowie die Trendbrüche verdeutlichen, wie wenig strukturkonstant die Entwicklungen sind und wie unsicher somit Prognosen für die ostdeutschen Großstädte. Deshalb wird es dort entscheidend darauf ankommen, sich mit einem szenariengeleiteten Zukunftsdialog und zukunftsrobusten Strategien aktiv und flexibel auf verschiedene mögliche Entwicklungen vorzubereiten.

Von der Schrumpfung zum künftigen Bevölkerungswachstum

Die Großstädte haben die starke Schrumpfungsphase der 1990er Jahre weitgehend überwunden. Pendelte die Einwohnerzahl – mit Ausnahme Rostocks – schon zwischen 1996 und 2003 weitgehend um die Plus-Minus-Null-Linie mit leichter Tendenz ins Negative, so wird bis 2020 eine weitere Stabilisierung bzw. ein leichtes Wachstum mög-

Profil des Demographietyps 6

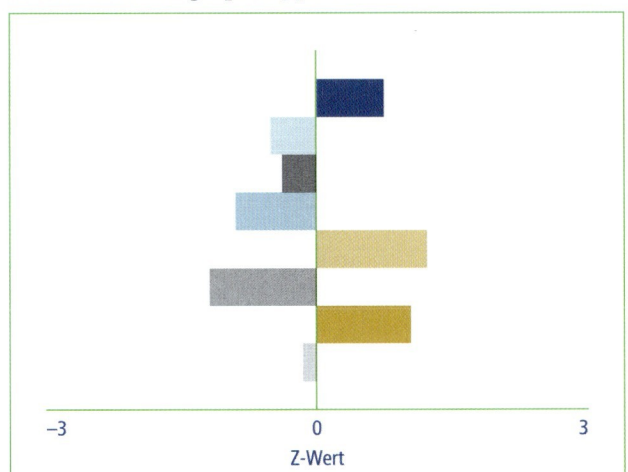

Indikatoren:

■ Bevölkerungsentwicklung

■ Medianalter

■ Arbeitsplatzzentralität

■ Arbeitsplatzentwicklung

■ Arbeitslosenquote

■ Kommunale Steuereinnahmen

■ Anteil Hochqualifizierter

■ Anteil Mehrpersonenhaushalte mit Kindern

Je breiter der Balken, desto stärker weichen
die Mittelwerte der Clusterstädte von dem
Mittelwert aller Clusterwerte der Großstädte
ab (Z-Werte).

Z-Wert

lich. Nur für Rostock sind weitere Verluste prognostiziert: etwa sechs Prozent bis 2020. Allerdings schwächen sie sich gegenüber den letzten Jahren deutlich ab.

Die zunehmende Stabilität bzw. die wachsende Dynamik in der Entwicklung ist auf die Zuwanderung junger Erwachsener und die weitgehend moderate Abwanderung der Erwachsenen mittleren Alters bzw. von Familien in den suburbanen Raum zurückzuführen. Natürliche Bevölkerungsentwicklungen (insbesondere Geburten- und Sterberaten) spielten in den letzten Jahren eine eher untergeordnete Rolle für die gesamte Entwicklung, werden allerdings in Zukunft wichtiger.

Trendbrüche bei den Wanderungsmustern

Alle sieben Städte hatten in den letzten Jahren hohe Wanderungsgewinne bei den 18- bis 24-Jährigen und demonstrieren damit ihre Attraktivität für Bildungswanderer und Berufseinsteiger. Diese Gewinne lagen hier deutlich höher als in den Großstädten der Cluster 2 und 5, die unter anderem die Ruhrgebietsstädte repräsentieren. Die anderen ostdeutschen Großstädte des Clusters 3 verzeichneten in dieser Altersgruppe Wanderungsverluste.

Die starken Suburbanisierungsprozesse Anfang der 1990er Jahre und die hohen strukturellen Wohnungsleerstände führen im Vergleich zu den Großstädten der alten Bundesländer aktuell zu deutlich entspannten Wohnungsmärkten und einem stark abgeflachten Mietpreisgefälle zwischen Kernstadt und Umland. Der Suburbanisierungsdruck hat sich deshalb in den ostdeutschen Großstädten in den letzten Jahren deutlich abgeschwächt.

So wanderten in diesem Cluster die 30- bis 49-Jährigen sowie die Kinder und Jugendlichen unter 18 Jahren (mit Ausnahme von Rostock und Jena) kaum über dem für Großstädte üblichen Ausmaß ab und deutlich weniger

als in den anderen ostdeutschen Städten des Clusters 3. Potsdam verzeichnete sogar Wanderungsgewinne. Dies ist typisch für den Wachstumsgürtel um Berlin.

Die Entwicklungen auf dem Wohnungsmarkt unterstützen in den letzten Jahren aber auch in den anderen Großstädten Reurbanisierungstendenzen. Das Wohnen in der Stadt wird für viele junge Familien mit Kindern wieder attraktiv und erschwinglich. Selbst die ältere Bevölkerung wandert in den letzten Jahren teilweise zurück in die Großstädte.

Unterdurchschnittliche künftige Alterungsprozesse

Die aktuellen Alterungsprozesse gleichen weitgehend dem durchschnittlichen Verlauf aller Großstädte über 100 000 Einwohner. Auffällig ist jedoch die sehr niedrige Geburtenrate (die niedrigste aller Großstädte-Cluster) und der aktuell sehr geringe Anteil an Kindern und Jugendlichen unter 18 Jahren. Er liegt mit knapp 14,5 zwei Prozent unter dem Mittel aller Großstädte-Cluster. Aufgrund der Trendbrüche bei den Wanderungsmustern wird sich allerdings auch hier ein Bruch vollziehen: Bis 2010 wird dann der Anteil auf über 15 Prozent steigen und somit über dem Mittel aller Großstädte liegen – obwohl sich die Städte auf den für Ostdeutschland typischen »zweiten Geburtenknick« (ab etwa 2010) einstellen müssen.

Die Großstädte werden vergleichsweise jung bleiben. Die Altersgrenze, die eine Bevölkerung in zwei gleich große Gruppen teilt (Medianalter), steigt bis 2020 gegenüber 2003 voraussichtlich nur um drei auf 43 Jahre und liegt damit deutlich unter dem Durchschnitt aller Großstädte (von 45 Jahren). Die Zahl und der Anteil der älteren Menschen werden proportional zum Durchschnitt aller Großstädte-Cluster zunehmen. Allein der Anteil der

Die Indikatoren des Demographietyps 6 im Überblick

Name	Bevölkerungs-entwicklung 2003 bis 2020 in Prozent	Median-alter 2020 in Jahren	Arbeits-platz-zentralität	Arbeitsplatz-entwicklung 1998 bis 2003 in Prozent	Arbeits-losen-quote in Prozent	Kommunale Steuer-einnahmen in Euro	Anteil hochqual. Beschäftigter in Prozent	Anteil Mehr-personen-haushalte mit Kindern in Prozent
Berlin	− 0,5	44,3	1,1	− 5,9	23,7	678,2	13,5	24,9
Potsdam, Stadt	11,0	42,8	1,3	− 6,0	15,7	502,2	15,5	25,3
Rostock, Stadt	− 6,0	46,3	1,2	−12,0	23,0	415,0	13,0	22,1
Dresden, Stadt	3,1	42,8	1,3	− 2,5	17,8	542,1	20,7	24,6
Leipzig, Stadt	1,8	44,3	1,3	− 6,7	23,6	474,5	17,0	22,8
Erfurt, Stadt	2,5	45,4	1,5	− 8,1	22,5	408,0	14,9	25,6
Jena, Stadt	5,7	38,4	1,3	− 2,0	16,7	335,4	24,6	24,9
Mittelwerte der Clusterstädte	2,5	43,5	1,3	− 6,2	20,4	479,3	17,0	24,3
Mittelwerte aller Großstädte	− 2,1	45,1	1,4	− 0,2	15,4	873,4	11,9	25,2

über 80-Jährigen verdoppelt sich bis 2020 und beträgt dann etwa acht Prozent.

Die Haushaltsstruktur gleicht in etwa dem Mittel aller untersuchten Städte über 100 000 Einwohnern. Der leicht unterdurchschnittliche Anteil an Haushalten mit Kindern korrespondiert mit den geringen Geburtenraten. Der geringe Anteil ausländischer Haushalte, eine Besonderheit der ostdeutschen Großstädte, trifft nicht für Berlin zu.

Dynamischer wirtschaftlicher Strukturwandel mit hohen Wachstumspotenzialen

Die beiden ostdeutschen Demographietypen 3 und 6 unterscheiden sich hinsichtlich ihrer Wirtschaftskraft und ihrer Wachstumspotenziale wesentlich voneinander. Während es in den Städten des Clusters 3 tendenziell zu mehrdimensionalen Kombinationen von demographischen und wirtschaftlichen Schrumpfungsprozessen kommt, sind im Rahmen des Strukturwandels in den Städten aus Cluster 1 durchaus positive Wachstumssignale erkennbar.

Die aufstrebenden ostdeutschen Großstädte stecken immer noch inmitten eines sehr dynamischen wirtschaftlichen Umstrukturierungsprozesses und weisen derzeit deutliche strukturelle Schwächen auf. So liegt die Arbeitslosigkeit in allen sieben Städten über 15 Prozent, in vier Städten sogar über 20 Prozent. Zum Teil sind fast die Hälfte davon Langzeitarbeitslose. Die Arbeitsplatzentwicklung verlief in den letzten Jahren überwiegend negativ, in fünf Städten gab es zwischen 1998 und 2003 Verluste zwischen sechs und zwölf Prozent. In Jena und Dresden blieb die Zahl dagegen weitgehend stabil.

Der hohe Anteil der Arbeitsplätze im Dienstleistungssektor (81 Prozent) ist eine Besonderheit der neuen Bundesländer und Ausdruck des massiven Verlusts an Arbeitsplätzen im verarbeitenden Gewerbe. Dessen Anteil von 18 Prozent liegt um etwa zehn Prozentpunkte unter dem Durchschnittswert aller Städte über 100 000 Einwohnern. Auch weitere Indikatoren lassen die derzeitigen strukturellen Schwächen erkennen, die diese Städte kennzeichnen. Ihre kommunalen Steuereinnahmen betragen nur etwas mehr als die Hälfte des durchschnittlichen Wertes aller Großstädte über 100 000 Einwohner; und auch bei der durchschnittlichen Kaufkraft liegen diese Städte deutlich unter denen der Cluster der alten Bundesländer.

In den letzten Jahren konnten sich die Großstädte jedoch wirtschaftlich festigen und ihre negativen ökonomischen Strukturdaten vielfach eindeutig verbessern. Trotz weiter vorhandener Strukturprobleme veranschaulichen beispielsweise die Ansiedlungen von BMW und DHL im Norden von Leipzig und der Ausbau von AMD in Dresden, dass insbesondere Dresden, Leipzig und Jena gegenüber westdeutschen Großstädten deutlich an wirtschaftlicher Leistungskraft aufholen.

Die aufstrebenden Städte gelten mit ihren Wachstumspotenzialen als Entwicklungszentren und Wachstumsmotoren Ost-Deutschlands. Als wichtige Pole der beiden europäischen Metropolregionen Berlin/Brandenburg und Sachsendreieck übernehmen vier der sieben Großstädte damit für die neuen Bundesländer eine ähnliche Rolle wie die prosperierenden Wirtschaftszentren des Großstädte-Clusters 4 für die alten Bundesländer.

Auch in Zukunft sind hohe Wachstumsraten möglich. Hilfreich wird dabei der auffällige Anteil an hoch qualifizierten Beschäftigten sein: 17 Prozent gegenüber durchschnittlich elf Prozent. Er ist teils auf die ostdeutschen Besonderheiten zurückzuführen, teils aber auch auf die Hochschullandschaften, durch die die Großstädte sich als Wissenschaftsstandorte profilieren konnten.

Herausforderungen für die Städte

Die größte Herausforderung der aufstrebenden ostdeutschen Großstädte wird es in Zukunft sein, die Bevölkerungsentwicklung zu stabilisieren und die sich abzeichnende Trendwende von der Schrumpfung zum Bevölkerungswachstum zu fördern. Die Alterung der Bevölkerung oder Integrationsprobleme werden im Vergleich zu anderen Clustern eine nachrangige Rolle bei der Bewältigung des demographischen Wandels spielen. Vielmehr muss es gelingen, die bestehenden wirtschaftlichen Potenziale zu nutzen und auszubauen, um die Familien und jungen Erwachsenen zu halten bzw. neue hinzuzugewinnen.

Eine zentrale Aufgabe der Zukunft wird es sein, neue Arbeitsplätze zu schaffen und insbesondere die wissensbasierten produzierenden Zukunftsbranchen auszubauen. Dabei gilt es, die teilweise erfolgreiche Zusammenarbeit zwischen den Unternehmen der Hochtechnologie und der Hochschullandschaft weiter auszubauen und zu intensivieren.

In den letzten zehn Jahren wurden der Wohnungsmarkt und die technische Infrastruktur vielfach an die neuen Markterfordernisse angepasst. In Zukunft gilt es, die deutlich erkennbaren Reurbanisierungstendenzen zu nutzen und die Angebote für Familien und junge Erwachsene bedarfsgerecht auszubauen. Dadurch kann die hohe Attraktivität, die die Großstädte bereits heute für diese Zielgruppen haben, beibehalten und verbessert werden.

Die bewusste Förderung von jungen lebendigen Stadtteilen unterstützt die Urbanität und trägt so dazu bei, den Zuwanderungswunsch der potenziellen Eigentumsbildner (d. h. Familien) und der potenziellen Ersthaushaltsgründer (Bildungswanderer und Berufseinsteiger zwischen 18 und 24 Jahren) zu vergrößern. Hierbei gilt es, die Balance zwischen lebendigem »Szeneviertel« und Familienstadtteil mit Einkaufsmöglichkeiten, Spielplätzen, Kindertageseinrichtungen und anderen sozialen Infrastruktureinrichtungen zu halten. Auf dem Wohnungsmarkt gehören hierzu auch neue experimentelle Wohnformen und städtische Einfamilienhausprojekte (»Stadthäuser«).

Aufgrund der hohen Unsicherheit und der großen Dynamik wird es insbesondere in den aufstrebenden ostdeutschen Großstädten wichtig sein, einen Prozess der Strategieentwicklung und -verwendung anzustoßen und möglichst in kurzen Zyklen zu wiederholen sowie die integrierten Strategien dabei flexibel zu halten. Eine zentrale Herausforderung ist in diesem Zusammenhang die Etablierung eines lokalen Wissensmanagements, in dem nicht nur die notwendigen (demographischen und sozioökonomischen) Daten und Informationen zusammengeführt werden, sondern insbesondere die Erfahrungen der lokalen Eliten im Bezug auf Trendbrüche und mögliche andere Zukünfte einbezogen werden.

Handlungsansätze

Aufgrund ihrer Größe und ihrer komplexen Zusammenhänge erfordert die Bewältigung des demographischen Wandels in allen Großstädten die Entwicklung und Anwendung integrierter Strategien. Angesichts der Trendbrüche und hohen Entwicklungsdynamik in den aufstrebenden ostdeutschen Großstädten mit Wachstumspotenzialen sind zudem Prognosen von einer relativ hohen Unsicherheit geprägt. Daher sollten sich die Städte dieses Clusters mit einem szenariengeleiteten Zukunftsdialog flexibel auf mögliche Zukünfte einstellen.

Im Rahmen der integrierten Strategien sollten diese Großstädte ihr Augenmerk insbesondere auf die folgenden drei Handlungsfelder richten:

1. Regionale Clusterpolitik
   - »Stärken stärken«: Clusterpolitik sollte an vorhandenen Stärken ansetzen und sie anhand dieser spezifischen Profile ausformulieren.
   - regionale Branchenschwerpunkte als Wachstumsmotoren fördern
   - regionale Vernetzungen unterstützen (als Impulsgeber und Moderator agieren, Bewusstseinsbildung fördern, Anreize und Unterstützung für Kooperationen, Plattformen organisieren)
   - endogene Potenziale durch die lose institutionelle Verkopplung von Wissenschaft, Politik und Wirtschaft aktivieren
   - Netzwerkstrukturen weiterentwickeln und diversifizieren

2. Entwicklung zu einer europäischen Metropolregion
   - Stadtpolitik internationalisieren (kommunale Entscheidungen auf den internationalen Wettbewerb ausrichten, mit internationalen Partnern vernetzen, europäische Aktivitäten strategisch ausrichten)
   - Gateway-Funktion stärken in Bezug auf Mobilität, Wissen und Markterschließung (Einbindung in das transeuropäische Schienen- und Straßennetz, Ausbau als Verkehrsknoten, Kongress- und Messestandort)
   - Stadt-Umland-Partnerschaft mit fairer Lastenverteilung und regionalem Flächenmanagement

3. Bedarfsgerechter Stadtumbau
   - räumliche Konzentration des Mitteleinsatzes (Revitalisierung der Zentren, Entwicklung der gewerblichen Schwerpunkte, Aufwertung des Wohnumfeldes)
   - selektiver randstädtischer Rückbau
   - Infrastrukturanpassung
   - Installation eines Stadtumbaumonitorings

Städte und Gemeinden mit 5000 bis 100 000 Einwohnern

In Deutschland gibt es 2877 Städte und Gemeinden mit einer Zahl zwischen 5000 und 100 000 Einwohnern (Stand 31. Dezember 2004). Die Clusteranalyse führte auf Basis der acht Indikatoren zu neun Clustern:

- Cluster 1 (514 Kommunen): Stabile Mittelstädte und regionale Zentren mit geringem Familienanteil
- Cluster 2 (90 Kommunen): Suburbane Wohnorte mit hohen Wachstumserwartungen
- Cluster 3 (361 Kommunen): Suburbane Wohnorte mit rückläufigen Wachstumserwartungen
- Cluster 4 (352 Kommunen): Schrumpfende und alternde Städte und Gemeinden mit hoher Abwanderung
- Cluster 5 (740 Kommunen): Stabile Städte und Gemeinden im ländlichen Raum mit hohem Familienanteil
- Cluster 6 (579 Kommunen): Städte und Gemeinden im ländlichen Raum mit geringer Dynamik
- Cluster 7 (165 Kommunen): Prosperierende Städte und Gemeinden im ländlichen Raum
- Cluster 8 (71 Kommunen): Wirtschaftlich starke Städte und Gemeinden mit hoher Arbeitsplatzzentralität
- Cluster 9 (5 Kommunen): Exklusive Standorte

Die variierende Gemeindegrößenstruktur in den Bundesländern führt dazu, dass mehr als ein Drittel (1052) in Bayern und Baden-Württemberg liegt, daneben sind auch die Bundesländer Niedersachsen, Nordrhein-Westfalen und Hessen mit jeweils zwischen 300 und 400 Kommunen stark repräsentiert. Die geringe Vertretung der anderen Bundesländer ist auf ihre geringe Größe (Saarland) und auf den großen Anteil von Gemeinden mit weniger als 5000 Einwohnern zurückzuführen (insbesondere in Schleswig-Holstein, Rheinland-Pfalz und Mecklenburg-Vorpommern).

Bei den Städten und Gemeinden mit 5000 bis 100 000 Einwohnern überwiegt die Zahl der kleineren Kommunen:

- Fast die Hälfte (46 Prozent: 1313 der 2877 Kommunen) hat zwischen 5000 und 10 000 Einwohner.
- Weitere 40 Prozent (1128 Kommunen) haben zwischen 10 000 und 25 000 Einwohner.
- Dagegen gibt es nur 109 (vier Prozent) größere Städte mit 50 000 bis 100 000 Einwohnern.

Ebenso heterogen wie die Größe sind die Raummerkmale und die funktionalen Schwerpunkte der Städte und Gemeinden. Kernstädte sind ebenso vertreten wie Umlandgemeinden und Kommunen im ländlich peripheren Raum. Die meisten Städte und Gemeinden sind überwiegend Wohnorte. Nur ein knappes Viertel der Kommunen sind regionale Wirtschaftszentren, in die Erwerbstätige aus den umliegenden Gemeinden einpendeln.

Die Prognose der demographischen Entwicklung teilt die Städte und Gemeinden mit 5000 bis 100 000 Einwohnern in drei fast gleich große Gruppen:

- 1004 Kommunen können von einer stabilen Einwohnerzahl ausgehen.
- 1006 müssen mit einer sinkenden Einwohnerzahl rechnen.
- 867 können eine wachsende Zahl von Einwohnern erwarten.

Dabei weist die Prognose eine extreme Bandbreite zwischen Gewinnen und Verlusten aus. Das höchste Wachstum haben mit bis zu 50 Prozent vor allem kleinere Umlandgemeinden im Berliner und Münchener Verdichtungsraum zu erwarten. Verluste von über 20 Prozent wird es voraussichtlich nur in den neuen Bundesländern geben. Gleichwohl werden etwa 90 Prozent der Städte und Gemeinden zwischen einem Verlust von 15 Prozent und einem Gewinn von zehn Prozent der Bevölkerung liegen. Für mehr als 75 Prozent wird sich die Zu- bzw. Abnahme bis 2020 im einstelligen Bereich abspielen.

Matrix der Handlungsempfehlungen für die Kommunen mit 5000 bis 100 000 Einwohnern

Handlungsempfehlung für alle Cluster

Aufgrund der sich abzeichnenden Entwicklungen ist es für die Städte und Gemeinden aller Demographietypen erforderlich, Maßnahmen zur Stärkung der Kinder- und Familienfreundlichkeit zu ergreifen und die Bausteine einer zukunftsorientierten Seniorenpolitik vor Ort in praktikable Modelle zu überführen. Darüber hinaus ergeben sich für die Kommunen folgende prioritären Handlungsansätze:

Demographietypen für Städte und Gemeinden	Prioritäre Handlungsansätze
Cluster 1: Stabile Mittelstädte und regionale Zentren mit geringem Familienanteil	1. Funktion als regionales Zentrum sichern und ausbauen 2. Position als Wirtschaftszentrum stärken 3. Profilierung als attraktiver Wohnstandort für Familien vorantreiben
Cluster 2: Suburbane Wohnorte mit hohen Wachstumserwartungen	1. zukunftsrobuste Entwicklungsstrategien erarbeiten 2. flexible kostenbewusste Siedlungsstrukturen etablieren 3. regionale Kooperation forcieren
Cluster 3: Suburbane Wohnorte mit rückläufigen Wachstumserwartungen	1. Siedlungs- und Flächenmanagement sowie interkommunale Kooperation forcieren, Flächenmanagement in regionaler Verantwortung betreiben 2. Entwicklung der Infrastruktur frühzeitig steuern 3. Balance zwischen Berufs- und Arbeitswelt gestalten 4. Attraktivität des Standortes stärken
Cluster 4: Schrumpfende und alternde Städte und Gemeinden mit hoher Abwanderung	1. Infrastruktur anpassen 2. ökonomische Basis der Kommunen neu definieren 3. Konzentration auf zentrale Orte und Siedlungsstruktur 4. zukunftsrobuste regionale Siedlungsstrukturen entwickeln 5. regionale Verwaltungskooperationen aufbauen 6. arbeitsteilige Übernahme zentralörtlicher Funktionen etablieren
Cluster 5: Stabile Städte und Gemeinden im ländlichen Raum mit hohem Familienanteil	1. Profilierung als kinder- und familienfreundlicher Wohnstandort vorantreiben 2. Flächen- und Infrastrukturmanagement etablieren 3. Sensibilisierung starten und strategische Zukunftsvorsorge betreiben
Cluster 6: Städte und Gemeinden im ländlichen Raum mit geringer Dynamik	1. Konzentration auf strategische Handlungsprioritäten und Kernfunktionen 2. Identität und bürgerschaftliches Engagement fördern 3. soziale und technische Infrastruktur anpassen 4. Interkommunale und regionale Kooperationen forcieren
Cluster 7: Prosperierende Städte und Gemeinden im ländlichen Raum	1. Sensibilisierung starten und strategische Zukunftsvorsorge betreiben 2. hochwertige Bildungs- und Qualifizierungsangebote sicherstellen 3. Siedlungsentwicklung und interkommunale Kooperation forcieren
Cluster 8: Wirtschaftlich starke Städte und Gemeinden mit hoher Arbeitsplatzzentralität	1. Siedlungs- und Flächenmanagement etablieren und interkommunale Kooperation forcieren 2. Wirtschaftsförderung und -entwicklung regional denken 3. Vereinbarkeit von Berufs- und Arbeitswelt gestalten 4. hochwertiges Bildungsangebot sicherstellen
Cluster 9: Exklusive Standorte	aufgrund hervorragender Rahmenbedingungen keine Empfehlungen

Die Alterung der Bevölkerung wird dazu führen, dass in diesen Städten und Gemeinden im Jahr 2020 die Hälfte aller Einwohner älter als 48 Jahre sein wird, gegenüber heute 40 Jahren. Aber wie in der Vergangenheit wird die Altersstruktur große Unterschiede aufweisen: In den »jüngeren Kommunen« wird die Altersgrenze, die die Bevölkerung in zwei gleich große Gruppen unterteilt, im Jahr 2020 deutlich unter 45 Jahren, in den »älteren Kommunen« dagegen über 55 Jahren liegen. Zu den jungen Kommunen gehören sowohl prosperierende Wirtschaftszentren

und Hochschulstädte mit hohen Zuwanderungsraten von jungen Erwachsenen (z. B. Freising, Tübingen) als auch meist in ländlichen Räumen gelegene Kommunen, in denen besonders viele Familien zuziehen und die Geburtenraten relativ hoch liegen (z. B. Cappeln bei Oldenburg).

Stark alternde Städte und Gemeinden befinden sich überwiegend in den neuen Bundesländern, aber häufig auch in Tourismus-Regionen (z. B. Westerland auf Sylt, Baden-Baden, Mittenwald), in altindustriell geprägten Regionen (z. B. Wilhelmshaven, Herten) und in Umland-

Abb. 1: Demographietypen der Städte und Gemeinden mit 5000 bis 100 000 Einwohnern

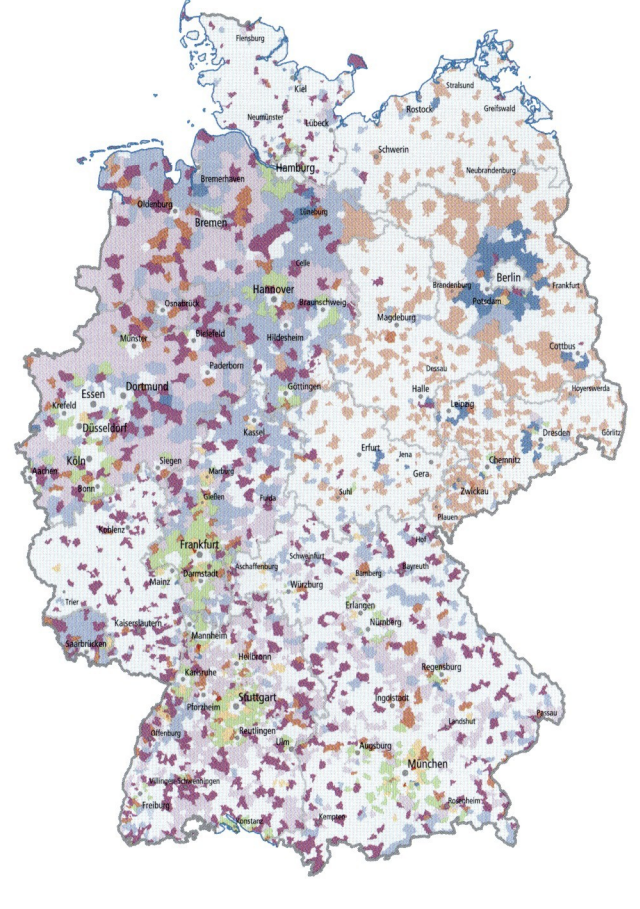

Die 2877 Städte und Gemeinden weisen aber nicht nur große Unterschiede im demographischen Profil auf, sie sind auch hinsichtlich ihrer sozialen und ökonomischen Rahmenbedingungen, wie Steuerkraft und Kaufkraft, Ausländeranteil und Arbeitslosenquote, sehr heterogen. Viele der größeren Städte dieses Clusters sind mit ähnlichen Herausforderungen konfrontiert wie die Großstädte, d. h. mit der Abwanderung von Familien in das Umland, mit heterogenen Bevölkerungsstrukturen und sozialer Polarisierung. Dagegen sind viele der kleinen Gemeinden durch homogene Bevölkerungsstrukturen geprägt. Und zwischen diesen beiden Polen gibt es eine Vielzahl an Orten mit unterschiedlichen Kombinationen ihrer demographischen Perspektive, wirtschaftlichen Situation und Handlungsressourcen.

Die Gestaltung des demographischen Wandels muss diese verschiedenartigen Herausforderungen, Entwicklungsperspektiven und Handlungsspielräume aufnehmen. Sie verlangen jeweils spezifische Antworten.

In den folgenden Kapiteln werden die Merkmale der einzelnen Cluster dieser Städte und Gemeinden ausführlich dargestellt und die zentralen Herausforderungen, die durch den demographischen Wandel auf sie zukommen, benannt. Auf dieser Grundlage werden abschließend Handlungsansätze vorgeschlagen, die die Kommunen bei der Gestaltung des demographischen Wandels prioritär verfolgen sollten.

Ausführlichere Informationen zu den übergreifenden Handlungsfeldern finden sich im Kapitel 3 dieser Publikation. Anregungen für clusterspezifische Handlungskonzepte stehen als Download unter www.aktion2050.de/wegweiser bereit.

gemeinden der Großstädte, in denen seit geraumer Zeit keine Zuwanderung mehr stattfindet (z.B. Hemmingen bei Hannover).

Stabile Mittelstädte und regionale Zentren mit geringem Familienanteil

Räumliche Einordnung

Die Städte und Gemeinden dieses Clusters verteilen sich relativ gleichmäßig auf die alten Bundesländer. Regionale Schwerpunkte liegen in Rheinland-Pfalz und in Schleswig-Holstein. Nur elf der 514 Städte und Gemeinden befinden sich in Ost-Deutschland.
Zu welchem Demographietyp gehört Ihre Kommune?
Informationen dazu finden Sie im Internet unter www.aktion2050.de/wegweiser.

Abb. 1: Räumliche Verteilung der Städte und Gemeinden des Clusters 1

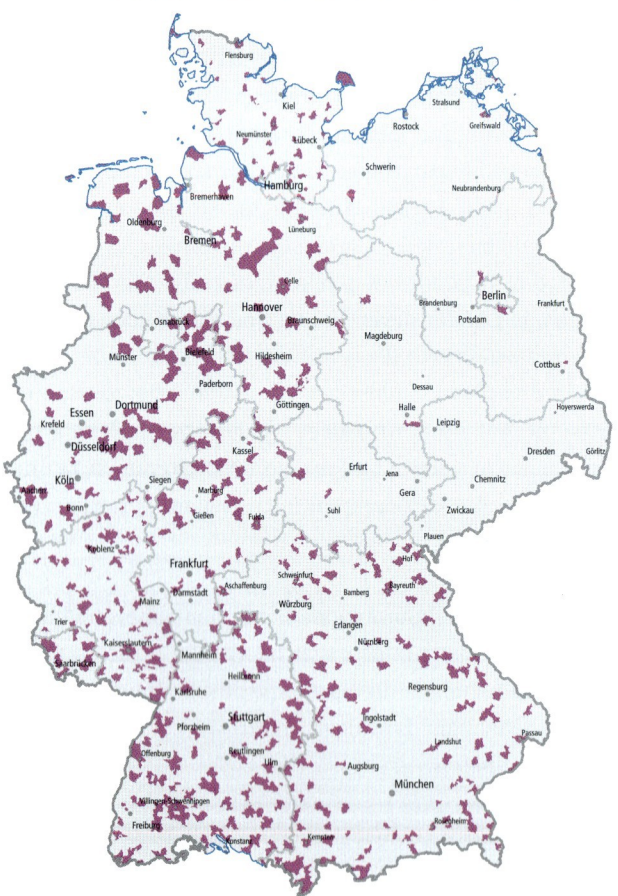

gegen unterproportional vertreten. Typisch für dieses Cluster sind Mittelzentren, die zentralörtliche Funktionen für ihr ländliches Umland übernehmen und auch als regionale Arbeits- und Versorgungszentren von überlokaler Bedeutung sind.

Abb. 2: Gemeindegröße

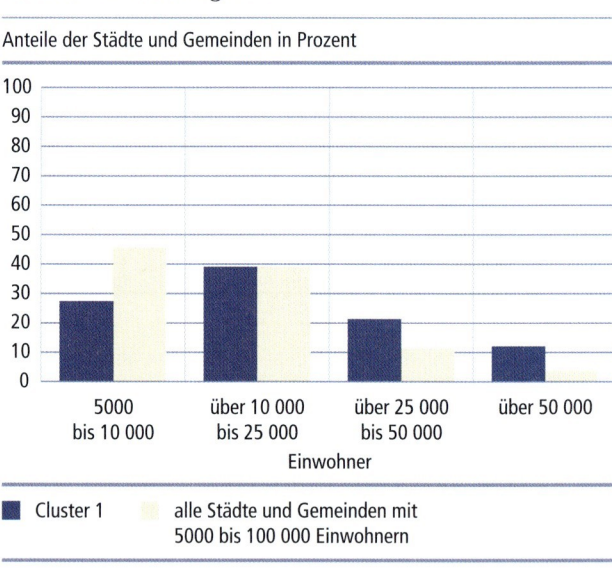

Charakteristische Entwicklungen

Der Demographietyp 1 repräsentiert einen breiten Mix an Größenklassen. Wenngleich Kommunen bis 25 000 Einwohner die große Mehrheit stellen, sind die mittelgroßen und großen Städte über 25 000 Einwohner doch überproportional stark vertreten. Mehr als die Hälfte der deutschen Städte zwischen 50 000 und 100 000 Einwohnern werden diesem Cluster zugeordnet. Die kleineren Kommunen zwischen 5000 und 10 000 Einwohnern sind dagegen unterproportional vertreten. Typisch für dieses

Diese Mittelstädte und regionalen Zentren zeichnen sich durch eine weitgehend stabile demographische Entwicklung aus sowie durch einen geringen Anteil an Haushalten mit Kindern. Auffällig ist der überproportional hohe Wanderungssaldo der 18- bis 24-Jährigen. Die Kommunen bilden häufig einen ökonomischen Verantwortungsraum mit ihrem Umland, für Arbeitszentren verfügen sie allerdings über eine verhältnismäßig hohe Arbeitslosigkeit, wenige hochwertige Arbeitsplätze und einen geringen Anteil an Akademikern in der Wohnbevölkerung.

Profil des Demographietyps 1

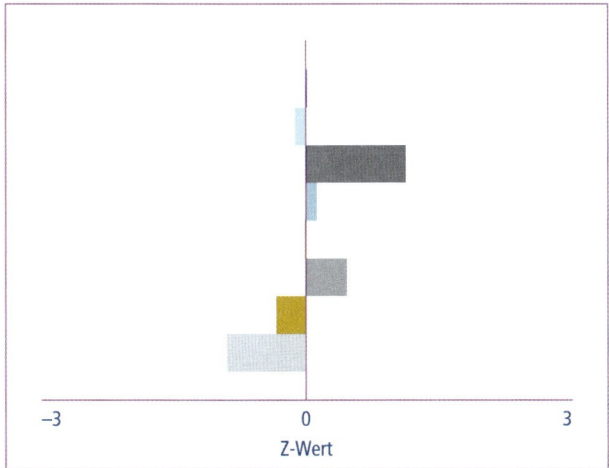

Indikatoren:

- ■ Bevölkerungsentwicklung
- ■ Medianalter
- ■ Arbeitsplatzzentralität
- ■ Arbeitsplatzentwicklung
- ■ Arbeitslosenquote
- ■ Kommunale Steuereinnahmen
- ■ Anteil Hochqualifizierter
- ■ Anteil Mehrpersonenhaushalte mit Kindern

Je breiter der Balken, desto stärker weichen die
Mittelwerte der Clusterstädte von dem Mittelwert
aller Clusterwerte der Städte und Gemeinden
mit 5000 bis 100 000 Einwohnern ab (Z-Werte).

Stabile Bevölkerungsentwicklung

Die Bevölkerungsentwicklung ist weitgehend stabil. Die
demographische Entwicklung zwischen 1996 und 2003
verlief mit einem Zuwachs von 1,2 Prozent leicht positiv
und lag damit leicht unter dem Durchschnittswert aller
Städte und Gemeinden von 2,5 Prozent. Trotz einer geringen Abnahme werden diese Werte in Zukunft ähnlich
hoch sein.

Die geringe Bevölkerungsdynamik der letzten Jahre
wird sich in den meisten Kommunen dieses Clusters fortsetzen. In knapp der Hälfte von ihnen wird die Einwohnerzahl im Jahr 2020 voraussichtlich etwa auf dem heutigen
Niveau liegen; für weitere gut 30 Prozent sind rückläufige
Bewohnerzahlen, meist zwischen vier und zehn Prozent,
prognostiziert. Das übrige knappe Viertel kann mit weiteren meist leichten Bevölkerungsgewinnen rechnen.

Die Geburtenrate ist ähnlich niedrig wie im Bundesdurchschnitt der Kommunen mit 5000 bis 100 000 Einwohnern.

Abb. 3: Bevölkerungsentwicklung

Anteile der Städte und Gemeinden in Prozent

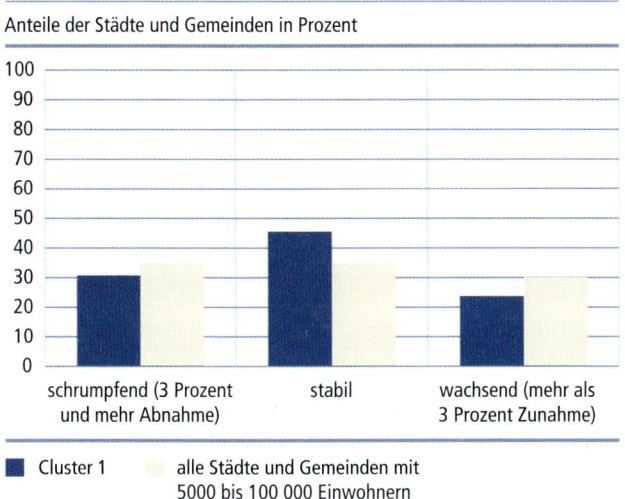

■ Cluster 1   □ alle Städte und Gemeinden mit
                  5000 bis 100 000 Einwohnern

Geringer Familienanteil

Mehrpersonenhaushalte mit Kindern liegen mit 32 Prozent
deutlich unter dem durchschnittlichen Wert aller Kommunen zwischen 5000 und 100 000 Einwohnern (39 Prozent). Daran ändert sich auch durch den insgesamt positiven, aber sehr niedrigen Wanderungssaldo bei den
Familien (also der Altersgruppe der 30- bis 49-Jährigen
zusammen mit den unter 18-Jährigen) nichts.

Hoher Wanderungssaldo bei den Bildungswanderern und Berufseinsteigern

Auffällig ist der vergleichsweise hohe Wanderungssaldo
der 18- bis 24-Jährigen. Für diese moderaten Gewinne
sind die Bildungswanderer und Berufseinsteiger verantwortlich. Auf dem Wohnungsmarkt wird sich die Zunahme
an diesen potenziellen Ersthaushaltsgründern bemerkbar
machen: In Zukunft werden verstärkt kleinere Wohnungen nachgefragt. Da die meisten Kommunen als Arbeitszentrum fungieren, sind bereits heute die Einpersonenhaushalte verhältnismäßig stark vertreten.

Durchschnittliche Alterungsprozesse

Die Alterung der Bevölkerung dieser Kommunen gleicht
im Wesentlichen dem durchschnittlichen Verlauf aller
Städte und Gemeinden zwischen 5000 und 100 000 Einwohnern. So beträgt das Medianalter – der Mittelwert,
der die Bevölkerung in zwei gleich große Gruppen teilt –
40,7 Jahre. Der Wert steigt bis zum Jahre 2020 auf
48,3 Jahre an.

Die Mittelstädte und regionalen Zentren werden künftig zu einem bevorzugten Wohnort älterer Menschen. Auf-

fällig ist hier der leicht höhere Anteil der Hochaltrigen über 80 Jahre von 4,6 Prozent im Jahre 2003. Seine Verdopplung auf über 8,0 Prozent bis 2020 ist zum Teil auf die große Zahl der Bäder und Kurorte in diesem Demographietyp zurückzuführen.

Viele Arbeitsplätze und stabile ökonomische Entwicklung

Prägendes Merkmal dieses Demographietyps ist seine Konzentration an Arbeitsplätzen. Nahezu drei Viertel der Städte und Gemeinden sind regionale Zentren für Berufseinpendler. In einem weiteren knappen Viertel entspricht die Zahl der Arbeitsplätze der der Erwerbstätigen. Daraus ergibt sich eine Verantwortungsgemeinschaft dieser Mittelstädte und regionalen Zentren.

Die Steuereinnahmen der Kommunen sind mit 767 Euro pro Jahr und Einwohner relativ hoch. Vergleicht man sie allerdings mit anderen Arbeitszentren, liegen sie eher im mittleren bis unteren Bereich.

Die Arbeitsplatzentwicklung der letzten Jahre verlief weitgehend stabil. Nahezu ein Drittel der Städte und Gemeinden verzeichnete Gewinne, die meisten zwischen fünf und zehn Prozent. In den Kommunen mit rückläufiger Beschäftigtenzahl lagen die Verluste selten über zehn Prozent.

Die Arbeitslosenquote beträgt 11,9 Prozent. Sowohl die Verteilung der Arbeitsplätze auf den Dienstleistungsbereich und den verarbeitenden Sektor als auch der Anteil an hochwertigen Arbeitsplätzen bewegt sich im Durchschnitt aller Städte und Gemeinden zwischen 5000 und 100 000 Einwohnern. Da es sich hier um regionale Arbeitszentren handelt, lassen diese Werte aber auf eine geringe Dynamik und gewisse strukturelle Schwächen schließen.

Die Ausprägungen der weiteren sozialen und wirtschaftlichen Daten, wie die Verteilung der Einkommens-gruppen und die durchschnittliche Kaufkraft, liegen ebenso wie der Anteil an Akademikern und die Erwerbstätigenquote weitgehend auf dem Durchschnittsniveau aller Städte und Gemeinden zwischen 5000 und 100 000 Einwohnern.

Für diesen Typus verweisen die Durchschnittswerte aber weniger auf Solidität denn auf strukturelle Probleme, da die dynamischeren Arbeitszentren in der Regel höhere Anteile an Akademikern in der Bevölkerung und einen größeren Anteil an oberen Einkommensgruppen aufweisen. Ausländerhaushalte sind überproportional vertreten: Mit knapp acht Prozent liegt ihr Anteil um drei Prozent über dem Durchschnittswert aller Städte und Gemeinden zwischen 5000 und 100 000 Einwohnern.

Herausforderungen für die Kommunen

Für die stabilen Mittelstädte und regionalen Zentren ist der demographische Wandel Herausforderung und Entwicklungschance zugleich. Die Herausforderung, den Wandel ohne Wachstum zu gestalten, besteht darin, die Sicherung der Lebensqualität und Daseinsvorsorge auf lokaler Ebene stets in ihrem Zusammenwirken mit dem Umland im Auge zu behalten und voranzutreiben. Die regionale Perspektive ist für die eigene Zukunftsgestaltung auch darum unerlässlich, weil die zunehmende Konkurrenz um Bewohner und Arbeitsplätze und die sinkenden Handlungsspielräume der öffentlichen Hand den Ausbau und die Verstetigung regionaler Kooperation erzwingen.

In diesem regionalen Aktionsfeld liegen gleichzeitig die Chance und Verpflichtung für die stabilen Mittelstädte und regionalen Zentren, sich als Zentrum weiter zu profilieren und ihre zentralörtliche Funktion auszubauen. Aufgrund ihrer Größe und ihrer Funktion haben sie die institutionellen und finanziellen Ressourcen, Ini-

Die Indikatoren des Demographietyps 1 im Überblick

Gesamtzahl der Kommunen dieses Clusters = 514								
	Bevölkerungs-entwicklung 2003 bis 2020 in Prozent	Medianalter 2020 in Jahren	Arbeitsplatz-zentralität	Arbeitsplatz-entwicklung 1998 bis 2003 in Prozent	Arbeitslosen-quote in Prozent	Kommunale Steuer-einnahmen in Euro	Anteil hoch qualifizierter Beschäftigter in Prozent	Anteil Mehr-personenhaus-halte mit Kindern in Prozent
Mittelwert	−0,5	48	1,3	1,9	11,9	767	6,2	31
75 Prozent der Kommunen des Clusters liegen in diesem Bereich.	−7,3 bis 4,7	46 bis 50	1,0 bis 1,7	−5,5 bis 9,4	8,3 bis 15,8	552 bis 991	4 bis 9	25 bis 39
Vergleichswerte der 2877 Kommunen der gesamten Clustergruppe								
Mittelwert	−0,7	48	0,8	0,1	12	609	7,4	39

tiator und Wegweiser bei der Gestaltung des demographischen Wandels zu sein. Um diese führende Rolle ausüben zu können, sind wirtschaftliche Schwächen, durch die der Arbeitsmarkt der vergangenen Jahre geprägt war, zu mindern und die Wohnattraktivität für Familien und Besserverdienende zu steigern.

Viele der Mittelstädte und regionalen Zentren in Cluster 1 sind mit den Auswirkungen des demographischen Wandels bereits konfrontiert. Darauf gerichtete Handlungsstrategien müssen daher sofort entwickelt und Maßnahmen zügig umgesetzt werden. Dabei können die Kommunen auf eine relativ günstige Ausgangssituation aufbauen: auf die trotz hoher Arbeitslosenquoten stabile Arbeitsplatzentwicklung der letzten Jahre und die mittelfristig noch stabile Bevölkerungszahl.

Vor diesem Hintergrund ergeben sich folgende Herausforderungen:

- sich als Zentrum weiter profilieren und die zentralörtliche Funktion ausbauen, dabei auch als Initiatorin und Wegweiserin die Anforderungen des demographischen Wandels bewältigen
- die Wohnortattraktivität für Familien erhalten und möglichst steigern
- die technische und soziale Infrastruktur an die Veränderungen der Altersstruktur anpassen und Potenziale älterer Menschen aktivieren
- die Siedlungsflächenpolitik auf Erhalt ausrichten, Wohnungsbestand aufwerten, sich als Wohnstandort profilieren
- wirtschaftliche Potenziale sichern und ausbauen

Handlungsansätze

Aufgrund der Ausgangssituation werden prioritäre Handlungsansätze und Maßnahmen in den folgenden Bereichen empfohlen:

- Funktion als regionales Zentrum sichern und ausbauen
  - langfristiges Entwicklungskonzept erarbeiten
  - Verwaltungsstrukturen und -verfahren auf die demographische Herausforderung einstellen
  - Ausbau der regionalen Kooperation (z. B. regionales Infrastruktur- und Flächenmanagement)
- Position als Wirtschaftszentrum stärken
  - Initiative zur Stärkung der lokalen Wirtschaft entwickeln
  - Angebot qualifizierter Arbeitskräfte verbessern
  - Angebote für Senioren ausbauen
- Profilierung als attraktiver Wohnstandort für Familien
  - Qualität weicher Standortfaktoren verbessern
  - familiengerechte Wohnangebote ausbauen
  - Angebote für Kinder und Jugendliche erweitern
  - hochwertiges Schulangebot sichern

Darüber hinaus ist es erforderlich, Maßnahmen zur Stärkung der Kinder- und Familienfreundlichkeit zu ergreifen und die Bausteine einer zukunftsorientierten Seniorenpolitik vor Ort in praktikable Modelle zu überführen.

Weitere ausführliche Informationen zu den Handlungsansätzen dieses Clusters finden Sie im Internet unter www.aktion2050.de/wegweiser.

Suburbane Wohnorte mit hohen Wachstumserwartungen

Räumliche Einordnung

Demographietyp 2 ist ein typisches ostdeutsches Cluster. Doch immerhin befindet sich jede fünfte der 90 Kommunen nicht in den neuen Bundesländern. Eine typische Lage sind die suburbanen Agglomerationsräume der aufstrebenden Großstädte Berlin, Dresden und Leipzig. Die Hälfte dieser Kommunen sind um die Bundeshauptstadt Berlin angeordnet. Die Gemeinden der alten Bundesländer gruppieren sich ebenfalls um die prosperierenden Wirtschaftszentren und hier vor allem um Hamburg. Zu welchem Demographietyp gehört Ihre Kommune?
Informationen dazu finden Sie im Internet unter www.aktion2050.de/wegweiser.

Abb. 1: Räumliche Verteilung der Städte und Gemeinden des Clusters 2

Die Gemeinden dieses Clusters sind relativ klein, in 90 Prozent wohnen weniger als 20 000 Einwohner. Deutlich weicht davon vor allem die Stadt Weimar ab, die mit 64 409 Einwohnern (2003) deutlich größer war.

Charakteristische Entwicklungen

Während diese Gemeinden für Familien sehr attraktiv sind, wandern die 18- bis 24-Jährigen größtenteils ab. Sowohl die aktuellen Altersanteile der Jugendlichen (unter 18 Jahre) und der Senioren (ab 60- und ab 80-Jährige) als auch die zukünftigen Alterungsprozesse entsprechen hier im Wesentlichen dem bundesdeutschen Durchschnitt. Die heutigen Wanderungsgewinne von Familien können allerdings in Zukunft den Alterungsprozess beschleunigen.

Die ökonomischen Strukturdaten sind eher ungünstig. Jedoch verlaufen die regionalen Entwicklungen gerade in Ost-Deutschland keineswegs einheitlich: Kennzeichnend ist ein Patchwork von Gewinner- und Verliererkommunen. Im Vergleich zu den anderen Clustern besteht innerhalb der typischen ostdeutschen Cluster 2 und 4 eine überproportional große Heterogenität sowie eine größere Bandbreite möglicher zukünftiger Entwicklungen.

Dynamische Bevölkerungsentwicklung

Die Gemeinden zeichnen sich durch eine sehr dynamische Bevölkerungsentwicklung aus. Diese lag mit über 22 Prozent in den letzten Jahren (1996–2003) deutlich über allen andern Clustern. Und auch in Zukunft wird sie mit durchschnittlich 18 Prozent (zwischen 2003 und 2020) als am dynamischsten prognostiziert.

Die suburbanen Gemeinden dieses Demographietyps profitieren von ihrer räumlichen Nähe zu den sich positiv entwickelnden Wirtschaftszentren der Großstädte. Dabei wird davon ausgegangen, dass insbesondere die aufstrebenden Großstädte Berlin, Dresden und Leipzig hohe Wachstumspotenziale besitzen.

Die demographische Entwicklung hebt sich damit deutlich von den Städten und Gemeinden des anderen ostdeut-

Profil des Demographietyps 2

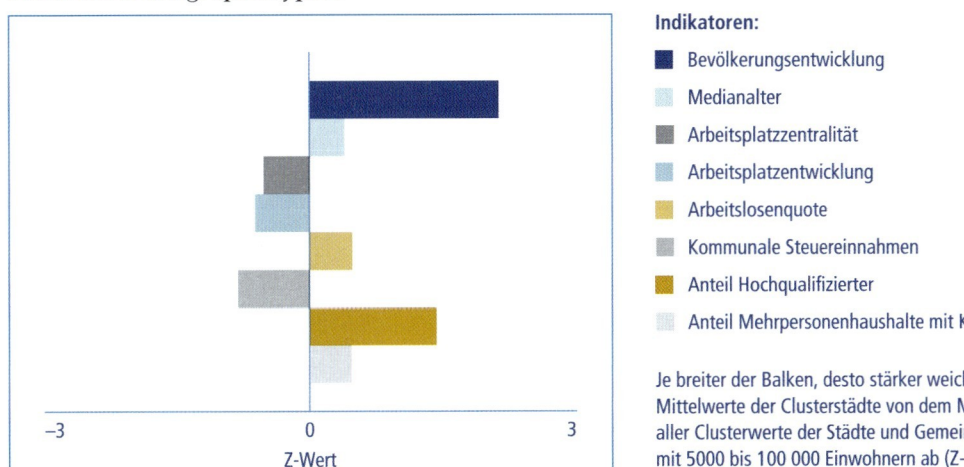

Indikatoren:

- ■ Bevölkerungsentwicklung
- ■ Medianalter
- ■ Arbeitsplatzzentralität
- ■ Arbeitsplatzentwicklung
- ■ Arbeitslosenquote
- ■ Kommunale Steuereinnahmen
- ■ Anteil Hochqualifizierter
- ■ Anteil Mehrpersonenhaushalte mit Kindern

Je breiter der Balken, desto stärker weichen die Mittelwerte der Clusterstädte von dem Mittelwert aller Clusterwerte der Städte und Gemeinden mit 5000 bis 100 000 Einwohnern ab (Z-Werte).

schen Clusters 4 ab. Mit diesen beiden Clustern sind sogar die Extrementwicklungen in Deutschland beschrieben. Dabei muss allerdings berücksichtigt werden, dass vor allem bei den kleineren ostdeutschen Gemeinden eine Prognose relativ unsicher ist. Dies hängt prinzipiell mit der Vorhersage von Entwicklungen in kleineren Gemeinden zusammen, aber auch mit den größeren Strukturbrüchen.

Hohe Zuwanderung der Familien

Der Wanderungsgewinn bei den Familien – d.h. bei den unter 18-Jährigen und den 30- bis 49-Jährigen – liegt in diesen Gemeinden deutlich über allen anderen Clustern. Die Zuwanderung von Familien im suburbanen Raum ist in Ost-Deutschland auf die starke Nachfrage nach Wohnraum insbesondere bei Ein- und Zweifamilienhäusern Anfang der 1990er Jahre zurückzuführen. Dieser Druck wurde in der zweiten Hälfte des Jahrzehnts vor allem durch Neubau im suburbanen Raum allmählich abgebaut. Wie in Wohnorten des Umlands und des ländlichen Raums generell üblich, sind Haushalte mit Kindern relativ stark, Einpersonenhaushalte dagegen schwach vertreten.

Hohe Abwanderung der 18- bis 24-Jährigen

So attraktiv diese Gemeinden für Familien und damit für potenzielle Eigentumsbildner sind, so uninteressant sind sie tendenziell für die potenziellen Ersthaushaltsgründer (18- bis 24-Jährige). Nahezu 80 Prozent der Gemeinden verloren Bewohner in dieser Altersgruppe durch Abwanderungen.

Der Wanderungssaldo dieser Altersgruppe ist stark negativ und die Verluste sind deutlich höher als im Bundesdurchschnitt der Städte und Gemeinden mit 5000 bis 100 000 Einwohnern. Insgesamt liegen aber die Wanderungsverluste der jungen Erwachsenen weit unter den Gewinnen aus den anderen Altersgruppen.

Hohes Medianalter trotz Zuwanderung von Familien

Der Alterungsprozess der Gemeinden in Cluster 2 wird sich ähnlich dem generellen bundesdeutschen Trend verändern, er wird lediglich etwas ausgeprägter sein. Auffällig ist jedoch, dass sich das Medianalter – also der Altersmittelwert, der die Bevölkerung in zwei gleich große Gruppen teilt – überdurchschnittlich von 2003 mit noch knapp unter 41 Jahren bis zum Jahr 2020 auf voraussichtlich 49,5 Jahre erhöht, obwohl die Wanderungsgewinne bei den Familien sehr hoch sind.

Der Anteil der unter 18-Jährigen sinkt etwas stärker als im Bundesdurchschnitt von 17,7 (2003) auf 14,5 Prozent (2004). Die geringe Kinderzahl korrespondiert dabei mit einer sehr niedrigen Geburtenrate – der niedrigsten im Vergleich aller Demographietypen. Der Anteil der 60-Jährigen und Älteren steigt proportional zum Bundestrend von 23,4 (2003) auf 32,1 Prozent (2020). Der Anteil der Hochaltrigen über 80 Jahre erhöht sich ebenfalls von 3,3 (2003) auf 7,2 Prozent (2020).

Dabei fällt auf, dass der Anteil von Kindern und Jugendlichen unter 18 Jahre ebenso wie der Anteil der über 60-Jährigen jeweils relativ klein ist, während die 35- bis 60-Jährigen aufgrund der homogenen Zuwanderung der Familien überproportional stark vertreten sind. Bei anhaltend niedrigen Geburtenraten und auch künftig niedrigen Anteilen an Kindern und Jugendlichen hätte dies zur Folge, dass sich der aktuell abgeschwächte Alterungsprozess beschleunigen würde. Bis 2020 wird dann nämlich die homogene Gruppe der zugewanderten Familien in die Gruppe der »jungen Alten« hineingewachsen sein.

Ökonomische Strukturdaten

Die ökonomische Leistungsfähigkeit ist insbesondere in den ostdeutschen Gemeinden dieses Clusters sehr gering. So liegen die kommunalen Steuereinnahmen von durchschnittlich 331 Euro pro Jahr und Einwohner deutlich unter dem Bundesdurchschnitt der Städte und Gemeinden zwischen 5000 und 100 000 Einwohnern (610 Euro pro Jahr und Einwohner).

Die Erwerbstätigen der Gemeinden pendeln überwiegend in die Großstadt oder in andere Arbeitszentren innerhalb des Verdichtungsraums aus. Typisch für suburbane Räume ist die dominierende Wohnfunktion. Insgesamt haben nur sechs Prozent der Kommunen deutliche Einpendler-Überschüsse und damit eine regionale Bedeutung als Wirtschaftszentrum.

Die Arbeitsplätze der Gemeinden sind zu zwei Dritteln im Dienstleistungssektor und zu knapp 30 Prozent im verarbeitenden Gewerbe angesiedelt. Damit hat Letzteres eine vergleichsweise schwache Position. Der primäre Sektor (Landwirtschaft, Forsten) deckt mit insgesamt knapp vier Prozent relativ viele Arbeitsplätze ab. Die Arbeitslosenquote von fast 15 Prozent liegt zwar 2003 vergleichsweise hoch, jedoch deutlich niedriger als durchschnittlich in den neuen Bundesländern (19 Prozent).

Die Arbeitsplatzentwicklung verlief in den letzten Jahren überwiegend negativ. Während sie zwischen 1998 und 2003 bundesweit in den Kommunen zwischen 5000 und 100 000 Einwohnern stagnierte, nahm sie in den Gemeinden dieses Clusters um durchschnittlich 8,9 Prozent ab. Die Zahl der Arbeitsplätze ist in fast zwei Dritteln der Städte und Gemeinden deutlich zurückgegangen. Dabei waren Verluste von mehr als 20 Prozent keine Seltenheit. Andererseits stieg in nahezu 15 Prozent der Kommunen die Zahl der Arbeitsplätze. Diese Steigerung war zwar meist moderat, aber insbesondere im Umland von Berlin gab es auch Wachstumsraten von über 20 Prozent.

Typisch für ostdeutsche Gemeinden ist der relativ hohe Anteil an Akademikern in der Bevölkerung. Wie auch in anderen suburbanen Räumen sind die unteren Einkommensgruppen im Durchschnitt aller untersuchten Städte und Gemeinden unter 100 000 Einwohnern unterrepräsentiert. Der Anteil oberer Einkommensgruppen und die durchschnittliche Kaufkraft liegen im mittleren Bereich. Auch dies ist typisch für suburbane Räume.

Herausforderungen für die Kommunen

Die Kommunen dieses Clusters weisen nicht nur in der jüngeren Vergangenheit im Vergleich mit allen Demographietypen das höchste Bevölkerungswachstum auf, ihnen wird auch künftig eine hohe demographische Dynamik prognostiziert. Allerdings basieren diese Prognosen maßgeblich auf einer Trendextrapolation, die in diesem suburbanen Cluster mit einer relativ hohen Unsicherheit behaftet ist.

So spiegeln sich in den Zukunftserwartungen die gegenwärtig beobachtbaren Anzeichen für Trendbrüche (Reurbanisierung, Strukturwandel auf dem Immobilienmarkt, Wegfall der Eigenheimzulage, Kürzung der Pendlerpauschale usw.) naturgemäß nur schwach wider. Beispielsweise ist im Umland von Leipzig ein starker Rückzug in das Stadtgebiet zu beobachten.

Zudem können singuläre aktuelle Ereignisse (z.B. große Entwicklungsmaßnahmen auf Konversionsflächen) die Ergebnisse stark beeinflussen. Schließlich sind die für diese Kommunen besonders bedeutsamen Wanderungen generell schwer vorhersagbar und von vielen Variablen abhängig.

Die Indikatoren des Demographietyps 2 im Überblick

Gesamtzahl der Kommunen dieses Clusters = 90								
	Bevölkerungs-entwicklung 2003 bis 2020 in Prozent	Medianalter 2020 in Jahren	Arbeitsplatz-zentralität	Arbeitsplatz-entwicklung 1998 bis 2003 in Prozent	Arbeitslosen-quote in Prozent	Kommunale Steuer-einnahmen in Euro	Anteil hoch qualifizierter Beschäftigter in Prozent	Anteil Mehr-personenhaus-halte mit Kindern in Prozent
Mittelwert	18,1	50	0,6	−8,9	14,8	331	12	43
75 Prozent der Kommunen des Clusters liegen in diesem Bereich.	3,9 bis 33,7	47 bis 52	0,4 bis 0,9	−22,3 bis 6,0	9,5 bis 19,1	207 bis 504	8 bis 17	34 bis 51
Vergleichswerte der 2877 Kommunen der gesamten Clustergruppe								
Mittelwert	−0,7	48	0,8	0,1	12	609	7,4	39

Angesichts dieser dynamischen Zukunftsperspektiven stehen die Kommunen in Cluster 2 vor folgenden Herausforderungen:

- zukunftsrobuste Strategien entwickeln, die sich flexibel auf sich verändernde Trends einstellen und Fehlallokationen vermeiden
- trotz ihres Wachstums und noch nicht klar erkennbaren Alterungsprozessen vorausschauend auf die Auswirkungen des demographischen Wandels reagieren
- Siedlungs-, Flächen- und Infrastrukturmanagement überprüfen
- Entwicklungskonzepte für das Leben und Wohnen im Alter erarbeiten (zukunftsorientierte Seniorenpolitik)

Handlungsansätze

Trotz des starken Bevölkerungswachstums und der heute noch nicht offensichtlichen Alterungsprozesse gilt es in den Kommunen dieses Clusters eine vorausschauende Stadtpolitik zu betreiben: Die eigenständige lokale Basis muss gestärkt und auf eine Zukunft vorbereitet werden, in der das zuwanderungsbedingte Bevölkerungswachstum erheblich nachgelassen hat. Hier sollten folgende Handlungsansätze im Vordergrund stehen:

- Zukunftsrobuste Strategien:
  - Sensibilisierung für die Herausforderungen des demographischen Wandels (Trendumbrüche frühzeitig erkennen)
  - langfristige Entwicklungsstrategien unter Einsatz der Szenarioplanung
  - Einführung von Frühwarn- und Kontrollsystemen
- Flexible kostenbewusste Siedlungsstrukturen
  - langfristige Folgekostenabschätzung
  - flexible Siedlungs- und Baustrukturen
- Regionale Kooperation bei Siedlungserweiterungen
  - Aufbau oder Ausbau regionaler Kooperationsstrukturen
  - regionales Flächenmanagement

Darüber hinaus sollten die Bausteine einer kinder- und familienfreundlichen Kommune sowie einer zukunftsorientierten Seniorenpolitik eine hohe Priorität haben.

Weitere ausführliche Informationen zu den Handlungsansätzen dieses Clusters finden Sie im Internet unter www.aktion2050.de/wegweiser.

Suburbane Wohnorte mit rückläufigen Wachstumserwartungen

Räumliche Einordnung

In diesem Demographietyp befinden sich 361 suburbane Wohnorte mit rückläufigen Wachstumserwartungen. Mit Ausnahme von fünf Städten und Gemeinden aus Sachsen und jeweils einer Kommune aus Brandenburg (Wildau) und Thüringen (Ilmenau) liegen alle Kommunen in den alten Bundesländern. Sie konzentrieren sich in Hessen, Baden-Württemberg und Bayern.
Zu welchem Demographietyp gehört Ihre Kommune?
Informationen dazu finden Sie im Internet unter www.aktion2050.de/wegweiser.

Abb. 1: Räumliche Verteilung der Städte und Gemeinden des Clusters 3

Abb. 2: Gemeindegröße

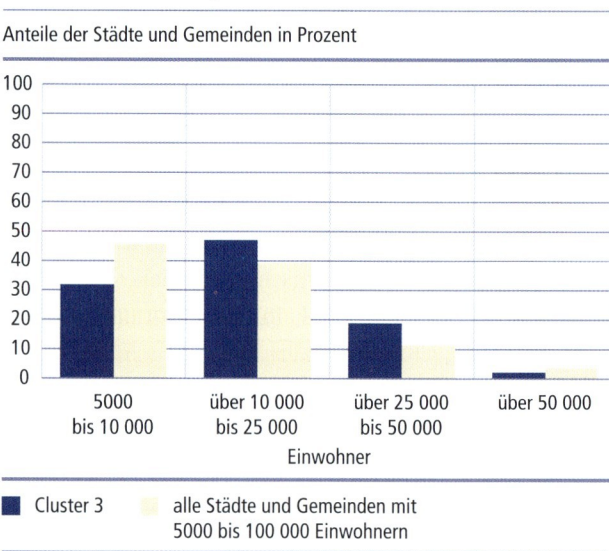

Insgesamt liegen sieben von zehn Städten und Gemeinden in den (hoch) verdichteten Kreisen der Agglomerationsräume. Weitere 20 Prozent befinden sich in verstädterten Räumen. Die Kommunen gruppieren sich – zusammen mit denen des Clusters 8 – vor allem um die wirtschaftsstarken süddeutschen Metropolregionen Rhein-Main, Stuttgart und München.

Städte und Gemeinden zwischen 10 000 und 50 000 Einwohnern sind überproportional stark vertreten, die kleineren Kommunen zwischen 5000 und 10 000 Einwohnern dagegen unterrepräsentiert. Eine Ausnahme bilden in diesem Cluster acht Städte zwischen 5000 und 100 000 Einwohnern, wie z. B. Konstanz. Die größeren Städte konzentrieren sich im Wesentlichen in Nordrhein-Westfalen. Dort befinden sich sechs der acht Kommunen mit einer Bevölkerung von 50 000 bis 100 000 Einwohnern.

Charakteristische Entwicklungen

Die in Cluster 3 zusammengefassten Kommunen sind die typischen Gewinner aus der Zeit der ersten Suburbanisierungswelle. Sie zeichnen sich durch eine positive Bevölkerungsentwicklung und eine auch zukünftig stabile oder sogar wachsende Einwohnerzahl aus. Sowohl bei den Familien als auch bei den Bildungswanderern und Berufseinsteigern verzeichnen sie Wanderungsgewinne. Das Bildungs- und Wohlstandsniveau ist sehr hoch.

Profil des Demographietyps 3

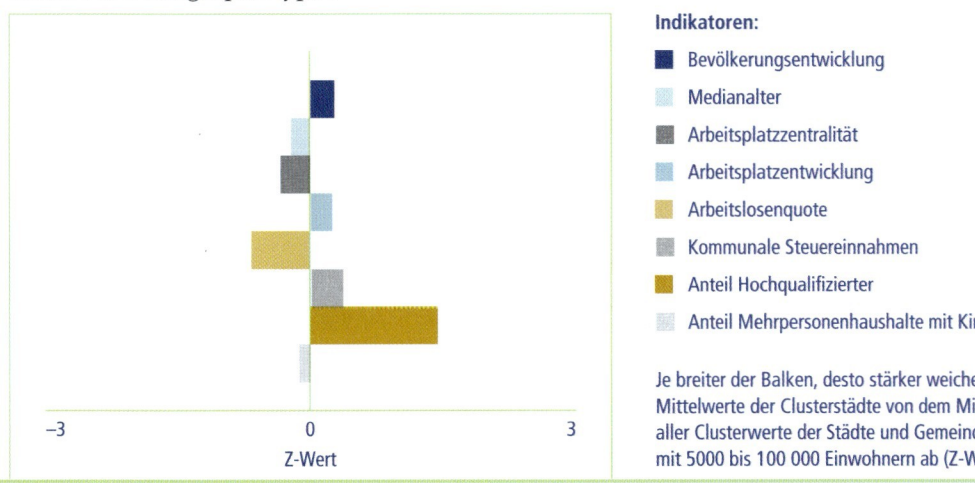

Indikatoren:

■ Bevölkerungsentwicklung
■ Medianalter
■ Arbeitsplatzzentralität
■ Arbeitsplatzentwicklung
■ Arbeitslosenquote
■ Kommunale Steuereinnahmen
■ Anteil Hochqualifizierter
■ Anteil Mehrpersonenhaushalte mit Kindern

Je breiter der Balken, desto stärker weichen die
Mittelwerte der Clusterstädte von dem Mittelwert
aller Clusterwerte der Städte und Gemeinden
mit 5000 bis 100 000 Einwohnern ab (Z-Werte).

Überproportional gut ist die vergleichsweise niedrige Arbeitslosigkeit. Im Unterschied zu den häufig benachbarten wirtschaftlich starken Städten und Gemeinden des Clusters 8 besitzen sie jedoch eine niedrige Arbeitsplatzzentralität und damit eine hohe Auspendlerrate. Zudem haben sie weit geringere Bevölkerungszuwächse sowie rückläufige Wachstumserwartungen (im Gegensatz zu den Clustern 2 und 8). Trotz der aktuell überproportional guten demographischen und ökonomischen Ausgangssituation müssen sich die Kommunen darauf vorbereiten, die demographischen Entwicklungen in Zukunft zu stabilisieren und ihre Wohnqualitäten durch Innenentwicklung und Infrastrukturanpassungen zu sichern.

Positive Bevölkerungsentwicklung

Die Kommunen zeichnen sich durch eine vergleichsweise positive Bevölkerungsentwicklung aus. Während die Bevölkerung der Städte und Gemeinden zwischen 5000 und 100 000 Einwohnern von 1996 bis 2003 bundesweit um 2,5 Prozent zunahm, stieg sie im gleichen Zeitraum in diesem Cluster um 4,5 Prozent.

Der Anteil an Haushalten mit Kindern liegt mit 38 Prozent nur leicht unter dem Durchschnitt der Städte und Gemeinden zwischen 5000 und 100 000 Einwohnern (39 Prozent). Dagegen gibt es etwas mehr Einpersonenhaushalte als im bundesweiten Durchschnitt von 30 Prozent. Die Haushaltsstruktur der Bewohner entspricht somit weitgehend dem Durchschnitt der Kommunen aller Cluster. Auffällig ist, dass es mit einem Anteil von acht Prozent deutlich mehr Ausländerhaushalte gibt als im bundesweiten Durchschnitt der Städte und Gemeinden dieser Größenordnung (fünf Prozent).

Die Bevölkerungsentwicklung wird auch bis 2020 noch von Wachstum und Stabilität geprägt sein und durchschnittlich überproportional wachsen. Allerdings werden die Wachstumsraten nicht mehr das Niveau der vergangenen Jahre erreichen. Bis 2020 wird für die Kommunen dieses Clusters ein Bevölkerungswachstum von knapp zwei Prozent prognostiziert.

40 Prozent dieser Kommunen werden voraussichtlich weiter wachsen, die meisten moderat und nur wenige mehr als zehn Prozent. Bei einem ähnlich hohen Anteil von knapp über 40 Prozent wird die Bevölkerung weitgehend stabil bleiben und im Jahr 2020 in etwa die gleiche Einwohnerzahl haben wie heute. Weniger als 20 Prozent der Kommunen werden bis 2020 voraussichtlich in moderatem Umfang Bewohner verlieren, meist zwischen vier und sechs Prozent).

Vergleicht man diese positive Bevölkerungsentwicklung jedoch mit den demographischen Entwicklungen der wirtschaftlich starken Städte und Gemeinden des Demographietyps 8, so erkennt man dort mit aktuell 5,3 Prozent Zuwachs (1996–2003) bzw. zukünftig knapp drei Prozent (bis 2020) deutlich höhere Durchschnittswerte.

Abb. 3: Bevölkerungsentwicklung bis 2020

Anteile der Städte und Gemeinden in Prozent

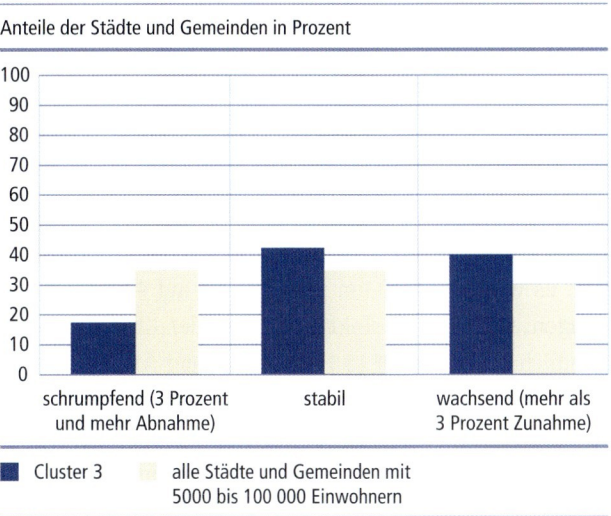

schrumpfend (3 Prozent und mehr Abnahme) — stabil — wachsend (mehr als 3 Prozent Zunahme)

■ Cluster 3   alle Städte und Gemeinden mit 5000 bis 100 000 Einwohnern

Wanderungsgewinne bei Familien, Bildungswanderern und Berufseinsteigern

Sowohl bei den Familien als auch bei den Bildungswanderern und Berufseinsteigern können die meisten Städte und Gemeinden in diesem Demographietyp Wanderungsgewinne verbuchen. 70 Prozent der Kommunen verzeichnen ein positives Wanderungssaldo bei den Familien, 60 Prozent bei den 18- bis 24-Jährigen. Die Werte dieser Altersgruppen bilden in den meisten Städten und Gemeinden ein leichtes Gegengewicht zu den Alterungsprozessen.

Die Zuwanderung von Familien ist im Cluster 3 etwas höher als bei den meist benachbarten wirtschaftlich starken Städten und Gemeinden mit hoher Arbeitsplatzzentralität (Cluster 8). Diese Werte sind jedoch deutlich niedriger als bei den ostdeutschen suburbanen Wohnorten mit hohen Wachstumserwartungen.

Bemerkenswert ist, dass in fast 30 Prozent der Kommunen die jungen Erwachsenen zwischen 18 und 24 Jahren abwandern.

Deutlicher Trend zur Alterung hält an

Die Altersstruktur der Bevölkerung entspricht dem Durchschnitt aller Cluster. Das Medianalter, also der Mittelwert, der die Bevölkerung in zwei gleich große Gruppen teilt, liegt wie im Durchschnitt aller Cluster bei 40,5 Jahren. Es wird bis 2020 um sieben Jahre auf 47,7 Jahre ansteigen. Gleichzeitig sinkt der Anteil der Kinder und Jugendlichen von 19 auf 15 Prozent, und der Anteil der über 60-Jährigen steigt von fast 24 Prozent auf über 30 Prozent. Der Anteil der über 80-Jährigen verdoppelt sich und beträgt dann gut sieben Prozent. Dies bedeutet auch, dass sich die Nachfrage nach betreutem Wohnen verstärken wird. Doch auch wenn diese Werte vergleichbar oder sogar leicht besser sind als im Durchschnitt aller Cluster, wird der Alterungsprozess erhebliche Konsequenzen für den Wohnungsmarkt und die Infrastruktur haben, auf die sich die Kommunen bereits heute einstellen sollten.

Hohes Wohlstandsniveau

Die meisten Städte und Gemeinden in Cluster 3 sind Wohnorte und haben nur geringe Bedeutung als Arbeitsort. Lediglich 26 der 361 Kommunen (sieben Prozent) haben Einpendlerüberschüsse und fungieren damit als regionales Wirtschaftszentrum. Nahezu 80 Prozent sind Auspendlerorte.

Vergleichbar mit den ostdeutschen suburbanen Wohnorten des Clusters 2 liegt die Arbeitsplatzzentralität mit 0,7 nicht nur klar unter eins, sondern auch unter dem Durchschnitt aller Cluster der Städte und Gemeinden zwischen 5000 und 100 000 Einwohnern (0,8). Dadurch unterscheiden sie sich deutlich von den suburbanen Städten und Gemeinden des Clusters 8, in denen wesentlich mehr Beschäftigte arbeiten als wohnen: Der Wert liegt hier mit 1,7 deutlich über eins. Es kann davon ausgegangen werden, dass viele Beschäftigte der Städte und Gemeinden des Clusters 3 täglich in die Kommunen des Clusters 8 pendeln.

Die Verteilung der Arbeitsplätze nach Sektoren verweist auf eine Dominanz des Dienstleistungssektors (62 Prozent der Arbeitsplätze). Die Arbeitslosenquote von acht Prozent ist unterproportional. Die Arbeitsplatzentwicklung verlief in den letzten Jahren weitgehend positiv: Sie war mit einer Zunahme von 3,7 Prozent zwischen 1998 und 2003 von Stabilität und Wachstum geprägt. Nur 17 Prozent der Kommunen verzeichneten Arbeitsplatzverluste, dann häufig allerdings um zehn Prozent und mehr.

Die Indikatoren des Demographietyps 3 im Überblick

Gesamtzahl der Kommunen dieses Clusters = 361								
	Bevölkerungs-entwicklung 2003 bis 2020 in Prozent	Medianalter 2020 in Jahren	Arbeitsplatz-zentralität	Arbeitsplatz-entwicklung 1998 bis 2003 in Prozent	Arbeitslosen-quote in Prozent	Kommunale Steuer-einnahmen in Euro	Anteil hoch qualifizierter Beschäftigter in Prozent	Anteil Mehr-personenhaus-halte mit Kindern in Prozent
Mittelwert	1,8	48	0,7	3,7	8,1	734	136	38
75 Prozent der Kommunen dieses Clusters liegen in diesem Bereich.	−4,0 bis +7,1	45 bis 50	0,4 bis 1,0	−6,8 bis +14,1	6,1 bis 10,0	549 bis 935	10 bis 16	31 bis 46
Vergleichswerte der 2877 Kommunen der gesamten Clustergruppe								
Mittelwert	−0,7	48	0,8	0,1	12	609	7,4	39

Die durchschnittlichen kommunalen Steuereinnahmen von jährlich 733 Euro pro Einwohner sind leicht überproportional. Auch die weiteren sozialen und wirtschaftlichen Indikatoren, wie Kaufkraft, Anteil unterer und oberer Einkommensgruppen, Arbeitslosenquoten und Anteil der Akademiker verweisen auf eine verhältnismäßig gut situierte Bevölkerung in diesen Städten und Gemeinden.

Herausforderungen für die Kommunen

Die Kommunen in Cluster 3 haben von den Entwicklungsprozessen der letzten Jahre sehr profitiert. Sie müssen diese Wachstumseffekte aktiv für die Zukunft nutzen. Aufgrund ihrer außergewöhnlich guten Standortbedingungen haben sie die große Chance, sich mit überdurchschnittlichen Handlungsspielräumen auf die demographi-

schen Prozesse angemessen vorzubereiten. Das Risiko besteht darin, dass diese Kommunen die Weichen für eine weiterhin positive Entwicklung zu spät stellen. Sie stehen vor folgenden Herausforderungen:

- demographiesensible Infrastrukturplanung im Auge behalten und Attraktivität als Wohn- und Lebensort langfristig aufrecht erhalten
- die Flächenentwicklung durch Stärkung der Innenentwicklung gezielt steuern
- Balance zwischen Berufs- und Arbeitswelt professionell ermöglichen
- frühzeitig die Basis für eine zukunftsorientierte Seniorenpolitik schaffen (mit Schwerpunkten im bürgerschaftlichen Engagement)
- Identität der Einwohner mit dem Standort stärken
- Attraktivität als Wohn- und Lebensort langfristig aufrecht erhalten

Handlungsansätze

Die überwiegende Zahl der Kommunen dieses Clusters steht vor einem Paradigmenwechsel. Der bisher auf Wachstum ausgerichtete Prozess ist nun abgeschlossen, da sich die Bevölkerungszunahme der letzten Jahre nicht weiter fortsetzen wird. Aufgrund der Ausgangssituation können die Kommunen die Potenziale für eine zukunftsorientierte und demographiesensible Politik nutzen. In diesem Sinne haben sie eine Vorbildfunktion. Handlungsansätze und Maßnahmen werden in den folgenden Bereichen empfohlen:

- Siedlungs- und Flächenmanagement sowie interkommunale Kooperation – Flächenmanagement in regionaler Verantwortung betreiben
  - Siedlungsentwicklung: Zersiedelung vermeiden
  - Innenentwicklung geht vor Außenentwicklung
- Entwicklung der Infrastruktur frühzeitig steuern
  - flexible und langfristig bedarfsgerechte Infrastrukturen schaffen
  - altersgerechten Umbau der Infrastruktur angehen
  - Infrastrukturbedarf regional abstimmen
- Balance zwischen Familie und Beruf
  - flexible und moderne Betreuungsangebote anbieten
  - Ganztagsbetreuung an den Schulen ausbauen
- Attraktivität des Standortes stärken
  - attraktive Wohnungen für Alt und Jung anbieten
  - Bildungsangebote für die Gruppe der 18- bis 24-Jährigen zur Verfügung stellen

Darüber hinaus ist es dringend erforderlich, Maßnahmen zur Stärkung der Kinder- und Familienfreundlichkeit zu ergreifen und die Bausteine einer zukunftsorientierten Seniorenpolitik vor Ort in praktikable Modelle zu überführen.

Weitere ausführliche Informationen zu den Handlungsansätzen für die Kommunen dieses Clusters finden Sie im Internet unter www.aktion2050.de/wegweiser.

Schrumpfende und alternde Städte und Gemeinden mit hoher Abwanderung

Räumliche Einordnung

70 Prozent der ostdeutschen Städte und Gemeinden unter 100 000 Einwohner – 332 von insgesamt 473 ostdeutschen Kommunen – liegen in diesem Cluster, doch nur weniger als ein Prozent der westdeutschen Kommunen. Cluster 4 repräsentiert eher abgelegene Städte und Gemeinden, die sich relativ gleichmäßig auf alle neuen Bundesländer verteilen. 20 Kommunen gehören den alten Bundesländern an (räumliche Schwerpunkte sind der Harz und das Wendland um Lüchow-Dannenberg in Niedersachsen sowie die Ostseeküste in Schleswig-Holstein).
Zu welchem Demographietyp gehört Ihre Kommune?
Informationen dazu finden Sie im Internet unter www.aktion2050.de/wegweiser.

Abb. 1: Räumliche Verteilung der Städte und Gemeinden des Clusters 4

bärfähigen Alter). Aufgrund der hohen Arbeitslosigkeit und der geringen wirtschaftlichen Potenziale wird der Alterungs- und der Abwanderungsprozess der besonders gut gebildeten Fachkräfte und Akademiker anhalten.

Die Regionen entwickeln sich jedoch keineswegs einheitlich. Ost-Deutschland ist gekennzeichnet durch ein Patchwork von Gewinner- und Verliererkommunen – Wachstum und Schrumpfung liegen hier häufig in mehrfacher Hinsicht nah beieinander.

Starker Bevölkerungsrückgang

Die Städte und Gemeinden im Cluster 4 verzeichnen im Vergleich den deutlich höchsten Bevölkerungsrückgang. So sank die Einwohnerzahl zwischen 1996 und 2003 durchschnittlich um 7,8 Prozent. In 50 Kommunen schrumpfte sie sogar um über 10 Prozent. Diese Entwicklung wird sich auch bis 2020 fortsetzen, die Bevölkerung wird voraussichtlich um weitere 13 Prozent zurückgehen.

In den schrumpfenden Kommunen kommt es im Zusammenhang mit dem fortschreitenden Flächenverbrauch zu einer starken passiven Entdichtung. Die weniger dichte und gleichzeitig zunehmend verstreute Siedlungsstruktur wirkt sich sehr negativ auf die Infrastruktur und ihre Bereitstellung aus.

Charakteristische Entwicklungen

Verschiebung der Altersgruppen

Charakteristisch für diese Städte und Gemeinden ist eine stark rückläufige und deutlich älter werdende Bevölkerung. Dieser allgemeine Trend begann bereits nach der Wende 1989/90 und wird sich auch zukünftig fortsetzen. Damit verbunden sind selektive Abwanderungen der jungen Bevölkerung, insbesondere auch von Frauen (im ge-

Verbunden mit der Schrumpfung sind Prozesse der Alterung. Im Jahr 2003 war bereits die Hälfte der Bevölkerung über 43 Jahre alt. Bis 2020 altert die Gesellschaft um durchschnittlich weitere 10 Jahre. In fast allen Kommunen aus Cluster 4 (338 von 352) wird dann die Hälfte der Bevölkerung älter als 50 Jahre sein. In zehn Kommu-

Profil des Demographietyps 4

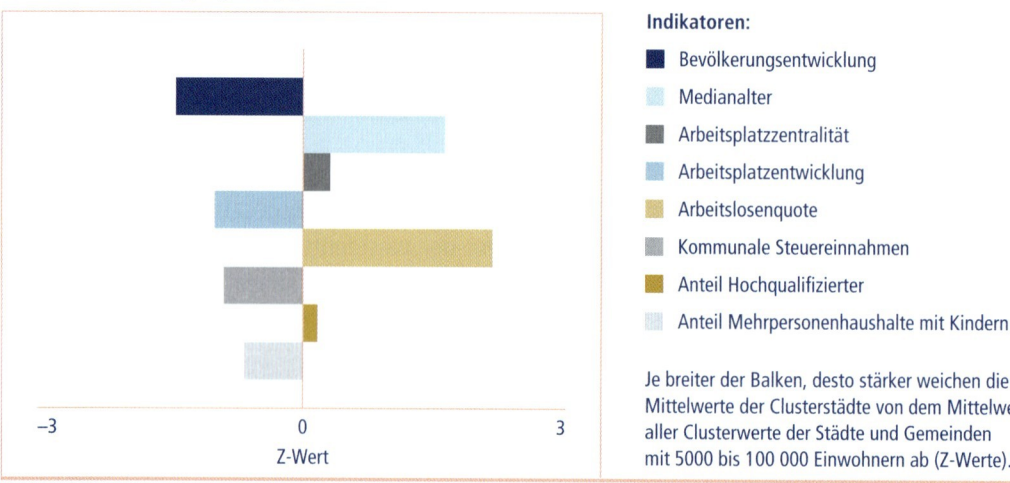

Indikatoren:

- Bevölkerungsentwicklung
- Medianalter
- Arbeitsplatzzentralität
- Arbeitsplatzentwicklung
- Arbeitslosenquote
- Kommunale Steuereinnahmen
- Anteil Hochqualifizierter
- Anteil Mehrpersonenhaushalte mit Kindern

Je breiter der Balken, desto stärker weichen die Mittelwerte der Clusterstädte von dem Mittelwert aller Clusterwerte der Städte und Gemeinden mit 5000 bis 100 000 Einwohnern ab (Z-Werte).

Abb. 2: Gemeindegröße

Anteile der Städte und Gemeinden in Prozent

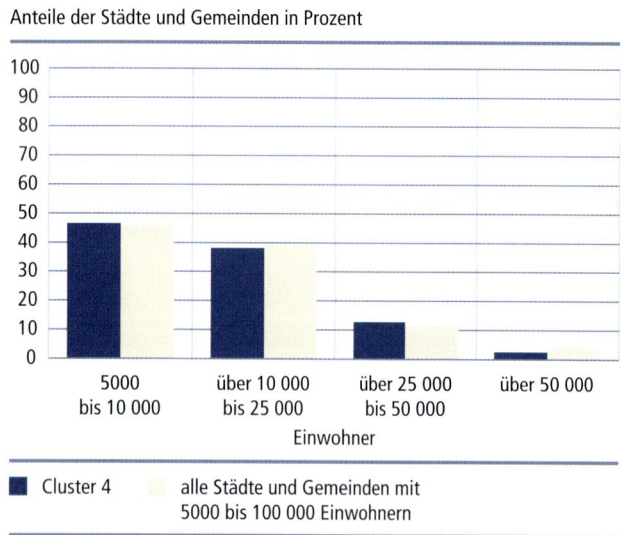

Einwohner

- Cluster 4
- alle Städte und Gemeinden mit 5000 bis 100 000 Einwohnern

nen wird die Altersgrenze, die die Bevölkerung in zwei gleich große Gruppen teilt (Medianalter), sogar über 58 Jahre liegen.

Die alternden Städte und Gemeinden resultieren jedoch nicht nur aus der steigenden Zahl älterer Menschen. Sie entstehen auch durch einen ausgeprägten Rückgang der jüngeren Bevölkerung. Damit kommt es also zu einer deutlichen Verschiebung der Altersgruppen:

- Bereits heute gibt es anteilig deutlich weniger Kinder und Jugendliche (unter 18 Jahre) als in allen anderen Clustern.
- Die Schere zwischen Jung und Alt wird auch in Zukunft überproportional auseinander gehen. Über 28 Prozent der Einwohner sind älter als 60 Jahre und 4,6 Prozent älter als 80 Jahre. Der Anteil der über 60-Jährigen wächst bis 2020 auf knapp 40 Prozent. Während dann jede/r Zehnte älter als 80 Jahre ist, wird nur jede/r Achte noch nicht volljährig sein. Die Anteile

aller drei Altersgruppen weisen sowohl aktuell als auch zukünftig extreme Werte auf.

- Eine wichtige Ursache für den Alterungsprozess ist die selektive Abwanderung vor allem der 18- bis 24-Jährigen. Auch die Abwanderung der 18- bis 34-jährigen Frauen ist überdurchschnittlich hoch. Dass Frauen im gebärfähigen Alter die Regionen verlassen – dies begann bereits in den 1990er Jahren –, hat nicht nur zur Folge, dass ihre Kinder nun in anderen Gebieten zur Welt kommen; es zeichnet sich auch eine sprunghafte Geburtenabnahme um das Jahr 2010 ab (»Zweiter Geburtenknick«): Die in den 1990er Jahren nicht geborenen Mädchen können später auch keine Kinder gebären.
- Die Schrumpfung und die Veränderung der Altersstruktur wirken sich schon heute deutlich auf den Wohnungsmarkt der Städte und Gemeinden aus. Während Marktprozesse und das Programm Stadtumbau Ost auch zukünftig den strukturellen Leerstand nicht beseitigen können, wird sich mit den Altersgruppen auch das Potenzial an Hauptnachfragegruppen verschieben. Wenn sich die Gruppe der über 80-Jährigen in absehbarer Zeit verdoppelt, wird das betreute Wohnen zu einer dringlichen Aufgabe. Gleichzeitig sinken mit dem deutlichen Rückgang der 18- bis 24-Jährigen die Ersthaushaltsgründungen. Darüber hinaus wird es immer weniger junge Familien geben, die Wohneigentum erwerben.

Schwaches wirtschaftliches Potenzial

Die ökonomische Basis der Städte und Gemeinden in Cluster 4 ist äußerst schwach. Die Werte der sozialen und wirtschaftlichen Indikatoren (wie Anteil unterer Einkommensgruppen, Kaufkraft und Arbeitslosenquoten) verweisen auf gravierende Probleme.

- Nahezu alle kommunalen Haushalte sind abhängig von Subventionen und dem kommunalen Finanzausgleich. So haben 59 Prozent der Städte und Gemeinden Steuereinnahmen von weniger als 300 Euro pro Jahr und Einwohner. Bei jeder zehnten Kommune liegt der Betrag sogar unter 200 Euro. Ähnlich niedrige Werte finden sich nur in anderen ostdeutschen Kommunen (z.B. im Cluster 2). Der Durchschnitt aller Kommunen zwischen 5000 und 100 000 Einwohnern liegt bei 609 Euro.
- Die Arbeitsplätze sind zu über 60 Prozent im Dienstleistungssektor angesiedelt; das verarbeitende Gewerbe ist mit einem Anteil von 34 Prozent schwach vertreten, während der primäre Sektor (Landwirtschaft, Forsten, Fischerei) mit 3,5 Prozent der Arbeitsplätze relativ ausgeprägt ist. Erhebliche Arbeitsplatzverluste kennzeichnen die Entwicklung der letzten Jahre. In über 80 Prozent der Kommunen ging die Zahl der Arbeitsplätze zwischen 1998 und 2003 zurück, meist um mehr als zehn Prozent.
- In ihrer wirtschaftlichen Funktion unterscheiden sich die Städte und Gemeinden dieses Typs deutlich voneinander. Etwa ein Drittel ist regional bedeutend als Arbeitsplatzzentrum, 45 Prozent sind Wohnorte mit hohen Auspendlerraten, und in gut 20 Prozent entspricht die Zahl der Arbeitsplätze in etwa der Zahl der erwerbstätigen Bewohner. In nahezu 90 Prozent aller Kommunen liegt die Arbeitslosenquote über 20 Prozent, in der Hälfte aller ostdeutschen Städte und Gemeinden dieses Clusters sogar bei 25 Prozent bis zu 36,6 Prozent. Die Arbeitslosigkeit liegt damit deutlich höher als in allen anderen Clustern.
- Durch den sehr negativen Wanderungssaldo der jungen Bevölkerung wird es in einigen Städten und Gemeinden zu einem drastischen Fachkräftemangel kommen. Der so genannte »Brain-drain«-Effekt ist bereits heute vielerorts spürbar und wird weiter anhalten.

Heterogene Entwicklungen

Die demographischen (und wirtschaftlichen) Entwicklungen der Kommunen dieses Clusters verlaufen jedoch keinesfalls einheitlich. Die Unterschiede finden sich sowohl in den Größenklassen als auch räumlich innerhalb der verschiedenen ostdeutschen Regionen. So weichen die Bevölkerungsentwicklungen der einzelnen Kommunen deutlich voneinander ab: Sie reichen aktuell im Zeitraum zwischen 1996 bis 2003 von –31,2 bis +7,41 Prozent und von 2003 bis 2020 von –47,1 bis +6,3 Prozent. Einige schrumpfende Kommunen liegen sogar unmittelbar neben Städten und Gemeinden mit hohen Wachstumserwartungen. In Ost-Deutschland sind somit Gewinner- und Verliererkommunen patchworkartig verteilt.

Aus den dynamischen Entwicklungen und Strukturbrüchen seit 1989/90 ergibt sich darüber hinaus auch eine große Unsicherheit hinsichtlich zukünftiger Entwicklungen. Die Zuordnung der Kommunen innerhalb und zwischen den (ostdeutschen) Clustern kann sich demzufolge verschieben. Dies stellt die Prognosen an sich nicht in Frage. Die Unwägbarkeiten in den Prognosen unterstreichen vielmehr die Notwendigkeit, sich mutig auf einen zukunftsoffenen, szenariengeleiteten Prozess einzulassen, der einerseits auf Sicherheit setzt und andererseits Kreativität zulässt.

Herausforderungen für die Kommunen

Die Kommunen in Cluster 4 sind vom demographischen Wandel am stärksten betroffen und haben den größten Handlungsbedarf. Als oberstes Ziel aller kommunalen Anpassungsstrategien gilt es, hier Lösungen für tragfähige Strukturen der kommunalen Entwicklung zu finden. Voraussetzung dafür ist es, den Bevölkerungsrückgang

Die Indikatoren des Demographietyps 4 im Überblick

Gesamtzahl der Kommunen dieses Clusters = 352								
	Bevölkerungs-entwicklung 2003 bis 2020 in Prozent	Medianalter 2020 in Jahren	Arbeitsplatz-zentralität	Arbeitsplatz-entwicklung 1998 bis 2003 in Prozent	Arbeitslosen-quote in Prozent	Kommunale Steuer-einnahmen in Euro	Anteil hoch qualifizierter Beschäftigter in Prozent	Anteil Mehr-personenhaus-halte mit Kindern in Prozent
Mittelwert	−13,4	53	1,0	−14,7	24,9	302	8	34
75 Prozent der Kommunen des Clusters liegen in diesem Bereich.	−21,3 bis −5,1	51 bis 56	0,6 bis 1,3	−26,9 bis −3,2	19,6 bis 30,6	205 bis 388	6 bis 10	26 bis 42
Vergleichswerte der 2877 Kommunen der gesamten Clustergruppe								
Mittelwert	−0,7	48	0,8	0,1	12	609	7,4	39

zunächst zu akzeptieren und sich darauf einzustellen. Dies bedeutet nicht, dass diese Kommunen auch einen Verlust an Lebensqualität hinnehmen müssen. Stattdessen gilt es, als mittel- und langfristiges Ziel, eine Optimierung der Situation und eine Stabilisierung der Bevölkerungszahlen nicht aus den Augen zu verlieren. Dazu gehören die

- Milderung der Auswirkungen der starken Wanderungsverluste – vor allem bei den gut ausgebildeten Fachkräften und Akademikern
- Stärkung der wirtschaftlichen Basis in einem schwierigen ökonomischen Umfeld, das von einer hohen Veränderungsdynamik gekennzeichnet ist
- Ausrichtung der kommunalen Infrastruktur auf die absehbaren Schrumpfungsprozesse und damit die Gewährleistung langfristig tragfähiger Strukturen der kommunalen Entwicklung
- Konzentration auf die Siedlungskerne

Handlungsansätze

Aufgrund der Ausgangssituation werden prioritäre Handlungsansätze und Maßnahmen in den folgenden Bereichen empfohlen:

- Prioritäten der Stadtentwicklung (durch)setzen
  - Aufmerksamkeit lokaler Entscheider auf Prioritätenfragen lenken
  - Anpassung der Infrastruktur realisieren
  - ökonomische Basis der Kommunen neu definieren
  - Konzentration auf zentrale Orte und Siedlungsstrukturen
- Regional arbeitsteilig vorgehen
  - zukunftsrobuste regionale Siedlungsstruktur entwickeln
  - regionale Verwaltungskooperationen aufbauen
  - arbeitsteilige Übernahme zentralörtlicher Funktionen umsetzen

Darüber hinaus ist es dringend erforderlich, die Bausteine einer zukunftsorientierten Seniorenpolitik vor Ort in praktikable Modelle zu überführen.

Weitere ausführliche Informationen zu den Handlungsansätzen für die Kommunen dieses Clusters finden Sie im Internet unter www.aktion2050.de/wegweiser.

Stabile Städte und Gemeinden im ländlichen Raum mit hohem Familienanteil

Räumliche Einordnung

In diesem Cluster liegen mit 740 Kommunen die meisten der insgesamt untersuchten Städte und Gemeinden. Es handelt sich überwiegend um kleinere ländliche Gemeinden mit weniger als 25 000 Einwohnern, in der Hälfte dieser Kommunen wohnen 5000 bis 10 000 Einwohner. Die fünf Städte mit über 50 000 Einwohnern bilden die Ausnahme hinsichtlich der Größenstruktur in diesem Cluster.
Zu welchem Demographietyp gehört Ihre Kommune?
Informationen dazu finden Sie im Internet unter www.aktion2050.de/wegweiser.

Abb. 1: Räumliche Verteilung der Städte und Gemeinden des Clusters 5

Die stabilen ländlichen Gemeinden des Clusters 5 befinden sich in verstädterten Räumen und in verdichteten Kreisen von Agglomerationsräumen. Sie haben eine ähnliche Lage wie die prosperierenden Städte und Gemeinden im ländlichen Raum (Cluster 7).

60 Prozent der Kommunen liegen in Hessen, Baden-Württemberg und Bayern, wo sie relativ gleichmäßig verteilt sind. Nördlich dieser Bundesländer konzentrieren sie sich auf den westlichen Teil Deutschlands, d.h. auf Nordrhein-Westfalen und das norddeutsche Tiefland in Niedersachsen. Nur zwei Gemeinden liegen in den neuen Bundesländern.

Charakteristische Entwicklungen

Ein wichtiges Merkmal dieser Gemeinden: Ihre Bevölkerung wächst. Die Geburtenraten liegen höher als in allen anderen Clustern. Charakteristisch sind hier die vielen Familien mit Kindern und eine insgesamt überproportional junge Bevölkerung. Der Anteil der Kinder und Jugendlichen an der Gesamtbevölkerung liegt in diesem Cluster am höchsten, und es wohnen hier verhältnismäßig wenig ältere Menschen. Die Zuwanderung von Familien begünstigt die relativ moderaten Alterungsprozesse.

In den Gemeinden dominiert die Wohnfunktion, ihre Bedeutung als Arbeitsort ist gering. Obwohl die Arbeitslosenzahlen unter dem Durchschnitt liegen und die Zahl der Arbeitsplätze in den letzten Jahren leicht zugenommen hat, wandern viele der 18- bis 24-jährigen Berufseinsteiger und Bildungswanderer ab. Typisch für ländliche Gemeinden sind die vergleichsweise wenigen qualifizierten Arbeitskräfte und die niedrigen kommunalen Steuereinnahmen. Aufgrund der etwas schwächeren ökonomischen Basis fällt das Bevölkerungswachstum bescheidener aus als in den prosperierenden Städten und Gemeinden im ländlichen Raum des Clusters 7. Die Bevölkerung bleibt jedoch auch in Zukunft stabil.

Profil des Demographietyps 5

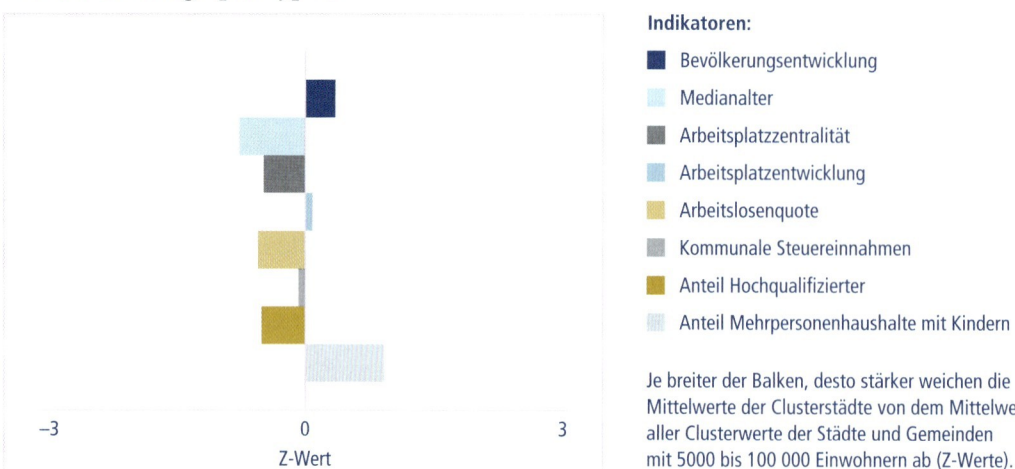

Indikatoren:

- ■ Bevölkerungsentwicklung
- ■ Medianalter
- ■ Arbeitsplatzzentralität
- ■ Arbeitsplatzentwicklung
- ■ Arbeitslosenquote
- ■ Kommunale Steuereinnahmen
- ■ Anteil Hochqualifizierter
- ■ Anteil Mehrpersonenhaushalte mit Kindern

Je breiter der Balken, desto stärker weichen die Mittelwerte der Clusterstädte von dem Mittelwert aller Clusterwerte der Städte und Gemeinden mit 5000 bis 100 000 Einwohnern ab (Z-Werte).

Viele Familien, Kinder und Jugendliche

In den Städten und Gemeinden in Cluster 5 gibt es auffällig viele Mehrpersonenhaushalte mit Kindern. Der im Vergleich zu den anderen Clustern höchste Anteil liegt mit durchschnittlich 46,8 Prozent um fast acht Prozent über dem Durchschnitt aller Städte und Gemeinden zwischen 5000 und 100 000 Einwohnern. In den anderen ländlich bzw. suburban geprägten Clustern sind die Zahlen teilweise deutlich niedriger. Ähnlich hohe Durchschnittswerte mit mehr als 40 Prozent weisen nur die prosperierenden ländlichen Städte und Gemeinden des Clusters 7 (45 Prozent) und die (ostdeutschen) suburbanen Wohnorte des Clusters 2 (43 Prozent) auf. Bezeichnend für die ländlichen Gemeinden sind die unterrepräsentierten Einpersonenhaushalte mit durchschnittlich 24 Prozent.

Ein weiteres typisches Merkmal der Kommunen dieses Clusters ist der im Vergleich größte Anteil an Kindern

Abb. 2: Haushalte mit Kindern

Gemittelte Verteilung über alle Städte und Gemeinden in Prozent

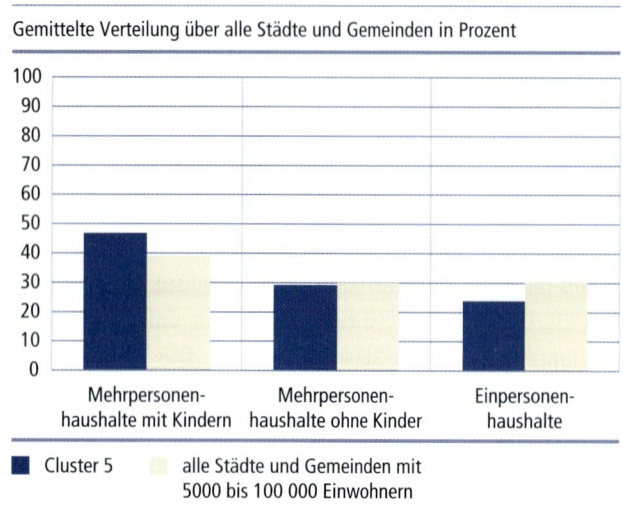

■ Cluster 5   alle Städte und Gemeinden mit 5000 bis 100 000 Einwohnern

und Jugendlichen (in Relation zur Gesamtbevölkerung), der mit 22 Prozent drei Prozentpunkte über dem Durchschnitt aller Cluster liegt. Auch bei den Geburtenraten führen die betreffenden Kommunen die Statistik an. Deshalb wird auch in Zukunft der Anteil der unter 18-Jährigen (17 Prozent) höher liegen als in den anderen Clustern (durchschnittlich 15,3 Prozent).

Stabile Bevölkerungsentwicklung

Die Bevölkerungsentwicklung verläuft entgegen dem bundesweiten Trend leicht positiv: Zwischen 1996 und 2003 stieg sie um fünf Prozent an und wird voraussichtlich bis 2020 um mehr als zwei Prozent zulegen. Dies ist sowohl auf die Prozesse der natürlichen Bevölkerungsentwicklung zurückzuführen als auch auf die Wanderungsgewinne bei den Familien.

Zwischen den Jahren 2000 und 2003 wanderten in dieser Bevölkerungsgruppe durchschnittlich 0,7 Prozent mehr zu als ab. Der Wanderungssaldo war jedoch bei den 18- bis 24-Jährigen negativ (–0,6 Prozent). Auf dem Wohnungsmarkt werden dadurch mehr Eigentumswohnungen (bzw. -häuser) nachgefragt und weniger kleinere Wohnungen (für Ersthaushaltsgründer).

Moderate Alterungsprozesse

Die vergleichsweise vielen Familien und Kinder bzw. Jugendlichen sowie die überproportional vielen Geburten veranschaulichen die relativ junge Bevölkerung in diesen Kommunen. Dadurch sind auch die aktuellen und zukünftigen Anteile der höheren Altersgruppen verhältnismäßig niedrig. Die der über 60-Jährigen steigen von durchschnittlich 21,8 Prozent im Jahr 2003 auf 28,8 Prozent im Jahr

Gesamtzahl der Kommunen dieses Clusters = 740								
	Bevölkerungs-entwicklung 2003 bis 2020 in Prozent	Medianalter 2020 in Jahren	Arbeitsplatz-zentralität	Arbeitsplatz-entwicklung 1998 bis 2003 in Prozent	Arbeitslosen-quote in Prozent	Kommunale Steuer-einnahmen in Euro	Anteil hoch qualifizierter Beschäftigter in Prozent	Anteil Mehr-personenhaus-halte mit Kindern in Prozent
Mittelwert	2,3	46	0,6	1,2	8,8	583	6	47
75 Prozent der Kommunen dieses Clusters liegen in diesem Bereich.	−3,9 bis +8,3	44 bis 48	0,3 bis 0,9	−8,1 bis +10,3	6,4 bis 11,3	414 bis 757	4 bis 8	40 bis 54
Vergleichswerte der 2877 Kommunen der gesamten Clustergruppe								
Mittelwert	−0,7	48	0,8	0,1	12	609	7,4	39

2020 (+7 Prozent) und die der über 80-Jährigen von 3,4 auf 6,9 Prozent (+3,5 Prozent).

Das Medianalter, der Wert, der die Bevölkerung in zwei gleich große Gruppen teilt, liegt bereits heute mit 38,5 Jahren zwei Jahre unter dem Mittel aller Cluster und wird auch 2020 mit 46,1 Jahren deutlich niedriger liegen als im Durchschnitt (48,4 Jahre). Trotzdem finden auch in diesen Städten und Gemeinden deutlich erkennbare, wenn auch moderate Alterungsprozesse statt.

Dominante Wohnfunktion, geringe Bedeutung als Arbeitsort

Die Bedeutung der ländlichen Gemeinden als Arbeitsort ist traditionsgemäß gering. Dies wird zum einen durch die niedrige Arbeitsplatzzentralität von 0,6 deutlich, zeigt sich aber auch an den relativ niedrigen kommunalen Steuereinnahmen, insbesondere einiger nord(west)deutscher Kommunen. Während der Durchschnitt von 583 Euro pro Jahr und Einwohner nur leicht unterproportional ist, weisen 35 Prozent der norddeutschen Gemeinden aus Niedersachsen und Schleswig-Holstein Werte von unter 400 Euro auf. In den anderen alten Bundesländern haben lediglich 3,5 Prozent der Kommunen ähnlich enge finanzielle Handlungsspielräume.

In den ländlich gelegenen Städten und Gemeinden ist die Arbeitslosigkeit von durchschnittlich 8,8 Prozent seit jeher niedrig. Mit 5,7 Prozent wohnen hier allerdings auch weniger hoch qualifizierte Arbeitskräfte als im Durchschnitt aller Städte und Gemeinden mit einer Bevölkerung von 5000 bis 100 000 Einwohnern (7,4 Prozent).

Aufgrund der etwas ungünstigeren ökonomischen Ausgangssituation im Vergleich zu den prosperierenden ländlichen Kommunen des Clusters 7 kommt es trotz eines leichten Arbeitsplatzzuwachses zwischen 1998 und 2003

von 1,2 Prozent bei den Bildungswanderern und Berufseinsteigern (18- bis 24-Jährigen) nicht zu Wanderungsgewinnen.

Herausforderungen für die Kommunen

Die Städte und Gemeinden dieses Demographietyps verfügen aktuell über eine vergleichsweise starke soziale, wirtschaftliche und demographische Stabilität. Den demographischen Handlungsdruck gibt es hier (noch) nicht. Diese Städte und Gemeinden verfügen damit über stabile Strukturen und können diese nachhaltig sichern, wenn sie eine frühzeitige Vorsorgepolitik einleiten. Daraus erwachsen folgende Herausforderungen:

- Die Stabilität darf nicht mit Sicherheit verwechselt werden. Bei einer – auch durch die bundesweite demographische Entwicklung – verschärften Standortkonkurrenz kann Stabilität ohne pro-aktive Entwicklungssteuerung gerade bei kleineren und mittelgroßen Kommunen und im ländlichen Raum schnell in Labilität umschlagen. Die Abwanderung der 18- bis 24-Jährigen u.a. zu Bildungs- und Ausbildungszwecken ist ein Indiz dafür, wie stark die Entwicklung von der Attraktivität als Wohnstandort für Familien und Rückwanderer einerseits und der regionalen Arbeitsplatzsituation andererseits abhängt.
- Diese Städte und Gemeinden haben die Chance, gestaltend frühzeitig Vorsorge für eine nachhaltige stabile Entwicklung zu treffen.
- Aus ihrer pointierten Profilierung als Familien-Wohnstandorte resultiert die eindeutige Vorgabe, diese Stärke weiter auszubauen. Dies ist vor allem auch deshalb wichtig, weil Veränderungen der Erwerbstätigkeiten und Arbeitsmarktbedingungen sehr intensive

Wechselwirkungen zur Belastbarkeit familienorientierter Strukturen haben.

- Die starke Abhängigkeit von der regionalen Entwicklung erfordert regionale Partnerschaften, um genügend Substanz im Standortwettbewerb zu versammeln. Dazu braucht es eine zukunftsrobuste Siedlungsentwicklung und Infrastrukturausstattung im regionalen Kontext – mit dem Ziel der Stärkung der Zentren.
- Zur Vorbereitung auf die zunehmende Alterung der Bevölkerung ist in den strategischen Zukunftsplanungen eine zukunftsorientierte Seniorenpolitik zwingend mit einzubeziehen.

Handlungsansätze

Ausgehend von den Herausforderungen sollten für die Kommunen dieses Clusters folgende Handlungsansätze Priorität haben:

- Profilierung als kinder- und familienfreundlicher Wohnstandort
  - Transparenz und Vernetzung aller Angebote gewährleisten
  - hochwertiges Schulangebot sichern
  - Kinderbetreuung als Standortfaktor ausbauen
  - Unterstützungsstrukturen für pflegende Angehörige aufbauen
- Flächen- und Infrastrukturmanagement
  - alle (neuen) Infrastrukturen am künftig absehbaren Bedarf orientieren (z. B. veränderte Altersstrukturen bedenken)
  - Angebote räumlich bündeln und mit privaten und gemeinnützigen Anbietern kooperieren
  - regionales Flächenmanagement organisieren (Zersiedelung vermeiden)
  - wichtige Funktionen mit benachbarten Orten arbeitsteilig gewährleisten (z. B. Verwaltungskooperationen)
- Sensibilisierung und strategische Zukunftsvorsorge
  - Monitoring: Entwicklungen analysieren, Frühwarn- und Kontrollsysteme einrichten
  - Sensibilisierung: Informationen vermitteln und Mitwirkungsmöglichkeiten eröffnen
  - Strategische Entwicklungsplanung: Ziele laufend prüfen und justieren

Darüber hinaus ist es dringend erforderlich, Maßnahmen zur Stärkung der Kinder- und Familienfreundlichkeit zu ergreifen und die Bausteine einer zukunftsorientierten Seniorenpolitik vor Ort in praktikable Modelle zu überführen.

Weitere ausführliche Informationen zu den Handlungsansätzen für die Kommunen dieses Clusters finden Sie im Internet unter www.aktion2050.de/wegweiser.

Städte und Gemeinden im ländlichen Raum mit geringer Dynamik

Räumliche Einordnung

Die 579 Kommunen dieses Demographietyps liegen überwiegend in ländlichen Räumen. Sie sind vielfach Kleinzentren und dörflich geprägte Gemeinden mit dezentralen Siedlungsstrukturen. In mehr als 50 Prozent leben 5000 bis 10 000 Einwohner, 91 Prozent (526 von 579) haben weniger als 25 000 Einwohner. 13 der 15 Städte mit einer Einwohnerzahl zwischen 50 000 und 100 000 liegen in Nordrhein-Westfalen.
Zu welchem Demographietyp gehört Ihre Kommune?
Informationen dazu finden Sie im Internet unter www.aktion2050.de/wegweiser.

Abb. 1: Räumliche Verteilung der Städte und Gemeinden des Clusters 6

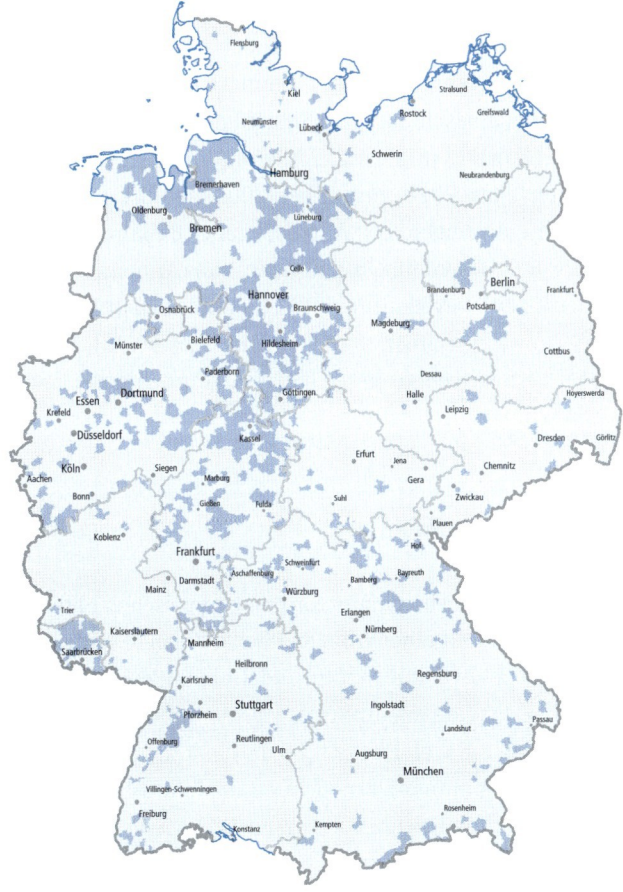

Die Kommunen verteilen sich auf alle Flächenländer: 31 Prozent liegen in Schleswig-Holstein und Niedersachsen, 13,5 Prozent in Nordrhein-Westfalen, sieben Prozent in Ost-Deutschland und 48,5 Prozent in den übrigen (süddeutschen) Bundesländern Bayern, Baden-Württemberg, Hessen, Rheinland-Pfalz und Saarland.

Bei der Beschreibung der geographischen Lage müssen jedoch die unterschiedlichen Gemeindezuschnitte und strukturellen Unterschiede in den Ländern mitberücksichtigt werden. Während etwa in Niedersachsen Kleinstgemeinden flächenhaft zu Samtgemeinden (mit häufig mehr als 5000 Einwohnern) mit einem eigenen Kommunalparlament zusammengeschlossen wurden und so vielfach auch in diesem Cluster auftauchen, liegt der überwiegende Teil der Gemeinden in Rheinland-Pfalz und Mecklenburg-Vorpommern in der Gemeindegrößenklasse unter 5000 Einwohner und konnte im Rahmen der Untersuchung nicht erfasst werden. In Bayern dominiert ebenfalls die Kleinteiligkeit.

In Süd- und Ost-Deutschland sind die Gemeinden vor allem in Grenzlagen und anderen agglomerationsfernen Gebieten des ländlichen Raumes zu finden. In Nord-Deutschland konzentrieren sie sich außerdem noch auf den östlichen Teil der alten Bundesländer Hessen, Nordrhein-Westfalen und Niedersachsen.

Charakteristische Entwicklungen

Die Städte und Gemeinden sind geprägt durch eine schrumpfende und alternde Bevölkerung. Charakteristisch ist eine ausgewogene, aber für ländliche Räume untypische Haushaltsstruktur mit einem verhältnismäßig niedrigen Anteil an Kindern und Jugendlichen (unter 18 Jahre) und einem relativ hohen Anteil älterer Menschen. Insbesondere die jungen Erwachsenen wandern aus den Städten und Gemeinden ab, um sich in Arbeits- und Wirtschaftszentren einen Ausbildungs- oder Arbeitsplatz zu suchen.

Die wirtschaftliche Strukturschwäche drückt sich in einer geringen Arbeitsplatzzahl und einer rückläufigen Arbeitsplatzentwicklung aus sowie in niedrigen kommunalen Steuereinnahmen pro Einwohner. Nur die (überwiegend ostdeutschen) Kommunen des Clusters 4 haben eine noch schlechtere demographische und ökonomische Perspektive.

Profil des Demographietyps 6

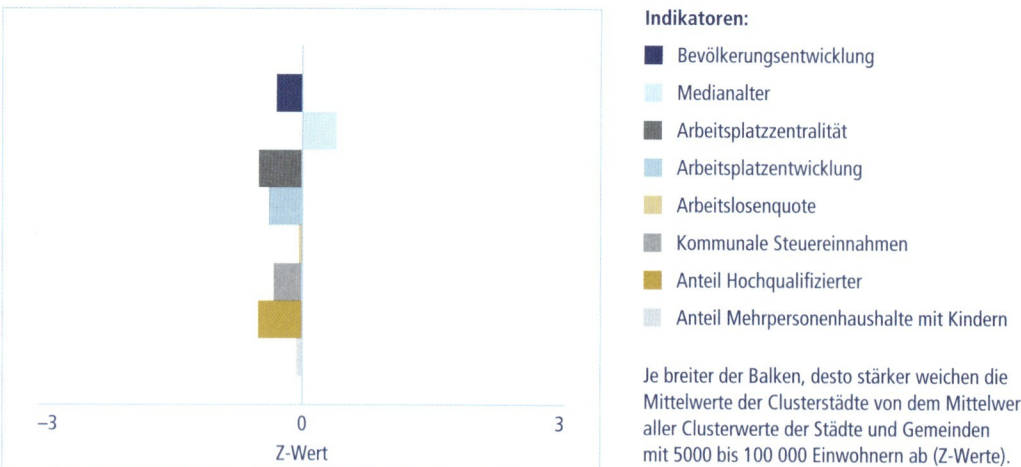

Indikatoren:

- ■ Bevölkerungsentwicklung
- ■ Medianalter
- ■ Arbeitsplatzzentralität
- ■ Arbeitsplatzentwicklung
- ■ Arbeitslosenquote
- ■ Kommunale Steuereinnahmen
- ■ Anteil Hochqualifizierter
- ■ Anteil Mehrpersonenhaushalte mit Kindern

Je breiter der Balken, desto stärker weichen die Mittelwerte der Clusterstädte von dem Mittelwert aller Clusterwerte der Städte und Gemeinden mit 5000 bis 100 000 Einwohnern ab (Z-Werte).

Z-Wert

Schrumpfende Bevölkerung

Die Bevölkerung stagniert bzw. nimmt bereits seit Mitte der 1990er Jahre ab. Sie wird bis 2020 nochmals deutlich überproportional um durchschnittlich drei Prozent zurückgehen. 50 Prozent der Kommunen des Clusters werden schrumpfen, überwiegend zwischen drei und zehn Prozent. In über 60 der 579 Kommunen werden die Verluste sogar mehr als zehn Prozent betragen. Stabil wachsende Gemeinden sind im Cluster 6 die absolute Ausnahme.

So müssen sich diese Kommunen auf deutliche Wanderungsverluste vorbereiten, insbesondere bei den jungen Erwachsenen. Drei Viertel der Städte und Gemeinden haben in den letzten Jahren Einwohner zwischen 18 und 24 Jahren in meist beträchtlicher Zahl verloren.

Noch höhere Wanderungsverluste bei den Berufseinsteigern und Bildungswanderern finden sich nur noch in den (überwiegend in Ostdeutschland befindlichen) Clustern 2 und 4. Andererseits verzeichnen über die Hälfte der Kommunen in der mittleren Altersgruppe bzw. bei den Familien (30- bis 49-Jährige sowie Kinder und Jugendliche bis 18 Jahre) Wanderungsgewinne; diese lagen aber auf einem vergleichsweise niedrigen Niveau.

Die Haushaltsstruktur ähnelt dem Mittel aller Cluster. Dies ist jedoch eher untypisch für ländlich geprägte Gemeinden und deutet auf strukturelle Probleme in der Bevölkerungsentwicklung hin. So liegt der Anteil an Mehrpersonenhaushalten mit Kindern bei 39 Prozent, während er im Vergleich dazu in den stabilen bzw. dynamischen ländlichen Gemeinden der Cluster 5 und 7 bei fast 47 Prozent bzw. 45 Prozent liegt. Familien mit Kindern sind demnach in diesem Cluster im Vergleich zum sonstigen ländlichen Raum schwach vertreten.

Deutliche Alterungsprozesse

Die Alterungsprozesse waren bereits in der Vergangenheit deutlich erkennbar, werden sich in Zukunft fortsetzen und im Vergleich zum bundesweiten Mittel aller Cluster noch beschleunigen. So wird die Altersgrenze, die die Bevölkerung in zwei gleich große Gruppen teilt (Medianalter), bis 2020 gegenüber 2003 um 8,5 Jahre auf 49,5 Jahre ansteigen. Der Anteil der über 80-Jährigen wird sich bis 2020 verdoppeln und dann nahezu neun Prozent an der Gesamtbevölkerung in der Kommune betragen. Ein Drittel aller Einwohner hat 2020 bereits das 60. Lebensjahr überschritten, weniger als 15 Prozent werden dann unter 18 Jahre alt sein.

Wirtschaftliche Strukturschwäche

Die vergleichsweise ungünstigen demographischen Entwicklungen gehen mit einer wirtschaftlichen Strukturschwäche einher. So haben die Städte und Gemeinden durchweg keine überlokale Bedeutung als Arbeits- und Wirtschaftszentrum. Nur zwei Prozent (insbesondere die wenigen größeren Kommunen) verzeichnen moderate Einpendlerüberschüsse von Erwerbstätigen. Fast alle Gemeinden sind klassische Auspendlerorte.

Von den ohnehin relativ wenigen Arbeitsplätzen gingen zwischen 1998 und 2003 durchschnittlich weitere fünf Prozent verloren. In etwa der Hälfte der Kommunen ist die Zahl sogar deutlich zurückgegangen, dabei in den meisten Fällen um mehr als zehn Prozent.

Die Arbeitsplätze sind zu knapp 60 Prozent im Dienstleistungssektor und zu etwa 40 Prozent im verarbeitenden Gewerbe angesiedelt. Der Wirtschaftssektor Landwirtschaft, Forsten und Fischerei stellt mit gut zwei Prozent wenige der sozialversicherungspflichtigen Arbeitsplätze.

Die Indikatoren des Demographietyps 6 im Überblick

Gesamtzahl der Kommunen dieses Clusters = 579								
	Bevölkerungsentwicklung 2003 bis 2020 in Prozent	Medianalter 2020 in Jahren	Arbeitsplatzzentralität	Arbeitsplatzentwicklung 1998 bis 2003 in Prozent	Arbeitslosenquote in Prozent	Kommunale Steuereinnahmen in Euro	Anteil hoch qualifizierter Beschäftigter in Prozent	Anteil Mehrpersonenhaushalte mit Kindern in Prozent
Mittelwert	–3,2	50	0,6	–5,5	11,8	501	6	39
75 Prozent der Kommunen dieses Clusters liegen in diesem Bereich.	–9,4 bis +3,0	48 bis 52	0,4 bis 0,9	–16,8 bis 5,0	8,4 bis 15,5	378 bis 636	4 bis 8	32 bis 46
Vergleichswerte der 2877 Kommunen der gesamten Clustergruppe								
Mittelwert	–0,7	48	0,8	0,1	12	609	7,4	39

Dennoch gibt es einzelne Gemeinden, in denen über zehn Prozent der Erwerbspersonen noch in diesem Wirtschaftssektor beschäftigt sind.

Der im Vergleich aller Cluster niedrigste Anteil an hoch qualifizierten Arbeitskräften (unter sechs Prozent), eine überproportional hohe Arbeitslosenquote von durchschnittlich fast zwölf Prozent und sehr niedrige kommunale Steuereinnahmen von durchschnittlich 500 Euro pro Einwohner und Jahr zeigen die begrenzten Eigenpotenziale der Gemeinden. Insbesondere bei denjenigen, die in den neuen Bundesländern und in Niedersachsen liegen, sind die finanziellen Handlungsspielräume sehr gering. Während im Mittel 16 Prozent aller Gemeinden dieses Clusters nur eine Steuereinnahmekraft von weniger als 400 Euro aufweisen, sind es in Niedersachsen bereits ein Viertel und in den neuen Ländern mit einer Ausnahme alle Kommunen dieses Clusters. In 29 der 41 ostdeutschen Kommunen liegen die kommunalen Steuereinnahmen pro Einwohner bei unter 300 Euro pro Jahr.

Herausforderungen für die Kommunen

Die Städte und Gemeinden im Demographietyp 6 sind durch die demographischen Veränderungen besonders betroffen. In den kommenden Jahren werden die Schrumpfungs- und Alterungsprozesse erhebliche soziale, wirtschaftliche und technische Anpassungsmaßnahmen erfordern, Leistungseinschränkungen sind dabei nicht zu vermeiden. Umso mehr kommt es darauf an, langfristig die Lebensqualität in der Kommune zu sichern und die Attraktivität der ländlichen Räume zu erhalten bzw. auszubauen.

Für die Kommunen in Cluster 6 besteht dringender Handlungsbedarf. Sie sind aufgefordert, möglichst umgehend aktiv zu werden und Handlungsstrategien für den demographischen Wandel kreativ zu entwickeln. Die Leistungskraft der öffentlichen Hand reicht in den Städten und Gemeinden jedoch keinesfalls aus, um die breite Palette an Handlungsmöglichkeiten wirkungsvoll umzusetzen. Unabdingbare Voraussetzung für eine erfolgreiche Anpassung an den demographischen Wandel ist es daher in diesen Kommunen, alle denkbaren Ressourcen auszuschöpfen, die sich beispielsweise aus der Mobilisierung des bürgerschaftlichen Engagements und regionalen Kooperationen ergeben. Die Gemeinden in diesem Cluster stehen damit vor großen Herausforderungen:

- Aufgrund der finanziell oft stark eingeschränkten Leistungskraft müssen sie konsequent Schwerpunkte setzen.
- Enger werdende finanzielle Spielräume der öffentlichen Hand bei wachsender Aufgabenkomplexität erfordern es mehr denn je, das bürgerschaftliche ehrenamtliche Engagement mit Nachdruck zu fördern. Die aktive Mitgestaltung und Zusammenarbeit von Akteuren aus dem öffentlichen, privatwirtschaftlichen und gesellschaftlichen Bereich und die Zusammenführung aller öffentlichen und privaten Ressourcen eröffnet vielfältige Chancen, vorhandene Entwicklungspotenziale besser zu nutzen.
- Mit einer kreativen, zukunftsorientierten Seniorenpolitik müssen die »Potenziale des Alters« als besondere Chance genutzt werden; gleichzeitig muss Vorsorge für eine - möglichst häusliche - Betreuung pflegebedürftiger älterer Menschen getroffen werden.
- Eine intensive interkommunale, regionale Kooperation ist zu fördern, um durch Bündelung von Knowhow und Potenzialen in der Region eine Angebotsdichte, -vielfalt und -qualität zu gewährleisten, die die Gemeinden allein nicht sichern können.

Handlungsansätze

Die Städte und Gemeinden dieses Clusters sollten folgende Handlungsansätze prioritär verfolgen:

- Konzentration auf strategische Handlungsprioritäten und Kernfunktionen
  - fundierte Ausgangsanalyse vornehmen (lassen)
  - Zukunftsforen »Zukunftsfähigkeit und Demographie« organisieren
  - Prioritätensetzung zur Chefsache machen
  - strategische Handlungsprioritäten für Kernfunktionen festlegen
- Förderung von Identität und bürgerschaftlichem Engagement
  - Anerkennungskultur entwickeln und vorleben
  - Unterstützungsstrukturen aufbauen
  - Identität der Bürger mit ihrer Stadt anstiften
  - Dialog der Generationen initiieren und begleiten
- Anpassung der sozialen und technischen Infrastruktur
  - alle (neuen) Infrastrukturen am künftig absehbaren Bedarf ausrichten (veränderte Altersstrukturen etc.)
  - Angebote räumlich bündeln und mit privaten und gemeinnützigen Anbietern kooperieren
  - Mobilität sichern
  - Prävention und medizinische Versorgung sichern
- Interkommunale und regionale Kooperationen (von Zentren in einer Region und von Zentren mit seinen Umlandgemeinden)
  - Partner suchen und Strukturen ausbilden
  - regionales Flächenmanagement und Arbeitsteilung bei der Infrastruktur

Darüber hinaus ist es dringend erforderlich, Maßnahmen zur Stärkung der Kinder- und Familienfreundlichkeit zu ergreifen und die Bausteine einer zukunftsorientierten Seniorenpolitik vor Ort in praktikable Modelle zu überführen.

Weitere ausführliche Informationen zu den Handlungsansätzen für die Kommunen dieses Clusters finden Sie im Internet unter www.aktion2050.de/wegweiser.

Prosperierende Städte und Gemeinden im ländlichen Raum

Räumliche Einordnung

Die 165 Kommunen dieses Demographietyps sind überwiegend ländlich geprägt. Die meisten liegen nicht in unmittelbarer Nähe der großen Städte. Kleinere Gemeinden sind überproportional stark vertreten. Nur drei Kommunen haben mehr als 25 000 Einwohner und fast 70 Prozent weniger als 10 000.
Zu welchem Demographietyp gehört Ihre Kommune?
Informationen dazu finden Sie im Internet unter www.aktion2050.de/wegweiser.

Abb. 1: Räumliche Verteilung der Städte und Gemeinden des Clusters 7

Die prosperierenden ländlichen Gemeinden weisen eine ähnliche räumliche Lage auf wie die stabilen ländlichen Gemeinden des Clusters 5. Während die Gemeinden des Clusters 6 die ländlich-peripheren Räume repräsentieren, befinden sich die ländlichen Gemeinden der Cluster 7 (und 5) zwar auch abseits der großen Städte, verfügen tendenziell aber über eine bessere Anbindung an die überregionale Verkehrsinfrastruktur als die Gemeinden aus Cluster 5.

Nur sechs Gemeinden des Clusters liegen in Ost-Deutschland. 56 Prozent der Kommunen befinden sich in Hessen, Baden-Württemberg und Bayern. In diesen südlichen Bundesländern sind sie relativ gleichmäßig verteilt.

Charakteristische Entwicklungen

Die demographischen Entwicklungen der Kommunen ähneln denen des Demographietyps 5. Die Bevölkerung wächst und wird auch bis zum Jahre 2020 weiter wachsen. Ein wesentlicher Grund für die vergleichsweise hohe Bevölkerungszunahme ist die deutlich überproportionale Zuwanderung von Familien. Leicht überdurchschnittliche Geburtenraten, ein hoher Anteil an Haushalten mit Kindern, überproportional viele Kinder und Jugendliche sowie ein verhältnismäßig niedriger Anteil der über 60- und über 80-Jährigen verlangsamen den Alterungsprozess.

Bei diesen prosperierenden ländlichen Gemeinden fällt im Unterschied zu den stabilen ländlichen Gemeinden des Clusters 5 ihre höhere ökonomische und demographische Dynamik auf. Obwohl sie eine hohe Bedeutung als Wohnort haben, können diese Gemeinden auf einem sehr starken Anstieg der Arbeitsplätze in den letzten Jahren aufbauen. Dies trägt dazu bei, dass neben den Familien auch die Berufseinsteiger und Bildungswanderer, d.h. die 18- bis 24-Jährigen, zuwandern.

Starkes Bevölkerungswachstum

Die Einwohnerzahlen der Gemeinden sind zwischen 1996 und 2003 mit 7,5 Prozent um fünf Prozent stärker gewachsen als im Mittel aller Cluster. Wenngleich etwas abgeschwächt, wird sich diese Entwicklung auch in Zukunft

Profil des Demographietyps 7

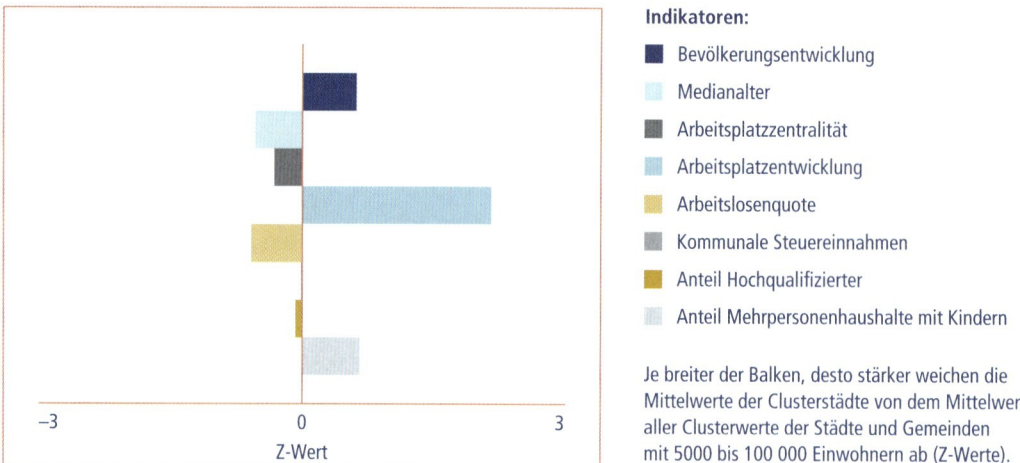

Indikatoren:

■ Bevölkerungsentwicklung
■ Medianalter
■ Arbeitsplatzzentralität
■ Arbeitsplatzentwicklung
■ Arbeitslosenquote
■ Kommunale Steuereinnahmen
■ Anteil Hochqualifizierter
■ Anteil Mehrpersonenhaushalte mit Kindern

Je breiter der Balken, desto stärker weichen die
Mittelwerte der Clusterstädte von dem Mittelwert
aller Clusterwerte der Städte und Gemeinden
mit 5000 bis 100 000 Einwohnern ab (Z-Werte).

fortsetzen. Entgegen dem allgemeinen Trend, wonach die Bevölkerung der Kommunen zwischen 5000 und 100 000 Einwohnern voraussichtlich bis 2020 im Mittel um 0,7 Prozent zurückgehen wird, steigen die Einwohnerzahlen der Gemeinden dieses Clusters im gleichen Zeitraum um durchschnittlich 4,7 Prozent.

Für mehr als die Hälfte der Kommunen wird bis 2020 weiteres Wachstum erwartet, für nahezu 20 Prozent werden die Steigerungsraten sogar über zehn Prozent liegen. Für lediglich 12 Prozent von ihnen sind Verluste prognostiziert. Diese werden aber fünf Prozent kaum überschreiten. Damit liegen die Bevölkerungszuwächse deutlich höher als z. B. die aktuellen und zukünftigen Entwicklungen der stabilen Städte und Gemeinden im ländlichen Raum des Clusters 5.

Das Bevölkerungswachstum der letzten Jahre war in erster Linie das Ergebnis von Zuwanderungen. Etwa 80 Prozent der Kommunen verzeichneten bei den Familien erhebliche Wanderungsgewinne: Im Durchschnitt nahm die Altersgruppe der 30- bis 49-Jährigen zusammen mit den Kindern und Jugendlichen unter 18 Jahren zu.

Darüber hinaus gab es auch bei den 18- bis 24-Jährigen eine leicht positive Wanderungsbilanz. Allerdings hatten nur 40 Prozent der Kommunen überhaupt einen positiven Wanderungssaldo in dieser Altersgruppe, während fast 50 Prozent hier Verluste hinnehmen mussten.

Junge Bevölkerung und moderate Alterungsprozesse

Die Bevölkerung der Gemeinden im Demographietyp 7 ist vergleichsweise jung. So beträgt der Anteil der Kinder und Jugendlichen (unter 18 Jahren) durchschnittlich 21 Prozent an der Gesamtbevölkerung. Dies sind zwei Prozent mehr als im Durchschnitt aller untersuchten Städte und Gemeinden unter 100 000 Einwohner.

Der Anteil der über 60-Jährigen liegt dagegen mit fast 22 Prozent um zwei Prozent unter dem Durchschnitt aller Cluster. Bis zum Jahr 2020 sinkt der Anteil der Kinder und Jugendlichen auf 16,4 Prozent, das heißt, er beträgt nur noch ein Prozent mehr als der Durchschnitt aller Cluster. Die über 60-Jährigen werden dann einen Bevölkerungsanteil von 29 Prozent haben, der aber immerhin mehr als drei Prozent unter dem Durchschnittswert aller Cluster liegt. Gleichzeitig wird sich der Anteil der über 80-Jährigen gegenüber 2003 verdoppeln und beträgt dann nahezu sieben Prozent.

Während nur jeder vierte Haushalt ein Einpersonenhaushalt ist, sind fast 45 Prozent Mehrfamilienhaushalte mit Kindern. Somit sind die Einpersonenhaushalte relativ schwach und die Mehrfamilienhaushalte mit Kindern überproportional stark vertreten. Die Haushaltsstruktur entspricht traditionsgemäß dem Muster von kleinen ländlichen Gemeinden.

Wie in den vergangenen Jahren wird die Alterung voraussichtlich auch mittelfristig relativ langsam verlaufen. Die Altersgrenze, die die Bevölkerung in zwei gleich große Gruppen teilt (Medianalter), wird bis 2020 von 39 Jahren um fast acht Jahre ansteigen. Die Hälfte der Bevölkerung wird dann über 47 Jahre alt sein.

Sehr positive Arbeitsplatzentwicklung

Die Kommunen dieses Clusters sind – typisch für ländliche Gemeinden – überwiegend Wohnorte, aus denen die Berufstätigen auspendeln. Nur 12 Prozent haben Einpendlerüberschüsse und damit die Funktion eines regionalen Wirtschaftszentrums. Traditionsgemäß wohnen in den ländlichen Gemeinden weniger hoch qualifizierte Arbeitskräfte, und die Frauenerwerbstätigkeit ist gering. Die Arbeitsplätze dieser Gemeinden gehören zu 58 Prozent dem Dienstleistungssektor und zu 40 Prozent dem verarbeitenden Gewerbe an. Diese Verteilung entspricht dem Durchschnitt aller Städte und Gemeinden zwischen 5000 und 100 000 Einwohnern.

Die kommunalen Steuereinnahmen von knapp über 600 Euro pro Einwohner (gemittelter Wert aus den Jahren 2000 bis 2003) entspricht ebenfalls dem Durchschnitt aller Cluster. Ähnlich wie bei den Gemeinden des Clusters 5 konzentrieren sich die Gemeinden mit geringen finanziellen Handlungsspielräumen allerdings räumlich. So liegen elf der zwölf Kommunen mit einer sehr niedrigen Steuereinnahmekraft von weniger als 400 Euro pro Einwohner entweder in Niedersachsen oder in Ost-Deutschland.

Bei den prosperierenden ländlichen Gemeinden fällt allerdings im Unterschied zu den stabilen ländlichen Gemeinden des Clusters 5 die höhere ökonomische Dynamik auf. Unterstützt durch eine bessere Anbindung an die überregionale Verkehrsinfrastruktur ist die sehr positive Arbeitsplatzentwicklung ein charakteristisches Merkmal der Gemeinden dieses Clusters.

Zwischen 1998 und 2003 konnten ausnahmslos alle Gemeinden die Zahl ihrer Arbeitsplätze steigern. Dieses Wachstum war mit durchschnittlich 31,6 Prozent – mit Ausnahme der fünf exklusiven Standorte des Clusters 9 – der stärkste Anstieg aller Cluster. Dies trägt dazu bei, dass neben den Familien auch die Berufseinsteiger und Bildungswanderer, also die 18- bis 24-Jährigen, geringfügig zuwanderten. Die relativ niedrige Arbeitslosenquote von durchschnittlich acht Prozent liegt allerdings nur leicht unter der Arbeitslosigkeit der stabilen ländlichen Gemeinden des Clusters 5 (8,8 Prozent).

Herausforderungen für die Kommunen

Den Städten und Gemeinden dieses Clusters geht es überdurchschnittlich gut. Dies gilt für ihre sozialen und wirtschaftlichen Bedingungen ebenso wie für die demographische Entwicklung. Diese Kommunen sind damit in der komfortablen Situation, ohne akuten Handlungsdruck ihre weitere Entwicklung positiv gestalten zu können. Sie haben die Chance, den Wandel der Bevölkerung frühzeitig und aktiv zu gestalten und möglichen sozialen und wirtschaftlichen Verwerfungen exemplarisch vorzubeugen.

Das größte Risiko für diese Städte und Gemeinden liegt darin, ohne akuten Handlungsdruck diese Chance und Verantwortung nicht frühzeitig anzunehmen und trotz der unvermeidbar härteren Standortkonkurrenz zu sehr auf weiteres eigendynamisches Wachstum zu vertrauen. Das gilt vor allem aufgrund der starken Abhängigkeit dieser abseits der großen Städte liegenden Kommunen vom regionalen Arbeitsmarkt, der Zuwanderung und der Veränderung äußerer Rahmenbedingungen (z.B. Wegfall der Eigenheimzulage, Kürzung der Pendlerpauschale). Daraus erwachsen folgende Herausforderungen:

- Familien und junge Arbeitnehmer noch stärker an den Standort binden durch Ausbau der Kinder- und Familienfreundlichkeit sowie eine enge Zusammenarbeit der Betriebe mit Bildungs- und Ausbildungseinrichtungen
- ein leistungsfähiges – auch regional abgestimmtes – Monitoring etablieren, um vorausschauend und flexibel auf sich verändernde Trends reagieren zu können
- die Attraktivität als Wohnstandort sichern und Wachstumsziele mit der regionalen Entwicklung abstimmen

Die Indikatoren des Demographietyps 7 im Überblick

Gesamtzahl der Kommunen dieses Clusters = 165								
	Bevölkerungs-entwicklung 2003 bis 2020 in Prozent	Medianalter 2020 in Jahren	Arbeitsplatz-zentralität	Arbeitsplatz-entwicklung 1998 bis 2003 in Prozent	Arbeitslosen-quote in Prozent	Kommunale Steuer-einnahmen in Euro	Anteil hoch qualifizierter Beschäftigter in Prozent	Anteil Mehr-personenhaus-halte mit Kindern in Prozent
Mittelwert	4,7	46,7	0,7	31,6	8,5	605	7	45
75 Prozent der Kommunen dieses Clusters liegen in diesem Bereich.	−2,9 bis +12,8	44 bis 49	0,4 bis 1,1	17,6 bis 46,8	6,3 bis 10,9	428 bis 818	4 bis 10	38 bis 52
Vergleichswerte der 2877 Kommunen der gesamten Clustergruppe								
Mittelwert	−0,7	48	0,8	0,1	12	609	7,4	39

Handlungsansätze

Aufgrund der Herausforderungen sollten für die Kommunen dieses Clusters folgende prioritäre Handlungsansätze im Vordergrund stehen:

- Sensibilisierung, strategische Zukunftsvorsorge
  - Monitoring: Trends und Entwicklungen beobachten
  - Sensibilisierung: Informationen vermitteln
  - strategische Entwicklungsplanung: Wachstum kontrollieren
- Bildung und Qualifizierung
  - Bildungsangebot: Qualität sichern
  - Kooperation Ausbildung und lokale Wirtschaft: Chancen nutzen
  - Innovationsmanagement: Wissen nutzen
- Siedlungsentwicklung und interkommunale Kooperation
  - Flächenmanagement in regionaler Verantwortung betreiben
  - Siedlungsentwicklung: Zersiedelung vermeiden
  - Partner suchen: Strukturen ausbilden

Darüber hinaus ist es erforderlich, Maßnahmen zur Stärkung der Kinder- und Familienfreundlichkeit zu ergreifen und die Bausteine einer zukunftsorientierten Seniorenpolitik vor Ort in praktikable Modelle zu überführen.

Weitere ausführliche Informationen zu den Handlungsansätzen für die Kommunen dieses Clusters finden Sie im Internet unter www.aktion2050.de/wegweiser.

Wirtschaftlich starke Städte und Gemeinden mit hoher Arbeitsplatzzentralität

Räumliche Einordnung

Von den 71 Kommunen im Cluster 8 befinden sich 63 in Hessen, Baden-Württemberg und Bayern. Sie gruppieren sich vor allem um die süddeutschen Metropolregionen Rhein-Main, Stuttgart und München. Nur zwei liegen in Ost-Deutschland. Zu welchem Demographietyp gehört Ihre Kommune? Informationen dazu finden Sie im Internet unter www.aktion2050.de/wegweiser.

Abb. 1: Räumliche Verteilung der Städte und Gemeinden des Clusters 8

Abb. 2: Gemeindegröße

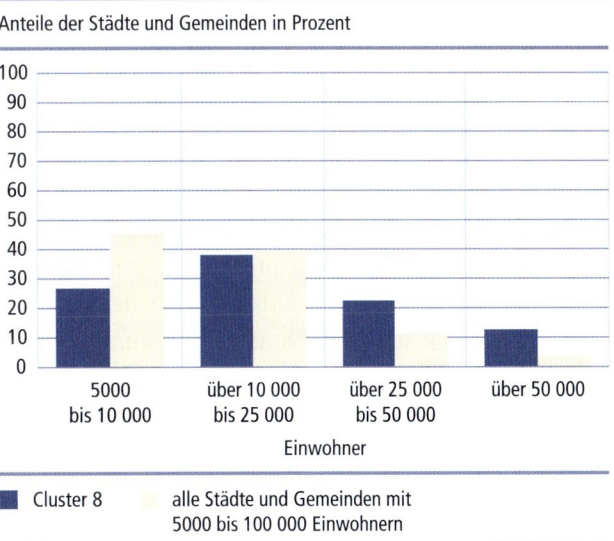

darunter auch die Universitätsstädte Gießen, Marburg und Tübingen. Kleine Gemeinden unter 10 000 Einwohner sind stark unterrepräsentiert.

Charakteristische Entwicklungen

Diese wohlhabenden, meist suburbanen Städte und Gemeinden in Cluster 8 sind geprägt durch ihre positive wirtschaftliche Entwicklung und herausragende Funktion, die sie im Umfeld der Wirtschaftszentren für die Region übernehmen. Die Bevölkerung wird sich deshalb weiterhin stabil entwickeln oder sogar leicht zunehmen. Auch wenn sich das Wachstum der vergangenen Jahre abgeschwächt hat, sind die Kommunen auch zukünftig von Stabilität und Wachstum gekennzeichnet.

In den Städten und Gemeinden von Cluster 8 arbeiten deutlich mehr sozialversicherungspflichtig Beschäftigte als dort wohnen. Neben der hohen Arbeitsplatzzentralität lässt

Diese Kommunen sind typischerweise entweder relativ kleine wirtschaftsdynamische Orte im suburbanen Raum oder größere regionale Zentren. Ähnlich wie die Kommunen des Clusters 3 konzentrieren sie sich auf die (hoch) verdichteten Kreise der Agglomerationsräume und verstädterten Räume.

Ein überproportional großer Anteil dieses Clusters gehört zu den größeren Städten über 25 000 Einwohner,

Profil des Demographietyps 8

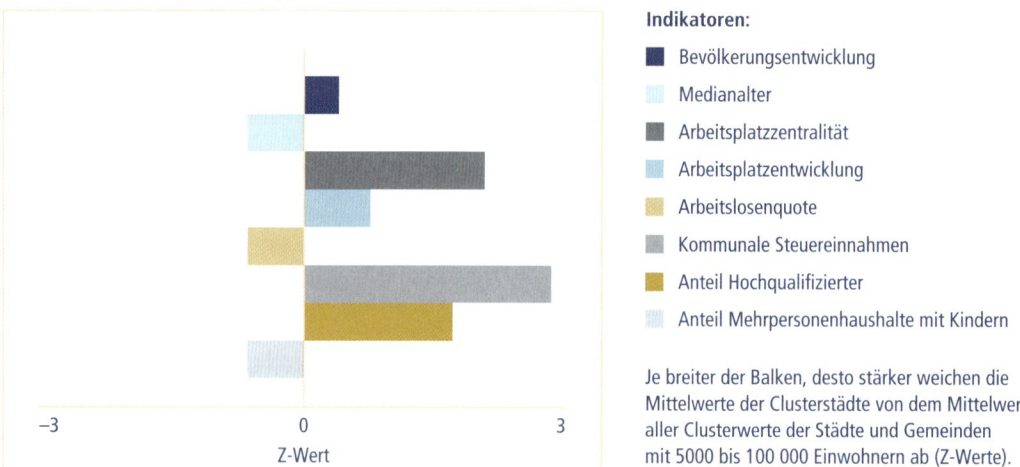

Indikatoren:

- ■ Bevölkerungsentwicklung
- ■ Medianalter
- ■ Arbeitsplatzzentralität
- ■ Arbeitsplatzentwicklung
- ■ Arbeitslosenquote
- ■ Kommunale Steuereinnahmen
- ■ Anteil Hochqualifizierter
- ■ Anteil Mehrpersonenhaushalte mit Kindern

Je breiter der Balken, desto stärker weichen die Mittelwerte der Clusterstädte von dem Mittelwert aller Clusterwerte der Städte und Gemeinden mit 5000 bis 100 000 Einwohnern ab (Z-Werte).

sich ihre wirtschaftliche Stärke auch an den Faktoren hochwertige Arbeitsplätze und hoch qualifizierte Erwerbstätige, eine sehr niedrige Arbeitslosigkeit, ein starkes Arbeitsplatzwachstum und eine wohlhabende Einwohnerschaft ablesen. Aufgrund der deutlich überproportionalen Steuereinnahmekraft verfügen diese Kommunen über einen vergleichsweise großen finanziellen Handlungsspielraum.

Aus der sehr guten ökonomischen Basis ergibt sich eine hohe Zuwanderung von jungen Erwachsenen. Mit den beträchtlichen Wohnansprüchen und dem starken Wachstumsdruck steigen auch die Anforderungen an die Flächenentwicklung. Dadurch entstehen typische Überlastungsansprüche von Agglomerationsräumen.

Deutliches Bevölkerungswachstum – aber insgesamt zurückgehend

Die Bevölkerung wuchs zwischen 1996 und 2003. Das Wachstum geht zwar bis 2020 auf durchschnittlich 2,8 Prozent zurück, dennoch liegt dieser Wert fast 3,5 Prozent über dem Durchschnitt aller Cluster von -0,7 Prozent.

In den meisten Städten und Gemeinden des Clusters 8 wird sich die Bevölkerungszahl bis 2020 in etwa auf dem gegenwärtigen Niveau halten. Ein Drittel wird voraussichtlich weiter wachsen, einige davon deutlich über 10 Prozent. In weniger als 20 Prozent der Städte und Gemeinden werden bis 2020 leichte Bevölkerungsverluste prognostiziert.

Starke Zuwanderung der potenziellen Ersthaushaltsgründer

Das Bevölkerungswachstum der letzten Jahre war weitgehend ein Ergebnis hoher Zuwanderungen. Insbesondere bei den 18- bis 24-Jährigen, also den Ersthaushalts-

gründern und gleichzeitig den Bildungswanderern und den Berufseinsteigern, erzielt die Bevölkerung im Saldo sehr hohe Zuwanderungsraten. Zwei Drittel der Kommunen verzeichneten hier deutliche Gewinne. Auch das Wanderungssaldo bei den Familien ist deutlich positiv.

Wenige Mehrfamilienhaushalte mit Kindern

In der Haushaltsstruktur spiegelt sich die Besonderheit der Städte und Gemeinden dieses Clusters als Arbeitszentrum, Ausbildungszentrum und suburbaner Wohnort wider. Der Anteil an Mehrfamilienhaushalten mit Kindern ist mit 33,7 Prozent sehr niedrig (im Vergleich zu allen Kommunen zwischen 5000 und 100 000 Einwohnern: 39,2 Prozent). Der Anteil der Einpersonenhaushalte liegt dagegen mit über 36 Prozent deutlich überproportional zum Vergleichswert der Kommunen aller Cluster von knapp über 30 Prozent.

Trotzdem liegt der Anteil an Kindern und Jugendlichen unter 18 Jahren mit 18,4 Prozent nur geringfügig unter dem Gesamtdurchschnitt von 19,4 Prozent (2003) und wird sich laut Prognose auf 15,5 Prozent (2020) gegenüber dem Gesamtwert von 15,4 Prozent angleichen.

Der hohe Anteil von Einpersonen- und Ausländerhaushalten, wie sie in Großstädten üblich sind, werden hier allerdings nur in Ausnahmefällen erreicht.

Verzögerte Alterungsprozesse

Da aufgrund der wirtschaftlichen Dynamik von einer Kontinuität dieser Wanderungsmuster auszugehen ist, wird die Alterung dieser Städte und Gemeinden auch weiterhin etwas zögerlicher verlaufen. Aktuell liegt der Anteil der über 60-Jährigen mit 23,5 Prozent leicht unter dem Durchschnittswert aller untersuchten Städte und Gemeinden unter 100 000 Einwohner (24,4 Prozent). Bis 2020 wird dieser Unterschied voraussichtlich noch deutlicher (29 Prozent gegenüber 32 Prozent).

Dennoch wird die Altersgrenze, welche die Bevölkerung in zwei gleich große Gruppen teilt (Medianalter), bis 2020 gegenüber 2003 um sechs Jahre auf 46 Jahre ansteigen.

Ökonomische Stärke

Ein Charakteristikum der Städte und Gemeinden in Cluster 8 ist ihre große Bedeutung als Arbeitsort. Die Arbeitsplatzzentralität von 1,7 wird in den Städten und Gemeinden zwischen 5000 und 100 000 Einwohnern nur von den fünf exklusiven Standorten aus Cluster 9 übertroffen. Neun von zehn Kommunen haben hohe Einpendlerüberschüsse und damit eine regionale und zum Teil auch überregionale Bedeutung als Wirtschaftszentrum. Bei vielen der kleineren Kommunen handelt es sich um traditionelle Wohngemeinden, die sich in jüngster Zeit als wirtschaftliche Wachstumspole etabliert haben.

Der Anteil der hoch qualifizierten Beschäftigten liegt mit durchschnittlich 13 Prozent äußerst hoch. Demgegenüber steht eine relativ niedrige Arbeitslosenquote von knapp über acht Prozent. Die Arbeitsplatzentwicklung verlief in den letzten Jahren weitgehend positiv: Sie war mit einer Arbeitsplatzzunahme von 11,2 Prozent von Stabilität und deutlichem Wachstum geprägt. In jeder fünften Kommune lag das Arbeitsplatzwachstum zwischen 1998 und 2003 über 20 Prozent.

Die wirtschaftliche Basis fußt sowohl auf dem Dienstleistungssektor als auch auf dem verarbeitenden Gewerbe. Zwar überwiegt die Zahl der Arbeitsplätze bei den Dienstleistungen. Dennoch ist die Bedeutung des Produktionsbereichs mit 43 Prozent der Arbeitsplätze relativ groß.

Sieht man von den fünf exklusiven Standorten (Cluster 9) ab, so verfügen diese Städte und Gemeinden über die größten finanziellen Handlungsspielräume. Die durchschnittliche Steuereinnahmekraft von jährlich über 1500 Euro liegt deutlich über den Städten und Gemeinden zwischen 5000 und 100 000 der anderen Cluster.

Herausforderungen für die Kommunen

Den Kommunen dieses Clusters geht es aufgrund der außerordentlich positiven Rahmenbedingungen sehr gut. Auf Basis der hier vorliegenden demographischen Analyse erscheint es dennoch angezeigt, die folgenden Herausforderungen für die zukünftige Stadtentwicklung bereits heute aktiv anzugehen:

- Die überdurchschnittlichen Handlungsspielräume sind für die Kommunen eine Chance, sich auf die demographischen Prozesse der nächsten Jahre gut vorzubereiten (z. B. im Bereich der Seniorenpolitik).
- Der hohe Wachstumsdruck auf die Flächenausweitung muss mit dem Ziel gesteuert werden, einer langfristig zersiedelten Flächenstruktur zugunsten der Innenentwicklung entgegenzuwirken.
- Die positive Wirtschaftsentwicklung ist langfristig zu stabilisieren und zu fördern.
- Ein qualitativ hochwertiges Angebot an Wohnraum auch für Familien mit Kindern ist ebenso langfristig aufrecht zu erhalten.
- Zu realisieren sind außerdem moderne, flexible und zielgruppenorientierte Angebote zur Vereinbarkeit von Familie und Beruf.

Der Gestaltung dieser Herausforderungen steht das Risiko gegenüber, die Weichen für eine weiterhin positive Entwicklung zu spät zu stellen.

Gesamtzahl der Kommunen dieses Clusters = 71								
	Bevölkerungs-entwicklung 2003 bis 2020 in Prozent	Medianalter 2020 in Jahren	Arbeitsplatz-zentralität	Arbeitsplatz-entwicklung 1998 bis 2003 in Prozent	Arbeitslosen-quote in Prozent	Kommunale Steuer-einnahmen in Euro	Anteil hoch qualifizierter Beschäftigter in Prozent	Anteil Mehr-personenhaus-halte mit Kindern in Prozent
Mittelwert	2,8	46	1,7	11,2	8,2	1574	14	34
75 Prozent der Kommunen dieses Clusters liegen in diesem Bereich.	−4,3 bis +9,9	43 bis 49	1,2 bis 2,5	−1,5 bis +25,7	5,8 bis 11,3	1028 bis 2088	6 bis 21	27 bis 42
Vergleichswerte der 2877 Kommunen der gesamten Clustergruppe								
Mittelwert	−0,7	48	0,8	0,1	12	609	7,4	39

Handlungsansätze

Aufgrund des heute noch großen Anteils an junger Bevöl-kerung, ihrer begünstigten Lage und der guten Wirtschafts-entwicklung könnten die Kommunen dieses Clusters die Auswirkungen des demographischen Wandels gut bewälti-gen. Es wird jedoch empfohlen, die Gestaltung aktiv anzu-gehen und eine Vorbildfunktion für die Region zu überneh-men. Prioritäre Handlungsansätze liegen in den folgenden Bereichen:

1. Siedlungs- und Flächenmanagement etablieren und interkommunale Kooperation forcieren
   - Flächenmanagement in regionaler Verantwortung be-treiben
   - Siedlungsentwicklung steuern: Innenentwicklung geht vor Außenentwicklung
2. Regionale Wirtschaftsförderung und -entwicklung
   - Unternehmen vor Ort für die Folgen der demographi-schen Entwicklung (ältere Arbeitnehmer, Fachkräfte-mangel, Neue Märkte etc.) sensibilisieren
   - Wirtschaftsentwicklung regional denken – Wirt-schaftsförderung regional ausrichten (Gewerbe-flächenentwicklung etc.)
   - Profil als Wirtschaftsraum stärken

3. Vereinbarkeit von Berufs- und Arbeitswelt gestalten
   - Belegplätze für Unternehmen in Kindergärten schaf-fen
   - Kindergartenplätze für Pendler einrichten
   - Betreuungszeiten an Kindergärten und Schulen aus-weiten
4. Hochwertiges Bildungsangebot sicherstellen
   - vorschulische Bildungsaktivitäten ausbauen
   - ältere Arbeitnehmer qualifizieren
5. Attraktive Wohnräume nachhaltig sicherstellen und schaffen
   - Wohnangebote für potenzielle Ersthaushaltsgrün-der und potenzielle Eigentumsbilder schaffen
   - Angebote für das betreute Wohnen entwickeln

Die Bausteine einer kinder- und familienfreundlichen Kom-mune sowie einer zukunftsorientierten Seniorenpolitik soll-ten vor Ort geprüft und in passende Angebote überführt werden.

Weitere ausführliche Informationen zu den Handlungs-ansätzen für die Kommunen dieses Clusters finden Sie im Internet unter www.aktion2050.de/wegweiser.

Exklusive Standorte

Räumliche Einordnung

In diesem Cluster befinden sich fünf kleinere und sehr gut positionierte Städte und Gemeinden. Es handelt sich um Eschborn (Hessen) und Walldorf (Baden-Württemberg) sowie die Gemeinden Weissach (Baden-Württemberg), Grünwald und Unterföhring (Bayern). Die fünf Kommunen mit einer Bevölkerung zwischen 5000 und 25 000 Einwohnern liegen in hoch verdichteten Kreisen von Agglomerationsräumen.
Zu welchem Demographietyp gehört Ihre Kommune?
Informationen dazu finden Sie im Internet unter www.aktion2050.de/wegweiser.

Charakteristische Entwicklungen

Diese außergewöhnlichen solitären Standorte sind durch folgende Charakteristika geprägt, die an keinem anderen Ort in Deutschland in dieser positiven Kombination zu finden sind:

- sehr hohe kommunale Steuereinnahmen zwischen 4000 und 6750 Euro pro Jahr und Einwohner
- sehr hohes Arbeitsplatzwachstum und sehr große Bedeutung als Wirtschafts- und Arbeitsstandort
- wachsende Einwohnerzahl und sehr große Wanderungsgewinne bei den Berufseinsteigern und Bildungswanderern
- sehr hohes Bildungs- und Wohlstandsniveau der Bevölkerung

Auch wenn die Alterungsprozesse voraussichtlich etwas langsamer verlaufen werden als im Mittel aller Cluster, müssen sich auch diese Standorte auf eine deutliche Zunahme der älteren Bevölkerung einstellen.

Starkes Bevölkerungswachstum

Die Einwohnerzahlen dieser fünf Städte und Gemeinden werden bis zum Jahr 2020 laut der zugrunde liegenden Prognose weiterhin wachsen. Allerdings schwächen sich die Zuwachsraten (fünf bis acht Prozent in den Jahren 1996 bis 2003) etwas ab, und die Einwohnerzahl wird bis 2020 wahrscheinlich nur noch drei bis vier Prozent über der aktuellen liegen.

Das Bevölkerungswachstum beruht auf sehr hohen Wanderungsgewinnen sowohl bei den Berufseinsteigern und Bildungswanderern (der Altersgruppe der 18- bis 24-Jährigen) von durchschnittlich 27 Prozent als auch bei den Familien, also der Altersgruppe der 30- bis 50-Jährigen zusammen mit den Kindern und Jugendlichen (unter 18 Jahren), von durchschnittlich über zehn Prozent. Diese Entwicklung bildet ein Gegengewicht zum Trend der Alterung.

Die derzeitige Altersstruktur entspricht weitgehend dem Durchschnitt aller untersuchten Städte und Gemeinden mit weniger als 100 000 Einwohnern. Unter der Annahme weiterer Zuwanderungsgewinne wird der Alterungsprozess aber langsamer verlaufen. Zumindest für vier der fünf Kommunen wird das Medianalter, also der Grenzwert, der die Bevölkerung in zwei gleich große Gruppen teilt, 2020 voraussichtlich um zwei Jahre unter dem Durchschnitt (48,3 Jahre) liegen.

Doch auch die Bevölkerung dieser fünf Städte und Gemeinden altert: Das Medianalter wird von 2003 bis 2020 um etwa sechs Jahre ansteigen, gleichzeitig wird sich der Anteil der über 80-Jährigen nahezu verdoppeln.

Die Haushaltsstruktur dieser Städte und Gemeinden entspricht ihrer Funktion als Arbeitszentren. In vier Kommunen gibt es nur wenige Haushalte mit Kindern und überproportional viele Einpersonenhaushalte; in einem Fall ist das Verhältnis umgekehrt.

Solitäre Standorte mit großer wirtschaftlicher Dynamik

Alle fünf Städte und Gemeinden haben eine große Bedeutung als Arbeitszentrum mit hohen Einpendler-Überschüssen.

Die Verteilung der Arbeitsplätze nach Sektoren verweist auf die herausragende Stellung dieser Kommunen als Standorte für hochwertige Dienstleistungen (z. B. SAP-Walldorf). Zwischen 89 und 95 Prozent der Arbeitsplätze gehören zum Dienstleistungssektor. Der Anteil an Akademikern unter den Beschäftigten liegt zwischen 10 und 55 Prozent.

Profil des Demographietyps 9

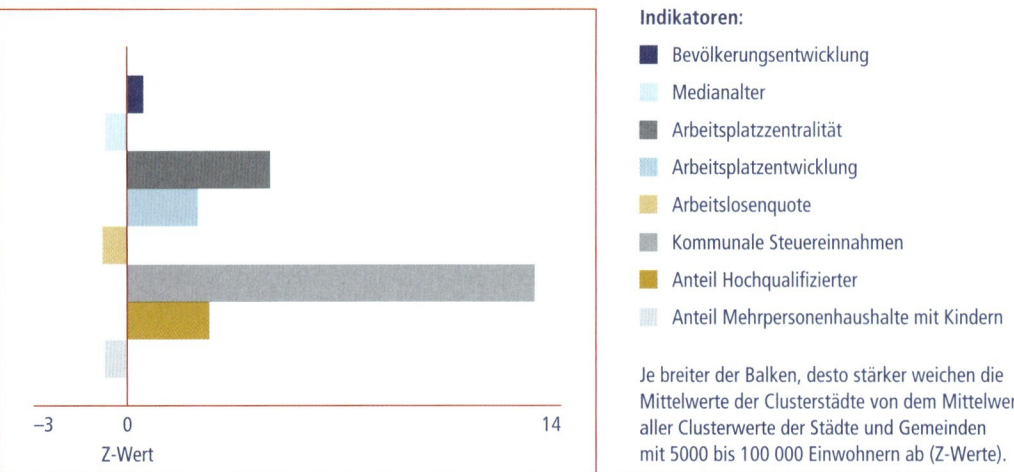

Indikatoren:

- ■ Bevölkerungsentwicklung
- ■ Medianalter
- ■ Arbeitsplatzzentralität
- ■ Arbeitsplatzentwicklung
- ■ Arbeitslosenquote
- ■ Kommunale Steuereinnahmen
- ■ Anteil Hochqualifizierter
- ■ Anteil Mehrpersonenhaushalte mit Kindern

Je breiter der Balken, desto stärker weichen die Mittelwerte der Clusterstädte von dem Mittelwert aller Clusterwerte der Städte und Gemeinden mit 5000 bis 100 000 Einwohnern ab (Z-Werte).

Die fünf Kommunen haben zwischen 1998 und 2003 mehr als zehn Prozent an Arbeitsplätzen hinzugewonnen, drei sogar über 20 Prozent.

Die kommunale Steuereinnahmekraft liegt zwischen 4000 und 6750 Euro pro Jahr und Einwohner. Sie ist damit extrem hoch und wird von keiner anderen Stadt oder Gemeinde in Deutschland erreicht.

Auch die Werte der sozialen und wirtschaftlichen Indikatoren, wie Kaufkraft, Anteil der unteren und oberen Einkommensgruppen, Arbeitslosenquoten und Anteil der Akademiker, verweisen auf eine sehr gut situierte Bevölkerung in diesen Städten und Gemeinden.

Herausforderungen und Handlungsansätze

Alle fünf Städte und Gemeinden dieses Clusters sollten ihre Ressourcen dazu nutzen, die positive wirtschaftliche Entwicklung zu halten.

Moderne und bedarfsorientierte Angebote im Bereich der Vereinbarkeit von Familie und Beruf sowie Bausteine einer zukunftsorientierten Seniorenpolitik sollten hier realisiert und ausgebaut werden.

Weitere Empfehlungen zur Gestaltung des demographischen Wandels sind aufgrund der Analyse nicht erforderlich.

Die Indikatoren des Demographietyps 9 im Überblick

Gesamtzahl der Kommunen dieses Clusters = 5								
	Bevölkerungs-entwicklung 2003 bis 2020 in Prozent	Medianalter 2020 in Jahren	Arbeitsplatz-zentralität	Arbeitsplatz-entwicklung 1998 bis 2003 in Prozent	Arbeitslosen-quote in Prozent	Kommunale Steuer-einnahmen in Euro	Anteil hoch qualifizierter Beschäftigter in Prozent	Anteil Mehr-personenhaus-halte mit Kindern in Prozent
Mittelwert	3,9	46,2	2,8	33,4	7,3	5096,60	16,9	33,0
Eschborn	4,10	45,66	3,49	12,56	6,61	5062,54	18,54	30,00
Weissach	3,89	45,03	1,25	21,57	5,82	4001,46	12,06	50,30
Walldorf	4,15	45,33	2,76	45,46	9,31	5243,06	17,97	34,43
Grünwald	3,23	51,07	1,96	10,85	8,01	4427,10	21,62	30,08
Unterföhring	4,19	44,13	4,43	76,37	6,86	6748,70	14,43	20,35
Vergleichswerte aller 2877 Kommunen								
Mittelwerte	−0,7	48	0,8	0,1	12	609	7,4	39

3. Kommunale Politikfelder aktiv gestalten
Lokale und regionale Infrastrukturplanung

Martina Kocks

Um vor dem Hintergrund des demographischen Wandels eine Infrastrukturversorgung anbieten zu können, die in Umfang und Qualität stimmt und finanzierbar bleibt, sind Anpassungen an die geringere Bevölkerung und ihre veränderte Zusammensetzung erforderlich. In den nächsten Jahren werden Infrastruktureinrichtungen und Dienstleistungen vor allem in den Bereichen Bildung, Gesundheit, Soziales, Kultur, Verkehr sowie Ver- und Entsorgung neu geordnet werden müssen. Ziel ist eine bedarfsgerechte, möglichst hochwertige, gut erreichbare und gleichzeitig finanziell tragbare Versorgung für alle Bürgerinnen und Bürger. Dies ist gleichermaßen eine kommunale wie regionale Aufgabe, die nicht leicht fällt.

Die Tragfähigkeit von Einrichtungen ist vielerorts in Frage gestellt, und die finanziellen Handlungsspielräume der Kommunen sind gering. Weniger Steueraufkommen und Schlüsselzuweisungen machen es den Städten und Gemeinden schwer, ihre öffentlichen Aufgaben wahrzunehmen. Über Jahre gebundene Fixkosten und Renovierungsnotwendigkeiten legen weite Teile des Budgets fest. Wenn die Kommunen langfristig handlungsfähig bleiben wollen und die Leistungen nicht Stück für Stück einfach wegbrechen sollen, gibt es keine Alternative zur aktiven Neugestaltung des infrastrukturellen Angebots.

Die aktuelle Situation

Die Kommunen stehen wie nie zuvor im Wettbewerb. Gewerbe und Einwohner anzulocken gilt vielen als höchste Priorität.

Dies geschieht etwa, indem auf großen Freiflächen im Außenbereich Bauland und Gewerbeflächen ausgewiesen werden. Die infrastrukturellen Folgekosten sind beträchtlich, denn die Außenentwicklung erfordert wesentlich höhere Investitionen und Unterhaltungskosten als eine verstärkte Innenentwicklung.

Oder es wird mit einem attraktiven Versorgungsangebot geworben. Insbesondere teure Kultur- und Sporteinrichtungen werden daher auch bei Unterauslastung nicht gerne aufgegeben. Die Kommunen verschulden sich immer mehr – und ziehen bisher nur selten in Erwägung, sich mit den Nachbarkommunen abzustimmen, um die Tragfähigkeit zu sichern.

Weil Nachfragegruppen wegbrechen und der enge Finanzspielraum keine andere Möglichkeit zulässt, beginnen die Akteure, ganz allmählich nach Alternativen zu suchen. Diese Einsicht ist in Deutschland nicht überall gleich weit fortgeschritten.

Es sind zunächst Regionen mit starkem Bevölkerungsrückgang, die den größten Druck verspüren und zum Handeln gezwungen sind, aktuell vor allem ländliche und zugleich periphere Landstriche in Ost-Deutschland. Niedrige Geburtenraten, hohe Abwanderung und starke Alterung führen dort vor, was längerfristig auf viele Kommunen zukommen wird – ein Experimentierfeld von heute für eine immer großräumigere Entwicklung von morgen.

> Die Aussagen zur demographischen Entwicklung stützen sich auf Ergebnisse der BBR-Bevölkerungsprognose 2002 bis 2020 auf Verbandsgemeindeebene. Diese aktualisierten Ergebnisse der Raumordnungsprognose 2020/2050 erscheinen Anfang 2006 in der Reihe »Berichte« (Nr. 23) des Bundesamtes für Bauwesen und Raumordnung (mit CD-ROM).

Prinzipiell gibt es zwei Entwicklungsmuster, die nahezu für alle Gemeinden in unterschiedlicher Ausprägung gelten.

• Die Schrumpfung in größeren Gebietseinheiten, wie sie heute schon etwa im peripheren, dünn besiedelten Raum Ost-Deutschlands zu finden ist. Hier muss die öffentliche Daseinsvorsorge in großem Maßstab neu geordnet und, flankiert durch eine bessere Erreichbarkeit, auf weniger räumliche Schwerpunkte konzentriert werden.

- Ein Nebeneinander von Schrumpfung und Wachstum, wie es etwa in suburbanen, ländlichen Räumen existiert. Hier kann es aus wirtschaftlichen Gründen nützlich sein, die Unterauslastung einer Kommune mit dem Neubedarf einer anderen zu koordinieren.

Verschiebungen der Altersstruktur werden in allen deutschen Kommunen zu einer veränderten Nachfrage nach Infrastruktur führen und eine Umgestaltung in verschiedenen sektoralen Handlungsfeldern im Verbund notwendig machen.

Aufgrund des demographischen und wirtschaftsstrukturellen Wandels vollzieht sich insgesamt ein Paradigmenwechsel vom »gesteuerten Wachstum« zum »gestaltenden Umbau«.

Was ist zu tun?

Je nach demographischer Situation und zukünftiger Entwicklung ist für jeden einzelnen Versorgungsbereich zwischen Ausbau, Anpassung und Rückbau zu entscheiden. Dabei müssen die Leistungen untereinander abgestimmt werden, um Synergieeffekte zu nutzen.

- Der *Ausbau* von Infrastrukturleistungen ist planerisch am einfachsten, weil er über Jahrzehnte in Zeiten wirtschaftlicher Zuwächse erprobt wurde. In diese Kategorie gehören zukünftig sicherlich Handlungsfelder wie Alten- und Pflegeeinrichtungen oder auch, der politischen Prioritätensetzung folgend, der Ausbau der Kinderbetreuung als familienpolitischer Maßnahme für mehr Nachwuchs. Da unsere Gesellschaft internationaler wird, wächst auch der Bedarf an Integrationsleistungen.
- Die zweite Option ist die *Anpassung* von Infrastrukturleistungen. Anpassung bedeutet hier Verkleinerung, Angebotsumstrukturierung, räumliche und eventuell personelle Flexibilisierung, oder auch die Suche nach neuen Trägerschaften und Allianzen. Dies kann für alle Arten der Daseinsvorsorge gelten.
- Schließlich ist auch der unabwendbare *Rückbau* zu gestalten. Gerade Schließungen müssen in Abstimmung mit Nachbargemeinden im Raum verträglich durchgeführt werden. Bestehende Standorte erhalten

neues Gewicht. Rückbau wird heute meist mit dem Verlust an Attraktivität gleichgesetzt; er kann aber auch eine Entlastung für die Kommunen bedeuten und den Handlungsspielraum für andere öffentliche Aufgaben erweitern.

Grundsätzlich ist der Ausbau infrastruktureller Leistungen politisch besser zu vermitteln als Anpassung und Rückbau. Dass aber auch diese beiden Optionen einen qualitativen Gewinn bedeuten können, zeigen Beispiele, auf die noch eingegangen wird.

Folglich ist die Umgestaltung der Infrastruktur in der Praxis auch eine Vermittlungsaufgabe. Die Bevölkerung muss beteiligt werden, damit sie notwendige Umstrukturierungsmaßnahmen einsieht und zukünftige Nutzer diese akzeptieren. Die Fachplanungen müssen davon überzeugt werden, dass ihre Entscheidungen in die regionalen Entwicklungskonzepte einzubetten sind. Die größeren Einzugsbereiche erfordern geschickte Standortentscheidungen und übergemeindliche Zusammenarbeit. Die Region gewinnt insgesamt an Bedeutung, und Regionalisierung ist bei einem ausbalancierten Infrastrukturmanagement als Prozess zu verstehen, der von den politischen Akteuren Umdenken und auch Moderation erfordert.

Leitbild der Raumentwicklung: »Daseinsvorsorge sichern«

Kommunales Handeln ist in gesamtstaatliche Zielsetzungen eingebunden. Der Zugang zu öffentlichen Einrichtungen für alle Bürgerinnen und Bürger ist ein wichtiger Baustein unseres Sozialstaates und gleichzeitig ein Beitrag, um gleichwertige Lebensverhältnisse herzustellen.

Die Kommunen tragen dazu bei, diese verfassungsmäßigen Ziele zu realisieren. Mit Hilfe eines komplexen Finanzausgleichssystems werden sie in die Lage versetzt, dieser Aufgabe nachzukommen.

Seit einigen Jahren setzt sich allerdings immer mehr die Erkenntnis durch, dass der Wohlfahrtsstaat in seiner herkömmlichen Ausprägung nicht mehr finanzierbar ist. Dies gilt für die sozialen Sicherungssysteme, aber auch für Infrastrukturleistungen. Der Wohlfahrtsstaat mutiert zum Gewährleistungsstaat. Für die Infrastruktur bedeutet dies, dass der Staat als Anbieter stärker auf die Unterstützung

Privater setzt. Dies können Unternehmen und auch Bürgerorganisationen sein. Der Trend geht vom regulierenden über den aktivierenden Staat hin zur Bürgergesellschaft, in der jeder und jede Einzelne Verantwortung trägt.

Aufgrund der veränderten demographischen und strukturellen Rahmenbedingungen hat die Ministerkonferenz für Raumordnung (MKRO) im April 2005 den Bund aufgefordert, im Rahmen der Fortschreibung des Raumordnungspolitischen Orientierungs- und Handlungsrahmens gemeinsam mit den Ländern »Leitbilder und Handlungsstrategien der Raumentwicklung« zu erarbeiten. Diese Leitbilder werden derzeit breit diskutiert. Sie richten sich an Entscheidungsträger in Bund und Ländern einschließlich der regionalen Planungsträger, Gemeinden und Gemeindeverbände und stellen Orientierungen für die angestrebte räumliche Entwicklung dar.

Eines dieser Leitbilder befasst sich mit der Sicherung der Daseinsvorsorge. Strategien, Standards und Instrumente der Raumordnung werden geprüft, um gleichwertige Lebensverhältnisse auch künftig in allen Teilräumen Deutschlands zu gewährleisten. Das »Zentrale-Orte-Konzept« wird als der beste Ansatz zur effizienten räumlichen Bündelung von Einrichtungen und Dienstleistungen angesehen.

Die Daseinsvorsorge soll sich an regionaler Nachfrage, zumutbarer Erreichbarkeit und finanziellen Möglichkeiten orientieren. Durch die Bevölkerungsverluste in einigen Regionen wird es notwendig sein, das Netz der zentralen Orte anzupassen: Es wird weitmaschiger, und Zentren werden in ihrer Hierarchie herabgestuft. In ländlich peripheren Regionen werden durch die Erweiterung der Einzugsbereiche und damit auch größeren Entfernungen die Grundzentren neue Bedeutung erhalten.

Es wird immer wichtiger, regionale Wirkungszusammenhänge stärker zu ermitteln, insbesondere gilt dies für die Verschränkung von Regionalentwicklung mit Entscheidungen der Fachpolitiken. Gemeinde- und ressortübergreifende Zusammenarbeit ermöglicht es, Synergieeffekte aufzuspüren und die Kompatibilität der Angebote untereinander zu prüfen. Dies ist entscheidend für Auslastung, Erreichbarkeit und Effizienzsteigerung und damit für den Erhalt wichtiger Einrichtungen.

Zudem gilt es unter den gegenwärtigen demographischen und finanziellen Bedingungen zu prüfen, welche räumlich differenzierten Mindeststandards und Ausstattungsmerkmale künftig noch gelten sollen. Gleichwertige Lebensverhältnisse bedeutet nicht gleich*artige* Lebensverhältnisse und keine zwangsläufige Anpassung an den Bundesdurchschnitt.

Neue, flexiblere Angebotsformen können helfen, eine Basisqualität zu sichern. Bei der Leistungserstellung der Infrastruktur sind daher verstärkt neue organisatorische Zuschnitte und Modelle zu erproben, wie mobile Dienste, Zustell- und Online-Dienste oder Bürgerhäuser, und es ist zu prüfen, inwieweit alternative Angebote Privater oder in Selbsthilfe durch die öffentliche Hand unterstützt werden können.

Kooperationen zwischen Kommunen

Infrastrukturleistungen können nicht ohne neue Kommunikations- und Kooperationsprozesse umgestaltet werden. Die Zusammenarbeit von Gemeinden ist spätestens seit den 90er Jahren als wichtige Planungsgrundlage anerkannt.

In der Vergangenheit waren interkommunale Kooperationen allerdings auf die Erschließung gemeinsamer wirtschaftlicher Potenziale ausgerichtet oder auf den Erfahrungsaustausch über gleichartige Ziele beschränkt. Es handelte sich gewissermaßen um »Gewinner-Koalitionen« zur Verteilung von Zuwächsen.

Unter heutigen Bedingungen muss ein Konsens unter dem Vorzeichen der Schrumpfung – der abnehmenden Bevölkerungsgruppen und geringeren Finanzspielräume – hergestellt werden als unabdingbare Voraussetzung für gesamtregionale gute und wirtschaftliche Lösungen. Die Raumeinheit Region wird auch im internationalen Wettbewerb einen immer größeren Stellenwert einnehmen. Benachbarte schrumpfende Kommunen wie auch benachbarte wachsende und schrumpfende Gemeinden, bei denen die einen Neubedarf, die anderen Tragfähigkeitsprobleme haben, sind auf diese neue Art der Kooperation angewiesen. Dies kann bedeuten, dass sie in Abstimmung einzelne Angebote aufgeben müssen, um die verbleibenden Einrichtungen zu stärken. Konkurrenzen unter den Bürgermeistern und rein lokale Sichtweisen behindern die Zusammenarbeit und die Zielfindung.

Wie kann aber der Autonomieanspruch der Kommunen zurückgestellt werden, um einen für die Gesamtregion erkennbaren Vorteil zu bewirken?

Hilfreich sind vor allem fest institutionalisierte Formen der Zusammenarbeit, die die Neugestaltung der Infrastruktur dauerhaft begleiten und die einzelnen Handlungsfelder zunehmend verbindlich in eine Gesamtstrategie einbinden. Die Regionalplanung ist beispielsweise besonders geeignet, als »neutraler« Moderator diesen Prozess zu leiten und die verschiedenen Interessen zusammenzuführen. Raumordnerische Verträge, in denen auch nicht-monetäre Ausgleichsleistungen vereinbart werden können, fixieren die Übereinkünfte, oder es werden Zweckverbände für einzelne Handlungsfelder eingerichtet, die auf die Funktionalräume und nicht auf die Verwaltungsgrenzen zugeschnitten sind.

Der Handlungsspielraum kann auch durch Verwaltungszusammenschlüsse erweitert werden. Diese werden in der Regel von den Ländern bzw. Kreisen festgelegt, können aber auch über finanzielle Anreize erzielt werden. In Brandenburg z.B. gibt das Land eine Unterstützung von 200 Euro pro Einwohner, wenn zwei Gemeinden freiwillig fusionieren, um eine »leitliniengerechte Struktur« zu erhalten. Bürgermeister mit gleicher Interessenlage und Zielsetzung können sich hier zusammenschließen.

Generell können Zweckzuweisungen, die an räumliche Kooperation gekoppelt sind, zielführend sein. Zu unterstützen sind Kooperationen von Stadt und Umland, zwischen Zentren gleicher Ordnung und enger Nähe oder im Ballungsraum. Ein Beispiel liefert das Sächsische Kulturraumgesetz: Zuweisungen erhalten nur diejenigen Kreise, die ein untereinander abgestimmtes Kulturangebot entwickelt haben.

Neue Allianzen

Die Anpassung der Infrastruktur kann durch eine Verlagerung auf andere Träger bzw. die Einbeziehung anderer Partner unterstützt werden. Leistungen werden privatisiert und Aufgaben auf die Bürger bzw. bürgerschaftliche Organisationen übertragen.

Public Private Partnerships

Einen wahren Boom erfährt derzeit die Zusammenarbeit von Kommunen und privaten Unternehmen. Jede vierte Kommune hat bereits Erfahrungen mit Projekten einer Public Private Partnership gesammelt. Ohne privates Kapital bei der Sanierung und dem Betrieb öffentlicher Einrichtungen kommen viele Städte nicht mehr aus, zumal häufig keine Rückstellungen für die Gebäudesanierung gebildet wurden.

Seit dem Jahr 2000 sind rund 240 neue Vorhaben in Angriff genommen worden. Insbesondere Schulgebäude, aber auch Sportstätten, Freizeiteinrichtungen und Stadthallen werden von privaten Unternehmen gebaut oder saniert und betrieben. Die Unternehmen erhalten im Gegenzug – manchmal für Jahrzehnte – einen jährlichen festen Betrag von der Kommune.

Dies ist sicherlich eine sinnvolle Möglichkeit, dem Renovierungsstau bei knappen Kassen zu begegnen, perspektivisch ist es aber eine nur scheinbar preiswerte Lösung. Vielfach wird in diesem Zusammenhang auch von der Veräußerung des »kommunalen Tafelsilbers« gesprochen. Grundsätzlich ist die Frage zu beantworten, welche Aufgaben die Kommunen hoheitlich übernehmen und beibehalten sollen und welche auch an Private abgegeben werden können.

Bürgermitwirkung

Über die ehrenamtliche Mitwirkung von Bürgerinnen und Bürgern ist es möglich, die Leistungen der Daseinsvorsorge insbesondere im Bereich der sozialen und kulturellen Infrastruktur sinnvoll zu ergänzen. Damit steigt die Identifikation der Bevölkerung mit der Gemeinde und entlastet diese gleichzeitig. Kommunen können ehrenamtliche Hilfe mit Beratung und Koordination unterstützen. So kann eine fest installierte Anlaufstelle die dauerhafte Mithilfe gewährleisten und dazu beitragen, die Ehrenamtlichen nicht zu überfordern.

Eine Zielgruppe sind die »jungen Alten«. Mit viel freier Zeit, gut ausgebildet und bei guter Gesundheit bil-

den sie eine stattliche Gruppe, die zum Nutzen aller Generationen aktiviert werden sollte. In Mehrgenerationenhäusern werden in Niedersachsen z.B. Angebot und Nachfrage ehrenamtlicher Tätigkeiten zusammengeführt.

Bürger treten zuweilen auch als Investoren oder Sponsoren auf, wenn sie sich für eine öffentliche Aufgabe begeistern lassen. Auch deshalb kann die Einbeziehung der Bevölkerung in Planungsabläufe gewinnbringend sein. Ein Beispiel in großem Maßstab ist die »gespendete Autobahn«: Ein Teilstück der A31 zwischen dem Ruhrgebiet und Ostfriesland wurde zu 40 Prozent aus der Region von 1600 Sponsoren finanziert und konnte damit frühzeitig fertig gestellt werden. Das entsprach nicht der üblichen Regelfinanzierung, zeigt aber, dass unkonventionelle Lösungen realisierbar sind. Dies könnte erst recht für kleinere Vorhaben gelten.

Praktische Beispiele zur Umgestaltung der Infrastruktur

Im Rahmen von »Modellvorhaben der Raumordnung«[1] sind seit 2002 bundesweit neun Modellregionen ausgewählt worden, die unter dem Leitthema »Infrastruktur und demographischer Wandel« neue Konzepte für eine nachfragegerechte Infrastrukturbereitstellung entwickeln und erproben. Im Mittelpunkt stehen die Erweiterung der Kinderbetreuung, generationenübergreifende Dienstleis-

---

1 Mit diesem Forschungsprogramm des Bundesministeriums für Verkehr, Bau- und Wohnungswesen und des Bundesamtes für Bauwesen und Raumordnung werden innovative Konzepte zur Regionalentwicklung vor Ort erprobt.

tungen, die Verbesserung seniorenorientierter Angebote und ein breites Spektrum an Handlungsfeldern zur Sicherung der öffentlichen Grundversorgung besonders im ländlich peripheren Raum.

In diesen Gebieten Ost-Deutschlands ist der Handlungsbedarf besonders ausgeprägt. Schrumpfung und Alterung, geringe Siedlungsdichte und stark zersplitterte Siedlungsstrukturen sowie (unter den Wachstumserwartungen der 90er Jahre) überdimensionierte Infrastrukturen, verbunden mit abnehmenden Mitteln aus dem Länderfinanzausgleich aufgrund sinkender Einwohnerzahlen und degressiv verlaufender Zuwendungen aus dem Solidarpakt II ab 2006, machen es dringend erforderlich, das Infrastrukturangebot neu zu gestalten und anzupassen.

Im Folgenden werden Handlungsansätze vorgestellt, die in den ländlichen Modellregionen Mecklenburgische Seenplatte, Lausitz-Spreewald und Ost-Thüringen entwickelt wurden: die »Anpassungsstrategien für ländliche/peripere Regionen mit starkem Bevölkerungsrückgang«. Ziel war es, eine angemessene wie finanzierbare infrastrukturelle Ausstattung für kleinere Nachfragegruppen zu gewährleisten und die Lebensqualität im ländlichen Raum zu sichern.

Die Konzepte wurden innerhalb von zwei Jahren in unterschiedlichen Arbeitsgruppen mit fachlichen und räumlichen Akteuren erarbeitet und mit der Öffentlichkeit diskutiert.

Handlungsfelder

Die Handlungsschwerpunkte haben die Modellregionen selbst ausgewählt. Dazu gehörten insbesondere die Themen Bildung, Medizin und ÖPNV, aber auch organisatorische Fragen zur Ver- und Entsorgung. Das Thema überdimensionierter Leitungssysteme mit den Auswirkungen stark ansteigender Umlagekosten wurde nicht explizit verfolgt, wird aber in den nächsten Jahren sicher noch ein wichtiges Handlungsfeld werden. Auch der verstärkte Einsatz von Informations- und Kommunikationstechnologien zum Ausgleich wegbrechender Dienstleistungen wurde noch nicht verfolgt.

Andere europäische ländliche Regionen sind in dieser Hinsicht viel weiter. In skandinavischen Ländern werden Bildung und Medizin von Informations- und Kommunikationstechnologien bereits stark unterstützt.

Alle bearbeiteten Handlungsfelder sollten untereinander abgestimmt werden und in eine Gesamtstrategie einmünden. Die Modellregion Lausitz-Spreewald hat versucht, das Zentrale-Orte-Konzept als raumordnerisches Instrument an die neuen Bedingungen anzupassen.

Möglichkeiten der Infrastrukturentwicklung

Es gibt eine Reihe von Handlungsoptionen zur Sicherung der Grundversorgung in der Region. Eine Schlüsselfunktion liegt darin, die Erreichbarkeit zu verbessern. Nach fachlicher Notwendigkeit und Nachfragestruktur sollte jeweils abgewogen werden zwischen Verkleinerung, Dezentralisierung und Zentralisierung. Schließlich können mobile Angebote geprüft werden, oder das Angebot kann z.B. durch flexible Raumnutzung neu gestaltet werden.

Alle Handlungsoptionen werden in dem Modellvorhaben angewendet.

Bildung

Aufgrund starker Einbrüche bei den Schülerzahlen wurden zwei Zielrichtungen verfolgt: die Erhaltung wohnortnaher Grundschulen für die jüngsten Schülerinnen und Schüler durch jahrgangsübergreifenden Unterricht sowie die Stärkung zentraler Berufsschulen mit nachfragegerechtem Ausbildungsprofil.

Grundschulen

Die Grundschulen in ländlichen Gemeinden sind mehr als nur Bildungsorte, sie sind auch Ankerpunkte für ganz unterschiedliche Aktivitäten von Bürgern und Vereinen. Deshalb ist die Erhaltung besonders wichtig. Mit jahrgangsübergreifendem Unterricht kann die dezentrale kleine Schule aufrechterhalten und damit die wohnortnahe Schulversorgung gesichert werden. In der Modellregion

Handlungsoptionen der Infrastrukturentwicklung

Handlungsoptionen		Kennzeichen	Entwicklung des Einzugsbereichs der Einrichtung	Beispiele
Erhöhung der Erreichbarkeit		Verbesserung der Verkehrsanbindung zur Auslastungserhöhung	größer/gleich	optimierte ÖPNV-Netze, nachfrageorientierte Taktzeiten
Verkleinerung		proportionale Reduzierung der Einrichtung bzw. des Angebots zur Bevölkerung	gleich/kleiner	reduziertes Busnetz
Dezentralisierung		Aufteilung in kleinere effiziente Einheiten (bei hohen Anbindungskosten)	kleiner	mehrere Biokläranlagen statt Großkläranlage, Bürgerämter statt Zentralverwaltung
Zentralisierung (mit Erreichbarkeitsstrategie)		Zusammenlegung von unterausgelasteten Einheiten mit komplementärer Erreichbarkeitsverbesserung	größer	Schulzusammenlegung mit Schulbussystem
temporär-mobile Ansätze		Versorgungsinstitution nur zu eingeschränkten Zeiten verfügbar	gleich	Vor-Ort-Sprechstunden, Wochenmärkte, mobile Bibliotheken
Neustrukturierung/ Substituierung		Zweck wird durch neue Art der Aufgabenerfüllung erreicht	fallabhängig	Warenbestellung (Internet) statt Einkauf (Geschäft); Zusammenlegung von Klassen mit neuen pädagogischen Konzepten, Taxi-Einzelbedienung statt ÖPNV-Taktbedienung

Quelle: Werkstatt: Praxis 2005

Ost-Thüringen konnten keine pädagogischen Nachteile im Vergleich zu herkömmlichem Unterricht nachgewiesen werden. Die Schülerübergangsquoten an die Gymnasien waren vergleichbar, und auch die Kosten lagen – im Vergleich zur Mehrzügigkeit, unter Berücksichtigung des Schülerverkehrs – nicht höher.

Berufsschulen

Die Schulentwicklungsplanung in den Kreisen von Lausitz-Spreewald war 2002 noch nicht an den demographischen Wandel angepasst. In Zusammenarbeit mit den Schulämtern wurden der neuen Planung aktualisierte Prognosen der Bevölkerung- und der Berufsfeldentwicklung zugrunde gelegt. Ein Gutachter differenzierte diese Informationen räumlich und unterbreitete einen Umsetzungsvorschlag. Danach müssen 54 Prozent der Schulstandorte aufgegeben werden. Nur kreisübergreifende Angebote können kostenträchtige Überangebote verhindern und die vielfältigen Ausbildungsangebote in der Region durch abgestimmte Profile erhalten.

Die Standortwahl berücksichtigt die wirtschaftsgeographischen Teilräume: Dort, wo Unternehmen bestimmte Berufsfelder besonders nachfragen, bleiben Schulen erhalten. Diese werden durch zusätzliche Schüler aus »geschlossenen« Schulen noch gestärkt, sodass die Tragfähigkeit gesichert ist. In die Standortentscheidungen sind als Kriterien eingeflossen: die Schülerzahl, die Minimierung der Fahrtkosten und der Neuinvestitionen, die personelle und technische Ausstattung und die Nähe zu kompatiblen Unternehmen.

Medizin

Eine ausreichende medizinische Versorgung ist in allen Modellregionen in Frage gestellt: Die Mehrzahl der niedergelassenen Ärztinnen und Ärzte ist älter als 55 Jahre. In absehbarer Zeit werden deshalb altersbedingt viele Praxen geschlossen. Einen Nachfolger zu finden, ist unter den Bedingungen relativ geringer Verdienstmöglichkeiten und großer Einzugsbereiche mit aufwändigen Hausbesuchen sehr schwierig. Die Problematik wird noch dadurch verschärft, dass die Zahl der Hochbetagten und damit der Bedarf an ärztlichen Leistungen überproportional stark ansteigt.

Die Modellregionen haben in ihren Arbeitsgruppen, in denen auch Mitarbeiter der kassenärztlichen Vereinigung und niedergelassene Ärzte vertreten waren, ein Bündel von Vorschlägen erarbeitet, um das Problem zu mildern. Dazu gehören insbesondere die Einrichtung von Gesundheitszentren zur Entlastung der Ärzte, die Kooperation zwischen ambulanten und stationären Ärzten sowie mobile Sprechstunden. Fragen zur räumlichen Verteilung und zu möglichen Betreiberformen spielten dabei eine große Rolle. Die Arbeitsgruppe konnte aufdecken, dass in der medizinischen Bedarfsplanung die Versorgungsbereiche zu groß geschnitten waren und dass die angewendete Einwohner-Arzt-Relation beispielsweise nicht die Altersstruktur berücksichtigt.

Die Modellregion Mecklenburgische Seenplatte hat einen Leitfaden erarbeitet, der als Broschüre veröffentlicht worden ist und der Lobbyarbeit dient.

Dorfzentrum

Um ein Minimum an Dienstleistungen im ländlichen, dünn besiedelten Raum unterhalb der Grundzentren aufrechtzuerhalten, wurde in Ost-Thüringen versucht, Funktionen in einem Dorfzentrum zu bündeln, Angebote zu verändern bzw. zu verkleinern und das Gebäude zeitversetzt und mit flexiblem Personal zu nutzen. Damit sollten die Kosten der Einzelangebote minimiert und die Tragfähigkeit gefährdeter Leistungen gesichert werden.

Die in kleinen Siedlungsschwerpunkten entstehenden Dorfzentren sind wichtig für das soziale Zusammenleben und ermöglichen eine angemessene Grundversorgung. Das potenzielle Angebot reicht vom Friseur über die Bücherei bis zu Verwaltungsdienstleistungen und der Bürgersprechstunde, medizinischen Dienstleistungen, ÖPNV-Anschluss, Bankautomat und Einzelhandelsgeschäft.

In Ost-Thüringen wurde die Gesamtregion hinsichtlich möglicher Standorte untersucht. Dazu wurden Lücken im Versorgungsnetz identifiziert und die lokale Mitwirkungsbereitschaft abgefragt.

Für zwei bislang leer stehende Gebäude an günstigen Standorten – ermittelt durch Befragungen und Erreichbarkeitsanalysen – wurde eine Planung durchgeführt. Die Umsetzung erfordert die Beantragung von Fördermitteln.

Öffentlicher Personennahverkehr

Der ÖPNV ist die flankierende Maßnahme schlechthin. In ländlichen Räumen ist er aufgrund veränderter Nachfragen in der gewohnten Form nicht mehr zu bezahlen. Die Taktzeiten zu reduzieren und das Netz zu verkleinern – häufig verfolgte Maßnahmen – verschlechtern die Versorgung. Angebote wie Anrufbusse und Sammeltaxis sind die bessere Alternative.

In Lausitz-Spreewald sollte im Gebiet IBA Fürst-Pückler-Land das dünne Netz an ÖPNV-Linien durch einen flexiblen Bedienverkehr in der Fläche erweitert werden, wobei die Touristen die Gesamtnachfrage erhöhen. Es wurde ganz praktisch geplant.

Der Flächenbetrieb sieht Einstiegshaltestellen und freien Ausstieg vor. Die Konzessionierung nach dem Personenbeförderungsgesetz war notwendig. Es wurde kalkuliert, wie viele Fahrzeuge wann fahren und wie diese an den bestehenden Linienverkehr anzubinden sind. So ist es möglich, die bisher nicht durch den ÖPNV erschlossene Fläche zu erreichen.

Gerade solche Ansätze sind für die immobilere ältere Bevölkerung im ländlichen Raum zunehmend unverzichtbar.

In Lausitz-Spreewald wurde an einer Neuausrichtung des Zentrale-Orte-Konzepts als eines wirksamen planerischen Instruments der Bündelung von Einrichtungen gearbeitet. Momentan fußen noch viele regionale Entwicklungspläne auf falschen Wachstumserwartungen. In den 90er Jahren sind zu viele Zentrale Orte mit den Ausstattungsmerkmalen ausgewiesen und zu hoch eingestuft worden. Dieses Netz kann angesichts der rückläufigen Nachfragezahlen und der Ressourcen des Landes und der Gemeinden nicht aufrechterhalten werden.

Es bestand Konsens, dass nur ein Netz mit leistungsfähigen Knoten tragfähig sei und damit die Zahl der Ebenen und Orte mit zentralörtlicher Funktion reduziert werden müsse. Die Ausgestaltung führte zu Auseinandersetzungen um Funktionszuweisungen in den Arbeitsgruppen. Es musste verständlich gemacht werden, dass diese Zuweisungen nicht allein ein Privileg (zur staatlichen Förderung von Einrichtungen oder für höhere Schlüsselzuweisungen), sondern auch eine Verpflichtung der Gemeinde sind, Funktionen im Rahmen knapper eigener Ressourcen anzubieten und zu sichern.

Im Ergebnis wurde ein Vorschlag an die Landesplanung weitergegeben, das Zentrale-Orte-Netz neu zu strukturieren und dabei die prognostizierte Bevölkerung, neue Einzugsbereiche und Erreichbarkeitsverhältnisse in der Modellregion zu berücksichtigen. Damit wurde das Gegenstromprinzip genutzt.

Dies sind einige ausgewählte Beispiele, wie das Infrastrukturangebot an weniger Menschen angepasst werden kann, ohne an Qualität zu verlieren.

Anforderungen an eine erfolgreiche Strategieentwicklung

Die Anpassung der öffentlichen Daseinsvorsorge an den demographischen Wandel besteht aus vielen Einzelbausteinen und erfordert einen umfassenden dialogorientierten kreativen Ansatz. Diese Aufgabe ist nur im Zusammenschluss mehrerer Gemeinden zu leisten. Weitsichtiges Handeln für eine quantitativ passgenaue und qualitativ gute Infrastruktur kann die Zukunft der Kommunen entscheidend mitgestalten. Daraus ergeben sich die folgenden Anforderungen:

- Die Region wird als Planungsebene zunehmend wichtig, um die öffentliche Daseinsvorsorge unter den Bedingungen des demographischen Wandels zu sichern.
- Die regionale Entwicklungspolitik sollte konsequent an den Rahmenbedingungen einer weiter rückläufigen und alternden Bevölkerung ausgerichtet werden; nur so lassen sich Chancen einer bezahlbaren Qualitätssicherung oder -verbesserung erkennen.
- Regionale Handlungskonzepte können helfen, die Maßnahmen aus verschiedenen Ressorts zu koordinieren und den Einsatz finanzieller Ressourcen aus unterschiedlichen Politikfeldern abzustimmen.
- Infrastrukturelle Umgestaltungen können nur als kooperative Planungen entwickelt werden. Die Akteure müssen zur Umsetzung innovativer Versorgungsansätze lokale und sektorale Egoismen überwinden.
- Die Regionalplanung ist aufgrund der Querschnittsorientierung besonders geeignet, neue Kooperationen zu initiieren und zu moderieren. Interkommunale »Verteilungsfragen« erfordern neutrale Mediatoren/Moderatoren.
- Die Bevölkerung sollte in die Planung miteinbezogen werden. Ein reduziertes Angebot kann auch mit Qualitätssteigerung einhergehen – dies gilt es zu vermitteln. Ein verändertes Angebot muss auf der Nachfrageseite Akzeptanz finden.
- Die Orientierung auf räumliche Schwerpunkte ist bei Schrumpfungstendenzen besonders wichtig, da die Suche nach Synergien zur Schließung von Versorgungslücken und das Erreichen von Minimalauslastungen optimale Standorte erfordern.
- Das Zentrale-Orte-System eignet sich zur Sicherung einer angemessenen Infrastrukturversorgung, wenn damit nicht feste Ausstattungskataloge, sondern strukturadäquate Versorgungsangebote verbunden werden.
- Privat organisierte Angebote von Handel und Dienstleistungen sollten in die öffentlichen Strategien einbezogen werden, neue Allianzen sind zu suchen.
- Bürgerschaftliches Engagement zu aktivieren kann die Leistungserbringung unterstützen und sinnstiftend und identitätsfördernd wirken.
- Für einen integrierten Planungsansatz ist es von Vorteil, zur Überzeugung der Akteure und der Öffentlichkeit ein langfristiges, strategisches Leitbild, ein plausibles Bild einer erstrebenswerten, machbaren Zukunft für die Kommune bzw. die Region herzustellen. Gleichzeitig sollten in diese Gesamtstrategie kurzfristige Konzepte eingebunden sein, die kleinteilig und konkret zu verorten sind und umgesetzt werden können. Dies ist wichtig, um die Akteure weiter zu motivieren und damit auch Sinn und Wirkung der Gesamtstrategie in der Öffentlichkeit zu vermitteln.

Handlungsleitfaden

jetzt planen

um agieren zu können, anstatt nur zu reagieren

langfristig planen

über Wahlperioden hinaus, weil Infrastrukturen eine lange Nutzungsdauer haben

anders planen

neue, unkonventionelle Wege beschreiten, Normen in Frage stellen, Experimentierklauseln nutzen

flexibel planen

Nachfrageschwankungen berücksichtigen und Mehrfachnutzungen vorsehen

zusammenhängend planen

interkommunal und intersektoral; Verantwortungsgemeinschaften bilden statt Bürgermeisterkonkurrenzen

mit anderen planen

Öffentlichkeit einbinden, neue Allianzen suchen

Literatur

BBR – Bundesamt für Bauwesen und Raumordnung (Hrsg.): »Anpassungsstrategien für ländliche/periphere Regionen mit starkem Bevölkerungsrückgang in den neuen Ländern«. *Werkstatt: Praxis* 38. 2005.

BBR – Bundesamt für Bauwesen und Raumordnung (Hrsg.): »Demographischer Wandel und Infrastruktur im ländlichen Raum – von europäischen Erfahrungen lernen?« *Informationen zur Raumentwicklung* 12. 2003.

BMVBW/BBR – Bundesministerium für Verkehr, Bau- und Wohnungswesen/Bundesamt für Bauwesen und Raumordnung (Hrsg.): *Öffentliche Daseinsvorsorge und demographischer Wandel*. Berlin und Bonn 2005.

Chancen des Schrumpfens –
Stadtumbau als kommunale Gestaltungsaufgabe

Thorsten Wiechmann, Stefan Siedentop

Stadtumbau – eine neues Handlungsfeld?

Die Stadtsoziologen Hartmut Häußermann und Walter Siebel veröffentlichten 1985 in der »Zeit« einen Artikel über die »Chancen des Schrumpfens«, der noch immer erstaunlich aktuell ist. Darin plädieren sie vor dem Hintergrund der strukturellen Schrumpfungsprozesse in altindustrialisierten Städten an der Ruhr, der Saar und der norddeutschen Küste für eine andere Großstadtpolitik. Ihre zentrale These, die sie in ihrem Buch »Neue Urbanität« (1987) weiter ausarbeiteten, war, dass der weit verbreitete Versuch, »Schrumpfen in Wachstum umkehren zu wollen, die negativen Folgen nicht nur verstärkt, sondern auch Möglichkeiten neuer urbaner Lebensformen verbaut« (ebd.: 120).

Die Autoren waren ihrer Zeit weit voraus. Spätestens mit dem Wiedervereinigungsboom wollte niemand mehr über Schrumpfung diskutieren – auch nicht, als in den 90er Jahren die Entwicklung in Ost-Deutschland längst offensichtlich wurde. Schrumpfung galt in dem an Wachstumszielen orientierten politischen System als nicht politikfähig (Wiechmann 2003).

Wie auf ein geheimes Zeichen hin sind seit dem Jahr 2000 der demographische Wandel und der Stadtumbau in schrumpfenden Städten plötzlich in aller Munde. Die im Februar 2000 von der Bundesregierung eingesetzte Expertenkommission »Wohnungswirtschaftlicher Strukturwandel in den neuen Bundesländern« legte noch im November des gleichen Jahres ihren Bericht vor. Parallel dazu gingen Städte wie Schwedt, Guben, Eisenhüttenstadt, Hoyerswerda, Wolfen und Leinefelde mit staatlicher Unterstützung daran, Wohnraum in großen Plattenbaugebieten abzureißen.

Ebenfalls ab dem Jahr 2000 etablierten die neuen Bundesländer eine gezielte Stadtumbaupolitik, in deren Mittelpunkt der Rück- bzw. Umbau der Plattenbauareale und die Stärkung der Innenstädte standen.

Mit der jüngsten Novellierung des Baugesetzbuchs im Juni 2004 fand der Begriff »Stadtumbau« auch Eingang in das Städtebaurecht. Stadtumbaumaßnahmen sollen u.a. dazu beitragen, dass die Siedlungsstruktur den Erfordernissen der Entwicklung von Bevölkerung und Wirtschaft angepasst wird, nicht mehr bedarfsgerechte bauliche Anlagen umgenutzt oder zurückgebaut und freigelegte Flächen einer nachhaltigen städtebaulichen Entwicklung oder Zwischennutzung zugeführt werden. Ein so verstandener Stadtumbau lag jedoch schon immer im Aufgabenbereich des Städtebaus. Neuartig sind die kumulierten Problemlagen, die sich in vielen – insbesondere ostdeutschen – Städten heute zeigen.

Städtische Schrumpfungsprozesse in Ost-Deutschland[1]

Wurden Schrumpfung, Leerstand und Abriss bis zum Jahr 2000 noch tabuisiert, so scheint das Pendel seitdem mit aller Macht in die andere Richtung auszuschlagen. Beobachter und Kommentatoren neigen zur Krisenrhetorik: Es ist die Rede von »Apokalypse ostdeutscher Problemstädte«, von der »Erosion ganzer Stadtteile« und der »Absiedlung ganzer Landstriche«, von Vierteln, die »entvölkert und ausradiert« werden. In einem preisgekrönten »Zeit«-Artikel wird nicht weniger als »das Ende der sozialen Stadt« beschworen (Haarhoff 2000).

Aus Sicht der neuen ökonomischen Geographie werden die schrumpfenden Städte des Ostens schlicht und einfach nicht mehr gebraucht. Sie seien wie viele andere Orte weltweit in einer Situation »funktionaler Irrelevanz« (Castells 1997): Die Ressourcen, Produkte und Arbeitskräfte der »neuen Peripherien« seien für den Weltmarkt weitgehend nutzlos geworden. Oder, wie es Wolfgang Kil

1   Zur sozioökonomischen Situation in schrumpfenden ostdeutschen Kommunen vgl. die Beiträge zu Cluster 4 (Seite 75) und 3 (Seite 41) in dieser Broschüre.

(2001) formuliert, viele ostdeutsche Städte seien schlicht überflüssig geworden, de facto zum Aussterben verurteilt.

Glaubt man dem Tenor dieser Endzeitstimmung heraufbeschwörenden Debatte, so bliebe als Perspektive für den »Ruheraum Ostdeutschland«, den »Restraum der Zurückbleiber«, letztlich nur die Funktion eines »öffentlich alimentierten Altersheims«. Daran änderten auch die Transferleistungen des Westens in Milliardenhöhe nichts. Im Gegenteil: »Subventionen sind wie Drogen. Am Anfang bringen sie richtig was, aber je mehr man nimmt, umso weniger Effekt haben sie, und am Ende kann man ohne sie nicht mehr leben« (Lau 2004: 91). Viele Darstellungen gehen dementsprechend von einer weitgehenden Hilf- und Machtlosigkeit der kommunalen Akteure aus.

Den in der öffentlichen Diskussion tonangebenden Kassandras stehen jedoch auch Stimmen gegenüber, die in der Tradition Häußermanns und Siebels von den Chancen des Schrumpfens sprechen. So propagiert Kil den »Luxus der Leere« mit »unerschlossenen Möglichkeitsräumen«. Und gerade Ökonomen sehen in schrumpfenden Bevölkerungen und entleerten Regionen keine wirklichen Herausforderungen. Bei sinkenden Einwohnerzahlen würde das Pro-Kopf-Einkommen der verbleibenden zunächst deutlich steigen, weniger Menschen verfügten über mehr Ressourcen.

Der Hamburger Ökonom Thomas Straubhaar (2004) bringt es auf die provozierend optimistische Formel »Toll – endlich Platz! Für die wenigen wird alles besser«. Wenn der Kuchen auf weniger Leute aufgeteilt werde, gebe es logischerweise größere Stücke für jeden – vorausgesetzt der Kuchen bleibe mindestens gleich groß. Dies hänge aber von der Produktivität und nicht vom Bevölkerungswachstum ab. Aus volkswirtschaftlicher Sicht ist es kein großes Problem, wenn eine Region entvölkert wird, solange andere gedeihen.

Jenseits der kontrovers und oft auch emotional geführten Debatte bleibt die Erkenntnis, dass die städtischen Schrumpfungsprozesse in Ost-Deutschland auch, aber nicht in erster Linie ein Ergebnis des demographischen Wandels sind, jedoch vor allem ökonomische Ursachen haben. Tatsächlich machen die wichtigsten vor Ort generierten Einnahmequellen (Einkommens-, Gewerbe- und Grundsteuern) in vielen ostdeutschen Städten nur rund ein Sechstel der kommunalen Einnahmen aus, während die staatlichen Zuweisungen im Rahmen des Finanzausgleichs in Städten wie Gera, Cottbus oder Halle rund die Hälfte aller Einnahmen bilden (Pohlan und Wixforth 2005).

Spätestens seit dem Jahr 2000 ist vielen politisch Verantwortlichen klar, dass die bisherige »Lösung« des Problems in Form von staatlichen Transferzahlungen und der weiteren Abwanderung der mobilen Bevölkerung in Richtung West-Deutschland zu gesellschaftlich unakzeptablen Ergebnissen führt.

Erfahrungen mit dem »Stadtumbau Ost«

Mit dem Bund-Länder-Programm »Stadtumbau Ost« (2002 bis 2009) wurde erstmals der Versuch unternommen, eine politische Antwort auf den Bevölkerungsrückgang in Ost-Deutschland zu finden und die städtischen Schrumpfungsprozesse mit einem spezifischen Instrumentarium in den Griff zu bekommen. Das Programm, an dem sich in den ersten beiden Jahren 252 ostdeutsche Kommunen beteiligten, verfolgt das Ziel, den strukturellen Wohnungsleerstand durch integrierte städtebauliche Maßnahmen zu beseitigen. Insgesamt werden für die Laufzeit 2,7 Mrd. Euro bereitgestellt.

Kern ist ein zweiteiliges Zuschussprogramm für Rückbau und Aufwertungsmaßnahmen: Zur Stabilisierung der Wohnungsmärkte wird für den Rückbau leer stehender, dauerhaft nicht mehr benötigter Wohngebäude ein Festbetrag von 60 bis 70 Euro pro Quadratmeter rückgebaute Wohnfläche von Bund und Land zur Verfügung gestellt. Durch Verringerung der Wohndichte sollen Stadtquartiere aufgewertet und somit Chancen für mehr Lebensqualität genutzt werden. Die förderfähigen Kosten der Aufwertung sollen zu je einem Drittel von Bund, Land und Kommune getragen werden. Voraussetzung für die Vergabe der Mittel an die Kommunen ist, dass diese ein integriertes Stadtentwicklungskonzept vorlegen und dass das Fördergebiet durch Gemeindebeschluss auf der Grundlage dieses Konzepts abgegrenzt worden ist.

Rückbau- und Aufwertungsmaßnahmen sollen innerhalb eines Gemeindegebietes in ausgewogenem Verhältnis zueinander stehen. Die bisherigen Erfahrungen mit dem Programm zeigen jedoch, dass dies eine Illusion ist. Das Antragsvolumen für Abrissmaßnahmen übersteigt die vorhandenen Mittel bei weitem; Aufwertungsmaßnahmen scheitern dagegen oft an den kommunalen Eigenmitteln.

Auch Abrissmaßnahmen wären betriebswirtschaftlich für die Eigentümer, meist kommunale Wohnungsgesellschaften oder Wohnungsgenossenschaften, unattraktiv, würde nicht das Altschuldenhilfegesetz parallel vorsehen, dass in Kommunen mit mehr als 15 Prozent Leerstand beim Abriss eines Wohngebäudes die darauf liegenden Altschulden aus DDR-Zeiten getilgt werden. Dies erst macht den Abriss für die Eigentümer lukrativ. Durch die Verringerung des Wohnungsangebotes nützt der Abriss aber auch den privaten Hausbesitzern sowie den Banken, die viele Immobilien mit heute unrealistisch hohen Hypotheken belastet haben und so auf eine Stabilisierung der Preise hoffen können.

Die Priorisierung von Abrissmaßnahmen, bevorzugt in Plattenbaugebieten, und die Vernachlässigung von Aufwertungsmaßnahmen, die die Attraktivität steigern würden, lassen Kritiker von einem »subventionierten Kahlschlag« und einem »Abrissprogramm Ost« sprechen, welches nur dank der wirkungsvollen Lobbyarbeit der vom Ruin bedrohten Wohnungswirtschaft zustande gekommen sei und in großem Stil Steuermittel für die Vernichtung von Wohnraum einsetze. Mit dem Wohnungsleerstand kümmert das Programm sich aber nur um einen Aspekt einer umfassenden Entwicklung (Lau 2004).

Dabei bestreitet kaum jemand angesichts des immensen Überangebots auf dem ostdeutschen Wohnungsmarkt die grundsätzliche Notwendigkeit von Rückbaumaßnahmen. Das Programm »Stadtumbau Ost« greift jedoch zu kurz. Der Diskurs folge der Formel »Bevölkerungsrückgang = Leerstand = ›Platte‹ = Rückbau« (Hannemann 2003). Damit blieben die eigentlichen Ursachen und die gravierenden Probleme der »Deökonomisierung« ostdeutscher Städte ausgeklammert.

Angesichts der strukturellen Schrumpfungsprozesse in den neuen Bundesländern werden vielmehr tatsächlich integrierte Strategien benötigt, die die Menschen mitnehmen und ihre endogenen Potenziale entfalten. Hierfür gibt es keine Patentrezepte. Allerdings lassen sich auf Basis der bisherigen Erfahrungen mit integrierten Stadtentwicklungskonzepten einige Anforderungen benennen (Siedentop 2004).

»Neuer« Städtebau unter Schrumpfungsbedingungen: inhaltliche Anforderungen

1. Abkehr vom Wachstumsparadigma

Anhaltende Schrumpfungsprozesse werden weite Teile Ostdeutschlands (wie viele andere Gebiete in Europa) auf lange Sicht prägen. Der zwangsläufige Verzicht auf üppige Finanzmittel und der fehlende Bedarf an Neubauten verlangen ein neues Planungsverständnis, eine neue Planungskultur, die sich an der behutsamen und strategischen Entwicklung des Bestandes orientiert. Die Erfahrungen mit dem Stadtumbau in Ostdeutschland können hier europaweit als wichtiger Schritt in diese Richtung interpretiert werden (Wiechmann 2003).

Die Raum- und Stadtplanung ist in der Praxis jedoch noch nicht ausreichend auf Schrumpfungsprozesse vorbereitet. Oft folgt das kommunalpolitische Instrumentarium noch den vorherrschenden Wachstumszielen und orientiert sich am Planungsbedarf unter Wachstumsbedingungen. Eine Umorientierung auf Schrumpfungsprozesse bedeutet ein anderes Verständnis von Planung und verlangt eine Abkehr von ingenieurtechnischer Planung. Es geht vielmehr um Prozesssteuerung und Bestandsentwicklung, um Umbau statt Neubau. Das bedingt eine generelle Abkehr von vertrauten Vorgehensweisen. Einflussnahme erfolgt als Prozesssteuerung und insbesondere durch Beratung, Anleitung und Moderation.

2. Revitalisierung der Zentren, selektiver randstädtischer Rückbau

Die mit Schrumpfungsprozessen einhergehenden städtebaulichen und sozialen Probleme treten räumlich selektiv auf. Stabile Quartiere mit einer selbsttragenden Entwicklung stehen solchen gegenüber, die mit einer massiven Abwärtsspirale von demographischer Schrumpfung, ökonomischem Niedergang und sozialer Ausgrenzung konfrontiert sind.

Damit liegt es nahe, Stadtumbau nicht mit punktuellen Interventionen über das gesamte bebaute Stadtgebiet hinweg zu betreiben, sondern die verfügbaren finanziellen Ressourcen in Gebieten mit besonderem Handlungsbedarf zu fokussieren. Dies setzt jedoch eine systematische Überprüfung der städtebaulichen Bestände im Hinblick auf ihre Zukunftsfähigkeit voraus. Ziel ist es, öffentliche Investitionen vor allem in solchen Quartieren einzusetzen, wo eine nachhaltige Nutzbarkeit des Bestandes möglich erscheint.

3. Anpassung der Infrastruktur

Die Effizienz städtischer Infrastrukturen ist maßgeblich von der Bevölkerungsdichte abhängig. Sinkende Dichten auf der einen Seite, Versorgungspflichten auch in weitgehend entvölkerten Quartieren, unteilbare technische Anlagen sowie die hohen Fixkostenanteile bei technischen Infrastrukturen auf der anderen Seite bewirken, dass in schrumpfenden Städten immer weniger Stadtbewohner für immer stärker überdimensionierte Netze aufkommen müssen.

Vor diesem Hintergrund wird von einem gewaltigen Rück- und Umbaubedarf der Stadttechnik ausgegangen, da eine nachhaltige städtebauliche Entwicklung ohne eine langfristig funktionsfähige und finanzierbare Stadttechnik nicht vorstellbar ist. Bislang vollzieht sich der Stadtumbau jedoch in Form punktueller Interventionen über das gesamte bebaute Stadtgebiet mit erheblichen stadtwirtschaftlichen Risiken.

Deutlich effizienter wäre ein flächenhafter Umbau mit dem kompletten Abriss ganzer Siedlungseinheiten und der damit möglichen Stilllegung der entsprechenden Infrastrukturabschnitte. Die Versorgungsunternehmen sollten deshalb von Anfang an in die Konzeption von Stadtumbau-maßnahmen eingebunden und Rückbaumaßnahmen stets in ihren Wirkungen auf die Ver- und Entsorgungsnetze überprüft werden.

4. »Hände weg und liegen lassen«

Das enorme Potenzial der durch Stadtumbaumaßnahmen frei werdenden Nutzflächen bietet erhebliche Chancen in schrumpfenden Städten. Allerdings lässt sich absehen, dass viele brachfallende Flächen weder baulich nachnutzbar sind noch in städtische Grün- und Freiflächen umgewandelt werden können. Ersteres scheitert an der geringen Nachfrage nach baulichen Nutzflächen sowie unrealistischen Verwertungsvorstellungen der Grundstückseigentümer, Letzteres am viel zu hohen Flächenangebot sowie den zu hohen Pflegekosten konventioneller städtischer Grünflächen.

Einen Ausweg aus diesem Dilemma bietet eine Strategie des »Liegen lassens« (Ganser 2001). Im Gegensatz zum konventionellen Umgang mit Brachen, welcher unter hohem Einsatz von Fördermitteln auf die Beräumung, Sanierung, Erschließung oder Begrünung der betreffenden Flächen abzielt, setzt das »Liegen lassen« auf die natürliche Sukzession. Der zentrale Vorteil eines solchen Umgangs mit Flächen liegt in den minimalen Kosten für Planung, Realisierung und Pflege bei der Schaffung urbaner Freiräume. Zudem kann die spontan entstandene, pflegeextensive Natur zur urbanen Artenvielfalt beitragen und das Spektrum der städtischen Erholungs-, Spiel- und Erlebnismöglichkeiten ergänzen.

»Neuer« Städtebau unter Schrumpfungsbedingungen: Prozessuale und instrumentelle Anforderungen

1. Frühzeitigen Diskurs führen

Die Erfahrungen in Ost-Deutschland zeigen, dass eine frühzeitige Auseinandersetzung mit dem insgesamt gut prognostizierbaren demographischen Entwicklungspfad einer Kommune entscheidend ist. Wird erst reagiert, wenn Schrumpfungsprobleme augenscheinlich werden, können Fehlentwicklungen oft nicht mehr abgewendet werden. Beispiele dafür sind die mit vielen öffentlichen

Inwieweit Aufwand und Nutzen einer Implementierung spezifischer Evaluierungstools in einem sinnvollen Verhältnis zueinander stehen, lässt sich letztlich nur situationsspezifisch beurteilen. Die Verringerung von Datenlücken (etwa zu Leerstandsquoten und innerstädtischen Wanderungen) und die Implementierung der Evaluierungstools erfordern einen hohen methodischen und empirischen Aufwand und erscheinen nur unter aktiver Mitwirkung externer Akteure wie der Wohnungsunternehmen Erfolg versprechend (Siedentop und Wiechmann 2005).

3. Lasten fair verteilen

Stadtumbaustrategien werden nur dann erfolgreich umgesetzt werden können, wenn die Lasten zwischen allen beteiligten Akteuren fair verteilt werden. Dies beinhaltet eine angemessene finanzielle und organisatorische Beteiligung von Staat und Kommunen, aber auch eine angemessene Lastenverteilung zwischen den Akteuren der Wohnungswirtschaft sowie einen offenen und fairen Umgang mit den von Rückbaumaßnahmen betroffenen Mietern und selbst nutzenden Eigentümern. Erforderlich ist vor allem eine enge Kooperation zwischen den verschiedenen, auf dem kommunalen und regionalen Wohnungsmarkt agierenden Anbietern.

Die bisherigen Erfahrungen zeigen, dass es noch nicht gelungen ist, alle Eigentümer in eine gesamtstädtische Strategie einzubinden. Die Problematik des Lastenausgleichs stellt sich zudem auch aus einer übergemeindlichen Sicht. Ein bestandsorientierter Stadtumbau ist stets der Gefahr ausgesetzt, durch die Konkurrenz von preisgünstigem und schnell verfügbarem Bauland in Nachbarkommunen unterwandert zu werden. Ebenso wie Regionen unter Wachstumsdruck sind stagnierende oder schrumpfende Regionen daher auf ein interkommunal abgestimmtes, langfristig orientiertes Siedlungskonzept angewiesen, das einen verlässlichen Planungsrahmen für kommunale Umbaustrategien bietet.

Mitteln sanierten Wohnungsbestände in Plattenbauten, die nun zu erheblichen Teilen leer stehen und oft zum Abriss vorgesehen sind.

Die Kommunalpolitik sollte daher bereits in einem frühen Stadium absehbare demographische Perspektiven und ihre möglichen Implikationen offensiv und öffentlichkeitswirksam kommunizieren. Die erfolgreiche Umsetzung von Stadtumbaukonzepten kann nur auf Basis einer breiten Koalition von Kommunalpolitik und -verwaltung, Bürgerschaft und privatwirtschaftlich agierenden Akteuren gelingen. Eine solche Allianz wird aber nur dann entstehen, wenn die Öffentlichkeit nicht mit »fertigen« Konzepten konfrontiert, sondern frühzeitig in die Planungen einbezogen wird.

2. Monitoring installieren

Zu den klassischen Aufgaben einer Kommune gehört die kontinuierliche Beobachtung ihrer räumlichen Entwicklung. Angesichts der hohen Dynamik demographischer und wohnungswirtschaftlicher Entwicklungen gibt es in den ostdeutschen Kommunen generell einen großen Bedarf an detaillierten Informationen. Daher besteht in der Fachdiskussion breiter Konsens, dass der Stadtumbau von einem Monitoring begleitet werden muss – sowohl als materielle Basis für die Planung und Evaluierung des Prozesses als auch als förderrechtlich gebotenes Begründungsinstrumentarium bei Einsatz knapper öffentlicher Mittel. Allerdings bieten gerade in Großstädten auch die vorhandenen Instrumente ein großes Informationspotenzial, dessen konsequente Ausschöpfung vorrangiges Anliegen der Stadtentwicklungspolitik sein sollte.

Fazit

Der Stadtumbau kann die übergreifenden gesellschaftlichen Rahmenbedingungen, die Prozesse des demographischen Wandels und der partiellen Deökonomisierung in schrumpfenden Städten nur sehr begrenzt beeinflussen. Viele Stellschrauben, etwa in der Wirtschafts- und Sozialpolitik, im Steuer- und Eigentumsrecht, lassen sich nur auf der supranationalen oder nationalen Ebene drehen. Gleichwohl kann der gezielte Stadtumbau, können die Kommunen einen aktiven Beitrag leisten, um sich den Folgen der Schrumpfung anzupassen und günstige Rahmenbedingungen für neue Entwicklungschancen zu schaffen.

In dem eingangs erwähnten »Zeit«-Artikel kommen Häußermann und Siebel schon 1985 zu dem Schluss, dass Stadtpolitik die Entwicklungen nicht nur gott- und marktergeben hinnehmen darf, wenn die Chancen des Schrumpfens wirksam werden sollten. »Sie muss den Schrumpfungsprozess ähnlich zu steuern suchen, wie sie bislang zumindest versucht hat, die Vorteile und Kosten des Wachstums gleichgewichtig und sozialgerecht zu verteilen.« Dazu seien Konzepte nötig, die die Denkmuster für das Wachstum von Flächen, Bevölkerung, Arbeitsplätzen und Infrastruktur durchbrechen.

Diese Aussagen haben unverändert Gültigkeit. Eine aktive, auf die Zukunft ausgerichtete Stadtpolitik ist auch unter den schwierigen Bedingungen schrumpfender Städte unverzichtbar. Der Stadtumbau in Ost-Deutschland muss dabei neue Wege beschreiten und Chancen suchen, auch und gerade dort, wo sie heute noch nicht gesehen werden.

Literatur

Castells, Manuel: *The Rise of the Network Society. The Information Age: Economy, Society, and Culture.* Band 1. 2. Auflage. Oxford 1997.

Ganser, Karl: »Hände weg, liegen lassen«. DASL (Hrsg.): *Schrumpfende Städte fordern neue Strategien für die Stadtentwicklung. Aus dem Leerstand in neue Qualitäten?* Wuppertal 2001. 105–112.

Haarhoff, Heike: »Unternehmen Abriss Ost«. *Die Zeit.* 40. 2000. 13–19.

Hannemann, Christine: »Schrumpfende Städte in Ostdeutschland – Ursachen und Folgen einer Stadtentwicklung ohne Wirtschaftswachstum«. *Aus Politik und Zeitgeschichte.* 28. 2003. 16–23.

Häußermann, Hartmut, und Walter Siebel: »Die Chancen des Schrumpfens. Plädoyer für eine andere Großstadtpolitik«. *Die Zeit.* 13. 1985. 33–37.

Dies.: *Neue Urbanität.* Frankfurt am Main 1987.

Kil, Wolfgang: »Überflüssige Städte? Über den Leerstand in ostdeutschen Städten«. *db – deutsche bauzeitung.* 6. 2001. 58–63.

Lau, Peter: »Was tun mit kalten Platten? Raum schaffen durch Schrumpfung – in Ostdeutschland geht das jetzt. Da schrumpfen die Städte. Eine einmalige Gelegenheit«. *brand eins.* 5. 2004. 86–93.

Pohlan, Jörg, und Jürgen Wixforth: »Schrumpfung, Stagnation, Wachstum – Auswirkungen auf städtische Finanzlagen in Deutschland«. Norbert Gestring et al. (Hrsg.): *Jahrbuch StadtRegion 2004/05. Schwerpunkt »Schrumpfende Städte«.* Wiesbaden 2005. 19–48.

Siedentop, Stefan: »Anforderungen an einen qualifizierten Stadtumbau in schrumpfenden Städten«. Uwe Altrock und Dirk Schubert (Hrsg.): *Wachsende Stadt. Leitbild – Utopie – Vision?* Hamburg 2004. 251–263.

Siedentop, Stefan, und Thorsten Wiechmann: »Monitoring des Stadtumbaus – Eine neue Herausforderung?« *Flächenmanagement und Bodenordnung.* 5. 2005. 206–214.

Straubhaar, Thomas: »Toll – endlich Platz! Die Bevölkerung schrumpft. Es gibt mehr Alte. Ist das nicht schrecklich? Ganz im Gegenteil. Für die Wenigen wird alles besser«. *brand eins.* 5. 2004. 116–117.

Wiechmann, Thorsten: »Zwischen spektakulärer Inszenierung und pragmatischem Rückbau – Umbau von schrumpfenden Stadtregionen in Europa«. Irene Iwanov, Gérard Hutter und Bernhard Müller (Hrsg.): *Demographischer Wandel und Strategien der Bestandsentwicklung in Städten und Regionen.* IÖR-Schriften 41. Dresden 2003. 103–126.

Wohnungsmärkte im Wandel

Ruth Rohr-Zänker

Quantitative Veränderungen der Nachfrage

Mit dem demographischen Wandel wird die Nachfragedynamik auf den Wohnungsmärkten schwächer. Sinkt in Deutschland die Bevölkerungszahl in dem Ausmaß, wie es Hochrechnungen voraussagen, werden langfristig bedeutend weniger Wohnungen benötigt als es derzeit gibt.

In den meisten Regionen beschreibt dieses Szenario eine Zukunft, die noch nicht fassbar scheint – wird doch die Zahl der Haushalte und die Nachfrage nach Wohnungen vorerst weiter wachsen: Nicht Einzelpersonen, sondern Haushalte sind Nachfrager auf den Wohnungsmärkten, und ihre Zahl wird hierzulande auch mittelfristig noch zunehmen. Damit setzt sich das schon bekannte Muster fort, dass die Zahl der Haushalte stärker wächst als die der Bewohner. Erst wenn der Bevölkerungsrückgang in etwa zwei Jahrzehnten an Dynamik gewinnt, wird auch die Zahl der Haushalte zurückgehen.

Die Wohnungsmärkte unterliegen einem kontinuierlichen Veränderungsprozess. Im Zuge demographischer, ökonomischer und gesellschaftlicher Entwicklungen verändern sich Haushaltszahlen, Wohnformen und -bedürfnisse, und in der Folge wird das Angebot an Wohnungstypen und Wohnlagen angepasst.

Besonders einschneidend wirkt sich der demographische Wandel auf die Wohnungsnachfrage aus. Der Rückgang der Bevölkerung verringert die quantitative Nachfrage; Veränderungen der Alters- und Haushaltsstruktur führen zu Verschiebungen in der Art der Nachfrage, und darüber hinaus gibt es vielfältige indirekte Folgen für die Nachfrage nach Standorten und Qualitäten von Wohnungen. In der Summe stehen die Städte und Gemeinden vor völlig neuen und sehr komplexen Herausforderungen.

Zusätzlich zu regional sehr unterschiedlichen Ausgangssituationen in prosperierenden, stagnierenden oder schrumpfenden Regionen haben sich in den letzten Jahren kleinräumliche Unterschiede der Entwicklungsdynamik und z.T. gegenläufige Entwicklungen einzelner Marktsegmente ausgeprägt. Diese werden durch den Mismatch zwischen Angebot und Nachfrage überlagert. Mittlerweile ist absehbar, dass manche Bestände künftig kaum noch marktfähig sein werden und dass bestimmte Nachfragemuster immer weniger bedient werden.

Zahl der Haushalte wächst stärker als Zahl der Bewohner

Das Haushaltswachstum liegt allerdings bei weitem nicht mehr auf dem Niveau der 90er Jahre, und die abgeschwächte Nachfragedynamik wird durch die wirtschaftliche Entwicklung noch verstärkt. Solange Realeinkommen nicht steigen, Arbeitslosenzahlen auf hohem Niveau verharren und mangelndes Vertrauen in die Zukunftsfähigkeit der Gesellschaft zu Konsumzurückhaltung führen, werden Wohnwünsche nicht in dem Umfang realisiert, wie dies in einer wachsenden Wirtschaft und in einer zuversichtlichen Stimmung der Fall wäre.

Durch die unterschiedliche wirtschaftliche Entwicklung verläuft der demographische Wandel regional sehr verschieden und ungleichzeitig. Die räumlichen Schwerpunkte des Bevölkerungs- und Haushaltswachstums und damit die der zusätzlichen Wohnungsnachfrage sind die wirtschaftsdynamischen Regionen. Dagegen gibt es in großen Teilen Ost-Deutschlands aufgrund hoher Abwanderungsraten bereits seit Jahren ein Überangebot an Wohnungen, und in einzelnen strukturschwachen Regionen der alten Bundesländer besteht kaum mehr der Bedarf an zusätzlichem Wohnraum. Für die meisten Regionen in Deutschland ist das Ende des Bevölkerungswachstums absehbar.

Risiko: Überangebot an Wohnraum

Diese Perspektive stellt die Städte und Gemeinden vor ein Dilemma: Mittelfristig wird es noch zusätzlichen Bedarf nach Wohnungen geben; seine Befriedigung birgt aber die Gefahr, langfristig ein Überangebot zu schaffen. Die Reaktion auf diese Herausforderung wird durch die weitere Entspannung auf den Wohnungsmärkten erschwert, weil die Nachfrager ihre Anforderungen an Größe, Grundrisse und Ausstattung, an Wohnumfeld- und Lagequalitäten immer besser durchsetzen können. Solange der Bestand die geforderten Qualitäten nicht aufweist, wird der Wohnungsneubau auch in schrumpfenden Märkten anhalten, und zwar auf Kosten des Altbestands.

Qualitative Veränderungen der Nachfrage

Für die nahe Zukunft werden in weiten Teilen Deutschlands die Veränderungen in der Alters- und Haushaltsstruktur gravierendere Auswirkungen auf die Wohnungsmärkte haben als die Veränderungen der absoluten Bevölkerungszahl.

Das Haushaltswachstum ist in erster Linie auf die Verkleinerung der Haushalte und weniger auf ein Wachstum der Bevölkerung zurückzuführen. Die kontinuierliche Zunahme der Ein- und Zweipersonenhaushalte bei gleichzeitiger Abnahme der Drei- und Mehrpersonenhaushalte ist noch nicht an ihr Ende gekommen.

Eine wichtige Ursache der Haushaltsverkleinerung ist die Veränderung in der Altersstruktur der Bevölkerung: Mit dem Älterwerden schrumpft in der Regel die Haushaltsgröße, weil Kinder aus Familienhaushalten ausziehen und ihren eigenen Haushalt gründen und weil Partner sterben. Der Trend zur Haushaltsverkleinerung ist aber auch eine Folge von Verhaltensänderungen: Es werden immer weniger Kinder in junge Haushalte hineingeboren, sodass immer weniger größere Haushalte »nachwachsen«. Und in allen Altersgruppen schreitet die Singularisierung voran. So wird die Nachfrage auf den Wohnungsmärkten immer weniger von größeren und immer mehr von kleinen Haushalten getragen.

Die wohnungsmarktrelevanten Veränderungen der Altersstruktur entstehen vor allem durch den starken Rückgang des Anteils der 30- bis Mitte-40-Jährigen um mehr als 20 Prozent bis 2020 und die Zugewinne bei den alten

Menschen. Die Nachfragedynamik auf den Wohnungsmärkten wurde bisher von der mittleren Altersgruppe getragen. In diesem Lebensabschnitt ist es üblich, sich »hochzuwohnen« und dabei größere und höherwertige Objekte zu beziehen. Im höheren Alter, wenn die individuellen Wohnwünsche weitgehend realisiert sind, entsteht kaum noch zusätzliche Nachfrage. Zwar führen Trennungen von Haushalten und Arbeitsplatzwechsel auch jenseits der 40 zu Wohnungswechseln; diese erfolgen aber meist innerhalb des gleichen Segments oder in ein niedrigeres.

Weil die Babyboomer-Generation der 50er und 60er Jahre altert, ohne dass jüngere Altersgruppen in einem vergleichbaren Umfang nachwachsen, hinterlässt sie eine für den Wohnungsmarkt empfindliche Lücke. Durch die Verringerung des Anteils der 30- bis Mitte-40-Jährigen wird nicht nur die Zahl der Geburten und der Familiengründungen zurückgehen, sondern auch die Nachfragedynamik auf den Wohnungsmärkten. Vor allem in den Eigentumsmärkten wird dies spürbar werden, sind doch etwa 50 Prozent der Erwerber von Wohneigentum zwischen 30 und 45 Jahre alt.

Die sinkende Zahl der nachfragedynamischen Altersgruppen und der jungen Familien wird die Wohnform des Einfamilienhauses im Grünen und Standorte im Stadtumland besonders stark treffen, denn Motor der Suburbanisierung waren vor allem die größeren Familienhaushalte.

Wohnen im Alter

Parallel zur nachlassenden Nachfrage durch jüngere Erwachsene und junge Familien werden neue Impulse durch ältere Menschen ausgelöst. Die Generationen der über 60-Jährigen sind die einzigen wachsenden Altersgruppen, und durch ihre steigende Zahl wird der Bedarf nach altengerechten Wohnungen in entsprechenden Wohnlagen zunehmen.

Der weit verbreitete Wunsch, möglichst lange selbstständig wohnen zu können, also nicht in eine Alten-Wohneinrichtung umziehen zu müssen, lässt sich für die meisten Menschen nur umsetzen, wenn sie in einer altengerechten Wohnung leben und sich selbstständig versorgen können. Es geht also nicht allein um die Wohnung, sondern auch um das Nahversorgungsangebot, den An-

schluss an öffentliche Verkehrsnetze, die Nähe zu Service- und Unterstützungseinrichtungen und ein Umfeld, das den subjektiven Sicherheitsbedürfnissen entspricht. Die Bedeutung dieser Infrastrukturen steigt, weil immer weniger alte Menschen auf bewährte Netzwerke durch Familie und Verwandtschaft zählen können. Somit werden Zentralität und Dichte wichtigere Kriterien für »altengerechte Wohnstandorte«.

Neue Wohnanforderungen – Ältere sind Trendsetter

Nicht nur die steigende Zahl alter Menschen wird den Bedarf an altengerechten Wohnungen steigern; zusätzliche Nachfrageeffekte sind aus Verhaltensänderungen zu erwarten. Voraussichtlich werden die kommenden älteren Generationen mobiler und bedürfnisorientierter sein, viele ältere Menschen werden nicht bis zum Lebensende oder bis zu dem Zeitpunkt, an dem sie nicht mehr allein leben können, in ihren angestammten Wohnungen und Häusern bleiben. Sie geben das Haus auf, das ihrem Lebensalltag nicht mehr angemessen ist oder sich in isolierter Lage befindet; stattdessen ziehen sie in eine Wohnung, die sie weniger durch Haus- und Gartenarbeit belastet und an einen Standort, an dem sie besser am gesellschaftlichen und kulturellen Leben teilhaben können. Und immer mehr werden entdecken, dass neue gemeinschaftliche Wohnformen ihnen die Realisierung dieser Ansprüche erleichtert.

Schon heute werden ältere Haushalte als Träger eines Trends zur Re-Urbanisierung und zum gemeinschaftlichen Wohnen gesehen und sind Zielgruppe von Immobiliengesellschaften, die hochwertige Stadtwohnungen anbieten. Diese veränderten Einstellungen sind nicht nur für die einzelnen Personen oder Haushalte vorteilhaft: Sie entlas-

ten auch die Gesellschaft von Kosten und führen dazu, dass eine wachsende Zahl älterer Menschen am Gemeinwesen teilhaben kann und sie ihre Fähigkeiten der Gesellschaft zur Verfügung stellen können.

Neben den Verschiebungen in Altersaufbau und Haushaltsgrößen führen die zunehmende kulturelle und ethnische Vielfalt in der Bevölkerung und die Ausdifferenzierung von Lebensstilen und kulturellen Milieus dazu, dass die Wohnbedürfnisse vielfältiger werden. Mit dem Bedeutungsverlust der klassischen deutschen Familie büßen traditionelle Nachfragemuster ihre dominierende Stellung auf den Wohnungsmärken ein.

Andere Haushaltstypen drängen stärker in den Vordergrund und finden auf entspannten Wohnungsmärkten mehr Wahlmöglichkeiten als zuvor. Ihre Chancen, Qualitätsanforderungen sowie Präferenzen für Wohnlagen in bestimmten sozialen und kulturellen Milieus durchzusetzen, verbessern sich. Damit wird gleichzeitig der Trend zur sozialen Entmischung und zur Herausbildung homogener Wohnquartiere unterstützt; er ist deshalb in den Kommunen besonders genau zu beobachten.

Die Verlierer dieser Entwicklung werden sozial und wirtschaftlich benachteiligte Gruppen sein, deren schwierige Situation durch die Arbeitsmarktreformen verschärft wird. Sie werden sich nur schwer selbstständig mit Wohnraum versorgen können und stärker als bisher auf herabgewirtschaftete Wohnungsbestände angewiesen sein. Den erweiterten Möglichkeiten der Mehrzahl der Bevölkerung, ihre Wohnpräferenzen zu realisieren, wird wohl eine Konzentration sozialer Probleme in unattraktiven Standorten und Wohnungsbeständen gegenüberstehen. Für die betroffenen Gruppen eröffnet auch ein entspannter Wohnungsmarkt kaum Wahlmöglichkeiten.

Trends der Wohnungsmarktentwicklung

Die demographischen Veränderungen beeinflussen nicht nur direkt Umfang und Art der Nachfrage nach Wohnraum, sondern sie haben indirekt auch Folgen für die Nachfrage nach Wohnstandorten, Wohn- oder Eigentumsformen. Mittelfristig ist davon auszugehen, dass die folgenden, zum Teil gegensätzlichen Trends die Nachfrage auf dem Wohnungsmarkt entscheidend prägen werden. Die Folge wird ein stärkeres Nebeneinander unterschiedlicher Teilmärkte sein.

Zentrale Standorte werden attraktiver

Der demographische Wandel erzwingt in erheblichem Umfang Anpassungen, Umbau und Erneuerung von Versorgungs- und Infrastruktureinrichtungen. In Verbindung mit verringerten finanziellen Spielräumen der öffentlichen Hand werden diese Aktivitäten zur Konzentration auf zentrale Orte und zur Ausdünnung der Versorgungsleistungen in weniger verdichteten und peripheren Standorten führen. Entsprechend wird die Wohnqualität zugunsten zentraler Standorte aufgewertet.

Die steigende Attraktivität des Wohnungsbestands in Zentren und Siedlungskernen wird durch eine zunehmende Sensibilität gegenüber Mobilitätszwängen und -kosten unterstützt. Insbesondere für die wachsende Gruppe weniger mobiler älterer Menschen werden zentrale Wohnstandorte dadurch anziehender. Bereits heute sind die Rückwanderung älterer Menschen aus dem Umland in die Städte und Wertverluste von Wohngebäuden im Stadtumland auffällige Trends auf den Immobilienmärkten.

Integrierte Ortslagen werden als Wohnstandort attraktiver

Die weitere Zunahme kleiner Haushalte in allen Altersgruppen und die wachsende Bedeutung »neuer Haushaltstypen« werden integrierte und urbane Lagen weiter aufwerten. Vor allem Singlehaushalte, aber auch berufstätige Paare und alleinerziehende Frauen und Männer sind bei der Bewältigung ihres Alltags häufig auf wohnungsnahe Versorgungsstrukturen und kurze Wege angewiesen. Zudem sind diese Gruppen in ihrer Freizeit mehr als Familien auf außerhäusliche Aktivitäten konzentriert, sodass für sie ein Wohnstandort in Randlage und in größerer Entfernung zu städtischen Kultur- und Freizeitangeboten oft unattraktiv ist.

Kleinstrukturen und Nachbarschaft werden attraktiver

Die Ausdifferenzierung sozialer und kultureller Milieus führt dazu, dass kleinteilige und sozial homogene Anlagen und Siedlungsformen an Attraktivität gewinnen. Angesichts steigender Belastungen durch Anforderungen nach Flexibilität und Mobilität im Berufs- und Alltagsleben, zunehmender Spannungen zwischen sozial und kulturell unterschiedlichen Gruppen und persönlicher Verunsicherung in einer immer heterogener werdenden Gesellschaft bietet das Wohnen unter »Gleichgesinnten« die Möglichkeit, sich auf Bekanntes und Vertrautes zurückzuziehen. Sozial homogene Siedlungsformen stärken das subjektive Sicherheitsgefühl und die Identifikation mit dem Wohnort – in einer alternden Gesellschaft werden dies zunehmend wichtige Anforderungen an das Wohnen werden.

Auch durch die Aufwertung von Nachbarschaftsbeziehungen gewinnen überschaubare Kleinstrukturen an Attraktivität. Nachbarschaftliche Unterstützungsnetzwerke werden die Ausdünnung staatlicher sozialer Dienstleistungen zumindest in Ansätzen kompensieren müssen, zudem wird die weitere Zunahme von alten und von kleinen Haushalten den Unterstützungsbedarf im Wohnbereich erhöhen. Häufig sind gerade kleine Haushalte aufgrund ihrer Lebensweise auf nachbarschaftliche Hilfeleistungen angewiesen.

Neue Eigentumsformen gewinnen an Bedeutung

Der Wunsch nach gemeinschaftlichen Wohnformen und einer größeren Selbstverantwortung und Mitbestimmung bei der Gestaltung der Wohnwelt setzt sich immer weiter durch. Da sich diese Ziele schwer im Mietwohnungssektor umsetzen lassen, gewinnen neue Eigentumsformen zunehmend an Bedeutung.

Beispiele dafür sind Baugemeinschaften und Wohngruppen ebenso wie Neugründungen und Umstrukturierungen von Genossenschaften. Insbesondere in Ersteren wurden in den letzten Jahren verschiedene Formen und Modelle nachbarschaftlichen Zusammenlebens realisiert und erprobt. Zukünftig werden sich Wohnformen von Jung und Alt sowie Formen des gemeinschaftlichen Lebens von älteren Menschen unterschiedlichen Alters stärker durchsetzen. Dabei hilft auch staatliche Unterstützung: Um die Wohnraumversorgung unterschiedlicher Zielgruppen zu verbessern und die soziale Integration zu erleichtern, wird in jüngster Zeit das genossenschaftliche Wohnen als dritte tragende Säule neben dem Wohnen zur Miete und dem Wohneigentum propagiert und gefördert.

Größere Fluktuation auf dem Wohnungsmarkt

Mit der Singularisierung, der weiteren Differenzierung von Lebensstilen und durch die steigenden Anforderungen an Flexibilität und Mobilität im Berufsleben erhöht sich nicht nur der Anteil an Haushalten, die sich in neue Gemeinschaften einbinden; es gibt auch immer mehr Haushalte, die keine langfristige Bindung an einzelne Wohnstandorte entwickeln und ohne großen Widerstand zwischen Orten und Wohnungen wechseln.

In dem Maße, in dem stabile Wohnbiographien seltener werden, setzen sich Lebensabschnitts-Immobilien, Übergangswohnungen, Zweitwohnungen und auf Zeit ausgerichtetes Gemeinschaftswohnen als Formen weiter durch. Damit werden entsprechend flexible Angebote für teilweise nur kurze Nutzungszyklen nachgefragt.

Zunehmende soziale Probleme in unattraktiven Beständen

Die Entspannung auf den Wohnungsmärkten ermöglicht es immer mehr Haushalten, ihre Wohnwünsche zu realisieren und führt dazu, dass weniger attraktive Bestände zu Wohnorten von immobilen und benachteiligten Gruppen werden. Das betrifft vor allem Großsiedlungen, die angesichts sozialer und städtebaulicher Probleme als Wohnstandort zunehmend abgelehnt werden. Damit steigt die Gefahr sozialer und ethnischer Gettobildung, die, wie die Ereignisse in den französischen Vorstädten gezeigt haben, den Kern für eine gesellschaftliche und politische Krise bilden kann.

Aber auch ältere Einfamilienhausgebiete im Stadtumland mit unzeitgemäßer Bausubstanz verlieren zunehmend an Attraktivität und werden beim Generationenwechsel nicht mehr nachgefragt.

Anforderungen an Städte und Gemeinden

Die Anforderungen, denen sich die Städte und Gemeinden zur Sicherung ihrer Wohnqualität und zur Verbesserung ihrer Standortgunst gegenübersehen, sind sehr verschiedenartig. Neben den spezifischen Rahmenbedingungen sind sie vor allem von ihrer Größe und Funktion im räumlichen System, ihrer wirtschaftlichen Entwicklung und demographischen Perspektive sowie ihren finanziellen Ressourcen abhängig.

Darüber hinaus gibt es grundlegende Anforderungen an die Sicherung der Wohnqualität und Wohnungsversorgung, auf die alle Städte und größeren Gemeinden ihre Aktivitäten konzentrieren müssen.

1. Entscheidungen längerfristig ausrichten und an Potenzialanalysen orientieren

Traditionell reagieren Städte und Gemeinden auf Nachfrageveränderungen des Wohnungsmarkts durch Ausweisung neuer Wohnbauflächen. Angesichts der nachlassenden Nachfragedynamik birgt dieses Vorgehen erhebliche Risiken, denn durch den Neubau werden möglicherweise Bestände abgewertet, die Leerstände einer nahen Zukunft produziert und erhebliche Folgekosten für Infrastrukturen erzeugt.

Aufgabe der kommunalen Planung ist daher nicht nur, Siedlungsstrukturen und Wohnungsbestände zu sichern und zu entwickeln, die hohe qualitative Anforderungen an das Wohnen und das Wohnumfeld erfüllen, sondern auch, ihre langfristige Tragfähigkeit sicherzustellen. Zukunftsfähige Planungs- und Investitionsentscheidungen müssen auf der Grundlage eines Entwicklungskonzepts getroffen werden, das die Folgen des demographischen Wandels berücksichtigt, gruppenspezifische Bedarfe erfasst und die Standorte und Wohnungsbestände hinsichtlich ihrer zukünftigen Attraktivität und Versorgungsleistung bewertet.

2. Aktivitäten im Wohnungsbau auf integrierte Standorte und auf Qualitätsverbesserungen konzentrieren

Der demographische Wandel erzwingt Zurückhaltung bei der Siedlungsflächenerweiterung und beim Wohnungsneubau sowie die Konzentration baulicher Aktivitäten auf integrierte und langfristig tragfähige Standorte. Wohnungsneubau an nicht integrierten Standorten würde zu einem weiteren Ausfransen des Siedlungsbestandes und zur weiteren Schwächung der Siedlungskerne führen – mit entsprechenden Folgekosten und Qualitätsverlusten für die Kommune.

Auf einem Nachfragemarkt und angesichts starker interkommunaler Konkurrenz um Einwohner können sich Städte und Gemeinden zukünftig immer weniger durch den Umfang und die Ausdehnung ihrer Wohnbauflächen, sondern nur noch durch ihre Qualität als Wohnstandort behaupten. Dies erfordert Sicherung und Aufwertung des Bestands, ein vielfältiges Wohnungsangebot, einen Mix attraktiver Wohnstandorte für unterschiedliche Nutzergruppen, die Stärkung des Zentrums bzw. des Siedlungskerns und die Stärkung einer eigenständigen Identität.

3. Wohnungsbestand sichern und aufwerten

Auch wenn die Dynamik auf den Wohnungsmärkten durch die demographischen Veränderungen nachlässt, wird sich das Siedlungsflächenwachstum so lange fortsetzen, wie die Nachfrage nach Wohnraum und Wohnfolge-Einrichtungen nicht im Bestand oder innerhalb bestehender Siedlungsflächen befriedigt werden kann. Wenn die Art und Qualität des Bestandsangebots nicht den Bedürfnissen der Nachfrager genügen, weichen sie auf andere Standorte aus. Die Aufwertung der Qualität des Wohnungsangebots und seine Anpassung an die künftigen Anforderungen sind daher notwendige Voraussetzungen für eine zukunftsfähige Ortsentwicklung und eine nachhaltige Siedlungsflächenentwicklung.

Bestandsicherung und -aufwertung lassen sich nicht auf Modernisierung und Umbau von Wohnungen beschrän-

ken; sie beinhalten ebenso die Umnutzung von Gebäuden, den ergänzenden Neubau und den partiellen Abriss. Darüber hinaus sind Wohnumfeldverbesserungen sowie die Anpassung und Aufwertung der Infrastruktur Voraussetzungen für die Attraktivitätssteigerung von Wohngebieten.

In Siedlungskernen sind die Bedingungen für eine Attraktivitätssteigerung der Wohnungsbestände durchaus günstig. Insbesondere für kleine Haushalte und ältere Menschen, aber auch für junge Familien, sind zentrale und integrierte Lagen attraktiv. Die größten Herausforderungen für die Bestandsaufwertung dieser Gebiete bestehen häufig darin, ihr wenig diversifiziertes Wohnungsangebot zu erweitern und damit potenzielle Nutzergruppen anzuziehen. Das setzt eine größere Vielfalt qualitätsvoller Wohnformen und die Verbesserung der Wohnumfeldqualität voraus.

In vielen Städten und Gemeinden kann der Bestand allerdings nur noch im Zusammenhang mit umfangreichen Stadtumbau-Maßnahmen gesichert und aufgewertet werden. Angesichts des Bevölkerungsrückgangs darf der Rückbau und in diesem Zusammenhang Abriss von Wohngebäuden nicht länger tabuisiert werden. Rückbau wird zukünftig, wenngleich in unterschiedlichem Ausmaß und mit unterschiedlicher Dringlichkeit, in allen Städten und größeren Gemeinden eine zentrale Aufgabe darstellen. Die Orte, die in absehbarer Zeit vom Rückgang der Haushaltszahlen betroffen sein werden, sollten die Erfahrungen der ostdeutschen Kommunen für die Entwicklung strategischer Stadtumbaukonzepte nutzen.

4. Profilierung als Wohnstandort verlangt Orientierung auf Zielgruppen

Die Profilierung als attraktiver Wohnstandort fordert eine Vielfalt hochwertiger Angebote, um die spezifischen Bedürfnisse unterschiedlicher Gruppen und Haushaltstypen zu erfüllen. Für jede Kommune sind Familien und ältere Menschen besonders wichtige Zielgruppen.

Die Zahl der Familien geht zurück, und der Haushaltstyp Familie verliert seine dominierende Rolle auf den Wohnungsmärkten. Dennoch entscheiden letztlich Familien über die Zukunft einer Kommune. Es bedarf besonderer Anstrengungen, sie trotz zunehmender Wahlmöglichkeiten auf den Wohnungsmärkten und trotz starker inter-

kommunaler Konkurrenz als Bewohner zu halten. Städte und Gemeinden müssen daher Wohngebiete familienfreundlich machen, einen Mix verschiedener Wohnungs- und Gebäudetypen mit einem kinderfreundlichen Wohnumfeld anbieten sowie ein hochwertiges Schulangebot bereitstellen.

Ältere Menschen sind die einzige wachsende Gruppe auf den Wohnungsmärkten. Die Kommunen müssen sich also auf die Befriedigung ihrer Wohnbedürfnisse konzentrieren und sie darin unterstützen, dass sie möglichst lange eigenständig wohnen und am gesellschaftlichen Leben teilnehmen können. Das erfordert vor allem ein vielfältiges Angebot an altengerechten Wohnungen in integrierten, zentralen Lagen.

Um die Vielfalt an Wohnbedürfnissen und angestrebten Wohnformen der unterschiedlichen Haushalts- und Lebensstiltypen bedienen zu können, muss die Orientierung auf Zielgruppen erheblich verstärkt werden. Städte und Gemeinden sind gut beraten, wenn sie versuchen, ein breites und differenziertes Wohnungsangebot zu sichern, und dabei auch innovative Formen des Wohnens und der Eigentumsbildung unterstützen.

Kleine Gemeinden im ländlichen Raum

Katrin Fahrenkrug, Michael Melzer

In diesem Beitrag geht es um Handlungshinweise zur Gestaltung des demographischen Wandels für kleinere Gemeinden im ländlichen Raum. Dabei stehen Gemeinden im Mittelpunkt der Betrachtung, die nicht im unmittelbaren Umland und Verflechtungsbereich eines Zentrums liegen, auf dessen Angebote sie und ihre Bürgerinnen und Bürger täglich zurückgreifen können.

Doch »den« ländlichen Raum als einheitliche Kategorie gibt es nicht. Die Rahmenbedingungen der kleineren Gemeinden in ländlich geprägten Gebieten unterscheiden sich nicht weniger stark als die der größeren Städte. Und: »Die Unterschiede in der Wirtschafts- und Beschäftigtenstruktur und den zukünftigen Entwicklungschancen sind zwischen einzelnen ländlichen Räumen dabei vielfach stärker ausgebildet als zwischen städtisch geprägten Gebieten und ländlichen Räumen« (BBR 2005: 203).

Daher muss jede Gemeinde individuell prüfen, welche Empfehlungen für sie Gültigkeit haben.

Für alle kleineren Gemeinden und insbesondere für die in engeren Stadt-Umland-Bereichen gilt die Empfehlung, die im Wegweiser aufgezeigten Entwicklungsprognosen und Handlungsempfehlungen für »ihr« nächstes Zentrum mit zu berücksichtigen und mit diesem eine enge Zusammenarbeit zu suchen. Die Sicherung der Funktionsfähigkeit und des Infrastrukturangebotes der zentralen Orte wird für die kleineren Gemeinden unter dem Vorzeichen der demographischen Entwicklung und der damit verbundenen Ausdünnungstendenzen immer existenzieller. Sie verlangt von den Gemeinden vor allem eine intensive Kooperation.

Ländlicher Raum im Wandel

Kleinere Gemeinden im (peripheren) ländlichen Raum haben in der Regel schon viel Erfahrung mit der Ausdünnung ihres öffentlichen und privaten Dienstleistungsangebotes. Der Verlust von Einrichtungen wie Bank, Post, Arzt, Schule oder Einzelhandel ist hier kein neues Phänomen. Vielfältige Anpassungsstrategien wie der Ersatz landwirtschaftlicher Arbeitsplätze durch touristische Angebote, ländliche Dienstleistungszentren oder Telehäuser zur Konzentration von Mindestangeboten werden seit Jahrzehnten diskutiert und eingesetzt.

Der ländliche Raum hat zudem eine historische Erfahrung mit demographischen Veränderungsprozessen und Wanderungsbewegungen. »Landflucht«, die Abwanderung jüngerer Menschen in die wirtschaftlich attraktiveren Städte, begleitet die jüngere Siedlungsentwicklung. In den letzten Jahrzehnten wurden Verluste dadurch ausgeglichen oder abgebremst, dass viele Familien aus unterschiedlichen Gründen (Wohnkosten, Ruhe, Freizeitqualität) ihren Wohnstandort auf dem Land suchten.

Im Prinzip war bislang das allgemeine wirtschaftliche und demographische Wachstum stark genug, um auch in den kleineren ländlichen Gemeinden genügend Substanz zu erhalten – und dafür genügend Finanzmittel bereitzustellen.

Hier entsteht durch den aktuellen demographischen Prozess, verbunden mit der öffentlichen Finanznot, ein Entwicklungsbruch, bei dem herkömmliche Reaktionsmuster und die Erwartung, dass für alle genügend vom gemeinsamen Kuchen bleibt, versagen müssen.

Die Schrumpfungs- und Alterungsprozesse des demographischen Wandels werden überwiegend ausschließen, dass Bevölkerungsverluste durch Zuwanderung in die kleinen Gemeinden im ländlichen Raum ausgeglichen werden. Die öffentliche Finanznot wird ausschließen, dass unausgelastete Infrastrukturen aufrechterhalten werden können.

Viele kleinere Gemeinden im peripheren ländlichen Raum werden deshalb – mit sehr unterschiedlicher Dynamik – damit konfrontiert werden, dass

- junge Menschen weiter und wieder zunehmend abwandern,
- ihre Bevölkerung schrumpft und überaltert sowie
- Auslastung und Erhalt der Infrastrukturangebote (noch) schwieriger werden.

»Die bisherigen Standards öffentlicher Daseinsvorsorge werden vor allem in dünn besiedelten ländlichen Regionen künftig nicht aufrechtzuerhalten sein. Deshalb ist eine Beschränkung öffentlicher Infrastrukturangebote auf unabdingbare Kernfunktionen angezeigt« (BMVBW/BBR 2005: 22).

Dieses Szenario lässt sich nicht verhindern. Es gibt aber Möglichkeiten, seine Konsequenzen so zu gestalten, dass die Zukunftsfähigkeit der Gemeinden gesichert und teilweise sogar qualitativ gestärkt wird.

Das Ziel muss immer sein, die Kernfunktionen öffentlicher Daseinsvorsorge zu gewährleisten und die Auswirkungen quantitativer Einschränkungen durch besondere Qualitätsanstrengungen auszugleichen oder jedenfalls abzumildern.

Diese Aufgabe überfordert zunehmend die Leistungs- und Anpassungsfähigkeit kleinerer Gemeinden und macht Partnerschaften unverzichtbar.

Kooperation als wichtigste Stellschraube der Zukunftsgestaltung

Kooperation ist ein Grunderfordernis für alle Kommunen und insbesondere für die kleineren Gemeinden im ländlichen Raum. Der demographische Wandel und die damit verbundenen Risiken einer weiteren Infrastrukturausdünnung und verschärfter ruinöser Konkurrenzen verleiht diesem Erfordernis eine zusätzliche existenzielle Dimension. Einzelne ländliche Gemeinden können den Ausdünnungstrend weder bremsen noch die erforderlichen Anpassungsmaßnahmen treffen.

Es geht jetzt darum, Kooperationsstrukturen zu festigen oder neu zu etablieren, die sich auf Anpassungsstrategien zur Gestaltung des demographischen Wandels konzentrieren. Im ländlichen Raum ist dabei jeweils ein Zusammenwirken mehrerer benachbarter Gemeinden (und möglichst gemeinsam und abgestimmt mit dem Kreis und dem nächstgelegenen größeren regionalen Zentrum) sowie ein gemeinsames Vorgehen von Politik, Verwaltung und Bürgerinnen und Bürgern notwendig.

Auch dafür gibt es viele Vorbilder, z. B. Teilraumgutachten und raumordnerische Entwicklungskonzepte in Bayern, Ländliche Struktur- und Entwicklungskonzepte (LSE) in Schleswig-Holstein, das Programm »Regionen aktiv« des Bundeslandwirtschaftsministeriums oder das LEADER+-Programm der EU. Bei all diesen Ansätzen versuchen Politik und Bürgerschaft, Konzepte zur Stärkung der Region zu entwickeln.

Allerdings entsprechen die inhaltliche Ausprägung und Zielsetzung dieser Kooperationsinitiativen und der ihnen zugrunde liegenden Programme allenfalls teilweise und eher zufällig den Anforderungen zur Gestaltung des demographischen Wandels. Vielmehr sind diese Konzepte überwiegend wachstumsorientiert oder auf die grundlegende ökonomische und ökologische Stärkung sowie auf wirtschaftsstrukturelle Anpassung ländlicher Räume ausgerichtet.

Gemeinden, die in vergleichbare Kooperationsstrukturen eingebunden sind oder waren, sollten deshalb gemeinsam mit ihren Partnern versuchen, diesen eine neue oder zusätzliche inhaltliche Ausrichtung einer gemeinsamen Entwicklung von Anpassungsstrategien an den demographischen Wandel zu geben.

Gemeinden, die bislang über keine derartigen Netzwerke verfügen, ist dringend zu empfehlen, diese mit ihren Nachbarn aufzubauen.

Eine durchaus leistungsfähige Alternative zu solchen freiwilligen Bottom-up-Kooperationen ergibt sich, wenn regionale Planungsverbände oder Kreise die Rolle des Spielmachers für die notwendigen Anpassungsprozesse übernehmen (können). Dann ist sorgfältig darauf zu achten, dass und ob es gelingt, nicht nur kreisspezifische, sondern explizit gemeindespezifische Interessen und Aufgaben zu behandeln und dafür ein abgestimmtes gemeinsames Vorgehen zu initiieren.

Interview mit dem Landrat des Kreises Dithmarschen, Dr. Jörn Klimant

Der Kreis Dithmarschen gehört nach den aktuellen Prognosen zu den in Schleswig-Holstein am stärksten von demographischen Veränderungen betroffenen Gebieten.
Welche besonderen Anforderungen für die Gestaltung von Anpassungsstrategien resultieren hieraus für Ihren ländlich strukturierten Kreis?
Bei einem so bedeutsamen Thema der Zukunftssicherung ist die übergeordnete kommunale Ebene,

len ebenso wie für neue Wohnformen oder Pflegeangebote im ländlichen Raum. Dafür müssen wir
die notwendigen Kommunikationsstrukturen schaffen, Mitwirkungsmöglichkeiten aufzeigen und
Handlungsansätze unterstützen. Wir erleben in
unserem gemeinsamen Projekt mit der Bertelsmann Stiftung, dass dieses Angebot bei den Kommunen, vielen Institutionen und dem Ehrenamt
auf sehr gute Resonanz stößt und dankbar angenommen wird.

*Sie haben persönlich immer wieder Anpassungs- und
vor allem Kooperationsprozesse im Bildungsbereich
exemplarisch betont. Worum geht es Ihnen dabei?*
Bildung ist aus meiner Sicht eines der wichtigsten
Potenziale für die Zukunftsgestaltung unseres Landes und des Standortes Dithmarschen. Wir wollen
jede Anpassung als Chance nutzen, qualitative
Verbesserungen und ein höheres Bildungsniveau
zu erreichen, bei dem weniger junge Menschen als
bisher durch die Maschen fallen. Das erfordert
große Bereitschaft zu neuen, kooperativen Lösungen.

Unsere Bildungsstrukturen müssen in zehn Jahren ganz anders beschaffen sein als heute. Dafür
gilt es bereits jetzt ungenutzte Ressourcen zu erschließen, um die gesamtgesellschaftlichen Kosten
auf verträglichem Niveau zu halten. Die Nutzung
des Erfahrungswissens und des Engagements der
älteren Generation kann hier z.B. helfen, neue Qualitäten aufzubauen und soziale Kompetenzen zu
vermitteln.

*Wie lautet Ihr wichtigster Appell an die Kommunal-
politik in kleineren Gemeinden?*
Wir müssen endgültig weg vom Kirchturmdenken.
Kooperation und die Bildung von Netzwerken sind
notwendige und richtige Antworten auf die aktuellen Herausforderungen.

also der Kreis, in der Pflicht. Hierzu gibt es bei unseren kleinteiligen Strukturen in Dithmarschen
keine Alternative: Die notwendigen Anpassungsstrategien müssen – natürlich mit breit angelegten
Beteiligungsprozessen – auf Kreisebene entwickelt, initiiert und umgesetzt werden. Dazu
brauchen wir strategische Partnerschaften zum
Austausch von Know-how, für fundierte Prognosen
und Instrumentenentwicklung. Ich freue mich deshalb besonders, dass uns die Bertelsmann Stiftung
bei diesem Prozess als Modellregion unterstützt.

*Wie schätzen Sie das Problembewusstsein der
Kommunalpolitik und der Bürgerinnen und
Bürger ein? Spüren Sie die Bereitschaft der Akteure,
gemeinsam und kooperativ die notwendigen
Anpassungsprozesse einzuleiten?*
Es gibt ganz sicher ein starkes Problembewusstsein, allerdings meist auf sehr abstraktem Niveau.
Es muss uns gelingen zu vermitteln, dass demographischer Wandel alle betrifft, und wir müssen
die konkreten Handlungsansätze für die Kommunen und ihre Bürgerinnen und Bürger aufzeigen.
Dies gilt für die Verbesserung von Betreuungsangeboten, Kindertagesstätten und Ganztagsschu-

Die folgenden Empfehlungen orientieren sich an den Erfahrungen der oben genannten Vorbilder (v.a. Teilraumgutachten, LSE, LEADER+, Regionen aktiv). Danach können die folgenden Strukturelemente als bewährt gelten.

Räumlicher Zuschnitt

Kooperationsräume, die zwischen 15 000 (LSE) und bis zu 75 000 Einwohnern (LEADER+)[1] umfassen, haben sich bewährt. Es empfiehlt sich, dass ein zentraler Ort, zumindest ein Grundzentrum in die Kooperation eingebunden wird. Es ist hilfreich, wenn der Kreis aktiv mitwirkt (ohne dass der Kooperationsraum mit den Kreisgrenzen identisch sein muss).

Akteure

Es geht um interkommunale Kooperation, nicht um einen Agendaprozess. Die Kooperation muss also von der Kommunalpolitik vereinbart und maßgeblich von Politik und Verwaltung der Partnergemeinden getragen und gestaltet werden.

Dennoch empfiehlt es sich, von Anfang an auch private Akteure, Vertreter der lokalen Wirtschaft, des Bildungswesens, der Vereine und engagierte Bürgerinnen und Bürger an dem Arbeitsprozess zu beteiligen. Die Erfahrungen von LEADER+ zeigen, dass damit ein sehr großes zusätzliches Leistungspotenzial erschlossen werden kann. Letztlich bleibt die Verantwortung für die öffentliche Daseinsvorsorge aber bei der Politik, die auch die Kooperation bestimmen sollte.

Verfahrensregeln und Zuständigkeiten

Wichtig ist es, dass die Kooperation klare Spielregeln hat, die auch förmlich vereinbart werden. Unabdingbar sind dabei die Prinzipien der Freiwilligkeit und der Gleichberechtigung der Partner.

Beschlüsse sollten zumindest in einer Startphase nach dem Konsensprinzip gefasst werden (später können auch qualifizierte Mehrheiten vereinbart werden) und müssen für alle Partner verbindlich sein.

Kontinuität der Kooperation

Eine Kooperation ist nur dann erfolgreich und lohnt den Aufwand, wenn sie auf Dauer angelegt ist. Es darf nicht nur darum gehen, gemeinsam »Ideen« und ein Konzept zu verabreden, sondern dieses muss auch gemeinsam umgesetzt werden.

Fusionen dürfen kein Tabu sein

Für Kommunalpolitik, die im Interesse der Menschen und der kommenden Generationen handelt, dürfen Fusionen von Gemeinden kein Tabu sein.

In einigen Bundesländern sind zahlreiche Gemeinden zu klein, um künftig eigenständig die angemessene Daseinsvorsorge für ihre Bürgerinnen und Bürger zu gewährleisten. Es geht hierbei nur am Rande um die Effizienz und die Kosten von Verwaltung. Dies kann durch Verwaltungskooperationen oder Ämter für mehrere Gemeinden geregelt werden. Entscheidend ist vielmehr, dass die kommunale Planungshoheit regionale Anpassungsstrategien, die Konzentration von Angeboten und die Entscheidung für die objektiv besten Standorte tendenziell mit individuellen Eigeninteressen konterkariert. Damit verkehrt sie ihre innerste Begründung, ihre Bürgerinnen und Bürger bestmöglich zu versorgen, ins Gegenteil. Ein Ausweg aus diesem Dilemma kann die (beschriebene) intensivierte Kooperation sein.

Kooperationen sind aber auch gerade dann sehr schwierig zum Erfolg zu führen, wenn nicht Wachstum, sondern Schrumpfung zu verteilen ist. Effiziente Anpassungsstrategien, eine ausgewogene Verteilung von Rückbau, Erhalt, Zubau und Konzentration sind in größeren kommunalpolitischen Einheiten deutlich leichter zu realisieren. Modellrechnungen und erste Beispiele zeigen, dass sich dadurch die Leistungen insgesamt im Interesse der Menschen deutlich kostengünstiger, qualitätsvoll und bedarfsgerechter sichern lassen.

Gegen Fusionen wird häufig das Argument vorgebracht, die Menschen wollten diese nicht. Die Erfahrungen, etwa auf Fehmarn oder Usedom, belegen, dass Kommunalpolitiker sich hier auch irren können (oder wollen). Wenn die Bürgerinnen und Bürger gefragt und vorab über die Optionen und Folgen informiert werden, entscheiden sie sich durchaus für größere Einheiten, zumal

---

1   Bei der LEADER-Größenordnung sind in der Regel auch Städte mit über 5000 bis etwa 15 000 Einwohner beteiligt.

sie ihr Leben längst die Gemeindegrenzen überschreitend gestalten.

Auch ein Einbruch des bürgerschaftlichen Engagements ist nicht zwingend Konsequenz, denn dieses hängt letztlich vom sozialen Miteinander in den Dörfern und Gemeinden ab und nicht von administrativen Grenzen.

Dennoch: Die Wahl zwischen Kooperation und Fusion muss jede Gemeinde selbst treffen, und zwar aktiv. Sie darf nicht warten, bis die Zwänge so groß werden, dass übergeordnete Ebenen die Entscheidung an ihrer Stelle treffen müssen.

Im Gebiet Mecklenburgische Seenplatte wurden erste Schritte in diese Richtung vollzogen.

Interview mit Christoph Kaufmann, Regionaler Planungsverband Mecklenburgische Seenplatte

Die Mecklenburgische Seenplatte gehört zu den ländlichen Regionen, in denen die Auswirkungen des demographischen Wandels bereits voll spürbar sind. Welche Bereiche bereiten vor allem den kleineren Gemeinden die größten Sorgen?
Der gesamte Bereich der öffentlichen Daseinsvorsorge, der sozialen und technischen Infrastruktur, steht auf dem Prüfstand. Sorgen bereiten uns insbesondere das Bildungswesen, die Tragfähigkeit von Einzelhandelseinrichtungen, die ambulante medizinische Versorgung und partiell auch die Erhaltung des Abwassersystems und einzelner Gemeindestraßen. Bereits seit Jahren müssen wir uns darauf einstellen, verstärkt durch die Finanznot, eine Mindestausstattung mit Infrastruktur in unseren Gemeinden nicht mehr gewährleisten zu können. Deshalb rückt die Frage des Mobilitätsangebotes in das Zentrum unserer Bemühungen. Wir müssen das Angebot für derzeit 198 Gemeinden in 20 zentralen Orten konzentrieren und dafür die Erreichbarkeit sichern.

Ihr Regionaler Planungsverband umfasst drei Landkreise und das Oberzentrum Neubrandenburg. Lassen sich auf dieser Ebene die notwendigen Anpassungsprozesse bis zur Gemeindeebene gestalten oder benötigen Sie zusätzliche Kooperationsstrukturen auf gemeindlicher Ebene?
Wir haben in den vergangenen Jahren bereits die kooperativen Strukturen deutlich verbessert. Durch freiwillige Fusionen wurde die Zahl der Gemeinden von 249 auf 198 zurückgeführt, die über 30 Amts- und amtsfreie Verwaltungen verfügen. Zusätzlich haben wir mehrere informelle Kooperationsbereiche vor allem zur touristischen Entwicklung initiiert. Im Zusammenspiel mit den Landkreisen und dem regionalen Planungsverband ergibt dies eine durchaus belastbare Kommunikationsstruktur.

Können Sie uns konkrete Beispiele für erfolgreiche Kooperationsansätze nennen?
Einen richtungweisenden Ansatz haben wir beispielsweise im Bereich der medizinischen Versorgung in der Region Mecklenburgische Seenplatte erreicht. Durch die Alterung nicht nur unserer Bevölkerung, sondern auch unserer Ärzte steigt einerseits die Nachfrage nach medizinischen Leistungen, andererseits können immer mehr Praxen im ländlichen Raum nicht wiederbesetzt werden. Wir haben ein Leitbild entwickelt, das im Falle der Aufgabe von Arztpraxen an den zentralen Orten der Region die Einrichtung so genannter »Gesundheitshäuser« für die ambulante medizinische Versorgung des jeweiligen Nahbereiches vorschlägt. Dieses Leitbild wurde auch von Vertretern der Kassenärztlichen Vereinigung und auf dem Hausärzte-Kongress Mecklenburg-Vorpommern als richtungweisend begrüßt.

Wir sind auch stolz auf die Gründung einer »Regionalen Berufsschule« in Form eines Zweckverbandes. Über eine Schule mit mehreren Beschulungsstandorten soll trotz stark rückläufiger Nachfrage ein breites, leistungsfähiges Berufsschulangebot in der Region sichergestellt werden.

Wie lautet Ihr wichtigster Appell an die Kommunalpolitik in kleineren Gemeinden?

Es muss allen Verantwortlichen klar werden, dass eine angemessene Daseinsvorsorge nur übergemeindlich gewährleistet werden kann. Deshalb kann ich nur immer wieder eine Stärkung der Kooperation und auch weitere Fusionen kleinerer Gemeinden empfehlen.

Interview mit Paul Locherer, Bürgermeister der Gemeinde Amtzell

Im Wissenspool »Demographie konkret« ist Amtzell als einzige kleinere Gemeinde vertreten. Wieso ist Ihnen als Bürgermeister einer nach wie vor wachsenden Gemeinde mit rund 3500 Einwohnern dieses Thema so wichtig?

Amtzell hat bereits vor 16 Jahren erkannt, dass die Gemeinde ohne familienfreundliche Strukturen zu den Verlierern im ländlichen Raum gehören wird. Unsere Situation war gekennzeichnet durch gravierende Arbeitsplatzverluste vor allem in der Landwirtschaft, Bevölkerungsstagnation und die Gefährdung unseres Schulstandortes. Mit vereinten Kräften haben wir uns darauf konzentriert, unsere weichen – sozialen und kulturellen – Standortfaktoren zu stärken. Dabei stand der Aufbau familienbegleitender Strukturen im Mittelpunkt: Mittagstische an Schulen, flexible Kita-Angebote, verlässliche Ganztagsschule. Und wir waren erfolgreich: Auf unserem Gewerbegebiet, das wir in interkommunaler Kooperation entwickelt haben, sind neue Arbeitsplätze entstanden, wir haben einen natürlichen Geburtenüberschuss und ein gelebtes Netzwerk Jung – Alt.

Worin liegt das Geheimnis Ihres Erfolges?

Wir haben unsere Gemeinde gemeinsam mit den Bürgerinnen und Bürgern entwickelt. Es ist uns wichtig, eine Wohlfühlatmosphäre und ein Wir-Gefühl zu schaffen. Bürgerschaftliches Engagement wird in Amtzell groß geschrieben. 1999 ist der Arbeitskreis »Dorfgemeinschaft« als generationenübergreifende Plattform geschaffen worden. Über dieses Netzwerk ist es gelungen, die örtlichen Vereine, Organisationen und Initiativen zusammenzubringen. Heute gehören Projekte wie die Wohnanlage »Jung und Alt«, Partnerschaften »Kindergartengruppe Senioren« oder »Wir helfen – Jugendengagement für Senioren« ebenso zu unserem Alltag wie die laufende Qualifizierung von Ehrenamtlichen. Aktuell sind wir dabei, ein Gedächtniszentrum für Demenzkranke zu realisieren.

Wie wichtig ist für den Dialog der Generationen die Rolle eines Spielmachers?

Es ist schon hilfreich, wenn sich der Bürgermeister den Hut aufsetzt und sich gestaltend und moderierend des Prozesses annimmt. Die heute geschaffenen Strukturen, die unsere Gemeinde als Lebensraum erlebbar machen, könnten wir uns ohne bürgerliches Engagement gar nicht leisten. Es ist uns gelungen, im Zusammenspiel von Verwaltung, Politik und Ehrenamt belastbare Strukturen aufzubauen, die sich auch für eine Krisenintervention (z. B. bei aktuellen Drogenproblemen) eignen.

Wie lautet Ihr wichtigster Appell an die Kommunalpolitik in kleineren Gemeinden?

Kommunalpolitische Kompetenz darf nicht am Hoch- oder Tiefbau gemessen werden, sondern daran, ob es gelungen ist, soziale Strukturen und Lebensqualität zu schaffen.

Handlungsfelder und Strategieansätze[2]

Identität und bürgerschaftliches Engagement

Die erfolgreiche und zukunftsorientierte Gestaltung des demographischen Wandels wird den Gemeinden nur im

2 Eine ausführliche Fassung der Empfehlungen findet sich im Online-Portal des »Wegweisers Demographischer Wandel« und steht unter www.aktion2050.de/wegweiser/handlungskonz/konzepte/jsp/konzepte/jsp als Download bereit.

Zusammenspiel mit ihren Bürgern und Akteuren vor Ort gelingen. Angesichts der begrenzten Ressourcen in den kommunalen Haushalten liegt eine große Option für die zukunftsfähige Gestaltung kommunaler Aufgaben darin, dass sich Bürger in diesem Bereich ehrenamtlich engagieren. Gerade im ländlichen Raum eröffnet dies die Chance, kleinteilige bedarfsgerechte Dienstleistungsangebote zu etablieren. Das Spektrum der Möglichkeiten ist groß und reicht von Kinderbetreuungsangeboten, Jugend- und Vereinsarbeit über organisierte Nachbarschaftshilfe, Bürgerbus bis hin zur Einbindung von Erfahrungswissen.

Handlungsfeld Kinder- und Familienfreundlichkeit

Junge Familien werden im Zuge des demographischen Wandels künftig mehr umworben werden als Unternehmen. Kinder- und Familienfreundlichkeit wird damit zu einem der zentralen Standortfaktoren – auch für die kleineren Gemeinden im ländlichen Raum. Die Handlungsmöglichkeiten sind im »Wegweiser Demographischer Wandel« aufgezeigt und müssen an die spezifischen Bedarfe von Gemeinde und Region angepasst werden.

Zukunft für Ältere auf dem Land

In vielen Gemeinden im ländlichen Raum schreitet die Überalterung in großen Schritten voran. Die Zunahme an älteren Menschen darf dabei nicht vorrangig als Belastung wahrgenommen werden, sondern muss vor allem als Chance für die Zukunftsgestaltung der Gemeinden gesehen werden. Deshalb ist es auch in den ländlichen Gemeinden wichtig, eine zukunftsorientierte Seniorenpolitik umzusetzen.

Siedlungsentwicklung und Infrastrukturanpassung

Siedlungsentwicklung ist die alles verklammernde Stellschraube einer zukunftsfähigen Entwicklung. Spätestens unter den Rahmenbedingungen der demographischen Entwicklung hat die Erwartung, dass Flächenwachstum auch Wohlstandswachstum bedeutet, ihre Berechtigung

verloren. Bei einer abnehmenden oder auch nur stagnierenden (und alternden) Bevölkerung sind neue Infrastrukturen nur noch in seltenen Fällen amortisierbar.

Der Wettbewerb gerade auch der kleinen ländlichen Gemeinden, mit günstigen Grundstücken junge Familien oder Gewerbetriebe anlocken zu wollen, muss der Vergangenheit angehören. Notwendig ist ein Paradigmenwechsel von einer wachstumsorientierten Planung hin zu einer bestandserhaltenden oder gar auf Rückbau und Zentralisierung ausgerichteten Planung.

Die Gemeinden sind aufgefordert, zunächst ihre Innenentwicklungspotenziale zu nutzen und sich der Aufgabe zu stellen, dass Siedlungsentwicklung und die qualitätvolle Sicherung der öffentlichen Daseinsvorsorge letztlich nur im regionalen Kontext erfolgreich gesteuert werden kann.

Ausblick

Auch die kleineren Gemeinden im ländlichen Raum müssen sich zeitnah und vorausschauend auf die anstehenden Veränderungen einstellen. Dies erfordert gerade im überschaubaren gemeindlichen Umfeld von der Kommunalpolitik Mut und Weitblick, denn Lösungsansätze liegen zumeist nicht in - öffentlichkeitswirksamen - Einzelmaßnahmen oder kurzfristig zu realisierenden Vorhaben. Gefordert sind langfristig angelegte strategische Konzepte, um die begrenzten Ressourcen gezielt und effizient einsetzen zu können. Es wird empfohlen, mit einer transparenten Bestandsaufnahme als Grundlage für eine klare Prioritätensetzung die Gestaltung des demographischen Wandels einzuleiten.

Literatur

BBR – Bundesamt für Bauwesen und Raumordnung (Hrsg.): *Raumordnungsbericht 2005*. Bonn 2005.

BMVBW/BBR – Bundesministerium für Verkehr, Bau- und Wohnungswesen/Bundesamt für Bauwesen und Raumordnung (Hrsg.): *Öffentliche Daseinsvorsorge und demographischer Wandel*. Berlin und Bonn 2005.

Kommunale Seniorenpolitik

Birgit Ottensmeier, Hans Jörg Rothen

Ältere Menschen sind in unseren Kommunen längst keine Randgruppe mehr. Der Anteil der über 60-Jährigen wächst stetig. Schon heute stellen sie in einigen Gemeinden und Städten die größte Bevölkerungsgruppe, zukünftig wird dies vielerorts der Fall sein. Die kommunale Altenplanung und Seniorenpolitik steht angesichts des sozialen und demographischen Strukturwandels vor großen Herausforderungen. Bevölkerungsrückgang, Veränderungen der Altersstruktur, wachsende kulturelle Differenzierung, Veränderungen der Familienstrukturen, Singularisierung und Entberuflichung des Alters bringen einschneidende Veränderungen mit sich.

Dabei verläuft die Lebensphase Alter individuell sehr unterschiedlich. Aktive, mobile, engagierte ältere Menschen, die ihr Leben weitestgehend selbstständig und selbstbestimmt gestalten, verfügen über vielfältige Potenziale und Ressourcen, die für das Gemeinwesen nutzbar gemacht werden können. Andererseits gibt es Senioren mit einem konkreten Bedarf an Unterstützungs-, Hilfs- und Pflegeleistungen. Ältere Bürger als Zielgruppe müssen also differenziert betrachtet werden.

Die kommunale Altenplanung und Seniorenpolitik muss insgesamt nicht nur qualitativ aufgewertet und in der Breite eingesetzt werden; sie muss sich vor allem an Standards der Planungs- und Prozesssteuerung orientieren, überkommene Altersbilder diskutieren, das Zusammenspiel professioneller Dienste und primärer Sozialnetze neu beleben und zahlreiche kommunale Politikfelder »alterskompatibel« gestalten. Dies betrifft die Bau- und Verkehrsplanung, Bildungsangebote und Gesundheitseinrichtungen, die Aktivierung bürgerschaftlichen Engagements und die Seniorenwirtschaft.

Es kann und darf zukünftig nicht nur um ein neues kommunalpolitisches und fachplanerisches Denken und Handeln gehen, sondern auf der Agenda steht das anspruchsvolle Projekt einer integrierten Finanz-, Städtebau-, Bildungs-, Gesundheits- und Sozialpolitik. Im Mittelpunkt: das Individuum in einer lebendigen Nachbarschaft. Die kommunale Altenpolitik sollte daher zwei wesentliche Perspektiven verfolgen:

- Eine primär sozialpolitische Perspektive beinhaltet die Sicherheits- und Schutzfunktion der Kommunen bei besonderen Bedarfen, wie Krankheit, Hilfs- und Pflegebedürftigkeit.
- Die zweite Perspektive zielt auf die Förderung der Selbstbestimmung und den Erhalt der Selbstständigkeit älterer Menschen. Ihre Bedeutung wird bislang in der kommunalen Arbeit nur unzureichend gewürdigt.
  - Kommunale Altenpolitik sollte sich an die Selbstverantwortung der älter werdenden und älteren Menschen richten – etwa unter der Fragestellung: »Was kann ich selber für ein erfolgreiches Alter tun?« – und gleichzeitig an die Mitverantwortung und Solidarität der Einzelnen für die gesellschaftliche Entwicklung appellieren, z.B. unter dem Aspekt: »Was kann ich selber zum Gemeinwohl beitragen?«
  - Die Kommunen können Angebote der Gesundheitsförderung und Prävention, Bildungs-, Kultur-, Freizeit- und Sportmöglichkeiten sowie generationenübergreifende Angebote zur Verfügung stellen und andererseits Strukturen schaffen, die es ermöglichen, dass ältere Menschen ihre Kompetenzen und Ressourcen selbstbestimmt einbringen.

Potenziale des Alters

Durch die immer höhere Lebenserwartung und die Verringerung der Lebensarbeitszeit gewinnt die nachberufliche Phase zunehmende Bedeutung. Die »Entberuflichung des Alters« wird sich auf Sicht verändern, aber auch kurz- und mittelfristig sind Senioren als »Sozialkapital« für das Gemeinwesen besonders interessant. Die heutigen Seniorinnen und Senioren wollen in ihrer teils drei

Jahrzehnte umfassenden Altersphase nicht »betreut« werden, sondern die Zeit aktiv und selbstbewusst gestalten.

Ein differenziertes Altersbild orientiert sich zunehmend an den Fähigkeiten und nicht mehr so sehr an einem Defizitmodell des Alters: Nicht Fürsorge, sondern Selbstgestaltung werden betont, soziale und kulturelle Beteiligungschancen diskutiert, politische Partizipation gewollt und gefördert, zivil-bürgerschaftliches Engagement eingefordert.

Die jüngeren Alten geraten mehr und mehr unter Legitimationsdruck angesichts der Vorwürfe, auf Kosten Jüngerer Ressourcen zu verbrauchen. Beteiligung wird mehr als Verteilung von Belastung begriffen denn als Chance (vgl. Klie 2002).

Partizipative Ansätze in der kommunalen Altenplanung sind eher die Ausnahme als die Regel – obwohl Partizipationsförderung zu den »neuen Aufgabenfeldern« kommunaler Seniorenpolitik gehört.

In vielen kulturellen, sozialen und kirchlichen Bereichen sind ältere Bürger aktiv engagiert und wären dieses auch in noch größerem Umfang, wenn es in den bundesdeutschen Kommunen bessere Informations- und Beratungsmöglichkeiten über Gelegenheiten oder Angebote für bürgerschaftliches Engagement gäbe. Weiterbildungen, spezielle Schulungen, die für nachberufliche Tätigkeiten qualifizieren, eine Anerkennungskultur sowie eine frauenspezifische Ausrichtung dieser Angebote könnten das Potenzial heben und Ressourcen für die Einzelnen und die Gemeinschaft fördern.

Konkrete Aufgaben für die Kommunen liegen hier beispielsweise

- in der seniorenspezifischen Bereitstellung von Information, Beratung und Vermittlung. Ehrenamtsbörsen oder Seniorenbüros sowie Leitstellen »Älter werden« sind mittlerweile in zahlreichen Landkreisen und Städten eingerichtet worden. Ob ihre professionelle Ausstattung durch eine kommunale Finanzierung zu gewährleisten ist (Beispiel Seniorenbüros), ist jedoch nicht unumstritten. Das gleiche gilt für die Akzeptanz seitens der Zielgruppe und die Frage, ob Angebot und Nachfrage tatsächlich zueinander finden. Kommunen könnten mit wenig Aufwand ihre Angebote ausweiten bzw. empirisch überprüfen und anpassen (BMFSFJ 2001).
- in der Koordination der Angebote und Anbieter. Mit Blick auf die ehrenamtliche Tätigkeit von Senioren sind hier als eine kommunalspezifische Aufgabe ins-

besondere Vermittlung, Bestandsaufnahme und Sichtung von Einsatzmöglichkeiten zu nennen.

- in der Initiierung neuer Beteiligungsverfahren wie Zukunftswerkstätten, Bürgerforen oder Gemeinsinn-Werkstätten, durch die bürgerschaftliches Engagement angeregt werden.
- in der Durchführung von aktivierenden Befragungen, der Förderung von Freiwilligengruppen oder Nachbarschaftshilfevereinen. Aber auch durch eine Qualifizierung in Sachen Spendenakquisition und Sponsoring sowie Öffentlichkeitsarbeit kann das Engagement von Senioren vor Ort gehoben werden.
- in der Schaffung sowie in der organisatorischen und finanziellen Unterstützung örtlicher Vertretungsgremien, in denen Senioren eine beratende Funktion in den Entscheidungsprozessen der Kommune erhalten (Beispiel Seniorenbeirat).
- in der Aktivierung themen- und projektbezogener Mitarbeit und durch die aktive Einbeziehung der Älteren in Planungsprozesse.
- in der Zusammensetzung interdisziplinärer Gruppen, die das Thema vor Ort konzeptionell weiterentwickeln.

Kommunen sind dazu angehalten, eigene Versorgungsleistungen zu prüfen, um Ressourcen freizusetzen für fachliche, rechtliche und organisatorische Unterstützung, für Investitionen, Projektzuschüsse und Qualifizierungsmaßnahmen (vgl. Blaumeister, Blunck und Klie 2002).

Alter und Bildung

Die Alter(n)sbildung und Altenbildung sind aus kommunaler und kommunalpolitischer Sicht ein wichtiges Handlungsfeld. Es ist zu erwarten, dass die Bildungsnachfrage älterer Menschen in den nächsten Jahren deutlich ansteigen wird. Dies ist auf die demographische Entwicklung (quantitative Veränderungen im Altersaufbau) sowie auf qualitative und strukturelle Veränderungen zurückzuführen: bessere gesundheitliche Verfassung, mehr Bildungsbeteiligung älterer Menschen aufgrund höherer Schulbildung, bessere materielle Absicherung etc. (Sommer, Künemund und Kohli 2004, Schröder und Gilberg 2005).

Es lassen sich zahlreiche individuelle und gesellschaftliche Begründungen und Zielsetzungen für eine kommu-

nale Alter(n)s- und Altenbildung nennen. So zielt sie unter anderem auf eine Auseinandersetzung mit dem eigenen Alter(n), dem Lernen des Älterwerdens, und mit der neuen Lebensphase Alter auf den Erwerb neuen Wissens für die Entwicklung neuer oder den Ausbau vorhandener Kompetenzen, auf Selbstbestimmung sowie den Erhalt von Autonomie, auf gesellschaftliche und politische Partizipation und Teilhabe, auf die Vorbereitung auf mögliche Krisen- und Grenzsituationen und ihre Bewältigung.

Die Bildungsangebote müssen sich am individuellen Lebenslauf, der jeweiligen Lebenslage und Lebenswelt orientieren. Die Lehr- und Lernformen sowie das Lernmaterial sollten auf die Bedürfnisse der Altersgruppe abgestimmt sein. Die Angebote sollten zudem so gestaltet sein, dass auch bildungsbenachteiligte und lernungewohnte ältere Menschen teilnehmen können. Die Beteiligung von älteren Menschen bei der Gestaltung und Planung von Bildungsangeboten hat eine zentrale Bedeutung.

Beispiele kommunaler Handlungsfelder:
- Kommunale Bildungskonferenzen: Die verschiedenen Akteure (Bildungsanbieter und -einrichtungen, Träger der Altenhilfe, Verwaltung, Kommunalpolitik, Vertreter der Nutzer etc.) bilden ein Gremium, um gemeinsame Zielsetzungen zu entwickeln, die Angebote zu koordinieren, die Akteure zu vernetzen, die Angebote zu evaluieren usw.
- Bildungsberatung: Eine unabhängige Stelle berät die älteren Menschen individuell und ermittelt ihre Nachfrage nach Bildungsangeboten – ist aber auch Beratungsinstanz für Kooperationspartner (Unternehmen, Krankenkassen usw.), um gezielte Angebote zu ent-

wickeln: Vorbereitung auf die nachberufliche Lebensphase, Gesundheitsangebote usw.
- Bildungspatenschaften: Zwischen Schulen und Einrichtungen der Altenhilfe werden Patenschaften organisiert, um intergenerationelle Angebote zu entwickeln.

Offene Altenarbeit

Die offene Altenarbeit ist ein breites kommunales Handlungsfeld, mit sehr differenzierten und vielfältigen Angeboten unterschiedlicher Träger. Sie wird vielfach als eine freiwillige Leistung der Kommunen verstanden, die Chancen und Möglichkeiten werden häufig nicht gesehen oder aber unterschätzt. Zudem wurde der Bereich der offenen Altenarbeit – durch die Konzentration auf das Thema Pflege – viele Jahre vernachlässigt.

Wenn eine wichtige Aufgabe darin gesehen wird, die offene Altenarbeit konzeptionell weiterzuentwickeln, dann ist es auch notwendig, begleitend Zielsetzungen und Evaluationskriterien für sie zu erarbeiten, damit Vorhaben und Modelle vor Ort angemessen bewertet werden können (Frerichs 1999).

Beispiele kommunaler Handlungsfelder:
- Orientierung und Steuerung: Ein Strategieprozess wird unter Beteiligung aller Akteure (Kommunalpolitik, Verwaltung, Träger, Nutzer, Kooperationspartner etc.) durchgeführt zur Ausrichtung, Orientierung und Steuerung der kommunalen Altenarbeit.
- Konzeptentwicklung: Im Anschluss an den Strategieprozess sollten geeignete Konzepte und Evaluationskriterien erarbeitet und erprobt werden.

Wirtschaftskraft Alter

Die Seniorenwirtschaft stellt insgesamt und somit auch für Kommunen ein neues Handlungsfeld dar. Eine zukunftsorientierte Kommunalpolitik sollte sich hier vor allem die Chancen des demographischen Wandels vor Augen führen, denn wirtschaftliche Potenziale sind eng mit diesen Entwicklungen verbunden, sobald Angebote und Produkte entwickelt und die Zielgruppen der jüngeren und älteren Senioren hierfür erschlossen werden können.

So haben gerade auch die Wirtschaftsförderung, die Unternehmen und öffentlichen Einrichtungen der Kommunen gute Gründe, den Herausforderungen des demographischen Wandels positiv entgegenzusehen: Sowohl die Kaufkraft der über 50-Jährigen ist in den letzten Jahrzehnten um ein Vielfaches gestiegen als auch das Geld- und Grundvermögen der privaten Haushalte, das zum Großteil in den Händen der über 60-Jährigen liegt.

- Seniorenorientierte Produkte, spezielle Dienstleistungen und ein verstärktes Seniorenmarketing können auf kommunaler Ebene helfen, die Zielgruppe zu erschließen. Die Entwicklung entsprechender Produkte und Dienste liegen vor allem in folgenden Bereichen: Wohnen und Immobilien (Haustechnik, wohnbegleitende Dienstleistungen, barrierefreies Wohnen, Wohnresidenzen und alternative Wohnkonzepte), Wellness, Gesundheits- und Pflegeleistungen (Angebote der Gesundheitsförderung und Prävention, Rehabilitation, integrierte und koordinierte Gesundheits- und Pflegeleistungen) sowie Freizeit, Tourismus, Bildung und Neue Medien.
- Durch die Förderung und Unterstützung dieser Branchen können Kommunen konkret dazu beitragen, Arbeitsplätze in der Seniorenwirtschaft zu schaffen, innovative Ansätze zu erproben, die Kaufkraft der Älteren sowie ihre Lebensqualität zu heben und darüber hinaus zur Entwicklung der Region beitragen.

Wenn die Bedürfnisse älterer Menschen ernst genommen werden, indem sich Stadt- und Infrastrukturplanung sowie seniorenorientierte Dienstleistungen auf sie einstellen, werden auch andere Gruppen wie Familien, Behinderte oder Migranten davon profitieren. Das Erfahrungswissen Älterer zu nutzen, ihre Wirtschaftskraft zu mobilisieren, sind auch daher wichtige kommunale Handlungsfelder.

Wohnen im Alter

Den Herausforderungen des demographischen Wandels im Bereich Wohnen ist vor allem zu begegnen durch ein breites Spektrum alternativer Wohnangebote und -arrangements, aus denen ältere Menschen eigenverantwortlich wählen können. Ihnen muss es ermöglicht werden, auch bei eingeschränkter körperlicher oder psychischer Gesundheit möglichst lange zu Hause zu leben. Eine abgestufte, niedrigschwellige Infrastrukturplanung kann helfen, dass diese Angebote die Einzelnen auch erreichen; zudem kann sie dafür Sorge tragen, dass dem Wunsch, in den eigenen vier Wänden zu bleiben, entsprochen wird, auch wenn die Menschen Unterstützung benötigen. Dies erfordert ein kooperatives Handeln zwischen öffentlichen und privaten Partnern.

Die Frage nach den jeweils angemessenen Wohnbedingungen ist auf der Grundlage individueller Bedürfnisse und Wertentscheidungen zu beantworten. Daher werden »normale« Wohnungen auch in Zukunft die überwiegende Wohnform Älterer bleiben. Das bedeutet, dass soziale Infrastrukturen sowie das räumliche Umfeld und die Wohnungen selbst in weit höherem Maße als bisher altersgerecht gestaltet sein müssen.

Handlungsspielräume für Kommunen:

- Der Wohnungsbestand wird strukturell umgewandelt und das Wohnumfeld verbessert.[1] Bauliche Maßnahmen sollten dabei nicht isoliert vorgenommen werden, sondern sich kleinräumig mit sozialen Infrastrukturen verknüpfen.
- Neue Wohnformen werden geschaffen, erprobt und unterstützt. Dies kann jedoch zukünftig auch aus volkswirtschaftlicher Sicht nur in sehr begrenztem Umfang realisiert werden. Hier gilt es vor allem, auch bei erhöhtem Pflegebedarf oder einer Demenzerkrankung den Bedürfnissen nach Normalität, Selbstbestimmung und Integration zu entsprechen sowie Wohnformen anzubieten, die vor allem dem Wunsch nach Gemeinschaft und gegenseitiger Unterstützung entgegenkommen.
- Einzelne Wohnquartiere werden mit Pflegewohngruppen, betreuten Wohnanlagen oder Mehrgenerationenhäusern ausgestaltet. Diese tragen dazu bei, dass äl-

---

1 In diesem Zusammenhang sei darauf hingewiesen, dass nur jene Kommunen planerisch handeln können, die ihre Wohnungsgesellschaften nicht veräußern.

tere Menschen in ihren vertrauten Wohnsiedlungen oder Gemeinschaften auch bei hohem Unterstützungsbedarf verbleiben können und somit Selbst-, Familien- und Nachbarschaftshilfe gefördert werden.

- Kooperationen werden durchgeführt: mit örtlichen Vereinen, Genossenschaften oder der Wohnungswirtschaft.
- Durch eine zukunftsorientierte Bau- und Infrastrukturplanung können Kommunen günstige Rahmenbedingungen schaffen.
- Durch Information und Beratung älterer Bürger werden die Angebote breitenwirksam umgesetzt. Anlaufstellen für die Vermittlung von Hilfen, Wohnberatung und die Organisation gemeinschaftsförderlicher Aktivitäten sind hier zu nennen, die durch kommunale Initiierung, Steuerung und Finanzierung in das Repertoire einer altersgerechten Kommune gehören.
- Bürgerschaftliche Identität und soziale Verwurzelung werden gefördert. Indem Kommunen die Regulierungsdichte im Rahmen der Bauleitplanung und Satzungen minimieren, können sie zu erweiterten Handlungsspielräumen für selbstbestimmte, neuere Wohnformen beitragen. Bau- und nutzungsrechtliche Festlegungen sollten erst getroffen werden, nachdem die Wohnkonzepte von Nutzern und Akteuren konkretisiert werden. Kommunales Handeln sollte sich auf anregende Hilfestellung und Beratung, statt auf bürokratische Kontrolle konzentrieren.

Die Koordination der Angebote und vor allem die Förderung von Quartierskonzepten und Gemeinwesen, der Aufbau eines Beratungsangebotes für Wohnformen im

Alter und die Möglichkeiten der Anpassung vorhandener Wohnungen an die Bedürfnisse der älteren Bevölkerung gehören zu den wichtigsten kommunalen Zukunftsaufgaben.

Alter und Gesundheit

Die Lebenserwartung der Menschen steigt. Immer mehr Menschen erreichen ein sehr hohes Alter: eine positive Nachricht. Gleichzeitig wächst der Anteil derer, die das Alter weitgehend gesund erleben. Dennoch wird diese Lebensphase immer noch mit Krankheit und Leistungsabbau verbunden. Zwar wächst mit zunehmendem Lebensalter die Wahrscheinlichkeit von Gesundheits- und Funktionseinbußen, aber dieses Risiko ist beeinflussbar: durch eine gesunde Lebensführung (körperliche Bewegung, gesunde Ernährung, seelisch-geistige Aktivitäten, Vermeidung von Risikofaktoren wie Rauchen und Übergewicht), aber auch durch eine gesundheitsfördernde Umwelt: medizinische Versorgung und Infrastruktur, Wohnangebote, Bildungs-, Freizeit- und Bewegungsangebote, Beratungs- und Selbsthilfeangebote usw.

Durch gesundheitsfördernde und präventive Angebote können Gesundheitseinschränkungen, Funktionseinbußen und Krankheiten vermieden, ihr Fortschreiten verhindert oder verzögert sowie Folgeschäden abgeschwächt oder vermindert werden. Gesundheitsförderung und Prävention sind auch im hohen Alter sinnvoll und möglich. Hierdurch kann nicht nur die individuelle Lebensqualität erhalten oder verbessert werden: auch die Kosten für medizinische und pflegerische Versorgung werden verringert. Gesundheit ist zugleich eine wesentliche Voraussetzung für die Teilhabe am gesellschaftlichen Leben.

Gesundheit ist auch aus kommunaler und kommunalpolitischer Perspektive ein wichtiges Handlungsfeld. Beispiele:

- kleinräumige Koordinierung und Vernetzung der Akteure (ambulante und stationäre Versorgung sowie Rehabilitation, Krankenkassen, soziale Dienste usw.)
- Ausbau zielgruppenspezifischer Angebote der Gesundheitsförderung und Prävention
- Förderung, Unterstützung und Beratung von Selbsthilfeangeboten
- individuelle Gesundheitsberatung für ältere Menschen, Information und Beratung für Gruppen (Selbst-

hilfegruppen, Altenclubs usw.) und Einrichtungen der Altenhilfe (Begegnungsstätten, stationäre Einrichtungen usw.)

- Stadtplanung, bei der Aspekte der Gesundheitsförderung und ökologischen Gerontologie berücksichtigt werden

Alter und Pflege

In den kommenden Jahren wird der Anteil Älterer an der Gesamtbevölkerung deutlich zunehmen. Zugleich erreichen diese älteren Menschen häufiger ein sehr hohes Alter. Der Anteil der über 80-Jährigen wird von derzeit vier Prozent auf rund 12 Prozent im Jahr 2050 ansteigen.

Mit zunehmendem Alter wächst das Risiko, hilfs- und pflegebedürftig zu werden. Die meisten Menschen möchten auch, wenn sie hilfs- und pflegebedürftig sind, selbstständig und selbstbestimmt in der vertrauten häuslichen Umgebung bleiben. Hieraus ergeben sich zahlreiche Aufgaben für die kommunale Altenpolitik und -arbeit.

Die kommunale Stadt-, Wohn- und Infrastrukturplanung muss die Perspektive von Hilfs- und Pflegebedürftigkeit in ihre Arbeit integrieren. Hierzu zählen eine individuelle Wohn- und Pflegeberatung, soziale und komplementäre Dienstleistungen, aber auch Maßnahmen zur besseren Vereinbarkeit von Berufstätigkeit und Pflege und zur Unterstützung privater Pflegepersonen. Um eine Unter- oder Überversorgung dieser Dienstleistungen zu vermeiden, die Abstimmung der verschiedenen Berufsgruppen und Dienste zu verbessern sowie Angebote und Maßnahmen für besondere Zielgruppen (Migranten, ältere Menschen mit lebenslanger Behinderung usw.) zu entwickeln, bedarf es einer kommunalen Koordinierung und Steuerung.

Auch hier bietet sich eine umfassende Beteiligung von älteren Menschen bei der Planung und Entwicklung der Angebote und Dienstleistungen an, um die Akzeptanz und Qualität zu unterstützen und zu sichern.

Beispiele kommunaler Handlungsfelder:

- Wohn- und Pflegeberatung
  Kommunale Angebote der Wohn- und Pflegeberatung sollten auch präventiv gesehen werden, denn durch eine individuelle Wohnberatung (z.B. Wohnraumanpassung) kann die stationäre Pflege verhindert oder ver-

zögert werden. Eine umfassende Pflegeberatung kann die Möglichkeiten und Grenzen von ambulanter Pflege, von Hilfs- und Betreuungsangeboten vermitteln bzw. spezifische Pflegearrangements zusammenstellen.

- Runde Tische / Pflegekonferenzen
  Runde Tische oder Pflegekonferenzen haben mehrere Funktionen: eine verbesserte Abstimmung zwischen den verschiedenen Akteuren (Pflegedienste, Träger der stationären Pflege, soziale und komplementäre Dienstleister, Akteure der Gesundheits- und medizinischen Versorgung, Vertreter der Nutzer usw.), die Entwicklung von zielgruppenspezifischen Angeboten (etwa für ältere Migranten oder ältere Menschen mit lebenslanger Behinderung) und ihre Evaluation.
- Soziale und komplementäre Dienstleistungen
  Eine Vielzahl von sozialen und komplementären Dienstleistungsangeboten ist für den Erhalt einer weitgehend selbstständigen und selbstbestimmten Lebensführung von hilfs- und pflegebedürftigen älteren Menschen erforderlich. Hier sollten Kommunen gemeinsam mit gemeinnützigen und freigewerblichen Dienstleistern adäquate Angebote vorhalten.
- Unterstützung privater Pflegepersonen
  Auch in Zukunft werden die meisten Pflegebedürftigen von (weiblichen) Verwandten und Menschen aus dem Freundeskreis versorgt werden. Für diese privaten Pflegepersonen sind Unterstützungsangebote erforderlich: um sie in der Hilfe und Pflege zu schulen und um sie körperlich und psychosozial zu stützen und zu entlasten.
- Maßnahmen zur besseren Vereinbarkeit von Beruf und Pflege
  Eine Barriere bei der Versorgung, Betreuung und Pflege von älteren Menschen durch private Pflegepersonen ist die Vereinbarkeit von Beruf und privater Hilfs- und Pflegetätigkeit. Die Kommunen sollten gemeinsam mit den ortsansässigen Unternehmen Angebote zur Beratung, Entlastung und Betreuung entwickeln.
- Pflege von älteren Menschen mit lebenslanger Behinderung
  Ältere Menschen mit einer lebenslangen Behinderung benötigen spezifische Hilfs- und Pflegeangebote. Hier sind die Kommunen gefordert, gemeinsam mit den Akteuren der Behindertenarbeit Maßnahmen und Angebote zu entwickeln, die eine selbstständige Lebensweise ermöglichen und fördern.

- Kultursensible Pflege
  Für die wachsende Zahl von älteren Migrantinnen und Migranten werden auf die Bedürfnisse abgestimmte Hilfs-, Pflege- und Betreuungsangebote benötigt. Auch hier sind die Kommunen gefordert, gemeinsam mit den Migranten und Akteuren der Migrantenarbeit, kultursensible Angebote zu realisieren.

Literatur

Blaumeister, Hans, Annette Blunck und Thomas Klie: *Handbuch Kommunale Altenplanung. Grundlagen – Prinzipien – Methoden.* Frankfurt am Main 2002.

BMFSFJ – Bundesministerium für Familie, Senioren, Frauen und Jugend (Hrsg.): »Engagementförderung als neuer Weg der kommunalen Altenpolitik«. Dokumentation der Fachtagung im September 1997. Schriftenreihe Band 160. 2. Auflage. Stuttgart 2001.

Frerichs, Frerich: »Zum internationalen Jahr der Senioren (IV): Offene Altenarbeit – Ein vernachlässigter Bereich der Altenpolitik in Deutschland«. *Theorie und Praxis der sozialen Arbeit* (5) 50. 1999. 169–174.

Klie, Thomas (Hrsg.): *Fürs Alter planen – Beiträge zur kommunalen Altenplanung.* Freiburg 2002.

Schröder, Helmut, und Reiner Gilberg: *Weiterbildung Älterer im demographischen Wandel. Empirische Bestandsaufnahme und Prognose.* Bielefeld 2005.

Sommer, Carola, Harald Künemund und Martin Kohli: *Zwischen Selbstorganisation und Seniorenakademie. Die Vielfalt der Altersbildung in Deutschland.* Berlin 2004.

Standortfaktor Kinder- und Familienfreundlichkeit – eine Aufgabe für die ganze Bürgergesellschaft

Kerstin Schmidt, Carsten Große Starmann

Längst ist das Thema Kinder- und Familienfreundlichkeit in Kommunen vom gesellschaftspolitischen zum wirtschafts- und beschäftigungspolitischen Thema geworden. Neben Bodenpreisen und neuen Technologien ist die Infrastruktur einer Kommune für Familien und ihre Kinder ein wichtiger Standortfaktor geworden, um Unternehmen und Fachkräfte anzulocken. So genannte weiche Faktoren wie Bildungsangebote, Kinderbetreuung, Freizeitgestaltung und Stadtteilintegration gewinnen mehr und mehr an Bedeutung. Sie werden auch zu den Aushängeschildern, die im Marketing der Städte positiv hervorgehoben werden.

Doch welche Rolle spielen Familien heute im Selbstverständnis der Kommunen? Was muss sich ändern, damit sich Kinder und Familien in den Kommunen willkommen fühlen? Welche Bausteine gehören zu einer kinder- und familienfreundlichen kommunalen Politik?

Im siebten Familienbericht werden Familien als Orte beschrieben, die im Interesse der ganzen Gesellschaft »Humanvermögen« produzieren: »Die Familien schaffen die Basis der Generationensolidarität und der Bereitschaft, Fürsorge für andere zu übernehmen. All dies kommt nicht nur den Familienmitgliedern zugute, sondern nutzt jedermann«.

In diesem Sinne spielen Familien gerade auch für die Weiterentwicklung und Zukunft der Stadtgesellschaft eine bedeutende Rolle: Städte mit vielen Kindern werden als lebendige Orte mit Zukunft verstanden. Es stellt sich die Frage, welchen Beitrag die Verantwortlichen leisten können, damit das Leitbild einer kinder- und familienfreundlichen Kommune konkret gelebt wird.

Gerade auf der kommunalen Ebene kann mit kinder- und familienfreundlichen Maßnahmen ein klarer Akzent in der Standortpolitik gesetzt werden. Unterbleibt diese Ausrichtung, dann stehen die Städte und Gemeinden bald vor großen Problemen. So ist insbesondere in größeren Kommunen bereits heute eine stark zunehmende Segregation zu beobachten, wie etwa an den Wanderungsbewegungen der besser verdienenden Familien von der Stadt hinaus ins Umland abgelesen werden kann.

Familien bestimmen kaum mehr das städtisch-urbane Klima. Wie in vielen Großstädten spürbar, leben in den Innenstädten überwiegend Singles, ältere und weniger mobile Menschen sowie sozial benachteiligte und weniger begüterte Familien. Verstärkt werden diese Entwicklungen durch die unterschiedlichen Geburtenraten: In Familien mit Migrationshintergrund werden bisher noch mehr Kinder geboren als in deutschen Familien.

Prof. Klaus Peter Strohmeier von der Ruhr-Universität Bochum spricht in diesem Zusammenhang von einer Welt der zwei Kindheiten: Die einen wachsen wohlbehütet und gut gefördert auf, die anderen haben sehr schlechte Ausgangsbedingungen für das ganze Leben, Bildungsangebote kommen nicht an.

»Es bedarf eines ganzen Dorfes, um ein Kind zu erziehen.« Dieses afrikanische Sprichwort erscheint angesichts der Gesamtsituation aktueller denn je. Denn um gerade auf kommunaler Ebene positive Veränderungen zu erreichen, sind alle Akteure vor Ort gefragt – Unternehmen genauso wie Jugendämter und Eltern. Durch eine entsprechende Politik, insbesondere auch im Bereich der Vereinbarkeit von Familie und Beruf, können hier wichtige Akzente gesetzt werden.

Prof. Dr. Hans Jürgen Schimke, Bürgermeister der nordrhein-westfälischen Gemeinde Laer (Interview auf Seite 135) und Prof. Dr. Hans Bertram von der Berliner Humboldt Universität (Interview auf Seite 137) engagieren sich dafür, Kinder und Familien stärker ins Zentrum kommunaler Politik zu stellen. Auf der Basis ihrer Erkenntnisse und der Erfahrungen der Bertelsmann Stiftung aus der Zusammenarbeit mit zahlreichen Kommunen werden hier zehn Empfehlungen für eine kinder- und familienfreundliche Politik entwickelt.

1. Ein Kinder- und familienfreundliches Klima herstellen

An erster Stelle steht die Frage, ob die Entscheider in Politik und Verwaltung, die Wirtschaft (z. B. Industrie- und Handelskammern) und viele andere Akteure, sich ernsthaft und gemeinsam um das Thema kümmern wollen. Dabei geht es nicht nur darum, günstiges Bauland auszuweisen, sondern ob die gesamte Stadtgesellschaft sich für Kinder und Familien einsetzen will.

2. Aktivitäten bündeln

Angesichts der Vielfalt, aber auch der Streuung der Angebote für Kinder und Familien kommt es darauf an, die vorhandene Palette transparent zu machen, sodass beispielsweise einer Familie mit Beratungsbedarf schnell geholfen werden kann. Zu empfehlen ist hier z. B. ein Stadtplan speziell für Kinder und Familien.

3. Betreuungsangebote verbessern

Dies ist ein Kernpunkt kommunaler Kinder- und Familienpolitik. Die Schaffung flexibler Betreuungszeiten und neuer Angebote, die sich stringent am Bedarf in den Kommunen orientieren, haben hier oberste Priorität. Angesichts knapper Kassen sollten die Träger eng mit den Eltern zusammenarbeiten – und damit alte Gewohnheiten konsequent überwinden.

4. Bildungs- und Betreuungsangebote vernetzen

In der Praxis kommt es darauf an, dass Einrichtungen der Kinderbetreuung sehr frühzeitig mit Grundschulen kooperieren und umgekehrt. Darin liegt die Chance, dass beispielsweise in Kindergärten vorschulische Bildungsaktivitäten verstärkt angeboten und somit die Kinder besser auf den Schulalltag vorbereitet werden. Dies ist eine Aufgabe, die stark durch landes- und bundespolitische Maßnahmen flankiert werden muss.

5. Transparenz herstellen durch Familienberichterstattung

Die Situation von Kindern und Familien vor Ort muss durch eine regelmäßige Berichterstattung verdeutlicht werden. Hier zählen quantitative Informationen über die Anzahl der Schulabbrecher oder die Betreuungsquote für die unter Dreijährigen genauso wie die Zufriedenheit der Eltern mit der Ganztagsbetreuung an Grundschulen.

6. Sozial benachteiligte Kinder und Familien fördern

Zunehmend viele Kinder wachsen in sozial schwierigen Verhältnissen auf. Diese Kinder und ihre Familien müssen gezielt gefördert werden. Dies ist als Schwerpunkt kommunaler Politik zu sehen. Gute Betreuungs- und Bildungsangebote sind verstärkt in benachteiligten Wohngebieten anzubieten.

7. Kinder und Jugendliche beteiligen

Kinder und Jugendliche sollten an politischen und stadtplanerischen Entwicklungs- und Entscheidungsprozessen beteiligt werden. Gemeint ist eine Beteiligung, die die Sichtweisen der jungen Menschen ernst nimmt und die Ergebnisse der Beteiligungsprozesse in die Entscheidungen einfließen lässt.

8. Neue lokale Ansiedlungspolitik: Wohn- und Lebensräume für Familien schaffen

Angesichts der starken Suburbanisierungsprozesse der letzten Jahrzehnte kommt es nun darauf an, dass Kommunen stärker als bisher versuchen, Familien anzusiedeln. Familienfreundlichkeit ist heutzutage ein entscheidender Standortfaktor, der auch Gewerbebetriebe anzieht. Unternehmen siedeln sich heute vermehrt dort an, wo es eine gute soziale Infrastruktur gibt und ebenso qualifizierte Mitarbeiterinnen und Mitarbeiter.

9. Standortpolitik: Wirtschaft einbeziehen und in Angebote für Kinder und Familien investieren

Ein Schlüsselfaktor besteht darin, Unternehmen verstärkt in die Schaffung von Angeboten für mehr Kinder- und Familienfreundlichkeit einzubinden. Belegplätze für Unternehmen in Kindergärten gehören genauso dazu wie Investitionen der Wirtschaft in Bildungsangebote.

10. Familienfreundliche Stadtqualitäten als Standortfaktor herausstellen

»Tue Gutes und sprich darüber!« Damit Familienfreundlichkeit wirklich ein wahrnehmbarer Standortfaktor, aber auch ein in der Wahrnehmung prioritäres Ziel der Kommune wird, muss sie als solche auch in der Öffentlichkeit kontinuierlich kommuniziert und vermarktet werden.

»Es bedarf eines ganzen Dorfes, um ein Kind zu erziehen«

Interview mit Prof. Dr. Hans Jürgen Schimke

Die Gemeinde Laer hatte im Jahr 2002 die höchsten Geburtenraten in Nordrhein-Westfalen und ist durch ihre besonders guten Betreuungsangebote bundesweit und international bekannt geworden. Kinder- und Familienfreundlichkeit wird hier gelebt. Dafür setzt sich Prof. Dr. Hans Jürgen Schimke, seit 1999 Bürgermeister von Laer, kontinuierlich in Fachbeiträgen, Vorträgen und ganz praktisch in seiner Gemeinde ein. Er ist zudem Mitglied des Kinderschutzbundes des Landes Nordrhein-Westfalen.

Kinder- und Familienfreundlichkeit ist für Kommunen in Zeiten niedriger Geburtenraten besonders wichtig. Was macht diese aus Ihrer Sicht aus?

Zunächst ist festzuhalten, dass Kinder- und Familienfreundlichkeit zwei unterschiedliche Dinge sind: Die Gesellschaft stellt sich aus Sicht der Kinder anders dar als aus Sicht der Familien und Erwachsenen. Kommunen müssen sich diesen Unterschied vergegenwärtigen und dann klären, wie sie sich zum einen um Kinder und zum anderen um Eltern und Erziehung kümmern wollen. Kinderfreundlichkeit bedeutet dann, sich ganz bewusst um die Stärkung kinderfreundlicher Umwelten zu kümmern. Familienfreundlichkeit heißt, konkret auf die Bedürfnisse und Probleme der Eltern einzugehen. So können Kinder- und Familienfreundlichkeit durchaus auch im Widerspruch zueinander stehen.

Auf dem Weg zu einer kinder- und familienfreundlichen Kommune ist es wichtig, dass die kommunalen Akteure zunächst ganz klar ihre Ziele bestimmen. Eine diffuse Freundlichkeit nach dem Motto »Wir sind nett zu allen« hilft nicht weiter. Das Wichtigste überhaupt ist, dass Kinder- und Familienpolitik als eine ernst gemeinte Interessenpolitik gesehen wird. Denn wenn Kommunen sich wirklich um ihre Kinder und Familien kümmern wollen, müssen sie sich auch spürbar für diese Zielgruppe einsetzen. Kinder- und Familienfreundlichkeit darf nicht nur kommunales Marketing sein.

Was empfehlen Sie den Kommunen, die sich auf den Weg machen, Kinder und Familien stärker in den Blick zu nehmen?

Ein Schlüsselbegriff liegt vor allem in einer wirklich ernst gemeinten Beteiligung. Konkret heißt das für mich, eine direkte Beteiligung von Kindern, Jugendlichen und Familien an Entscheidungsprozessen zu etablieren. In Laer beteiligen wir zum Beispiel Kinder und Jugendliche an der Dorfentwicklungsplanung, wir führen Kinder- und Jugendkonferenzen durch, und wir haben die Anliegen von Kindern und Jugendlichen als festen Tagesordnungspunkt in jeder Sitzung des Jugendausschusses. Es geht darum, ihre Partizipation stabil und verlässlich zu organisieren.

Das geht natürlich nicht immer problemlos: Es werden viele Diskussion geführt, und auch Planungsprozesse verlängern sich. Das nehmen wir aber ganz bewusst in Kauf, denn wir erreichen damit, dass in unserer Gemeinde ein intensiver Dialog mit Kindern und Jugendlichen geführt wird. Wir nehmen sie ernst, wir kennen ihre Anliegen und wir richten unser Tun daran aus.

Ein klares Ziel zu formulieren ist ein zweiter zentraler Punkt. Ein klares Ziel ist zum Beispiel, das Betreuungsangebot für die unter Dreijährigen zu verbessern. Wenn dies verfolgt werden soll, dann kommt es darauf an, ein gutes Angebot für diese Zielgruppe zu realisieren.

Die Praxis steht dem oft diametral entgegen. Jugendämter meinen, schon alles versucht zu haben, um besonders gute Angebote für die Vereinbarung von Familie und Beruf zu realisieren. Viele Einrichtungen wollen andere Öffnungszeiten nur bei besserer Bezahlung anbieten. Wie schafft es eine Kommune, hier neue Wege zu gehen?

Zunächst möchte ich betonen, dass wir hier aus meiner Sicht kein finanzielles Problem haben. Vielmehr fehlt uns ganz häufig ein zielorientiertes Denken. So denken wir z. B. oft in den Strukturen der einzelnen Träger und sind zu stark in Bürokratien verhaftet. Hinzu kommt, dass die Zusammenarbeit der Träger untereinander und mit den Jugendämtern häufig von Misstrauen geprägt ist, weil sie Konkurrenten um dieselben Ressourcen sind.

Hier kommt es darauf an, die Strukturen aufzubrechen und flexible Lösungen in dem vorhandenen finanziellen Rahmen zu finden. Konkret heißt das beispielsweise, innerhalb der Kindergärten für eine optimierte Betreuung zu einer neuen Aufgabenverteilung unter den Erzieherinnen und Erziehern zu kommen: Einige kümmern sich um die Integrationsarbeit, andere um die Nachmittagsbetreuung, wiederum andere um die vorschulische Bildung. Das alles ist erst mal ohne zusätzliche finanzielle Mittel möglich. Begleitet werden müssen diese Prozesse dann von Fortbildungsangeboten für das pädagogische Personal.

Meine Empfehlung ist, zunächst mit dem vorhandenen Geld und den Betreuungsplätzen ein tragfähiges und glaubwürdiges Angebot zu entwickeln, das sukzessive ausgebaut wird, und einfach anzufangen. Beginnen könnte man mit der Gruppe der unter Dreijährigen.

Zu Frankreich und Skandinavien, wo ein geschlossenes Betreuungsangebot für alle Altersklassen Standard ist, gibt es nach wie vor große konzeptionelle Unterschiede. Solange wir aber hier in Deutschland die verkrusteten Strukturen nicht aufbrechen, werden wir von vergleichbaren Angeboten noch weit entfernt sein. Trotzdem schieben es viele deutsche Jugendämter so lange wie möglich hinaus, sich beispielsweise um die Betreuung der unter Dreijährigen zu kümmern. Aber sie lassen sich dabei quasi »auf der Flucht erwischen«, denn dass das Thema kommen wird, ist unausweichlich.

Darüber hinaus erlebe ich in der Praxis, dass Eltern, vielfach die Mütter, ihren Betreuungsbedarf nicht oder nicht vehement genug artikulieren. Häufig wird die Betreuung der Kinder durch eine Einrichtung hinausgeschoben. Das Bild von der »Rabenmutter« sitzt in Deutschland noch immer in vielen Köpfen.

Mit den lokalen Bündnissen wird zurzeit vielerorts versucht, neue Angebote für Kinder und Familien zu schaffen.
Was sind aus Ihrer Sicht Erfolgsfaktoren für ein lokales Bündnis?
Es ist wichtig, dass mit der Initiierung eines lokalen Bündnisses keine Doppelstrukturen zu den schon vorhandenen geschaffen werden. Vielmehr kommt es darauf an, möglichst schnell konkret zu werden. So können die lokalen Bündnisse etwa neue Qualitätsstandards mit den Trägern aushandeln. Und wenn sich das nicht realisieren lässt, ist es möglich, neue Träger zu gründen – das sieht das KJHG auch vor. Hier können dann Vertreter der Wirtschaft, Privatleute und auch Trägervertreter innovativ in neuen Konstellationen zusammenarbeiten. Auf keinen Fall darf es zu einer Überforderung der Ehrenamtlichen kommen.

Wie muss sich aus Ihrer Sicht der Staat in Sachen Kinder- und Familienfreundlichkeit positionieren?
Wo sehen Sie wünschenswerte Entwicklungen?
Die Aktivitäten auf der kommunalen Ebene müssen von der Bundes- und Landespolitik unterstützt werden. So müssen die Verantwortlichkeiten für Bildung und Erziehung einheitlich auf der Bundesebene angesiedelt sein. Der Bund muss Bildungsstandards festlegen, die dann auf kommunaler Ebene – gerne auch kreativ und innovativ – umgesetzt werden. Aber an diesen Mindeststandards können und müssen sich die Kommunen dann orientieren. In diesem Sinne muss Kinder- und Familienfreundlichkeit eine gesamtstaatliche Aufgabe sein.

Das Interview führten
Kerstin Schmidt und Carsten Große Starmann am
21. Oktober 2005 in der Gemeinde Laer.

»Familien als Investoren erkennen«

Interview mit Prof. Dr. Hans Bertram

Familien müssen in den Kommunen viel stärker als private Investoren erkannt und auch so behandelt werden, fordert Prof. Dr. Hans Bertram, Professor für Mikrosoziologie an der Humboldt Universität zu Berlin und Koordinator des Siebten Familienberichts.

Dazu bedürfe es großer Anstrengungen. Notwendig seien familienfreundliche Siedlungskonzepte für die Innenstädte, kommunale Anreize für eine stärkere soziale Durchmischung, ein anderes Verständnis von Bildung und Sozialarbeit und neue Arbeitszeit- und Kinderbetreuungsmodelle im Zusammenwirken von Kommunen, Unternehmen und Eltern.

Herr Bertram, welchen Stellenwert hat das Thema Familienfreundlichkeit zurzeit in der Kommunalpolitik?
In den relativ wirtschaftsstarken Kommunen und Landkreisen, wo es normal ist, dass beide Eltern arbeiten, wird in die Vereinbarkeit von Familie und Beruf investiert. Dort gibt es das Geld für eine angemessene Ausstattung an Bildung, Betreuung und Beratung.

Wenn Sie aber Städte wie Essen anschauen, dann gibt es dort Bevölkerungsverluste, weil die jungen, leistungsstarken Familien wegziehen. Die Nachwandernden oder Zurückbleibenden sind in der Regel so genannte leistungsschwache Familien, häufig mit nicht deutschem Hintergrund. Daraus ergibt sich eine doppelte Polarisierung: zwischen den städtischen Leistungsträgern auf der einen Seite und den Leistungsschwachen auf der anderen Seite; die einen sind Singles bzw. kinderlos, die anderen leben in der Familie und haben häufig keine Arbeit.

Das hat ja nicht nur Folgen für das soziale Gefüge, sondern auch für die Wirtschafts- und Finanzkraft einer Kommune.
Ja, als neue Bedrohung für die Städte zeichnet sich sogar ab, dass die Unternehmen den leistungsstarken Familien nachwandern. In Oberitalien ist auf diese Weise zwischen Verona und Venedig eine ganz neue Stadt von etwa 2 Mio. Einwohnern entstanden, die noch auf keiner Karte verzeichnet ist. Die Menschen pendeln nicht mehr, sondern wohnen und arbeiten am selben Ort, die Infrastruktur hat sich entwickelt. Also noch ein Grund mehr, attraktive Siedlungsformen innerhalb unserer Kernstädte zu verwirklichen. Es gibt in jeder Stadt Industriebrachen und Altflächen von Bahn oder Bundeswehr, die sich dafür anbieten.

Eine der ganz großen Herausforderungen für die Städte ist, Familien nicht abwandern zu lassen, sondern als Investoren und Leistungspotenzial zu halten. Berlin verliert pro Jahr etwa 50 Millionen Euro an Einkommenssteuer durch die Stadtflucht. Im Gegenzug eine Firma zu finden, die 50 Millionen Gewerbesteuer zahlt, ist nicht so einfach. Erst dann, wenn wir uns vorstellen können, dass am Brandenburger Tor Einfamilienhäuser gebaut werden können, haben Sie eine familienfreundliche Stadt.

Wie beurteilen Sie den Trend zur Reurbanisierung, wie man ihn etwa in Leipzig beobachten kann?
Die Statistik sagt beispielsweise: 5000 wandern ab, 3000 wandern zu, also ist das ein Verlust von 2000. Interessanter ist natürlich: Wer sind diese Personen? Die soziale Verteilung dieser Bewegungen habe ich ja eben beschrieben. Und wenn etwa in Dresden oder Leipzig eine verstärkte Geburtenrate zu beobachten ist, und nach einem Bevölkerungsverlust von über 200 000 Personen kommen nun einige zurück, sagt das noch nichts über einen dauerhaften Trend. Wegen einiger Industrieansiedlungen ziehen junge Leute in die Stadt, aber wenn sie selbst Eltern werden, ziehen sie doch häufig wieder ins Umland!

Die mittleren Städte von 60 000 bis 90 000 Einwohnern tun es den Großstädten gleich und weisen nun auch im großen Stil Baugebiete auf der grünen Wiese aus, um – so das Argument – eine kinder- und familienfreundliche Stadt zu werden. Was muss denn stadtplanerisch konkret passieren, damit Familien wieder in der Stadt wohnen wollen? Heute werden Städte ja auch als familienfeindlich empfunden, gerade wenn man einen bestimmten Anspruch an das Wohnumfeld hat.
Welche Bedürfnisse haben Familien, die an den Stadtrand ziehen? Sie bewegen sich dorthin, wo im Nachbarhaus auch Kinder wohnen, wo man Kontakte knüpfen und sich die Betreuung teilen kann und wo die Kinder unbeaufsichtigt draußen spielen können. Deshalb müssen diese Siedlungen aber weder am Stadtrand liegen noch so aussehen wie die Eigenheimsiedlungen der 50er und 60er Jahre.

Dass es heute so ist, hat drei Gründe: Erstens die rigorose Trennung von Wohnen und Arbeiten. Diese Vorstellung von einer modernen Stadt, die sich in der ersten Hälfte des 20. Jahrhunderts entwickelt hat und nach dem Zweiten Weltkrieg durch die Kriegsfolgen dann auch realisiert wurde, ist noch in den Köpfen verankert. Alle denken, dass ein Stadtzentrum ein reines Geschäftszentrum ist, wo man nicht wohnt, und dass ein Industriegebiet

Krach macht und man dort auch nicht wohnt. Das war vielleicht früher so. Heute hört und riecht man nichts mehr, selbst wenn es sich nicht um Dienstleistungen, sondern um Produktion handelt.

Zweitens geht es um die Siedlungsformen. Viele Städte gehen irrtümlich immer davon aus, dass sie hohe Geschossflächen brauchen, weil sie wenig Platz haben. Eltern wollen aber ihr spielendes Kind in Ruf- oder Sichtweite haben. Ein Karlsruher Städteplaner hat einmal vorgerechnet, dass der Flächenverbrauch für eine geschickte Reihenhausbebauung nicht größer ist als für fünfgeschossige Hochhäuser mit den entsprechenden Abstandsflächen.

Drittens geht es um die Art, wie Arbeit und Arbeitszeiten organisiert sind. Viele Unternehmen sind noch sehr konservativ und glauben, dass die Beschäftigten immer den ganzen Tag anwesend sein müssen. In anderen Ländern, z.B. in den Niederlanden, ist der Anteil derjenigen, die zu Hause arbeiten, sehr viel höher. Es gibt doch heute in vielen Arbeitsbereichen die Möglichkeit, sich zweimal in der Woche zu treffen, um abzusprechen, was zu machen ist, und dann geht man nach Hause und arbeitet und kommuniziert über den Computer.

Es ist, glaube ich, kein Naturgesetz, dass Familien mit Kindern immer am Stadtrand im Grünen wohnen wollen, wenn man ihnen innerhalb der Stadt eine Alternative bietet. Und diese Möglichkeiten gibt es. Zum Beispiel in Berlin: Die Stadt ist so locker bebaut, überhaupt nicht hoch verdichtet, es ist überhaupt gar keine Frage, dass man in Berlin solche gemischten Wohngebiete schaffen kann mit kindzentrierten Gemeinschaftsmöglichkeiten und beispielsweise gemeinsamen Gärten. Nur eine gemischte Stadt, die alle Funktionen und Bedürfnisse berücksichtigt, auch die von Eltern und Kindern, kann auf Dauer die Familien in der Stadt halten. Nur sind die überhaupt nicht in den Lebensvorstellungen der Stadtplaner, die genau zu der ersten Gruppe gehören.

Ich würde gern noch einmal auf das soziale Gefüge im Zusammenhang mit der Stadtflucht und den darauf folgenden Verarmungstendenzen in den Städten zu sprechen kommen. An welcher Stelle müssen die Kommunen ansetzen?
In vielen Städten hat man immer noch nicht begriffen, was es für das soziale Gefüge heißt, wenn sie diese Schichten, die natürlich nicht nur das ökonomische Rückgrat einer Gesellschaft darstellen, sondern auch das Rückgrat

des Sozialkapitals von Kommunen, einfach abwandern lassen. Denn die Gruppen, die wegziehen, sind ja gerade diejenigen, die bereit wären, sich in ihrem Stadtteil, im Kindergarten zu engagieren – das weiß man aus allen Untersuchungen. Es ist mühselig, dieses Potenzial durch Professionelle zu ersetzen, also durch Quartiersmanagement und Ähnliches.

Und dieser Prozess verstärkt sich noch: Immer mehr Eltern verlassen diese Quartiere, weil ihre Kinder auf eine Schule gehen sollen, wo Deutsch gesprochen wird. Selbst in Kommunen, wo Stadtteile große Probleme haben, wird kaum reagiert.

Was in Frankreich passiert ist, sollte den Entscheidern in den Kommunen doch eigentlich zu denken geben.
Francois Dubet und Didier Lapeyronnie haben 1994 das Buch »Im Aus der Vorstädte« geschrieben. Darin wird beschrieben, was da im Augenblick geschieht. Das liest sich wie ein Regiebuch für das, was wir in Frankreich erlebt haben. Aber das Buch hat keine Konsequenzen gehabt, nichts ist passiert. Von daher glaube ich nicht, dass soziologische Prognosen in der Politik viel bewirken.

Aber da tickt doch eine Zeitbombe! Unsere Erfahrung ist, dass wir beim Thema demographischer Wandel auf offene Ohren stoßen, aber sobald es um die soziale Situation vor Ort geht und um die finanzielle Ebene, auf der entsprechende Prioritäten gesetzt werden müssten, kommen wir oftmals nicht weiter.
Das ist die deutsche Logik: Sie eröffnen eine Institution, dann kommen die Kinder dahin und als Ergebnis habe ich die Integration. Aber so funktioniert es nicht. Auch die Sprache allein ist kein Integrationsinstrument. Die Leute, die in Frankreich Rabatz gemacht haben, sprechen gut französisch. Integration funktioniert nur über die El-

tern. Es gibt national, zum Beispiel in Solingen oder in Belm im Landkreis Osnabrück, und international eine Vielzahl von Projekten, die zeigen, wo man ansetzen kann.

In Baden-Württemberg gibt es Modellprojekte, die Jugendlichen ohne Schulabschluss die Möglichkeit geben, einen Auto- oder einen Staplerführerschein zu machen, oder es wird gleich eine ganze Lehre so in Einzelteile zerlegt, dass die Jugendlichen sich von einem kleinen Erfolg zum nächsten hangeln können und nicht von einem Scheitern zum nächsten. Die Frage ist doch, wie ich Angebote schaffen kann, die diesen jungen Leuten das Gefühl geben, dass die Gesellschaft sie braucht und dass sie sich bei bestimmten Dingen bewähren können. Bildung hat in unserem System den Nachteil: Wenn ich bestimmte Standards nicht erfüllt habe, komme ich nie mehr weiter.

Solche unbürokratischen Bildungsangebote sind sicher hilfreich. Sie haben dem Familienministerium ja auch ein Konzept vorgeschlagen, das sich auf neue Weise an benachteiligte Familien wendet.

Dabei geht es um relativ simple Dinge, die aber eine andere Logik verfolgen als die deutsche Institutionenlogik. Wir haben dem Familienministerium vorgeschlagen, stadtteilnah organisierte Elternzentren einzurichten, die eine Mischung aus professioneller und freiwilliger Arbeit mit dem Ziel verfolgen, ausgeschlossene oder benachteiligte Familien so niedrigschwellig wie möglich anzusprechen – und sei es nur zum Nachmittagskaffee –, um ihnen zunächst einmal ein Dazugehörigkeitsgefühl zu geben. Dieser Weg über die Familien ist ganz wichtig, auch für die Kinder.

Wie erreichen wir eine bessere soziale Mischung in den Kommunen?

Beispiel Chicago: Der amerikanische Kongress hat dort 5000 Familien aus benachteiligten Bezirken einen Gutschein gegeben, damit sie umziehen können. Die Hälfte der Familien ist in Wohnbezirke gezogen, wo die soziale Kontrolle besser funktionierte und die Kinder weniger auffällig wurden. Chicago hat daraus die Konsequenz gezogen, die Wohnquartiere mit den klassischen Geschosswohnungsbauten abzureißen und – gewissermaßen als Maßnahme der Kriminalprävention – neue Wohnungen zu bauen, ohne diesen Anstrich vernachlässigter Quartiere und mit der Chance, sich wie Mittelschichtquartiere zu organisieren.

Aber statt diese teils leer stehenden Quartiere abzureißen, werden bei uns dort heute bevorzugt Aussiedler untergebracht, wie etwa in Berlin-Marzahn. So entstehen neue Gettos. Man müsste – das gilt auch für die mittleren Kommunen – Anreize für die Menschen in den Problemquartieren schaffen, woandershin zu ziehen. Der Mietzuschuss, den die Kommunen aufwenden, ist ja nicht gerade gering. Da lohnt es sich doch einmal nachzudenken, ob das Geld richtig angelegt ist. Es gibt positive Beispiele für Sanierungen und Neubauten, die sozial funktionieren. Aber da muss eine Stadt auch bereit sein zu investieren.

Es gibt viele Erkenntnisse und gute Beispiele, wie Kommunen kinder- und familienfreundlicher werden können, aber die kommen in der Praxis einfach nicht an. Die Kommunen haben ja eine große Verantwortung, gerade für die Kinder aus sozial schwachen Familien, da kann man doch nicht noch mehr Zeit verlieren. Was muss sich in der Stadtpolitik ändern, um endlich zu Ergebnissen zu kommen?

Im Grunde genommen müsste es in den benachteiligten Gebieten doppelt so viele Angebote an Kindergärten, Krippen und Schulen geben wie in Mittelschichtstadtteilen. Und zwar nicht nur zur besseren Förderung der Kinder dort, sondern auch, weil es diese Stadtteile für andere Schichten attraktiver machen würde. Wenn Sie beispielsweise einen wirklich guten und flexiblen Betreuungsplatz suchen oder eine wirklich gute Ganztagsschule, und die finden Sie nicht in Dahlem, sondern nur in Neukölln, dann bin ich mir nicht sicher, wie Ihre Wohnentscheidung ausfällt.

Welche Voraussetzungen müssen gegeben sein, damit ein lokales Bündnis für Familienfreundlichkeit funktioniert?

Ein lokales Bündnis für Familienfreundlichkeit braucht Mitspieler, die ganz handfeste gemeinsame Interessen haben. Wenn Sie beispielsweise ein Unternehmen haben, das viele junge Mitarbeiterinnen beschäftigt, ist das natürlich leichter für ein lokales Bündnis zu gewinnen als wenn Sie ein Unternehmen haben, in dem nur Männer arbeiten.

Außerdem brauchen Sie Eltern, die sich engagieren. Und Sie brauchen drittens eine Kommune, die bereit ist, in diesem Bereich zu investieren.

In den meisten Kommunen gibt es Arbeitgeber, die man für familienfreundliche Ziele einbinden kann, bei-

spielsweise Krankenhäuser, wo ja viele junge Frauen arbeiten – die aber aufgrund der Arbeitzeiten kündigen, sobald sie Kinder bekommen. Da muss man anknüpfen, die muss man mit ins Boot holen. Dann haben Sie auch jemanden, der aus Bordmitteln eine Versammlung organisieren oder einen Rundbrief verfassen kann.

Eine gute Schiene sind die Handels- und Handwerkskammern, die sich beispielsweise in Brandenburg für die lokalen Bündnisse stark machen, unter anderem mit dem Konzept, dass sich mehrere Betriebe zusammenschließen, um Teilzeitregelungen für junge Eltern aufzufangen.

Ein gutes Beispiel ist auch Bremerhaven mit seinem Alfred-Wegener-Institut für Polarforschung. Um den Standort auch für hoch qualifizierte Arbeitskräfte aus dem Ausland attraktiv zu machen, haben die Bremerhavener eine phantastische Angebotsstruktur geschaffen, wie man die unterschiedlichen Lebensmöglichkeiten kombinieren kann:

von der Kinderbetreuung bis zu Arbeitsplatzangeboten für die Ehepartner.

Und wenn die Unternehmen sich beteiligen, können Sie auch gegenüber der Kommune anders auftreten. Die Eltern allein, das muss man realistisch sehen, haben keine wirkliche Macht.

Das Interview führten
Kerstin Schmidt und Beate Ramm am
11. November 2005.

Wichtige Links:
www.lokalebuendnissefuerfamilien.de
www.mitwirkung.de
www.mittelstand-und-familie.de
www.familienberichterstattung.de

Balance von Familie und Arbeitswelt

Rocco Thiede, Anne Schamoni, Ulla Keienburg

Familie bringt Gewinn!

Unsere Zukunft sieht vor dem Hintergrund einer auf dem Kopf stehenden Alterspyramide düster aus. Wir brauchen dringend eine Trendwende. Die dramatische demographische Entwicklung in Europa und besonders in Deutschland führte 2003 dazu, dass die ehemalige Bundesfamilienministerin Renate Schmidt und Liz Mohn die Allianz für Familie gründeten.

Aus dieser parteiübergreifenden Initiative ging das Vorstandsprojekt der Bertelsmann Stiftung »Balance von Familie und Arbeitswelt« hervor – eine Kooperation mit dem Bundesministerium für Familie, Senioren, Frauen und Jugend (BMFSFJ). Von Beginn an gab es vor allem zwei Ziele: gute Beispiele für die Vereinbarkeit von Familie und Berufsleben bekannt zu machen sowie verantwortliche Akteure aus Wirtschaft und Politik zu vernetzen.

Das Balance-Projekt konzentriert sich bei der Erreichung dieser Ziele auf handlungsorientierte Lösungen. Es will für die nötige Balance von Familie und Arbeitswelt sensibilisieren und die Vorteile von familienfreundlichen Konzepten zeigen. Schwerpunktmäßig konzentriert sich die Arbeit des Balance-Teams auf drei Module:

- Frauen mit Kindern in Führungspositionen
- Initiierung eines lokalen Bündnisses für Familie im Kreis Gütersloh
- Portal »Mittelstand und Familie«

Mittelstand und Familie

Wenn es um den Jahresurlaub ihrer Arbeitskräfte geht, stehen mittelständische Unternehmen oft vor großen Problemen. Denn Mütter und Väter schulpflichtiger Kinder kämpfen mit dem Umfang der Schulferien: Kein Jahresurlaub reicht aus, um eine Siebenjährige während der Sommer- und Herbstferien zu betreuen. Und nicht alle Mitarbeiterinnen und Mitarbeiter, die schulpflichtige Kinder haben, können gleichzeitig Urlaub nehmen.

Das Internetportal www.mittelstand-und-familie.de bietet für diese Fälle Tipps und Lösungen.

Die Bertelsmann Stiftung hat das Mittelstandsportal gemeinsam mit dem Bundesministerium für Familie, Senioren, Frauen und Jugend (BMFSFJ) entwickelt.

Lösungsorientiert und kostenlos

Im Juni 2005 schaltete Liz Mohn, stellvertretende Vorsitzende des Vorstandes der Bertelsmann Stiftung, gemeinsam mit der ehemaligen Bundesfamilienministerin Renate Schmidt und DIHK-Präsident Ludwig Georg Braun das Webportal im Bundespresseamt online. Das Gemeinschaftsprojekt der Stiftung und des BMFSFJ, mitfinanziert vom Europäischen Sozialfonds (ESF), steht nun kostenlos im Netz zur Verfügung.

Rechenbeispiele und Checklisten

Leicht zugängliche und praktische Informationen zu Fragen rund um den Betreuungszuschuss, Mutterschutz und Betriebskindergärten hatten bislang gefehlt – diese Marktlücke schließt das Projekt.

Unternehmen können sich hier informieren, wie sie am besten den Bedarf für einen Betriebskindergarten oder eine »Minikita« herausfinden. Und es gibt Checklisten und Rechenbeispiele für finanzielle Zuschüsse. In nur fünf Monaten hat sich das Portal äußerst erfolgreich entwickelt: Über 18 000 Datensätze sind bereits online – und das Angebot entwickelt sich laufend weiter.

Kompetenz am Telefon

Auch eine Info-Hotline steht zur Verfügung. Sie wird von Mitarbeiterinnen und Mitarbeitern des pme-Familienservice betrieben. Gegründet 1991, war pme einer der ersten Dienstleister in Deutschland, der Unternehmen zum Thema Familienfreundlichkeit beriet. Eine soziale Dienstleistung, privatwirtschaftlich erbracht – dieses Konzept stammt aus den USA und war Anfang der 90er Jahre neu in der Bundesrepublik, »eine kleine Revolution«, so Marit Loewer von pme München.

Die Agentur ist bundesweit vernetzt und hat umfangreiche Adresskarteien von Aupairs, »Not-Müttern« und Kindergärten – und jede Menge Expertise bei unternehmensrelevanten Details: Wissen, das bei der Einzelfallberatung am Telefon benötigt wird.

Weitere Informationen gibt es unter www.mittelstand-und-familie.de.

Segregierte Armut in den Städten – Strategien sozial integrativer lokaler Politik

Klaus Peter Strohmeier

Der demographische Wandel verstärkt soziale Segregation

Aktuelle Szenarien der Bevölkerungsentwicklung prognostizieren für die Bundesrepublik einen Rückgang vor allem in den Städten, eine rasche Zunahme des Anteils der alten Menschen und eine ebenso schnelle Verringerung des Anteils von Kindern und Jugendlichen (Klemmer 2001; Strohmeier 2002). Damit setzt sich eine mit der Suburbanisierung seit den 1970er Jahren begonnene Entwicklung fort. In den schrumpfenden Städten beobachten wir eine zunehmende Polarisierung von Lebensbedingungen, Lebenslagen und Lebensformen, ablesbar an einem Anwachsen der sozialen, ethnischen und demographischen Segregation.

Segregation ist städtisch, und es hat sie immer gegeben. Neu ist jedoch die zunehmende Korrelation ihrer unterschiedlichen Dimensionen. In den Stadtteilen, wo heute die meisten »Ausländer« leben, leben auch die meisten armen »Inländer«, und dort gibt es mittlerweile auch die meisten Kinder.

Der Suburbanisierungsprozess der letzten drei Jahrzehnte hat zu einer regionalen Umverteilung der Bevölkerung nach Lebenslagen (arm und reich) und nach Lebensformen (Menschen mit Kindern bzw. ohne Kinder) geführt. Das Umland der Großstädte ist zur Familienzone der mobilen Mittelschichten geworden, aus den Kernstädten dagegen ist die Familie mit Kindern weitgehend verschwunden. Im Umland ist der Kinderanteil deutlich höher als in den Städten, die Bevölkerung wächst infolge von Wanderungsgewinnen.

Die meisten Haushalte in den Kernstädten sind heute kleine Nichtfamilienhaushalte. Die hier verbliebenen Familienhaushalte sind vielfach allein erziehende Mütter und (kinderreiche) nicht-deutsche Familien. Die meisten findet man konzentriert in den euphemistisch »Stadtteile mit besonderem Entwicklungsbedarf« genannten Armutsinseln der inneren Stadt und in den Großsiedlungen des sozialen Wohnungsbaus. Überall in Europa ist in diesen armen Vierteln zu beobachten, dass die traditionellen informellen Solidarpotenziale infolge anhaltender bzw. steigender Arbeitslosigkeit, materieller Not und sozialer Ausgrenzung verschwinden (Dubet und Lapeyronnie 1994).

Armut in Deutschland ist heute vor allem die Armut der Kinder, der Jugendlichen, der jungen Frauen und der Familien. Dabei geht es in den seltensten Fällen um absolute Armut, bei der das Existenzminimum nicht mehr gewährleistet wäre, sondern um »relative Armut«. Sie stellt ein Maß an sozialer Ungleichheit bzw. Benachteiligung dar, das als ungerecht oder inakzeptabel angesehen wird und durch eine gesellschaftliche Bewertung definiert ist.

Als Indikator für Unterversorgung und soziale Benachteiligung kann die Einkommensarmut gelten. Als »arm« bezeichnen wir jemanden, der weniger als die Hälfte des »bedarfsgewichteten«[1] durchschnittlichen Nettoeinkommens für sich zur Verfügung hat. Anhand dieses Kriteriums können wir z. B. für Nordrhein-Westfalen feststellen: Das Armutsrisiko der weiblichen Bevölkerung ist höher als das der männlichen. Das höchste Armutsrisiko haben Kinder, und es gilt: Je jünger die Kinder sind, desto höher der Anteil der armen. 40 Prozent der Bevölkerung, die in Armut lebt, sind Kinder und Jugendliche unter 18 Jahre.

Eine weitere Art der Armutsmessung geht vom Sozialhilfebezug aus. Im Ruhrgebiet z. B. leben knapp zwei Drittel der Sozialhilfebeziehenden in Familien, davon der größere Teil in Familien allein erziehender Mütter. In den ländlichen Räumen ist die Sozialhilfedichte wesentlich geringer als in den Großstädten: Im Kreis Kleve bezieht jedes 60. Kind unter sieben Jahren Sozialhilfe, in der Stadt Essen jedes sechste, in der Essener Innenstadt jedes dritte.

Arme Kinder leben in armen Familien. Je weniger Kinder in einer Stadt (bzw. einem Kreis) leben, desto

---

1 Personen im Haushalt werden nach Alter unterschiedlich gewichtet: die erste Person z. B. mit 1,0, weitere Personen über 15 Jahre mit 0,7 und Personen unter 15 Jahre mit 0,5.

mehr davon sind arm. In der Stadt Essen, die mit Bochum in NRW den geringsten Anteil von Kindern an der Bevölkerung hat, leben die meisten Kinder in den innenstadtnahen Wohngebieten im armen Norden, im Altbaubestand ehemaliger Werkssiedlungen und in Großsiedlungen des sozialen Wohnungsbaus; dort sind auch die Armutsquoten der Kinder die höchsten (Strohmeier und Kersting 2003). In diesen Stadtteilen treten mehrere Merkmale sozialer Benachteiligung kumuliert auf. Die Stadtteile mit den höchsten Anteilen von Kindern (und Familien) an der Bevölkerung sind zugleich jene mit besonders hohen Armutsquoten, hoher Arbeitslosigkeit, hohen Anteilen von Alleinerziehenden und besonders vielen Aussiedlern und Ausländern. Einige dieser Stadtteile sind zugleich die mit der höchsten Gewaltkriminalität.

Wir finden hier die niedrigsten Niveaus lokaler Integration und Identifikation der Bevölkerung mit ihrer Stadt und dem Stadtteil, erkennbar daran, dass bei Kommunalwahlen zwei Drittel der Wahlberechtigten nicht wählen. Im Zusammenhang damit steht eine relativ hohe Mobilität bzw. Fluktuation bei schrumpfender Bevölkerungszahl. In den ärmsten Stadtteilen wird infolge von Zu- und Fortzügen rein rechnerisch die Bevölkerung alle drei bis fünf Jahre einmal komplett ausgetauscht. Die »Unterschicht der Dienstleistungsgesellschaft« (Dubet und Lapeyronnie 1994) lebt heute in prekären ökonomischen Verhältnissen, ohne die traditionellen Solidaritäten, sozial isoliert und sozialräumlich segregiert, ohne lokale Identifikation, in Stadtteilen, deren »soziale Bandbreite«, das soziale Ähnlichkeitsprofil, allein durch die Einkommensarmut der Bewohner bestimmt wird. Armut allein aber stiftet keine sozialen Beziehungen und schon gar keine Solidarität (Strohmeier 1983).

Segregation gefährdet das Humanvermögen der Stadtgesellschaft

Jede Gesellschaft ist darauf angewiesen, dass ihre nachwachsende Generation mit den wichtigsten Daseins- und Sozialkompetenzen und Motiven (»Humanvermögen«) ausgestattet wird, um diese Gesellschaft einmal fortzusetzen. Die Sachverständigen des Fünften Familienberichts der Bundesregierung (1994) haben – vergeblich – eine neue Familienorientierung von Politik, Wirtschaft und Gesellschaft gegen die »strukturelle Rücksichtslosigkeit« der

Gesellschaft und das Schwinden der Lebensform Familie gefordert.

Nachteile des Lebens mit Kindern in einer »individualisierten« Gesellschaft erfahren Familien in der Gemeinde und im Stadtteil. Die gesellschaftspolitische Frage nach der Zukunft des »Humanvermögens« stellt sich deshalb als eine Herausforderung der lokalen Politik. In Familien allein erziehender Mütter lebt mehr als die Hälfte aller sozialhilfeabhängigen Kinder unter 16 Jahre. Allein erziehende Sozialhilfeempfängerinnen können vielfach nicht an beruflichen Qualifizierungsmaßnahmen teilnehmen, weil das Problem der Kinderbetreuung nicht gelöst ist.

Kinder, die in Armutsstadtteilen aufwachsen, erfahren eine abweichende gesellschaftliche Normalität: Arbeitslosigkeit, soziale Ausgrenzung, Apathie, gesundheitliche Beeinträchtigungen, Familien ohne Vater, Arbeitslosengeld oder Sozialhilfe als Regeleinkommen. Die »natürliche« Einstellung der Menschen zur Welt sind unter diesen Voraussetzungen Misstrauen und ein geringes Selbstwertgefühl; Rückzug und Apathie bzw. »Gestaltungspessimismus« sind unter diesen Bedingungen eine durchaus »rationale«, also vernünftige und nachvollziehbare Haltung.

Die Mehrheit der Kinder in den großen Städten wird künftig unter solchen Voraussetzungen aufwachsen. Sie haben kaum eine Chance, die Nützlichkeit jener Kompetenzen, die das »Humanvermögen« ausmachen – Solidarität, Empathie, Vertrauensfähigkeit und Vertrauenswürdigkeit –, zu erfahren, die als das Ergebnis einer erfolgreichen Sozialisation in einem partizipationsfreundlichen Umfeld die »Grundausbildung« für erfolgreiches Handeln in allen gesellschaftlichen Bereichen und für soziale Zugehörigkeit darstellen. Dieses »kulturelle« Kapital und das »soziale« Kapital hilfreicher sozialer Beziehungen sind der entscheidende Startvorteil von Kindern aus den bürgerlichen Mittelschichten.

Handlungsansätze zur Stabilisierung gefährdeter Stadtteile

Was ist zu tun? Gefragt ist zum einen eine »Bildungsoffensive«. Unter den jungen Erwachsenen in der Sozialhilfe haben zwei Drittel keine Berufsausbildung, ein Viertel hat keinen Schulabschluss. Solange dreimal so viel nicht-deutsche wie deutsche Kinder die Schule ohne Ab-

schluss verlassen, gilt: die besten Schulen und besonders motivierte Lehrer in die armen Viertel! Auch eine Beschäftigungsoffensive ist nötig, denn Arbeit ist in unserer Gesellschaft der zentrale Integrationsmechanismus. Hier geht es um Investitionen in die nachwachsende Generation. Wo es keinen ersten Arbeitsmarkt gibt, macht die Rede vom zweiten keinen Sinn.

Isolation, resignative Apathie und Gestaltungspessimismus in den armen Vierteln sollen in den aktuellen Programmen zur »sozialen Stadt« durch »Bürgerbeteiligung« bekämpft werden. Mit welchen Handlungsansätzen aber ist es möglich, sozial ausgegrenzte und (deshalb) resignativ apathische Bevölkerungsgruppen in die »Ortsgesellschaft« zurückzuholen? Der Weg führt über die Initiierung und Unterstützung elementarer Formen der sozialen Integration von Bewohnern in benachteiligten Lebenslagen in soziale (z.B. nachbarschaftliche) Netzwerke, wo sie sich als anerkannt und dazugehörig erfahren. Bürger, die dazugehören, nehmen am sozialen und politischen Geschehen in der Gemeinde Anteil.

Viele lokale Projekte versuchen derzeit, arme Stadtteile zu revitalisieren und sozial ausgegrenzte Bevölkerungsgruppen zu integrieren. Bundesweit sind diese Projekte im Programm »Stadtteile mit besonderem Entwicklungsbedarf – Soziale Stadt« versammelt. Das Programm richtet sich vor allem auf die Wohngebiete der städtischen Unterschichten im Ballungsraum. Es kann nicht die Ursachen des Niedergangs – Deindustrialisierung und Arbeitslosigkeit – bekämpfen, aber an deren Folgen arbeiten. Angestrebt werden die Partizipation und die soziale (Re-)Integration der Bürger.

Als Ergebnis dieser Bürgerbeteiligung erhoffen die Initiatoren sich die Entstehung selbst helfender Strukturen und sozialer Vernetzungen im Stadtteil. Charakteristische Elemente der Handlungsansätze sind die Beteiligung der Bewohner an planerischen Entscheidungen sowie an der Beseitigung von infrastrukturellen Mängeln und sozialen Problemen in ihrem unmittelbaren Wohnumfeld. Bürgerbeteiligung ist das Ziel und zugleich das Mittel, mit dem dieses Ziel erreicht werden soll. Gleichzeitig ist sie besonders schwierig: Weder die traditionellen noch die neuen plebiszitären Formen der Bürgerbeteiligung erreichen die Menschen in diesen benachteiligten Stadtteilen.

Projekte im Armutsmilieu haben besonders mit Apathie und Passivität, Resignation und Misstrauen der Bewohner zu kämpfen. Hoffnungslosigkeit und Misstrauen basieren ja auf solider Erfahrung. Die »Inaktivität armer Leute« beruht auf bewussten Entscheidungen: Menschen engagieren sich in Projekten und Programmen, »wenn sie nach einem Vergleich der zu erwartenden Kosten und Nutzen von Handlungsalternativen zum Schluss kommen, dass das Engagement ausreichenden Gewinn verspricht. Dabei steht auf der Kostenseite die nicht selten aus Erfahrungen gewonnene Angst vor Misserfolgen und Sanktionen, die Einschätzung, dass die Aktion unmittelbar mit ihnen nichts zu tun habe; auf der Nutzenseite – oft ebenfalls erfahrungsgestützt – der zu erwartende Erfolg, das Gefühl der Zugehörigkeit zu einer aktiven Gruppe, die Anerkennung bedeutungsvoller Menschen« (Oelschlägel 1992).

Das soziale Klima in Armutsstadtteilen behindert die Aktivierung der Bewohner in besonderem Maße. So kann soziale Kontrolle hemmend wirken; auch ist die Umwelt den meisten so vertraut, dass sie sie als selbstverständlich hinnehmen und kaum alternative Vorstellungen entwickeln. In dieser Lebenswelt haben sie Routinen entwickelt, deren Störung Angst auslöst. So sind Rückzug, Misstrauen und auch »Passivität« durchaus rational. Entscheidend ist, ob und wie notorisch misstrauische Menschen mit dem nötigen Vertrauen ausgestattet werden können, das sie in die Lage versetzt, sich auf Formen der Partizipation einzulassen, die für sie auf den ersten Blick riskant und insgesamt wenig nützlich erscheinen.

Bei Vertrauensbeziehungen ist in der Regel der mögliche Verlust im Fall enttäuschten Vertrauens viel höher als der Gewinn im Regelfall gerechtfertigten Vertrauens. Dennoch sind Vertrauensfähigkeit und Vertrauenswürdigkeit die Kennzeichen sozialer Integration in modernen Gesellschaften ebenso wie ein Ergebnis erfolgreicher Sozialisationsprozesse. Für Menschen, die »dazugehören«, ist es rational im Sinne von »vernünftig«, anderen zu vertrauen. Menschen, die vertrauen, erwarten nicht ernsthaft, dass sie verlieren oder enttäuscht werden. Vertrauensfähigkeit ist unmittelbar verknüpft mit Selbstvertrauen.

Menschen, die unter Armutsbedingungen leben, verhalten sich am ehesten im Sinne des misstrauisch Gewinn und Verlust abwägenden, rational kalkulierenden Homo oeconomicus. Sie werden nur dann bereit sein, eine Vertrauen erfordernde soziale Beziehung einzugehen, wenn der erwartbare Nutzen deutlich größer ist als der zu riskierende Verlust und wenn der Erfolg kurzfristig absehbar ist (vgl. Hardin 1992). Solche Situationen sind in der sozialen Welt aber extrem selten. Habituell misstrauische Akteure überschätzen notorisch ihr Verlustrisiko, was dazu führt, dass sie nichts riskieren und sich zurückziehen. Wer prinzipiell misstraut, reduziert zwar für sich das Risiko von Enttäuschung und Verlust, kann aber auch nichts gewinnen.

Die Vertrauenden auf der einen und die Misstrauischen auf der anderen Seite bleiben jeweils unter sich. Auch das ist ein Aspekt von Segregation und sozialer Ausgrenzung. Gewohnheitsmäßig misstrauische Personen benötigen viele Erfolgserlebnisse, um ihre Vertrauensfähigkeit, ihr Selbstvertrauen und ihre Partizipationsbereitschaft zu steigern. Das dauert in jedem Fall lange, was für die Langfristigkeit lokaler Projekte spricht. Die Programme der »sozialen Stadt« enden hingegen in der Regel nach zehn Jahren.

Sozial integrative Stadtteilpolitik: Entwicklung von Vertrauensbeziehungen im Armutsmilieu

Die deutsche Sprache kennt nur einen Begriff für Vertrauen. Im Englischen gibt es größere Differenzierungsmöglichkeiten: »confidence« und »trust«. Confidence ist »Sozialvertrauen«, ist Zutrauen in die eigene soziale Kompetenz und in die der anderen. Es ist die Voraussetzung jedes sozialen Handelns in einer komplexen Welt und schließt Selbstvertrauen ein (vgl. Luhmann 1988). Sozialvertrauen basiert wiederum auf »Vertrautheit«, einer unvermeidlichen Begleiterscheinung des Lebens in Gemeinschaft. Sozial isolierten Menschen fehlt diese Vertrautheit.

»Trust« bezeichnet demgegenüber »Personvertrauen«, eine rationale Strategie der optimalen Ausnutzung von Chancen unter der Voraussetzung von Sozialvertrauen.

Beide Begriffe bedingen einander: Sozialvertrauen, das aus Vertrautheit entsteht, ist die Voraussetzung von Personvertrauen. Letzteres ist dort rational, d.h. eine vernünftige Handlungsoption, wo Sozialvertrauen möglich ist. Vertrautheit wiederum ist ein Nebenprodukt von bestätigtem Personvertrauen und somit eine Frage der Lebenserfahrung. Voraussetzung und Ergebnis von Vertrauen ist soziale Ordnung.

In riskanten Situationen, z.B. an fremden Orten, ist es (eine soziale Ordnung vorausgesetzt) durchaus rational, blanko einem anderen Menschen zu vertrauen: Auf lange Sicht werden die Gewinne des bestätigten Vertrauens die Verluste durch enttäuschtes Vertrauen übersteigen. Vertrauen zu zeigen ist also eine Investition rationaler Akteure in ihre soziale Umwelt (Gambetta 1988). Sie gibt die Chance, dass Vertrautheit in sozialen Beziehungen entsteht, und aus dieser kann sich längerfristig Sozialvertrauen entwickeln – insgesamt also ein sich selbst verstärkender Mechanismus.

Was folgt daraus für die »soziale Stadt«? Es braucht zunächst Zeit, bis die »Gestaltungspessimisten« ein Niveau der Vertrauensfähigkeit oder des »Sozialvertrauens« erreichen, das ihnen (wieder) die Teilnahme an Aktivitäten in der Ortsgesellschaft ermöglicht. Hier bieten nur solche Projekte eine hinreichende Chance, die den Menschen einen unmittelbaren, kurzfristig erwartbaren Nutzen bringen und das Risiko, zu verlieren bzw. enttäuscht zu werden, gering halten.

Was die Bewohner motivieren kann, ergibt sich aus den von ihnen empfundenen Mängeln: Eine Steigerung ihrer Identifikation mit dem Stadtteil erreicht man vor allem über ihre Beteiligung an der Verbesserung der individuellen wirtschaftlichen Lage, der Wohnverhältnisse oder der Wohnumfeldbedingungen (vgl. z.B. Tobias und Böttner 1992).

Bei geringem Risiko und relativ sicherem Nutzen vertrauen auch misstrauische und apathische Akteure zunächst quasi blanko den am Projekt beteiligten Menschen. In diesen Beziehungen entsteht nebenbei Vertrautheit, aus der sich eine gesteigerte, schon auf Erfahrung gegründete Bereitschaft ergibt, erneut Vertrauen zu investieren. Bei wiederholt erfolgreicher Investition entstehen allmählich soziale Netzwerke und Sozialvertrauen.

Offene Partizipationsangebote (z.B. Bürgerzentren, Stadtteilkonferenzen) bieten sozial nicht integrierten Menschen keinen unmittelbaren und kurzfristigen Nutzen und werden deshalb von ihnen kaum angenommen. Dieser »Mach-mit«- oder »Entscheide-mit«-Projekttyp hat nur ein geringes Aktivierungspotenzial für gestaltungspessimistische Akteure, denn er spricht in erster Linie sozial schon integrierte und mit Sozial- und Selbstvertrauen ausgestattete Menschen an.

Erfolg versprechender erscheinen dagegen so genannte »Selbermacherprojekte«, z.B. Aktionen, in denen die Bewohner einer Hochhausanlage (wie in Hamburg-Kirchdorf-Süd geschehen) gemeinsam die Eingangsbereiche und die Flure ihres Hauses umgestalten und renovieren, sowie Arbeitsbeschaffungs- und Qualifizierungsprojekte mit einem deutlichen Nachbarschaftsbezug: Die Bürger werden hier an der Produktion öffentlicher Güter beteiligt, und gleichzeitig ist für sie ein persönlich-unmittelbarer, kurzfristiger Nutzen ihrer Mitwirkung absehbar. Selbermachprojekte vernetzen Menschen und sparen zugleich Kosten, weil Leistungen in Eigenarbeit erbracht werden, die eigentlich Aufgabe der Gemeinde oder der Wohnungsunternehmen sind. Sie sind auch für misstrauische und desintegrierte Personen niedrigschwellige Partizipationsangebote, wenn Aufwand und Nutzen kalkulierbar sind. Die zunächst eigennützig motivierte Beteiligung schafft zusätzlich soziale Vernetzungen, selbsthelfende Strukturen und Mechanismen sozialer Kontrolle sowie Identifikation mit dem Viertel. Dies wiederum kann längerfristig weitere administrative Intervention im Stadtteil entbehrlich machen und ist daher auch wirksame Prävention.

Partizipation und »Selbermachen« schaffen so womöglich auch eine Voraussetzung weitergehender politischer Beteiligung in solchen Stadtteilen, die wegen ihrer geringen Repräsentation in der lokalen Politik heute quasi »demokratiefreie Zonen« darstellen.

Literatur

Dubet, Francois, und Didier Lapeyronnie: *Im Aus der Vorstädte. Der Zerfall der demokratischen Gesellschaft.* Stuttgart 1994.

Gambetta, Diego (Hrsg.): *Trust: making and breaking cooperative relations.* New York, Oxford 1988.

Hardin, Russel: »The Street-Level Epistemology of Trust«. *Analyse und Kritik* 14. 1992. 152–176.

Klemmer, Paul: »Steht das Ruhrgebiet vor einer demographischen Herausforderung?« Rheinisch-Westfälisches Institut für Wirtschaftsforschung (Hrsg.): *Schriften und Materialien zur Regionalforschung* 7. Essen 2001.

Luhmann, Niklas: »Familiarity, Confidence, and Trust: Problems and Alternatives«. Diego Gambetta (Hrsg.): *Trust: making and breaking cooperative relations.* New York, Oxford 1988. 94–107.

Oelschlägel, Dieter: »Gemeinwesenarbeit in einem Armutsquartier«. Gertrud Tobias und Johannes Böttner (Hrsg.): *Von der Hand in den Mund. Armut und Armutsbewältigung in einer westdeutschen Großstadt.* Essen 1992.

Strohmeier, Klaus Peter: *Bevölkerungsentwicklung und Sozialraumstruktur im Ruhrgebiet.* Reihe Demografischer Wandel der Projekt Ruhr GmbH. Essen 2002.

Strohmeier, Klaus Peter, und Volker Kersting: »Segregierte Armut in der Stadtgesellschaft. Problemstrukturen und Handlungskonzepte im Stadtteil«. *Soziale Benachteiligung und Stadtentwicklung, Informationen zur Raumentwicklung.* 3/4. 2003. 231–247.

Strohmeier, Klaus Peter: *Quartier und soziale Netzwerke. Grundlage einer sozialen Ökologie der Familie.* Frankfurt, New York 1983.

Tobias, Gertrud, und Johannes Böttner (Hrsg.): *Von der Hand in den Mund. Armut und Armutsbewältigung in einer westdeutschen Großstadt.* Essen 1992.

»Kommunale Verantwortung für Bildungsfragen«

Interview mit Dr. Christof Eichert und Wilfried Lohre

Bildung ist nicht allein Ländersache – das verdeutlichen Dr. Christof Eichert, Leiter des Themenfeldes Bildung in der Bertelsmann Stiftung, und Wilfried Lohre, Leiter des Projektes »Selbstständige Schule«, im folgendem Interview. Die Kommunen können auf vielen Feldern an der Gestaltung von Bildungsaufgaben mitwirken. Bisher, so die Experten, seien sich noch immer viele Kommunen ihrer Bildungsverantwortung gar nicht bewusst. Eine der wichtigsten Voraussetzungen sei es, traditionelles Verwaltungsdenken in diesem Bereich aufzugeben, sich an der Lebenswirklichkeit zu orientieren und im Zusammenwirken aller Beteiligten innovative Bildungszusammenhänge herzustellen.

Bei unseren Diskussionen mit kommunalen Entscheidern in Politik und Verwaltung über die Gestaltung des Demographischen Wandels stellen wir fest, dass die Verantwortung für Bildungsfragen als reine Ländersache angesehen wird. Wenn es darum geht, etwas zu verändern, wird die »Nicht-Zuständigkeit für Bildungsfragen« als Gegenargument angeführt. Ist Bildung ausschließlich Ländersache?

Eichert: Den Kommunen kann und darf es nicht egal sein, was mit ihren Talenten passiert. Es geht um die Frage, wie ernst die Kommunen die Aufgabe nehmen, für Bürger jeden Alters Entwicklungsmöglichkeiten zu schaffen. Wenn Sie so wollen, ist die Kommune eine der zentralen Akteurinnen in der Talentschmiede Deutschlands.

Wenn beispielsweise die Ganztagsschulen ihren Anspruch verwirklichen wollen, eine nachmittägliche Jugendkulturarbeit in ihre Abläufe einzubinden, ist das ohne die Kommunen nicht zu machen. Deshalb sind diese aufgefordert, sich einzubringen und die Mitverantwortung für die Entwicklung junger Menschen anzuerkennen. Ich zitiere hier gern Lieselore Curländer, Landrätin des Kreises Herford: »Die Kommunen sind zwar nicht überall zuständig, aber sehr wohl verantwortlich.«

Lohre: Zwischen Schule und kommunaler Jugendarbeit gibt es zu wenige Verbindungen. Die Frage ist, was ist Bildung? Bildung findet doch nicht nur in Schulen statt, sondern auch in Volkshochschulen, Bibliotheken, Museen und in Einrichtungen der außerschulischen Jugendarbeit. Die Verantwortung der Kommunen für Bildungsprozesse ergibt sich schon allein daraus, dass sie direkt spüren, wenn Bildung nicht fruchtet. Denn die Kommune muss die sozialen und wirtschaftlichen Folgen von ge-

scheiterten Bildungsbiografien tragen. Stichwort »erweiterte Schulträgerschaft«: Hier gilt es Partner für Initiativen und Netzwerke zu finden, Ressourcen zu bündeln und Synergieeffekte zu erzielen, um gemeinsam optimale Lebens- und Lernchancen zu schaffen.

Welche Bausteine machen denn die Qualität eines guten kommunalen Bildungsangebotes aus, beispielsweise im Hinblick auf eine Kooperation zwischen Kindergärten und Schulen?

Eichert: An erster Stelle steht das Bekenntnis zu einer umfassenden Bildungsverantwortung in der Kommune. Kommunale Beteiligung ist in alle Bildungsabschnitte einzubeziehen. Zweitens geht es um eine neue Sicht auf Abläufe und Inhalte. Ob im Kindergarten, in der Grundschule, in der Ganztagsschule oder in der beruflichen Bildung – wir haben noch nicht verstanden, dass es um einen neuen Rhythmus geht. Solange Ganztagsschule gleichbedeutend mit drei Stunden Nachmittagsbetreuung ist, wird die Chance vertan, den Lernrhythmus über den Tag verteilt neu zu gestalten. Dafür müsste man allerdings die Erweiterung der Schulpflicht enttabuisieren.

Doch auch unter den gegebenen Voraussetzungen bieten sich zahlreiche Möglichkeiten an, im Austausch mit Bibliotheken oder Vereinen die Betreuungszeit mit Bildungsqualitäten zu füllen. Aber wer ist der Ansprechpartner für die Lehrerin, die in ihrer Schule etwas verändern will? Es bedarf dafür eines »Kümmerers«, der diesen Austausch vorantreibt und die entsprechenden Fragen stellt: Was tun wir bereits? Was können wir verändern? Wen müssen wir einbeziehen?

Lohre: Die Ganztagsschulen haben drei grundsätzliche Probleme. Ein konzeptionelles ist die Freiwilligkeit des Angebotes; Ganztagsangebote müssten verpflichtend für alle Schülerinnen und Schüler sein. Ein strukturelles Problem ist die Frage nach den Verantwortlichkeiten. Und drittens gibt es ein Ressourcen- oder Qualifizierungsproblem: Das ist die Ausbildungslücke zwischen Lehrer- und Erzieherinnenausbildung, die einen Austausch zwischen den Institutionen und Personen extrem erschwert.

Eichert: In der Tat, Kindertagesstätten und Schulen befinden sich auf unterschiedlicher Augenhöhe. Dabei zeigt die Erfahrung, dass ein Austausch zwischen den Berufsgruppen, beispielsweise über gemeinsame Fortbildungen, fruchtbar sein kann und zu wechselseitiger Anerkennung führt.

*Wie beurteilen Sie die Tatsache, dass Kommunen ihre
mangelnde Aktivität beim Thema Bildung mit
unzureichenden finanziellen Handlungsspielräumen
begründen? Ist das berechtigt?*

Eichert: Zunächst bin ich überzeugt, dass wir hier nicht in
erster Linie ein Geldproblem haben. Vielmehr rate ich den
Kommunen, in ihrem Haushalt einmal alle Etatansätze
herauszusuchen, die Kinder und Jugendliche betreffen –
von der Vereinsförderung über die Kinder- und Jugendhilfe bis zu Ausgaben für Kultur. Und dann ist zu reflek-
tieren, ob die insgesamt verfügbaren Mittel auch richtig
eingesetzt sind und zu den gewünschten Wirkungen führen. Die Kommunen sind gefordert, klare Prioritäten zu
setzen und ihre Mittel daran ausgerichtet einzusetzen.

Darüber hinaus bin ich der Meinung, dass Bürgermeister, Schulleiter und Lehrkräfte, die sich für ihre kommunale Bildungslandschaft engagieren wollen, auch Unterstützung finden. Es geht doch darum: Trägt die Idee?
Die Frage nach dem Geld ist typisch für diejenigen, die
glauben, dass Innovation durch Geld entsteht. Die Kommunen sind auch dem Bereich der technischen Infrastruktur oft zu sehr verhaftet, und diese technische Arbeit
wird ihren tatsächlichen Aufgaben nicht immer gerecht.
Es geht in diesem Zusammenhang nämlich gerade nicht
um die Anzahl von Straßen, Gebäuden oder Fußballplät-
zen. Es geht darum, den Menschen Heimat, Sicherheit
und Chancen zu bieten.

Als ehemaliger Bürgermeister kann ich aus langer
Erfahrung sagen, dass der Dreiklang dieser weichen Faktoren, die man auch mit Zugehörigkeit, Verlässlichkeit
und Entwicklungsmöglichkeiten übersetzen könnte, Eingang in die kommunalen Denkstrukturen finden muss.
Vor diesem Hintergrund ist auch die Bildungspolitik zu
entwickeln.

*Soziale Benachteiligung – über dieses Thema wird in den
Kommunen meist nicht so gern gesprochen.*
*Wie sehen Sie diese Problematik im Zusammenhang mit
Bildungsaufgaben?*
Eichert: Hier gibt es viele Fragen. Zunächst müssen Hilfe-
angebote auch ankommen. Man kann das zum Beispiel
an der erweiterten Schulpflicht verdeutlichen. Hier gibt
es häufig gar keine Bereitschaft, weiter darüber nachzudenken. Entscheidend ist doch, ob es Angebote für Leistungsschwache und sozial Benachteiligte gibt, die auch
angenommen werden. Denn wenn gerade diejenigen, die
davon profitieren würden, nachmittags nach Hause gehen und nur diejenigen, die es gar nicht nötig haben, an
den Angeboten teilnehmen, verschärft sich die Ungleichheit eher noch.

Ein zweites Beispiel sind die hohen Betreuungsquoten
in den Kindertagesstätten im letzten Jahr vor der Ein-
schulung. Bis zu 95 Prozent eines Jahrgangs, also auch
Kinder mit Entwicklungsnachteilen, werden dort erreicht.
Wird diese Gelegenheit genutzt, Benachteiligungen möglichst früh zu erkennen, und wird konkret etwas dagegen
unternommen? Die Frage ist auch: Verfügen die Mitarbeiter eigentlich über die entsprechenden Diagnosemöglich-
keiten und -fähigkeiten? Wie wird Stigmatisierungen,
etwa aufgrund der Herkunft oder des Wohnstadtteils, ent-
gegengewirkt? Gibt es eine Zusammenarbeit mit der
Grundschule, damit das Kind dort nicht noch einmal mit
denselben Vorurteilen kämpfen muss?

Die Fragestellungen gehen aber noch weiter: Wie
gehe ich mit den Eltern um? Wie kann ich eine Beteiligung auf gleicher Augenhöhe initiieren? Auch daran
muss die Qualifikation des Personals mit ausgerichtet
sein. Gefordert ist hier auch Erwachsenenpädagogik, und
die gehört mit in die Ausbildung.
Lohre: Für diese Fragestellungen müssen im Kindergarten
entsprechende Strukturen aufgebaut werden und natürlich auch Hilfestrukturen innerhalb des Schulsystems.
Darüber hinaus gilt es die Eltern zu gewinnen, denn diejenigen, die es betrifft, kommen ja häufig nicht zu den
Elternabenden.

Wichtig sind aber auch fundierte Analysen vor Ort.
Ein Beispiel: Wilfried Bos vom Institut für Schulentwick-

lungsforschung in Dortmund hat die 440 Hamburger Schulen nach sozialen Kriterien untersucht, etwa dem Bildungsniveau der Eltern, und sie in Gruppen mit unterschiedlichem Förderbedarf aufgeteilt. Das ist die Ausnahme. Dasselbe beim Thema Schulschließungen: Die werden gewöhnlich nicht nach Qualität, sondern nach geografischer Lage entschieden.

Eine Mischung aus Desinteresse und Hilflosigkeit hindert die Verantwortlichen offenbar daran, sich die Daten zu besorgen und passende Handlungsstrategien zu entwickeln. So fehlen vielerorts noch immer Zahlen zu den Schulabbrecherquoten, obwohl dies elementar wichtige Informationen sind, die allen Verantwortlichen vorliegen sollten.

Eichert: Die Kommunen sind häufig nicht an den Zahlen, wie der Verteilung von Schulschwänzern oder Schulabbrechern, interessiert. Schule ist ja »Ländersache«. Aber aus solchen Zahlen könnte eine Kommune wertvolle Schlussfolgerungen ziehen: Wenn ein Großteil der Schulabbrecher beispielsweise aus einem Bezirk kommt, muss man dort etwas verändern. Kommunal ist doch das, was die unmittelbaren Lebensbedingungen ausmacht.

Es ist allerdings die Frage, ob eine Kommune Infrastruktur als gebautes oder als gelebtes Gebilde versteht. Warum gibt es die »One Stop Agency« eines modernen Bürgerbüros nur im Bauamt und nicht im sozialen Bereich? Es geht auch hier um die politische Gewichtung einer Aufgabe.

Welche Rolle kann die Wirtschaft im Hinblick auf finanzielles Engagement und gemeinsame Projekte spielen?

Lohre: Die Rolle der Wirtschaft beschränkt sich nicht auf die des Geldgebers. Sie ist auch Bildungsträger, Praxisfeld und Lieferant von Know-how, wenn beispielsweise Senior Experts Schulen bei der Personalentwicklung oder bei der Budgetierung beraten.

Eine unkonventionelle Idee besteht darin, die Unternehmen für die Elternarbeit zu gewinnen, indem sie »Elternabende« am Arbeitsplatz der Eltern während der Arbeitszeit zulassen. Da müssen die Unternehmen mitmachen. In vielen Kommunen gibt es große Unternehmen, in denen zahlreiche Mütter oder Väter arbeiten, die auf diese Weise erreicht werden könnten. Natürlich kann nicht die Kita dafür verantwortlich sein, Unternehmen anzusprechen. Das müssen die Landräte oder die Bürgermeister tun.

Eichert: Die Wirtschaftsbetriebe müssen sich – gerade vor dem Hintergrund des demographischen Wandels und der Sorge um den qualifizierten Nachwuchs – schon aus Eigeninteresse in der Bildung engagieren und Strategien entwickeln, an welchen Stellen sie positiv auf die Verläufe von Bildungsbiografien einwirken und zu gelungenen Entwicklungen beitragen können.

Welche Erfolgsfaktoren führen Ihrer Ansicht nach zu einer optimalen kommunalen Bildungspolitik?

Lohre: Erstens muss der politische Wille da sein sowie ein ganz klares Bekenntnis, dass Bildung in der Kommune eine hohe Priorität hat und die Stadt oder Gemeinde hier auch Verantwortung übernehmen will. Zweitens muss Bildungspolitik immer an den Fakten ansetzen. Man darf nicht blind sein für Zahlen und Daten, die Entwicklungen aufzeigen, sondern muss sie zur Grundlage der Überlegungen und Entscheidungen machen, die im Bildungsbereich getroffen werden.

Wichtige Voraussetzung ist drittens ein besserer Austausch zwischen Ämtern, Fachbereichen und pädagogischem Fachpersonal; insbesondere müssen Jugendamt und Schulverwaltung näher zusammengeführt werden, denn sie haben dieselbe Zielgruppe. Auch im Schulverwaltungsamt brauchen wir zum Beispiel pädagogischen Sachverstand. Viertens müssen die Kommunen regelmäßig bilanzieren, wo ihre Mittel zur Förderung von Kindern und Jugendlichen hinfließen und ob sie das Ergebnis zufrieden stellt. Und fünftens ist es ganz wichtig, einen Koordinator für das Thema Bildung einzusetzen, der vor Ort und nicht in der jeweiligen Landeshauptstadt sitzt.

Eichert: Zusammenfassend lässt sich sagen, dass eine Kommune zunächst einmal erkennen muss, dass sie eine beträchtliche Mitverantwortung dafür hat, Bildungs- und Lebenschancen für junge Menschen zu schaffen. Nur dann gibt es eine Diskussionsebene mit anderen Beteiligten. Dafür bedarf es einer Verwaltungsstruktur, die sich an Lebenslagen orientiert und kreative Lösungen zulässt. Die Verantwortlichen auf kommunaler Ebene müssen erkennen, dass sie nur dann den jungen Menschen Bildungschancen geben, wenn sie sich um sie kümmern.

Das Interview führten
Kerstin Schmidt und Beate Ramm am
12. Dezember 2005 in Gütersloh.

Den Übergang zwischen Schule und Beruf kommunal gestalten

Jens U. Prager, Clemens Wieland

Die regionale demographische Entwicklung und die daraus resultierenden soziodemographischen Veränderungen betreffen in starkem Maße Familien mit ihren Kindern. Ein wichtiger Schlüssel für die Zukunftsfähigkeit der Kommunen liegt deshalb darin, das Handlungsfeld Bildung kommunal zu gestalten und in die Entwicklung ihrer »Bildungsbevölkerung« zu investieren. Eine wichtige Facette ist hier die Gestaltung des Übergangs zwischen Schule und Beruf.

Im Übergang zur Wissensgesellschaft des 21. Jahrhunderts ist die Entwicklung und kontinuierliche Sicherung der Beschäftigungsfähigkeit von jungen Menschen mehr denn je gefordert. Mangelhafte Ergebnisse bei den PISA-Studien, eine hohe Zahl von Schul- und Ausbildungsabbrechern sowie arbeitslosen Jugendlichen – dies sind drängende Herausforderungen, denen sich die Gesellschaft und besonders auch die Kommunen stellen müssen, sind sie doch von den positiven wie den negativen Folgen einer geglückten oder misslungenen Integration ihrer Jugend in das Erwerbsleben unmittelbar betroffen.

Aus ökonomischer Sicht lassen sich drei Ebenen unterscheiden, die für den Übergang von der Schule in den Beruf von Bedeutung sind. Zunächst geht es um die Angebotsseite, also die Jugendlichen selbst, die mit einem spezifischen Bündel von Kompetenzen die Schule verlassen und nach Wegen in die Arbeitswelt suchen. Da die Bildungspolitik Aufgabe der Länder ist, sind die Steuerungsmöglichkeiten auf kommunaler Ebene sehr begrenzt.

Auf der Nachfrageseite gibt es die Unternehmen, die in Abhängigkeit von regionalen, strukturellen und konjunkturellen Bedingungen Arbeitskräfte nachfragen. Regionale bzw. kommunale Wirtschaftspolitik kann hier versuchen, positiv auf diese Bedingungen einzuwirken. Zu guter Letzt ist die Schnittstelle zu betrachten, an der durch die Ausgestaltung des Verhältnisses zwischen Schule und Wirtschaft der Matching-Prozess zwischen Angebots- und Nachfrageseite beeinflusst werden kann. Diese liegt im unmittelbaren Einflussbereich der Kommunen und soll daher im Mittelpunkt des vorliegenden Beitrages stehen.

Die Praxisbeispiele und Handlungsempfehlungen basieren auf den Ergebnissen einer europaweiten Recherche der Bertelsmann Stiftung, mit der vorbildliche Ansätze zur Integration von jungen Menschen in die Arbeitswelt identifiziert werden konnten. Wesentliche Kriterien waren insbesondere die Nachhaltigkeit der Ansätze und die Übertragbarkeit auf andere Regionen bzw. Kontexte.

Es zeigt sich: Den Königsweg zur Integration möglichst aller Jugendlichen in die Arbeitswelt gibt es nicht. So vielfältig die Gründe der Integrationsprobleme sind – angefangen von sozialen Handicaps, Lernschwächen, mangelnder Motivation und fehlender Unterstützung durch das Elternhaus auf Seiten der Jugendlichen, über Mängel des (Aus-)Bildungssystems und der arbeitsmarktpolitischen Förderinstrumente bis hin zu einem unzureichenden Angebot an betrieblichen Ausbildungsstellen –, so vielfältig sind auch die Lösungsansätze.

Blick in die Praxis

Vor dem Hintergrund der spezifischen Möglichkeiten auf kommunaler Ebene sollen mit dem niederländischen Wattenmodell und dem Hamburger Hauptschulmodell zunächst exemplarisch zwei Best-Practice-Beispiele skizziert werden, anhand derer sich einige Erfolgsfaktoren für kommunales Übergangsmanagement ableiten lassen.

Wattenmodell – Provinz Groningen/Niederlande

Kernidee und Ziel: Jugendliche mit Startschwierigkeiten, vor allem Abbrecher beruflicher oder allgemein bildender Schulen werden mit dem Wattenmodell dabei unterstützt, die so genannte Startqualifikation (Level 2) zu erreichen. Damit soll die Zahl Jugendlicher in unqualifizierten Tätigkeiten nachhaltig reduziert werden (Motto: Ausbildung vor Arbeit!). In diesem Netzwerk arbeiten acht Gemeinden der Provinz Groningen auf kommunaler und regionaler Ebene eng zusammen und bedienen sich eines ausgeklügelten Organisationsmodells, das sich insbesondere durch das integrierte Monitoringsystem auszeichnet, mit dem der Weg jedes betroffenen Jugendlichen jederzeit nachvollzogen werden kann.

Durchführung: Durch die Errichtung der kommunalen RMC (Regional Coordination Center of Drop Outs) wurden klare Zuständigkeiten geschaffen, da im Sinne einer One Stop Agency nur noch eine Person, der sog. School Attendance Officer, für den vollständigen Prozess bis zum Erreichen der Startqualifikation zuständig ist.

- Schulen und lokale Arbeitsagenturen melden jugendliche Zielpersonen in einem ersten Schritt an das RMC.
- Von dort nehmen die School Attendance Officer Kontakt zu den Jugendlichen auf und klären in Gesprächen, ob sie für die (Wieder-)Aufnahme einer regulären Ausbildung in Frage kommen.
- Die School Attendance Officer arbeiten eng mit Schulen und Arbeitsagenturen zusammen und begleiten die Jugendlichen bis zum erfolgreichen Abschluss der Startqualifikation bzw. bis zum 23. Lebensjahr. Können die Jugendlichen nicht auf diese Art vermittelt werden, kann das RMC Experten hinzuziehen, so genannte Career Guidance Officer: Spezialisten, die die Jugendlichen in ihrem heimischen Umfeld aufsuchen und gemeinsam mit ihnen und den Eltern nach beruflichen Möglichkeiten suchen. Das Motto lautet: »No Way to Escape!«
- Die Gesprächs- und Vermittlungsergebnisse werden an das RMC zurückgemeldet, das das gesamte Monitoring und den Vermittlungserfolg verantworten muss.
- Alle drei Monate werden die Ergebnisse an die zuständige Politik weitergegeben, womit eine hohe Systemwirkung erreicht wird, da ggf. Gesetze und Verordnungen an die tatsächlichen Erfordernisse angepasst werden.

Hierbei handelt es sich um ein effektives und effizientes regionales Netzwerk zur Vermittlung einer beruflichen Startqualifikation an Jugendliche mit Startschwierigkeiten in ländlichen Regionen: ein gelungenes Beispiel und Vorbild für regionales Übergangsmanagement.

Hamburger Hauptschulmodell

Kernidee und Ziel: Mit diesem von Unternehmern initiierten Netzwerk sollen Hauptschüler wieder verstärkt in die ungeförderte betriebliche Ausbildung gebracht werden, und zwar in einen Ausbildungsberuf, der ihren Stärken und Interessen entspricht. Mit Imagekampagnen (»Hauptschüler – besser als ihr Ruf«), Netzwerkarbeit inkl. eines Monitoringsystems, fachlicher Unterstützung des Bewerbungsprozesses und aktiven Vermittlungsbemühungen einschließlich eines gezielten Matchings zu den Unternehmen werden die Schüler unterstützt. Hauptarbeit leisten neben der so genannten Koordinierungsstelle die 71 teilnehmenden Unternehmen selbst, indem sie den interessierten Schülerinnen und Schülern aus allen 109 Haupt- und Gesamtschulen Bewerbungstrainings ermöglichen sowie Ausbildungsplätze zur Verfügung stellen.

Durchführung: An einer dualen Ausbildung interessierte Schüler werden folgendermaßen begleitet:

- Unterstützung bei der Berufswahl durch Bereitstellung von Informationsmaterial an den Schulen, Gestaltung von Elternabenden sowie Unterstützungsangebote in der Koordinierungsstelle
- Beratung bei den Arbeitsagenturen unter Berücksichtigung der von den Schülern durch Selbsteinschätzung erstellten Stärken-Neigungen-Profile
- Simuliertes Bewerbungsgespräch bei Partner-Unternehmen der Schulen mit Feedback hinsichtlich Berufswunsch und Auftreten
- Hilfestellung bei der Erstellung von Bewerbungsunterlagen durch Schule, Koordinierungsstelle und Unternehmen
- Unterstützung beim aktiven Bewerbungsprozess und Rückkopplung einer erfolgreichen Vermittlung an alle Beteiligten, die mit dem Jugendlichen in unmittelbarem Kontakt standen
- Dokumentation der wichtigsten ausbildungsrelevanten Daten der Schulabgänger, anhand derer Anfragen von Unternehmen nach geeigneten Bewerbern beantwortet werden.

Die Koordinierungsstelle übernimmt die Funktion eines Netzwerkknotens, wo alle Fäden zusammenlaufen: Sie verantwortet ein engmaschiges Monitoring der einzelnen Schüler in allen Phasen des Bewerbungsprozesses, sie stellt den Beteiligten Know-how und Materialien zur Ver-

fügung, sie berät und unterstützt Eltern, Schüler und Lehrkräfte, sie akquiriert aktiv Unternehmen für die Teilnahme am Netzwerk und versucht, (neue) Ausbildungsplätze für Hauptschüler zu schaffen und zu vermitteln.

Das Hamburger Hauptschulmodell kann als unternehmerisch initiiertes und systematisch gestaltetes Netzwerkprojekt mit hohem Vorbildpotenzial bezeichnet werden, dessen Wirkungsweise bereits während der Schullaufbahn der Jugendlichen ansetzt. Durch das konsequente Monitoring des Gesamtprozesses wurde ein Benchmarking etabliert und damit ein Wettbewerb unter den Schulen um gute Übergangsquoten entfacht. Die Hauptschulen nutzen die Vermittlungsquote, um Werbung für sich zu machen und sich gegenüber den Gesamtschulen zu behaupten.

Das Modell ist für eine Übertragung auf andere Kommunen und Regionen gut geeignet. Ein Transfer nach Berlin, Hannover, Basel und Ostwestfalen-Lippe ist bereits erfolgt. Mit München, Frankfurt, Gummersbach, Nürnberg und Bremen stehen weitere Kommunen in den Startlöchern.

Erfolgsfaktoren

Aus diesen Beispielen – wie auch aus zahlreichen weiteren untersuchten Projekten und Initiativen in Europa – lassen sich viele Faktoren identifizieren, die Einfluss auf den Erfolg von Aktivitäten an der Schnittstelle zwischen Schule und Arbeitswelt haben. Neben Faktoren, die von den Kommunen nur indirekt beeinflusst werden können – wie unternehmerisches Engagement, die Rolle der Eltern bei der Vermittlung von Wertvorstellungen und sozialen Kompetenzen oder ein Paradigmenwechsel in der Schule

von der Abschluss- zu einer Anschlussorientierung –, lassen sich einige Handlungsfelder benennen, die auf lokaler Ebene aktiv ausgestaltet werden können.

Netzwerke: Transparenz durch Zusammenarbeit

Wirtschaft, Schulen, Schulbehörden und Arbeitsverwaltung müssen vor Ort Netzwerke bilden und an einem Strang ziehen. Das erhöht die Transparenz des Ausbildungsstellenmarktes. Einen Vorteil davon haben alle Seiten: Die Unternehmen können frühzeitig Kontakte zu potenziellen Nachwuchskräften knüpfen und Einfluss auf eine praxisorientierte Unterrichtsgestaltung durch die Lehrkräfte in den oberen Schulklassen nehmen, die Jugendlichen können sich ein besseres Bild von den diversen beruflichen Tätigkeitsfeldern machen, was die Orientierung bei der Berufswahl erleichtert, und die Arbeitsverwaltungen können bedarfsgerechter vermitteln. Geringere Suchkosten, niedrigere Abbrecherquoten, eine höhere Vermittlungseffizienz und weniger Aufwand für kostspielige Warteschleifen sind die positive Folge. Neben den genannten Beispielen seien hier auch die bundesweit verbreiteten Arbeitskreise Schule–Wirtschaft oder die nordrhein-westfälischen Beiräte Schule–Beruf als Anknüpfungsmöglichkeiten genannt.

Vermittlung aus einer Hand

Die Zusammenarbeit der Akteure vor Ort sollte auf den Abbau bürokratischer Hindernisse zielen. Statt bei einer Vielzahl zuständiger Stellen sollte die Verantwortung für die Jugendlichen möglichst in einer Hand liegen. Wie es One Stop Agencies in der Wirtschaftsberatung vorgemacht haben, so können alle Beteiligten – Schulen, Behörden, Unternehmen und nicht zuletzt die Jugendlichen selbst – davon profitieren, wenn die Fäden an einer Stelle zusammenlaufen und Vermittlungsprozesse dadurch effektiver und effizienter gestaltet werden. Auch notwendige Reformen können dann zügiger erfolgen, weil Mängel im System von dieser Stelle unmittelbar an die Politik zurückgespiegelt werden.

Engmaschiges Monitoring

Die intensivere Zusammenarbeit der Akteure sollte mit einem Monitoring der Jugendlichen einhergehen. Schulabbrüche, vergebliche Bewerbungsbemühungen, Bildungsmaßnahmen und Arbeitslosigkeit bleiben sonst nicht selten unbemerkt oder zumindest ohne Konsequenz. Gerade das aber gilt es zu vermeiden, denn Jugendliche sind allein oft noch nicht in der Lage, ihr Leben selbstständig zu meistern.

Jugend: Unternehmer ihrer selbst

Dennoch müssen Jugendliche lernen, dass sie auch selbst Verantwortung dafür tragen, was beruflich aus ihnen wird. Fähigkeiten und Talente erproben, selbst gesteckte Ziele verfolgen, in Erfolgserlebnissen Selbstbestätigung finden und daraus Motivation für die persönliche Weiterentwicklung schöpfen, muss möglichst früh geübt werden. Auf kommunaler Ebene kann dies beispielsweise durch Projekte zu Partizipation und Mitwirkung gefördert werden.

Strategien lokaler Integrationspolitik

Alexander Thamm, Claudia Walther

Migration und Integration sind wichtige Aspekte der demographischen Entwicklung weltweit. Insbesondere Großstädte erfahren bereits seit Jahren eine starke Zuwanderung und haben Strategien entwickelt, wie man die neuen Bürgerinnen und Bürger in die bestehende Gesellschaft integrieren kann bzw. wie sich die kommunalen Strukturen der veränderten Bevölkerungsstruktur und -zusammensetzung anpassen müssen.

Immer mehr beschäftigen sich auch Kommunen im ländlichen Raum mit der Frage, wie eine schrumpfende Bevölkerung immer mehr Zuwanderer, und besonders ihre Kinder und Jugendlichen, integrieren kann. Der Anteil der jungen Migranten (mindestens ein Elternteil ist im Ausland geboren) liegt allein in Nordrhein-Westfalen bei rund 30 Prozent aller Jugendlichen. Bisher schneiden sie bei Schulabschlüssen und besonders beim Übergang zum Beruf bedeutend schlechter ab als ihre Altersgenossen, wie die letzte PISA-Studie wieder festgestellt hat. Viele Städte haben diese Entwicklung mit Sorge verfolgt und umfassende Strategien der Integration entwickelt.

Um gute Beispiele zu identifizieren und Lösungsansätze zu definieren, hat die Bertelsmann Stiftung mit dem Bundesministerium des Innern den Wettbewerb »Erfolgreiche Integration ist kein Zufall. Strategien kommunaler Integrationspolitik« durchgeführt. Mehr als 100 Kommunen aus dem gesamten Bundesgebiet haben sich beteiligt, die Ergebnisse werden in Form einer Best-Practice-Publikation veröffentlicht. Im Rahmen des Wettbewerbs wurden zusammen mit Expertinnen und Experten aus Politik, Praxis und Wissenschaft auch Handlungsempfehlungen für kommunale Integrationspolitik entwickelt.

Diese sollen Kommunen dabei unterstützen, ihre Politik den Anforderungen der Einwanderungsgesellschaft anzupassen. Sie stützen sich auf die Erfahrungen jener Städte und Gemeinden, die bereits große Fortschritte auf diesem Weg vorweisen können.

Ziel aller Maßnahmen muss es sein, den zugewanderten Bürgerinnen und Bürgern eine gleichberechtigte Teilhabe am öffentlichen Leben zu ermöglichen und aktuelle Missstände zu beseitigen. Nur durch den Willen und das Entgegenkommen beider Seiten – der Zuwanderer und der Aufnahmegesellschaft – kann dies erreicht werden.

Zehn Handlungsempfehlungen für eine erfolgreiche Integrationspolitik

1. Strategie und Konzeption entwickeln

Welches sind die Ziele der Integrationspolitik in der Stadt, in der Gemeinde, im Kreis? Und wie sollen sie erreicht werden? Welche Schwerpunkte werden gesetzt? Und welche Maßnahmen sollen in welchem Zeitraum umgesetzt werden?

Diese Fragen bilden den Orientierungsrahmen für ein Integrationskonzept, das als strategische Grundlage für eine umfassende, den jeweiligen Gegebenheiten angepasste kommunale Integrationspolitik dient.

Die Federführung bei der Entwicklung obliegt der Kommunalpolitik und lokalen Verwaltung. Für eine möglichst umfassende Bestandsaufnahme von Aufgaben und Handlungsansätzen und auch im Sinne der Konsensbildung empfiehlt es sich, das Integrationskonzept in einem partizipativen Prozess unter der Beteiligung aller maßgeblichen Akteure zu erarbeiten. Der Prozess kann von einer Top-down- oder Bottom-up-Initiative ausgehen – das hängt von der Situation in der Kommune ab.

Das Konzept deckt abstrakte und konkrete Ziele ab. Dazu zählt zunächst ein interkulturelles Leitbild. Sein Kern sollte eine vorausschauende Strategie sein, die langfristige Entwicklungen wie die Folgen des demographischen Wandels oder die Zukunft als Standort im globalen Wettbewerb berücksichtigt. Oberstes Ziel jeder Kommune sollte es daneben sein, allen Bürgerinnen und Bürgern eine gleiche Teilhabe zu garantieren und das friedliche Miteinander zu sichern.

Ein Ratsbeschluss, der das Integrationskonzept verabschiedet, unterstreicht den politischen Willen und den hohen Stellenwert der Integrationspolitik. Zur Identifikation von Schwachstellen wie auch von Stärken sollten sich die einzelnen Ressorts Ziele stecken, die im weiteren Prozess messbar sind. Um das Konzept nachhaltig weiterentwickeln zu können, ist eine permanente Analyse, Erfassung und Bestandsaufnahme anhand von Indikatoren notwendig.

2. Integration als Querschnittsaufgabe verankern

Wie kann erreicht werden, dass Integrationspolitik nicht auf die Zuständigkeit Einzelner oder einiger weniger beschränkt bleibt, sondern als wichtige Aufgabe der gesamten Kommune verankert wird?

Die Frage einer verbesserten Integration von Zuwanderern stellt sich in vielen Bereichen, sei es in Schulen, Kindergärten oder Krankenhäusern. Integration ist daher als gesamtstädtische und ressortübergreifende Querschnittsaufgabe zu behandeln. Die Verantwortlichkeit für Planung und Durchführung liegt in den einzelnen Ressorts, während die Koordinierung zentral zu verankern ist.

Ob dies in Form einer Stabsstelle beim Verwaltungschef oder einer Stelle für interkulturelle Arbeit im Sozialreferat erfolgt, hängt von der Verfasstheit und auch Größe der Kommune ab. Wichtig ist jedoch eine klare Zuständigkeit, die für alle Beteiligten erkennbar ist und die Ressourcen bündelt. Durch die Verankerung als Querschnittsaufgabe entwickelt sich Integration zu einem Faktor, der bei allen Planungen beachtet und einbezogen wird.

3. Politische Verbindlichkeit herstellen

Wie kann Integrationspolitik den Stellenwert erhalten, den sie als eine entscheidende Zukunftsfrage verdient? Integrationspolitik muss raus aus der Nische! Grundvoraussetzung hierfür ist es, dass die lokalen Entscheidungsträger den politischen Willen aufbringen, ein Gesamtkonzept zu erstellen und dieses zu stützen. Ein klares Bekenntnis des Verwaltungschefs und sein persönlicher Einsatz, insbesondere auch in der Öffentlichkeit, tragen dazu bei, den Stellenwert des Themas Integration in der ganzen Kommune zu stärken.

Erfolgreiche Konzepte werden von einem breiten politischen Konsens und parteienübergreifender Zusammen-

arbeit getragen. Dies sollte sich auch in einer Verankerung des Themas in der Ausschussstruktur niederschlagen. Ein Ausländerbeirat allein mit beratendem Charakter wird der Einbindung der Menschen in die politischen Strukturen nicht gerecht; die Zuwanderer sollten über ein Vertretungsorgan mit eigener Entscheidungskompetenz verfügen.

4. Partizipation sicherstellen und bürgerschaftliches Engagement aktivieren

Wie können Menschen mit Migrationshintergrund, aber auch Bürgerinnen und Bürger der Aufnahmegesellschaft besser angesprochen und in den Integrationsprozess einbezogen werden?

Integrationskonzepte wirken erst dann nachhaltig, wenn sie durch eine breite Beteiligung aller erstellt wurden (partizipativer Prozess). Dazu gehört eine systematische Einbindung von Migrantenselbstorganisationen ebenso wie der offene Dialog mit der gesamten Bevölkerung. Vielleicht mehr als alle anderen politischen Aufgaben bedarf die Eingliederung ethnischer Minderheiten in das kommunale Gemeinwesen einer dauerhaften Konsultation und Mitbestimmung aller relevanten Akteure. Besonders auf der Stadtteilebene bieten sich zahlreiche Möglichkeiten, die Bürger aller Herkunft einzubinden und an Entscheidungsprozessen zu beteiligen.

Zudem gilt es besonders das bürgerschaftliche Engagement zu fördern und zu stärken. Vor allem in kleineren Kommunen bietet sich dadurch die Möglichkeit, die soziale Integration und auch die interkulturelle Kompetenz der Aufnahmegesellschaft zu stärken. Neben der direkten Ansprache der Bürger – insbesondere derjenigen mit Migrationshintergrund – für ein projektbezogenes Engagement sollte die Kommune die Selbstorganisation von Zuwanderern klar unterstützen. Als ein erfolgreiches Mittel hat sich die Ausbildung von Bürgern zu Integrationslotsen erwiesen, die direkte Kontakte aufbauen und auf diese Weise dazu beitragen, Hemmschwellen abzubauen.

5. Netzwerke aufbauen

Wie kann die Zusammenarbeit von Initiativen, Migrantenselbstorganisationen, Wohlfahrtsverbänden, Stadt, Bildungseinrichtungen, Wirtschaft, Kirche und anderen ver-

bessert werden? Wie können Synergien genutzt und Reibungsverluste verringert werden?

Kommunalpolitik und Verwaltung sind aufgefordert, die konzeptionelle und operative Arbeit so zu strukturieren, dass Konsultation und Einbindung aller relevanten Akteure ermöglicht werden. Gerade im Bereich der Integration ist es wichtig, die verschiedenen Maßnahmen zwischen Politik, Verwaltung, Zuwanderergruppen, freien Trägern und weiteren Institutionen der Zivilgesellschaft abzustimmen und zu koordinieren. Dadurch können knappe Ressourcen wesentlich effektiver und nachhaltiger eingesetzt werden.

Daneben schaffen Netzwerke wertvolle Kommunikationswege, bilden Vertrauen und schlagen Brücken zwischen aufnehmender und zugewanderter Gesellschaft. Für das Netzwerk gilt es eine Arbeitsstruktur zu entwickeln, die langfristig aufgestellt ist und über die rein projektbezogene Fokussierung hinausgeht. Diese nachhaltigen Netzwerke zeichnen sich z. B. durch die Verabschiedung einer Geschäftsordnung oder die Einführung von Konfliktregelungsmechanismen aus. Die Koordination des Netzwerkes liegt bei der Kommune.

6. Auf Stadtteilebene planen und arbeiten

Wie kann Integrationspolitik möglichst konkret, nah an den Menschen und bedarfsorientiert entwickelt und umgesetzt werden?

Neben dem umfassenden Konzept für die Kommune als Ganzes gilt es, stadtteilspezifische, adressatenorientierte Programme zu entwickeln. Der stadtteilbezogene Ansatz bietet mehrere Vorteile: Er garantiert eine präzisere Bestandsaufnahme und Analyse und erlaubt, damit

Maßnahmen bedarfsorientiert zu entwickeln und umzusetzen. Der Einsatz von Quartiersmanagern baut Kontakthürden ab und erweist sich besonders in sozialen Brennpunkten als sinnvoll.

Die geringen Zugangsbarrieren durch den direkten und persönliche Kontakt sowie die unmittelbare Betroffenheit durch räumliche Nähe stärken den Willen zur Zusammenarbeit aller Akteure im Sozialraum. Diese Motivation entsteht gerade durch die Erfahrung, mit eigener Arbeit zu Verbesserungen und Erfolgen am Lebensort beitragen zu können. Insbesondere zählen hierzu Handlungs- und Problemfelder wie Wohnumfeldgestaltung, Jugendhilfe und Gewaltprävention.

7. Handlungsfelder bearbeiten: Bildung und Sprache, Beschäftigung und Dialog

Welche Maßnahmen und Angebote sollte die Kommune bereitstellen, um die Integration von Zuwanderern zu verbessern?

Kommunen setzen sich in vielen Handlungsfeldern für die Integration von Zuwanderern ein. Dabei gilt es nicht nur einzelne Bereiche zu fördern, sondern umfassend – den lokalen Bedürfnissen angepasst – Maßnahmen anzustoßen und aufzusetzen. Einen wichtigen Pfeiler hierfür bildet das bürgerschaftliche Engagement, das von den Kommunen in partnerschaftlicher Weise gefördert werden sollte.

Bildung und Sprache

Besonders im Vorschulbereich stehen den Kommunen zahlreiche Projektbeispiele zur Verfügung, um die Sprachkompetenz der Zuwanderer zu fördern. Neben den Kindern gilt es, besonders die Eltern stärker in die Spracherziehung einzubinden, wie es etwa in den »Mama lernt Deutsch«-Programmen erfolgt. Diese Elternarbeit lässt sich in den Schulen fortsetzen. Neben den verpflichtenden Integrations- und Sprachkursen kann die Kommune durch zusätzliches Engagement stark zu einer besseren Integration beitragen. Viele Kommunen beschreiten bereits diesen Weg.

Beschäftigung

Neben Sprache gilt Arbeit als eines der wichtigsten Mittel zur Förderung von Integration. Als Gewährleister und Anbieter von Dienstleistungen sind die Kommunen aufgefordert, aktiv gegen wirtschaftliche Diskriminierung vorzugehen. Hier gilt es zu versuchen, ein kommunales Beschäftigungsmanagement aufzubauen, in dem alle Beteiligten zusammenarbeiten. Die Einbindung der Migrantenökonomie spielt eine wichtige Rolle. Darüber hinaus gilt es, den Jugendlichen einen möglichst reibungslosen Übergang von der Schule in eine Ausbildung zu ermöglichen (siehe dazu auch den nachfolgenden Beitrag). Hierfür ist ebenfalls eine gute Zusammenarbeit zwischen Wirtschaft, Kommune und Betroffenen notwendig.

Dialog

Gerade in der heutigen Zeit müssen Kommunen einen offenen und offensiven interkulturellen und interreligiösen Dialog pflegen. Durch eine direkte Ansprache der verschiedenen religiösen Vereinigungen, besonders der islamischen, und der Förderung des gegenseitigen Austauschs kann besonders die Verwaltungsspitze entscheidende Signale für ein friedliches Miteinander setzen.

In ihrer Wirkung für das Integrationsklima nicht zu unterschätzen sind neue und innovative Formen der Öffentlichkeitsarbeit und Kommunikation mit den Bürgerinnen und Bürgern. Hierzu gehört es beispielsweise, ebenso über Erfolge zu berichten wie über Missstände offen zu diskutieren und immer wieder den direkten Kontakt mit den Bürgern zu suchen.

8. Arbeitgeber Kommune: die interkulturelle Öffnung der Verwaltung vorantreiben

Wie können der Zuwandereranteil in der Verwaltung erhöht und die interkulturelle Kompetenz verstärkt werden?

Die derzeitige finanzielle Lage lässt Städten und Gemeinden nicht viel Spielraum bei der Personalpolitik. Trotzdem übernehmen Kommunen als Arbeitgeber eine wichtige Vorreiterrolle bei der interkulturellen Öffnung. Die notwendige Personalarbeit umfasst beispielsweise, Jugendliche mit Migrationshintergrund gezielt für die Ausbildung zu werben. Zudem müssen Mitarbeiterinnen und Mitarbeiter ermutigt werden, und ihre interkulturellen Kompetenzen sollten mit entsprechenden Fortbildungsangeboten gestärkt werden. Diese Maßnahmen werden optimal flankiert durch die Verabschiedung von Antidiskriminierungsregelungen für die Kommune.

9. Dienstleister Kommune: Zugangsbarrieren abbauen

Wie kann die Verwaltung gegenüber Zuwanderern kundenfreundlicher gestaltet werden?

Den Kommunen wird empfohlen, ihre Angebote für alle Bevölkerungsgruppen zugänglich zu machen und Zugangsbarrieren zu beseitigen. Neben dem Abbau sprachlicher Barrieren durch mehrsprachige Flyer, durch Übersetzer und Dolmetscherpools erweist sich auch die direkte Kontaktaufnahme im Lebensumfeld der Zuwanderer als hilfreich. Besonders die Ausländerbehörden können im Rahmen ihrer neuen Aufgaben durch ihr Selbstverständnis hin zu einer serviceorientierten Behörde viel zu einer »gefühlten« Integration beitragen. Es hat sich auch gerade in kleineren Kommunen als nützlich erwiesen, zentrale Anlaufstellen einzurichten, in denen verschiedene Arbeitsbereiche zusammengefasst wurden (One Stop Agency).

10. Erfolge messen: Evaluation und Controlling

Wie kann kontrolliert werden, ob die geplanten Maßnahmen umgesetzt wurden und ob die Integrationspolitik Erfolge zeigt?

Der Nachweis, ob öffentlich finanzierte Maßnahmen zu Erfolgen führen, gewinnt auch in der Integrationspolitik an Bedeutung. Ein umfassendes, auf Kennzahlen gestütztes Berichtswesen empfiehlt sich besonders in größeren Kommunen. Indikatoren im Integrationsbereich werden allgemein skeptisch betrachtet: Zum einen wird darauf verwiesen, dass qualitative Erfolge nicht immer

quantitativ messbar sind; zum anderen stellt häufig der lange Zeitraum ein Problem dar, der zwischen Maßnahme (z. B. im Kindergarten) und möglichem Erfolg (z. B. beim Schulabschluss) liegt.

Dennoch findet sich fast immer ein Indikator, der eine Tendenz der Verbesserung oder der Verschlechterung anzeigen kann. Schlüsselindikatoren sind beispielsweise der Anteil von Schulabgängern ohne Abschluss, differenziert nach Deutschen und Ausländern, die jeweilige Quote beim Kindergartenbesuch oder die Anzahl von Sprachkursabsolventen. Im Gegensatz zu herkömmlichen Berichten sollte jedoch weniger nach Input (wie viel kostet eine Maßnahme?) oder Output (wie viele Kurse haben stattgefunden?) gefragt werden, sondern nach Outcome, also nach Wirkung und konkreter Verbesserung.

Zudem sind nachvollziehbare und überprüfbare Daten auch für Kommunalpolitiker eine wichtige Entscheidungsgrundlage. Projekte und Maßnahmen sollten einer regelmäßigen Evaluation unterzogen werden. Wenn dies mit Beteiligung der betroffenen Bevölkerungsgruppen geschieht, werden die Ergebnisse eher akzeptiert und die Angebote können bedarfsorientiert weiterentwickelt werden. Die Daten sollten zugänglich sein und regelmäßig veröffentlicht werden.

Externe Beratung und wissenschaftliche Begleitung dienen der Nachhaltigkeit und Verifizierung der Arbeit.

Regionale Kooperation: Eins und eins macht drei!

Kirsten Witte, Frank Weißenfels

Wachsende Mobilität von Menschen und Unternehmen verschärft den Wettbewerb der Kommunen um Arbeitsplätze und Wohnbevölkerung. Der durch den demographischen Wandel verursachte Bevölkerungsrückgang, der in vielen Regionen durch innerdeutsche Wanderungen verstärkt wird, führt zu einer Unterauslastung kommunaler Infrastruktur. Anhaltend hohe Pflichtaufgaben insbesondere im sozialen Bereich engen den finanziellen Handlungsspielraum der Kommunen immer mehr ein.

Regionale Kooperation ist in diesem Zusammenhang für viele Städte und Gemeinden eine Möglichkeit, wenn nicht sogar die einzige Chance, sich gegen diese Trends zu behaupten. Gemeinsame Flächenentwicklungsplanung, die gemeinsame Nutzung von Infrastruktur oder auch die Zusammenführung von Entwicklungspotenzialen verbessern und vergrößern den lokalen und regionalen Handlungsspielraum.

So weit die Theorie. Jeder kommunale Entscheider wird jedoch schon festgestellt haben, dass die Praxis ungleich komplizierter ist. Natürlich gibt es in der Praxis viele Risiken, die entsprechende Prozesse zum Scheitern bringen können: der Versuch der gegenseitigen Übervorteilung, Misstrauen, fehlende Ressourcen bei der Bearbeitung der angestrebten Agenda. Hier ist in der Tat große Umsicht geboten: Ist ein Prozess einmal vor die Wand gefahren, fällt es in der Folge umso schwerer, wieder Fahrt aufzunehmen. Oft sind es nicht große Fehlentscheidungen, sondern kleine Versäumnisse, die einen laufenden Prozess zum Scheitern bringen.

Erfolgsfaktoren regionaler Kooperation sind meistens fallbezogen und somit individuell sehr unterschiedlich. Es kommt immer auf den Kooperationsgegenstand, die jeweiligen kommunalen und regionalen Strukturdaten sowie beispielsweise auch auf die Einbeziehung bestehender Landes- und Bundesförderungen an.

Die Betrachtung funktionierender und vor allem auch nicht funktionierender Kooperationsvorhaben führt zu dem Ergebnis, dass trotz individueller Unterschiede eine Reihe allgemein übertragbarer und notwendiger Voraussetzungen existieren. Kooperation verlangt demnach:

Kommunikation
Orientierung
Outcome
Promotoren
Evaluation
Rechtssicherheit
Akteure
Transparenz
Information
Organisation
Nachhaltigkeit

Outcome und Orientierung

Auch wenn es immer wieder behauptet wird: Der Weg ist *nicht* das Ziel – außer vielleicht beim Spazierengehen. Kooperationen, die nicht über kurz oder lang zu einem konkreten Ergebnis, einer sichtbaren Verbesserung gegenüber dem Status quo führen, werden langfristig nicht erfolgreich sein, weil sie Ressourcen verbrauchen, ohne Mehrwert zu stiften.

Am Anfang eines jeden Kooperationsprozesses muss Einigkeit über die gemeinsamen Ziele erlangt und die Frage geklärt werden, ob die ins Auge gefassten Kooperationsfelder sich für eine solche interkommunale Zusammenarbeit überhaupt eignen. Das ist in der Regel dann der Fall, wenn durch eine gemeinsame Nutzung von Infrastrukturen Kosten gesenkt oder durch eine Bündelung von Entwicklungspotenzialen Synergieeffekte entstehen.

Die gemeinsame Bereitstellung von Infrastruktur

Der demographische Wandel bewirkt tendenziell eine Unterauslastung kommunaler Infrastruktur bei gleichzeitig generationenabhängiger Nutzungsdifferenzierung. So wird der Bedarf an Schulen stark sinken, der Bedarf an altengerechten Wohnangeboten jedoch zunächst erst einmal steigen. Regionale Kooperation kann hier sinnvoll sein,

- wenn hohe Fixkostenanteile durch die Kooperation auf mehrere Schultern verteilt werden können (z.B. Betrieb von Hallenbädern, Backoffice/Frontoffice-Lösungen im Dienstleistungsbereich) und/oder
- wenn die Kooperation eine Spezialisierung innerhalb der Einrichtungen erlaubt, die durch Arbeitsteilung Kosten spart (z.B. Krankenhauskooperationen, abgestimmte Flächennutzungsplanung).

Eine realistische Wirtschaftlichkeitsberechnung fördert hier oft große Potenziale, manchmal aber auch sehr ernüchternde Ergebnisse zutage. Wenn man sie nicht macht, bewahrt man sich Träume, wird aber meist über kurz oder lang äußerst unschön geweckt: Die Kosten eines Projektes entstehen am Anfang, die Erlöse fließen meist erst am Ende – und manchmal fließen sie dann eben auch nicht.

Die Nutzung gemeinschaftlicher Entwicklungschancen

Wenn eine Kommune die eigenen Potenziale entwickeln will, macht es wenig Sinn, nur bis zur eigenen Stadtgrenze zu schauen. Kommunen einer Region müssen an einem Strang ziehen, z.B. bei

- der Planung und Entwicklung von Wohn-, Gewerbe- und Verkehrsflächen
- der Vernetzung der Bildungsangebote vom Kindergärten über Hochschulen bis zu den privaten Bildungsträgern
- der Entwicklung wirtschaftlicher Potenziale
- dem Werben um Unternehmen und Arbeitsplätze

In dem Umfang, wie der Kooperationserfolg ex ante nur unvollständig definiert werden kann – und dies wird meistens so sein –, gewinnt die richtige Prozessgestaltung an Bedeutung. Zwar gilt noch immer, dass nicht der Weg das Ziel ist, aber wenn der Weg der falsche ist, wird man das Ziel nicht erreichen.

Organisation der Kooperation

Regionale Kooperation hat per se keinen institutionellen Rahmen. Gerade wenn viele Beteiligte mit unterschiedlichsten Interessen mitwirken, ist es wichtig, verlässliche Strukturen zu schaffen, die die Einzelnen vor bösen Überraschungen und die Gemeinschaft der Kooperierenden vor ziellosen Metadiskussionen schützen.

Akteure und Promotoren

Selbst ein kluger Kopf stößt selten durch die dicke Wand derer, die er auf seinem Weg vergessen hat mitzunehmen. Gerade in Prozessen, die auf Freiwilligkeit beruhen, steht und fällt der Erfolg mit der richtigen Abgrenzung der relevanten Akteure. Hat man vergessen, wichtige Beteiligte bzw. Betroffene einzubinden, kann dies genauso zum Misserfolg führen wie der Versuch, mit versteckten Agenden den Prozess zu manipulieren. Man braucht daher

- charismatische Prozesstreiber, die die Beteiligten für das gemeinsame Vorhaben begeistern
- die relevanten Entscheidungsträger, das heißt in der Regel die Spitzen von Politik und Verwaltung
- neutrale Moderatoren, denen niemand Parteilichkeit unterstellen kann
- Fachleute, mit deren Hilfe man die relevanten Probleme erkennen und fachlich lösen kann
- Arbeitsbienen, die Spaß daran haben, das operative Geschäft zu übernehmen

Längst ist regionale Kooperation dabei kein Projekt von Politik und Verwaltung mehr. Die Einbeziehung oder gar Prozessführerschaft von Wirtschaft und Bürgerschaft macht Know-how für den Prozess nutzbar und schafft Akzeptanz.

Kommunikation, Information und Transparenz

Die Partnerschaft zwischen Kommunen tickt nach denselben Gesetzmäßigkeiten wie die Partnerschaft zwischen Menschen: Ohne Vertrauen geht es nicht! Einer funktionierenden Kooperation muss die Erkenntnis vorausgehen, dass eins und eins drei ergibt und nicht zwei oder gar ein-

einhalb: Man erzielt einen Zugewinn durch die faire Behandlung des Partners und nicht dadurch, dass man einen Teil seiner Kooperationsrendite abzuschöpfen trachtet.

*Zusammen*arbeit setzt daher umfängliche Kommunikation auf Augenhöhe, gegenseitige Information und Transparenz voraus. Nicht zufällig haben Kommune und Kommunikation denselben Wortstamm: das lateinische Wort *communis* (gemeinsam).

Rechtssicherheit und Verbindlichkeit

Jede Kooperation verlangt nach einem adäquaten Rahmen. Die Eignung formeller Ausgestaltungsformen regionaler Zusammenarbeit hängt dabei stark von den intendierten Zielen und von den mit der Kooperation verbundenen Chancen und Risiken für die Partner ab.

Im Rahmen von *Arbeitsgruppen und Vereinen* können Partner sich austauschen, gemeinsame Agenden aufstellen und gleichzeitig ein hohes Maß an Autonomie bewahren. Im Gegenzug ist jedoch auch die Verbindlichkeit der Kooperation entsprechend geringer.

Privatrechtlich oder öffentlich-rechtlich institutionalisierte Kooperationen ermöglichen in weit höherem Maße die Absicherung von finanziellen Risiken und schaffen Verbindlichkeit hinsichtlich Entscheidungs- und Leistungsbeiträgen der Beteiligten. Während bei privatrechtlichen Kooperationen meist ökonomische Ziele dominieren, wird bei öffentlich-rechtlichen Kooperationen dem Aspekt einer politisch-demokratischen Entscheidungslegitimation ein tendenziell höheres Gewicht beigemessen.

Bei regionalen *Merger-Prozessen* schließlich geben die Akteure ihre Autonomie vollkommen auf und werden in eine übergeordnete Entscheidungsebene integriert.

Die Abgrenzung zwischen diesen Kooperationsformen ist fließend. Was als informeller Arbeitskreis beginnt, kann durchaus als Zweckverband enden. Entscheidend ist, inwieweit die Partner bereit sind, ihre gemeinsamen Handlungsspielräume zu erhöhen, indem sie die lokale bzw. persönliche Autonomie reduzieren.

Evaluation und Nachhaltigkeit

Kooperationsprozesse, die den Beweis ihrer Sinnhaftigkeit schuldig bleiben, werden über kurz oder lang beendet werden. Die ernsthafte Evaluation und Dokumentation von Prozessen und Erfolgen ist daher nicht nur eine akademische Frage, sondern kann überlebenswichtig werden. Sie schafft Vertrauen bei den Beteiligten, erhöht dadurch die Kooperationsbereitschaft und mittelbar auch die Nachhaltigkeit des Prozesses.

Fazit

Das eigentlich Spannende an der regionalen Kooperation ist die Tatsache, dass sie noch viel zu selten praktiziert wird. Unter rein wirtschaftlichen Aspekten sind die Vorteile regionaler Kooperation in vielen Bereichen unbestreitbar.

Was interkommunale Kooperation so schwierig macht, ist oft nicht das anzuzweifelnde betriebswirtschaftliche Potenzial, sondern die subjektive Angst vor dem Verlust lokaler Autonomie. Dabei merken wir oft gar nicht, dass diese Autonomie längst zur Schimäre geworden ist: Je mehr wir versuchen, an ihr festzuhalten, desto mehr rinnt sie uns durch die Finger.

Die wahre Erosion lokaler Autonomie erwächst aus den wirtschaftlichen Zwängen der Globalisierung und des demographischen Wandels. Wer lokale Autonomie mittelfristig erhalten will, muss daher nicht nur mit Bürgerschaft und Wirtschaft, sondern auch mit den Nachbarkommunen kooperieren.

Praxisbeispiele für regionale Kooperationen siehe unter www.potsdam-mittelmark.de und www.tourismusband-elbe.de

»Holt auf jeden Fall die Wirtschaft an Bord!«

Interview mit Klaus Wurpts

Gerade die Sicherung ihrer wirtschaftlichen Attraktivität ist für viele Kommunen das A und O, wenn es darum geht, dem demographischen Wandel zu begegnen. Dies gilt umso mehr, als in vielen Kommunen insbesondere im Osten Deutschlands der Bevölkerungsrückgang primär auf Arbeitsmigration zurückzuführen ist. Durch diese Entwicklungen ist regionale Kooperation notwendiger und aktueller denn je – auch mit Blick auf die Identifizierung und den Ausbau wirtschaftlicher Potenziale.

Immer mehr Unternehmen erkennen ihre ökonomische und gesellschaftliche Verantwortung, aktiv an der Gestaltung nachhaltiger Strukturen mitzuwirken. Wirtschaftsunternehmen sollten deshalb bei regionalen Kooperationen maßgeblich mitreden können, fordert im folgenden Interview Klaus Wurpts, Geschäftsführer der »Gesellschaft zur Förderung des Regionenmarketing für Mitteldeutschland mbH« mit Sitz in Leipzig.

In vielen Kommunen sind die demographischen Veränderungen bereits spürbar. Die Städte und Gemeinden sind aufgefordert, maßgeschneiderte Konzepte für den Umgang mit den veränderten Strukturen zu finden und dabei auch ganz konkret die wirtschaftliche Entwicklung in den Fokus zu nehmen. Dabei wird deutlich, dass viele kommunale Probleme nicht mehr durch althergebrachtes »Kirchturmdenken« gelöst werden können, sondern viel stärker in einen regionalen Kontext gestellt werden müssen. Wie kann also eine Erfolg versprechende regionale Kooperation initiiert werden?

Die Erfahrung zeigt, dass verwaltungszentrierte Initiativen selten von nachhaltigem Erfolg gekrönt sind. Wir sind eine Initiative, die im Wesentlichen von der Wirtschaft getragen ist. Das ist auch unser Selbstverständnis. Wir verstehen uns als privatwirtschaftlicher Dienstleister und stehen damit unter dem Handlungsdruck, unsere zunächst abstrakte Zielsetzung, die Region gemeinsam nach vorne zu bringen, mit Inhalt zu füllen.

Die Idee für unsere Initiative entstand im Rahmen von informellen Begegnungen zwischen Unternehmern, am Stammtisch gewissermaßen. Im Anschluss gab es eine charismatische Person, die intensiv herumgereist ist und viele andere Akteure für das Projekt begeistern und gewinnen konnte. Unsere Initiative ging damit von der Wirtschaft aus. Parallel dazu gab es die Initiative Mitteldeutschland der Kommunen in Zusammenarbeit mit den Kammern und bereits Mitte der 90er Jahre ein großes EU-Förderprogramm, woraus das Regionalforum Mitteldeutschland entstanden ist.

Solche Programme und kommunalen Initiativen sind wichtig, denn sie senden das Signal aus, dass der politische Wille und das Bewusstsein für Notwendigkeiten da sind. Letztes Endes war es dann aber die Durchschlagskraft der Wirtschaft, die das Regionenmarketing aufgebaut hat. Heute sind unter unseren 50 Mitgliedern die strukturbestimmenden Unternehmen der Region, und unsere Gesellschafter geben uns bis zu 50 000 Euro im Jahr. Die kommunalen Mitglieder, sprich: die Städte Leipzig, Halle, Jena und Dessau sind als wichtige Fördermitglieder über den Aufsichtsrat integriert.

Sie sind über eine GmbH und einen Verein organisiert. Welche Strukturen sind Ihrer Ansicht nach wesentlich für den Erfolg Ihrer Kooperation?
Was können die Kommunen für ihre Arbeit übernehmen?
Um die institutionalisierte Geschäftsform einer GmbH kommt man aus meiner Sicht nicht herum. Sie ist die Voraussetzung dafür, finanzielle und personelle Ressourcen sowie Know-how zu akquirieren und zielgerichtet einzusetzen. Das ist für uns auch sehr viel einfacher als für die Kommune. Zweite Voraussetzung ist, dass die Wirtschaft mit im Boot ist. Ich kann nicht sagen, wie man Kommunen dazu bewegt, intensiver zusammenzuarbeiten, ich kann aber sagen: Holt auf jeden Fall die Wirtschaft an Bord, dann bekommt Ihr zusätzlich Zug rein.

Darüber hinaus braucht es eine regelmäßige Plattform für den Austausch, für die Entwicklung von Strategien und die Lösung von Konflikten in den Aushandlungsprozessen. Denn in Bezug auf Ansiedelungen geht es ja auch darum, vordergründiges Konkurrenzdenken zugunsten von Nachhaltigkeit zurückzustellen. Dazu müssen sich die Leute kennen – es muss Vertrauen da sein. Das ist ganz wichtig, und dafür braucht es verlässliche Strukturen, wie wir sie z. B. mit unseren Arbeitsformen gefunden haben.

Eine funktionierende regionale Kooperation braucht auch Kontinuität. Wie kann gewährleistet werden, dass die Akteure nicht nur kurzfristig im Sinne schneller und öffentlichkeitswirksamer Erfolge mitwirken, sondern die Bereitschaft zur Kooperation und Mitarbeit auch langfristig aufrechterhalten werden kann?
Da spielen aus meiner Sicht vor allem psychologische Faktoren eine Rolle. Wir müssen jedem einzelnen Unterneh-

men das Gefühl vermitteln, etwas Wichtiges zu tun und gleichzeitig seine Marktpräsenz zu erhöhen. Man muss die Mitglieder in die Projektarbeit einbinden, den persönlichen Kontakt suchen und Vertrauen herstellen, kurz: den »common spirit« pflegen. Und immer wieder: Kommunikation, Kommunikation, Kommunikation. Wichtig sind dabei natürlich Erfolgsmeldungen und, um Desinteresse und Ermüdung vorzubeugen, eine zielgruppenspezifische Dosierung von Informationen.

Inwieweit sind auch die politischen Akteure eingebunden?
Rückenwind hole ich mir von den Oberbürgermeistern im Aufsichtsrat, die ja vor Ort auch ihre politischen Gremien einbeziehen. Im Aufsichtsrat sitzen außerdem die Chefs der Landesverwaltungsämter und die Leiter der EU-Regionalforen. In der Projektarbeit wirken darüber hinaus die Wirtschafts- oder Landwirtschaftsministerien mit. Da gibt es wechselnde Akteure. Unsere Organisation ist ja auch nicht als Dachverband zu sehen, sondern als Plattform für konkrete Aktivitäten.

Unser wichtigstes Medium ist dabei der Clusterprozess: Wir haben die Wirtschaftszweige identifiziert, in denen wir regional das größte Entwicklungspotenzial sehen, und clusterspezifische Maßnahmen aufgesetzt, um die Wertschöpfungsketten in diesen Bereichen zu komplettieren und so Unternehmen und Arbeitsplätze zu entwickeln.

Wie ist es Ihnen gelungen, Cluster zu identifizieren, und wie konnten Sie darüber einen Konsens erzielen?
Der Prozess bestand darin, zunächst die infrage kommenden Branchen zu sichten, in einem zweiten Schritt Experten aus Forschungseinrichtungen und Universitäten einzubeziehen, weil die ja häufig schon Kontakte und Netzwerke haben, und dann intensive Gespräche mit den Unternehmen zu führen.

Denn Clusterprozess heißt nicht nur, auf die nackten Zahlen zu schauen: Wo haben wir eine hohe Beschäfti-

gung und Exportquote, wo haben wir unsere Traditionen in der Region? Ganz entscheidend ist auch: Wo sind die Unternehmen, die das wirklich tragen wollen? Wenn wir Akteure in ausreichender Zahl beisammen hatten, konnte es losgehen. Dann haben wir umgehend erste Projekte initiiert, und der erste Erfolg hat Kreise gezogen. Heute bekommen wir täglich E-Mails und Anrufe von Leuten, die sich einbringen möchten.

Auf welche Weise man sich einbringt, ob und wie viel Geld man gibt – geschieht das ganz freiwillig?
Und wie sind diese Verhältnisse in den Entscheidungsstrukturen repräsentiert?
In welcher Form und mit wie viel Ressourcen sich die Unternehmen einbringen, ist absolut freigestellt. Die Cluster sind ein Produkt, um das Leitbild des Regionenmarketings zu realisieren. Wir haben dazu eine Clusterstrategie entwickelt, wollen aber, dass sich die Cluster trotzdem auch autonom entwickeln.

Jedes Cluster hat dazu sein eigenes Leitbild, aber wir achten auf eine gewisse methodische Symmetrie hinsichtlich Organisationsstruktur und Arbeitsweise. So können und wollen wir durch unsere Koordinierungsfunktion natürlich die Entwicklung der Cluster entscheidend beeinflussen. Diese stehen zunächst offen für alle Unternehmen der Region, manche bleiben das auch, andere werden geschlossen. Wenn die Teilnehmer der Meinung sind, dass eine kritische Größe bzw. eine inhaltlich sinnvolle Zusammensetzung erreicht ist, werden Partnerschaften und Netzwerke nur noch auf Projektebene etabliert.

So ein umfangreiches Regionenmarketing ist sehr anspruchsvoll. Ist es auf andere Regionen übertragbar?
Grundsätzlich ja. Wir haben in Ost-Deutschland aber besonders günstige Voraussetzungen, denn ich nehme die Akteure hier durch den wirtschaftlichen und gesellschaftlichen Umwälzungsprozess als noch flexibler, aufge-

schlossener, motivierter und »hungriger« wahr. Weil die Strukturen noch nicht so eingefahren sind, gibt es hier ganz andere, zuweilen unkonventionelle Entwicklungsmöglichkeiten, auch für die Einzelnen und ganz besonders für junge Leute. Daraus lässt sich übrigens auch für Kooperationen – egal welcher Art – ein wichtiger Erfolgsfaktor ableiten: Es braucht absolute Offenheit nach innen und außen, und es darf keine Denkverbote geben.

Sinnvollerweise fokussiert eine regionale Kooperation Themen, die auch aktiv beeinflusst werden können. Welche Themen bieten sich aus Ihrer wirtschaftspolitischen Sicht besonders an?

Das sind drei Hauptgebiete: Die intensive Kooperation der Wirtschaft mit der Wissenschaft, das Thema Außenvermarktung der Region sowie alles, was wir bei uns neuerdings unter dem Begriff der Nachhaltigkeit zusammenfassen. In unserer Initiative hat seit kurzem ein ganz neuer Themenkomplex Einzug gehalten, der auch konkret die Folgen des demographischen Wandels betrifft. So geht es z.B. um den Fachkräftemangel, der hier durch die extremen Abwanderungstendenzen noch verschärft wird. Es gibt eine große Bereitschaft, sich auf diesem Terrain zu engagieren. Dies nehmen wir als Regionenmarketing auf und wollen gemeinsam mit den Unternehmen aktiv werden.

Für uns geht es auch darum, dass junge Leute, die etwa zum Studieren aus den alten Bundesländern hierher kommen, hier bleiben, und dazu braucht es nun einmal berufliche Perspektiven. Und die gibt es. Wir haben hier zum Teil enorme Wachstumsraten. Uns geht es darum, als Philosophie zu kommunizieren, was hier möglich ist. Unsere Rolle dabei ist, die Akteure zusammenzubringen und den Erfahrungsaustausch zu moderieren.

Der Vorteil für die Profilierung einer Region über eine gemeinsame Außenwerbung liegt auf der Hand. Wo liegt außerdem aus Ihrer Sicht der Mehrwert von regionalen Kooperationen im Hinblick auf die Potenziale einer Region?

An unserem Beispiel festgemacht: Wir sind die Initiative der strukturbestimmenden Unternehmen. Daraus ergibt sich zunächst ein hoher Professionalitätsanspruch, den wir natürlich auch gewährleisten müssen. Das gute Image wirkt dann auch nach innen. Kurz gesagt: Wenn unsere Initiative zum Beispiel eine Veranstaltung anbietet, dann kommen die Leute auch. Der wirtschaftliche Mehrwert besteht aus den sehr konkreten Geschäftsbeziehungen, handfesten Kooperationen und den Investitionen und Synergieeffekten, die daraus hervorgehen. Und mit Blick auf den Wettbewerb ist natürlich das schon angesprochene gemeinsame Außenmarketing ganz zentral. Die Region mit ihren Unternehmen hat ein klareres Profil bekommen, von dem alle profitieren.

Was empfehlen Sie den Kommunen, die sich stärker um das Thema der regionalen Kooperation kümmern wollen? Was sind die wichtigsten Erfolgsfaktoren?

Sie brauchen zunächst eine charismatische Führungspersönlichkeit, eine gemeinsame Vision, wie wir sie im Leitbild formuliert haben, und ein gutes Konzept, um das Ganze umzusetzen. Zudem brauchen Sie den ständigen Dialog über die Weiterentwicklung und Aufrechterhaltung des Leitbildes, finanzielle und personelle Ressourcen, »quick wins« und immer wieder auch »großes Kino«, wenn Sie die Akteure mitreißen wollen.

Sie müssen ständig nach innen und außen kommunizieren, und sie brauchen einen langen Atem. Das gilt auch für unsere Mitglieder, wenn sie daran mitwirken wollen, unsere Vision zu verwirklichen: Unsere Region soll 2010 zu einer der am dynamischsten wachsenden in Europa gehören.

Den Kommunen kann ich aufgrund meiner Erfahrungen vor allem eines raten: Es sollten immer die Kommunen zusammenarbeiten, die sich als gemeinsame Wirtschaftsräume identifizieren lassen – geografisch, nach Wirtschaftskreisläufen oder als Kooperative in der Forschung. Zum Beispiel ist unsere Region, das zeigt schon der Blick auf die Landkarte, geografisch völlig »natürlich« gewachsen.

Ich kann sagen, dass regionale Kooperation dann besonders erfolgreich ist, wenn die beteiligte Wirtschaft gewissermaßen die Geografie der Kommunen mit abbildet. Diese richtige Größe muss man finden, die Wirtschaft mit ins Boot holen, ein festes Gremium etablieren – und dann ist der Grundstein für den Erfolg gelegt.

Das Interview führten
Carsten Große Starmann, Kirsten Witte und Beate Ramm
am 8. Dezember 2005 in Leipzig.

Von der goldenen Ehrennadel zum Multi-Stakeholder-Management
Bürgerengagement als strategische Ressource gestalten

Andreas Osner

Bürgerbeteiligung und bürgerschaftliches Engagement professionell zu fördern und zu orientieren ist eine Querschnittsaufgabe, die in der nachhaltigen Kommunalentwicklung unverzichtbar geworden ist. Umso mehr sollte diese Strategie in Zeiten des demographischen Wandels eingesetzt werden, um die begrenzten staatlichen Ressourcen mit den oft noch brachliegenden privaten Ressourcen zu multiplizieren.[1]

In nahezu allen Publikationen zum demographischen Wandel wird gefordert, die Bürgerinnen und Bürger in die Planungen und bei infrastrukturellen Umgestaltungen einzubeziehen und ein kooperatives Stadtentwicklungsmanagement zu betreiben, das auch Finanzentscheidungen in die Bürgerschaft rückkoppelt.

Weil Partizipation und Freiwilligenarbeit in der Umsetzung fachlicher Strategien so wichtig, aber auch unübersichtlich sind, soll in diesem Beitrag systematisch herausgestellt werden, warum bürgerschaftliches Engagement nicht der »billige Jakob« des reduzierten Wohlfahrtsstaates oder eine Hilfsfunktion im Prozess der Haushaltskonsolidierung ist, sondern ein zentraler strategischer Hebel für die Nachhaltigkeit, Qualitätssteigerung und Ressourcenaktivierung bei der Gestaltung des demographischen Wandels.

Die Bürgerschaft:
Akteure, Zielgruppen, Multiplikatoren

Versetzen wir uns zwanzig Jahre zurück: Wenn der Bürgermeister in der jährlichen Belobigung verdienten Honoratioren die goldene Ehrennadel der Stadt ansteckte, war das schön, denn es kam ein nettes Pressefoto dabei heraus und der Profilierung des einen und dem Narzissmus des anderen war damit gedient. Was jedoch bei diesen herkömmlichen Formen der Anerkennung fehlt, ist ein Konzept, das systematisch darlegt, warum welche Akteure für das Gemeinwesen wichtig sind und in welchen Projekten auf welche Weise die Stadt mit ihnen gezielt kooperieren kann.

In einem modernen Verständnis von good governance ist mit »der Bürger« nicht mehr nur die Frau aus der gehobenen Mittelschicht oder der einzelne vom kommunalen Geschehen Betroffene gemeint. Auch der etwas abgegriffene Begriff »Kunde« drückt nur einen Teil der Realität aus. Im heutigen Jargon spricht man von Akteuren, Zielgruppen oder Multiplikatoren, womit auch institutionelle Akteure gemeint sein können.

Will man bürgerschaftliches Engagement systematisch stärken, ist es notwendig, den gesamten privaten Sektor nach relevanten Akteuren abzusuchen: in den Vereinen und Initiativen genauso wie in den Kirchen und Glaubensgemeinschaften, in den Organisationen des Dritten Sektors wie auch in den Verbänden und Unternehmen. Diese sind zwar immer durch Personen repräsentiert, doch hinsichtlich ihrer Potenziale geht es eben auch um die Organisation und ihre darin versammelten Ressourcen.

Dies ist kein Plädoyer für neue Formen des Lobbyismus. Die Addition von organisierten Einzelinteressen ergibt bekanntlich noch kein Gemeinwohl. Auch ist bekannt, dass das Engagement der Menschen in traditionellen Organisationen tendenziell abnimmt, während projektbezogene so genannte »unkonventionelle« Partizipationsformen, etwa in Initiativen, zunehmen. Dennoch sind Funktionäre von Vereinen und Verbänden wichtige Multiplikatoren, da sie immer noch ein beträchtliches Potenzial an aktiven Menschen hinter sich vereinen. Dies ist gerade im ländlichen Raum relevant – dort, wo die demographischen Veränderungen großen Handlungsbedarf erzeugen.

Also: »Die Bürgerschaft« ist zwar auch, aber nicht ausschließlich als Aggregat von Anwohnern oder Privatpersonen zu verstehen, sondern die Bürgerschaft ist organi-

---

1   Dieser Beitrag ist die gekürzte Fassung des gleichnamigen Artikels, der im Online-Portal des »Wegweisers Demographischer Wandel« als Download bereitsteht unter www.aktion2050.de/wegweiser/handlungskonz/konzepte/jsp/konzepte.jsp.

ten zu können. Umgekehrt ist bürgerschaftliches Engagement auf die Konsultation der aktiven Bürger durch die Politik angewiesen, wenn es auf Dauer tragfähig, koordiniert und handlungsfähig sein soll. Fangen wir mit der Konsultation an: Welche Chancen bietet sie für das Gemeinwesen, aber auch für die Politik?

1. Kommunen qualifizieren ihre Investitionsplanungen und richten sie zielorientiert aus

Die bekannten Planungskatastrophen, in denen man aus rein fachlicher, monodisziplinärer Sicht konsequent an der Bevölkerung vorbeigeplant hat, sind unter anderem dadurch entstanden, dass die öffentlichen Entscheidungsträger auf eine wichtige Informationsquelle verzichtet haben: das Erfahrungs- und Anwenderwissen der Bürgerinnen und Bürger. Fachspezifisches Wissen aus der Verwaltung und Laienwissen betroffener Anwohner sind wie Phosphor und Stickstoff beim Dünger: Die Partizipationsstrategie ist die Rezeptur, die beide Elemente im richtigen Verhältnis zusammenbringt. Das Erfahrungswissen der Bewohner im Stadtteil, der Pendler im ÖPNV, der Sachverstand der Eltern und der Alten sind bei der Planung städtischer Infrastruktur unverzichtbar, um nachhaltige Lösungen zu erzielen.

Besonders relevant wird die Konsultation in schrumpfenden Regionen (nicht nur in Ost-Deutschland), in denen Einschnitte in die Substanz unvermeidbar erscheinen. Beim Rückbau von Siedlungen, bei der Umnutzung von Gebäuden oder bei der Konsolidierung des unterausgelasteten ÖPNV geht es nicht ohne das Wissen um die Bedürfnisse der Bewohner, der Wirtschaft und der Immobilieneigentümer, um aus dem Möglichen ein maximales Maß an Funktionalität und Attraktivität aufrechtzuerhalten. In sämtliche fachlichen Infrastrukturbedarfsplanungen – von der Schulentwicklung bis zur leitungsgebundenen Infrastruktur – müssen die Stakeholder eingebunden werden, um Fehlplanungen zu vermeiden.

siert. Hilfreich ist daher – leider steht im Deutschen kein vergleichbar gutes Wort zur Verfügung – der Begriff Stakeholder, denn er kanalisiert die Suche der kommunalpolitisch Verantwortlichen nach interessanten Partnern durch drei Fragen:

- Wer ist interner oder externer Partner eines Projektes?
- Wer ist am Aufbau eines Projektes und an seinem Erfolg interessiert?
- Wer ist in der Lage und hat die Möglichkeiten, auf den Ausgang des Projektes Einfluss zu nehmen?

Relevante Akteure, die aus unterschiedlichen Motiven an einem gemeinwohlorientierten Projekt mitwirken möchten, bilden eine Art Verantwortungsgemeinschaft. Ziel der politischen Entscheider muss folglich sein, aus bestehenden Verantwortungsgemeinschaften handlungsfähige Verantwortungspartnerschaften zu schmieden, die sich um den Erhalt gefährdeter öffentlicher Leistungen oder um den Ausbau dringend benötigter Infrastruktur kümmern.

Fünf gute Gründe für mehr Dialog und Kooperation

Dialogverfahren mit betroffenen Bürgerinnen und Bürgern münden oft in bürgerschaftliches Engagement, wenn sie beispielsweise im Rahmen einer Schließungsdiskussion zur Überzeugung gelangen, eine städtische Einrichtung, etwa die Bücherei oder das Bad, durch Eigenarbeit erhal-

2. Politiker sensibilisieren ihre Bürger und schaffen Akzeptanz für Entscheidungen

Neben der Konsultation im Rahmen einer Analysephase geht es in einer Phase von »Agenda Setting« und Zielfin-

dung auch um eine gesellschaftliche Diskussion der Zukunftsleitbilder und Langfristziele für die Region. Solche Leitbilder müssen realistisch sein und gleichzeitig motivierend wirken. Sie müssen einfach formuliert und anschaulich sein, Orientierung geben und Konsens stiften. Damit bilden sie eine Art mittelfristige Vertragsgrundlage zwischen Verwaltung, Politik und Privaten. Der aus dem demographischen Wandel entstehende Diskussions- und Klärungsbedarf zur Formulierung von Zielvorstellungen muss in die Planungsprozesse eingebunden werden.

Weil gemeinsam gesuchte Lösungen in der Regel besser sind als einsame Verwaltungsentscheidungen, steigt die Wahrscheinlichkeit, dass Bürgerinnen und Bürger auch Angebotsreduzierungen (z.B. Rückbaumaßnahmen oder Umnutzungen) eher akzeptieren und dass neue, ungewohnte Dienstleistungen besser genutzt werden. Akzeptanz wächst auch dadurch, dass sich die Beteiligten mit den Lösungen eher identifizieren, da sie ernst genommen und in den Entscheidungsprozess eingebunden wurden.

3. Regionen bauen Identifikation auf

Bürgerbeteiligung ist Ausdruck von Identifikation der Menschen mit ihrem Ort, mit ihrer Region. Sie schafft aber auch Identifikation. Regelmäßige Konsultation, gut organisiert und von der Politik ernsthaft als Wissensgenerator genutzt, baut Parteienverdrossenheit ab. Bürger, die durch die Politik und mit der Politik im Dialog sind, haben mehr Wissen über die demokratischen Institutionen und damit auch Verständnis für getroffene Entscheidungen. Als ein wirksamer Dableib-Grund für Anwohner gilt – neben dem Arbeitsplatzangebot – die Identifikation mit ihrem Gemeinwesen. Der soziale Zusammenhalt und die demokratische Teilhabe sind wesentliche Faktoren, die die Lebensqualität in der Region bestimmen.

Dies ist nicht nur aus dem Blickwinkel schrumpfender Städte von Relevanz, die jüngere und gut qualifizierte

Menschen an sich binden möchten. Auch z.B. Universitätsstädte, die mit einem großen Anteil an Studierenden durch eine höhere Fluktuation gekennzeichnet sind, haben große Chancen, durch zielgruppengerechte Partizipationsangebote und Identitätsbildung interessante Bevölkerungsgruppen (high potentials) an sich zu binden.

4. Vereinte Kräfte multiplizieren die Wirkung

Neben der reinen Konsultation besteht die Möglichkeit der Kooperation mit Privaten. Dadurch entsteht ein besonderer Mehrwert, weil Akteure durch eigenverantwortliche Selbsthilfe konkrete Beiträge zur Produktion öffentlicher Güter leisten. Gefährdete Angebote der Daseinsvorsorge können so aufrechterhalten oder bestehende Angebote ausgebaut werden.

Die Verknüpfung von staatlichen Aktivitäten mit privatem Engagement bewirkt keine Addition von Ressourcen, sondern ihre Multiplikation. Unsere lokalen Gesellschaften sind schlummernde Riesen, die von ihrer Verwaltung und Politik zu oft noch unerkannt schlafen gelassen werden. Es wäre ein enormer Gewinn an Lebensqualität, aber auch Leistungsfähigkeit unserer Demokratie, wenn die politische Steuerung, Verwaltung und die lokalen gesellschaftlichen Gruppen ein partnerschaftliches, koordiniertes Arbeitsverhältnis bilden würden.

Der notwendige administrative Support sollte Folgendes umfassen: Koordination (verwaltungsinterne Stabsstelle), Vernetzung (Stadtteilforen, Webseite), Ausbildung (Freiwilligenakademie), Räume und Infrastruktur (Freiwilligenagentur, Ehrenamtsbörse, Bürgerhaus). Multiplikation im übertragenen Sinne meint:

- Von staatlicher Seite müssen Hilfestellungen nur einmal gut organisiert sein, um das enorme Potenzial mehrerer engagierter Gruppen mit ihrer Motivation, Kreativität und Handlungsenergie sinnvoll zu begleiten und zu coachen.
- Vereine und Initiativen wirken ihrerseits wiederum wie Multiplikatoren in ihre Dialoggruppen hinein und können weiteres Mitmachpotenzial erschließen.
- Die Vernetzung mehrerer in ähnlichen Feldern aktiver Gruppen kann zu einer besseren Abstimmung untereinander führen. So wird Doppelarbeit vermieden, werden blinde Flecken eher abgedeckt und die Ressourcen der Beteiligten geschont.

5. Kommunen investieren in ihr Sozialkapital

Können sich die Gemeinwesen, die unter finanziellen Krisen, Bevölkerungsentleerung oder sozialer Segregation leiden, den Luxus aufwändiger Beteiligungs- und Partnerschaftsmodelle überhaupt erlauben? Sie müssen es sogar. Städte mit einer aktiven Förderpolitik bauen mit der Zeit einen Kapitalstock auf, der sich »social capital« nennt. Dieser wirkt jenseits der Buchhaltung, er steht in keinem Haushalt. Trotzdem besteht die Dividende aus stetigen Rückflüssen: Private leisten Inputs in die Produktion öffentlicher Güter und Dienstleistungen. Das können z.B. spezielles Wissen, Arbeitszeit und Energie, schließlich auch gestiftetes Geld sein. Das alles ist ökonomisch gesehen hochgradig sinnvoll.

Nicht zuletzt geht es aber auch um den Aufbau des wichtigsten Kapitals der Demokratie: das Vertrauen, das die Politik so schmerzlich vermisst. So wie Unternehmen auf ihre Unternehmenskultur setzen, müssen auch lokale Gesellschaften in ihr demokratisches Kapital investieren. Je größer die Identifikation der Menschen mit ihrem Gemeinwesen ist, umso eher können Solidarität und Eigenverantwortung wachsen, umso größer ist auch der Sinn für das Politische in unserer Gesellschaft.

Die gezielte und strukturierte Förderung verschiedenster Formen bürgerschaftlichen Engagements ist also als rentierliche Investition zu verstehen: in die dauerhafte Leistungsfähigkeit öffentlicher Infrastruktur, in die Bestandsfähigkeit kleinräumiger Gesellschaften und in die Handlungsfähigkeit der lokalen Demokratie.

Drei Empfehlungen, Engagement zu fördern

Ressourcenorientierte Verantwortungspartnerschaften anstreben

Wer mit relevanten Akteuren zusammenarbeiten und den »schlafenden Riesen« wecken will, muss sich vom klassischen Zuständigkeitsdenken verabschieden. Das gilt sowohl verwaltungsintern als auch nach außen. Schließlich ist nicht nur die Kommunalverwaltung der alleinig mächtige Akteur, sondern es gibt darüber hinaus den Landkreis, obere und untere staatliche Behörden, ein dichtes Netz freier Träger und schließlich viele einfache Menschen, die möglicherweise alle in einem Thema die Rolle der Stakeholder übernehmen.

Die Kommune und der private Sektor verfügen über Ressourcenprofile, die sich hervorragend ergänzen könnten. Sie sind – ohne Anspruch auf Vollständigkeit – in der folgenden Tabelle aufgeführt.

Ressourcen von Politik und Verwaltung
Planungshoheit (Flächennutzung, Bebauung)
Mehrheiten/Grundkonsens
Zuwendungen/Genehmigungen/Erlaubnisse
Grundstücke/Immobilien
Räume/Büro-Infrastruktur
Politische Netzwerke/Kontakte
Wissen über Institutionen, Recht und Verfahrensfragen
Glaubwürdigkeit/Öffentliche Anerkennung

Ressourcen der Bürgerschaft
Arbeitszeit (aktive Senioren, Studierende, Arbeitslose)
Geld (wachsende Privatvermögen)
Erfahrungswissen/Nutzerkenntnisse
Macht/Meinungsbildung
Persönlichkeiten/Reputation
Stimmenpotenzial
Intrinsische Motivation/Energie
Unvoreingenommenheit/Kreativität

Andererseits verharren zu viele routinierte Verwaltungen in ihren Ressort-Silos, schuften wohlmeinende Einzelkämpfer in den Fachabteilungen vor sich hin. Während hoch motivierte Bürger und Vereine parallel an den gleichen Themen arbeiten, zerreiben sich Fachpolitiker in den für alles zuständigen, aber für nichts verantwortlichen Fachausschüssen zwischen Einzelaspekten. Zudem wissen die meisten Akteure zu wenig übereinander oder haben furchtbare Fremdbilder voneinander, weil sie nie konstruktiv ins Gespräch gekommen sind.

Brachliegende Synergien aufspüren und kommunikativ verbinden

In manchen Kommunen sind überkommene Strukturen und Denkweisen regelrechte Synergieverhinderer: Eine fachlich versäulte Dezernatsorganisation und wenig inte-

grativ denkende Führungskräfte sind mit verantwortlich dafür, dass viele Möglichkeiten, öffentliche Leistungen bei knappen Finanzen zu retten, gar neue Dienstleistungen anzubieten oder das soziale Zusammenleben zu bereichern, nicht realisiert werden. Solche Strukturen mindern die Fähigkeiten der Verantwortlichen, sich in andere Sichtweisen hineinzudenken und Bedarfe wie Potenziale zu erkennen. Leider wird daher oft noch in beiden Sektoren, öffentlicher Verwaltung und Bürgergesellschaft, zu viel nebeneinander hergearbeitet.

Den schlafenden Riesen »Bürgergesellschaft« zu wecken bedeutet, ihm zu helfen, dass nach dem Erwachen (Sensibilisierung, Auftaktveranstaltung oder direkter Ansprache) seine einzelnen Gliedmaßen koordiniert miteinander arbeiten können. Auch sollten diejenigen, die ihn wecken, zunächst eine Sprache finden, die beide verstehen. Bei gezielten Einzelinterviews mit Vereinsvertretern, runden Tischen mit betroffenen Akteuren und Expertenhearings werden viele Informationen gewonnen, wird Eis gebrochen und ein gemeinsames Verständnis entwickelt. Das fängt an mit der Sprache, wird in einer Leitbild- oder Zieldiskussion konkret und mit Kooperationsvereinbarungen produktiv.

Motivationen wahrnehmen und eigene Erwartungen klar kommunizieren

Partnerschaft auf Augenhöhe bedeutet zum einen, die Beteiligten »da abzuholen, wo sie stehen«, das heißt, ihnen sinnstiftende Kooperationen anzubieten. Beide Seiten, Kommune und privater Akteur, müssen auf Dauer ihren Nutzen davontragen. Gleichzeitig sollten auch die Erwartungen seitens der Kommune ehrlich vermittelt werden. So müssen die mit der Kooperation erhofften Einsparungen auf den Tisch. Unbestritten ist, dass bürgerschaftliches Engagement nicht im Sinne einer weichen Privatisierung als schnelles Mittel zur Haushaltskonsolidierung missbraucht werden darf. Andererseits gehört es zur Ehrlichkeit gegenüber dem bürgerschaftlichen Partner, dass die Kommune auf ihn Verantwortung überträgt. Das kann bis zur Finanzverantwortung gehen – was im Bereich der Wohlfahrtspflege ohnehin schon längst der Fall ist.

Andererseits sollten keine übertriebenen Erwartungen geweckt werden. Privates Engagement kann nicht der Ersatz von öffentlicher Daseinsvorsorge sein, sondern immer nur ihre Ergänzung. Umsichtiges Erwartungsmanagement ist auch der partizipativen Stadtentwicklungs- und Infrastrukturplanung hilfreich: Bürgermeinung, geäußerte Präferenzen und Bedürfnisse sind kein Ersatz für das demokratisch legitimierte Votum. Planungszellen und Runde Tische setzen sich nicht über den Ratsbeschluss hinweg. Auch dies muss in allen Partizipationsprojekten vorab vermittelt werden, sonst kommt es zu Glaubwürdigkeitsverlusten, und Bürger wenden sich enttäuscht ab.

Fallbeispiele und Lernerfahrungen

Eine Partizipationsstrategie zur Gestaltung des demographischen Wandels bezieht sich auf viele verschiedene fachpolitische Handlungsfelder. Die Jugend- und Familienpolitik spielt hier eine ebenso wichtige Rolle wie das ehrenamtliche Engagement der Senioren. Im folgenden Abschnitt wird die Bedeutung dieser beiden Themenfelder exemplarisch beleuchtet.

Kinder und Jugendliche beteiligen: Engagement nachhaltig fördern!

Beteiligung, Mitwirkung und Mitbestimmung von jungen Menschen sind wichtige Hebel, um individuelle und gesellschaftliche Entwicklungsprozesse positiv zu beeinflussen. Partizipation schafft nicht nur Bildungschancen für die Einzelnen, sondern unterstützt auch gesellschaftliche Integrationsprozesse und fördert die Ausbildung demokratischer Wertorientierungen. Auch der Weg zu mehr Kinderfreundlichkeit wird ohne die Beteiligung von Kindern und Jugendlichen schwerlich zum Ziel führen. Denn die Anforderungen junger Menschen an ihr Umfeld können Verwaltung und Politik alleine nur unzutreffend erkennen und erfüllen.

Wie aber können die Beteiligung und das Engagement junger Menschen wirksam gefördert werden? Die Bertelsmann Stiftung greift diese Frage im Projekt »mitWirkung!« auf, einer bundesweiten Initiative zur Stärkung der Beteiligung von Kindern und Jugendlichen. Im Rahmen der bisher umfassendsten empirischen Untersuchung zur Kinder- und Jugendpartizipation (www.mitwirkung. net) wurden sieben Faktoren identifiziert, die die Beteiligung von Kindern und Jugendlichen im kommunalen Gemeinwesen stärken. Demnach hängt die Mitwirkung der jungen Menschen wesentlich von positiven Partizipationserfahrungen in Schule, Verein und Kommune ab. Außerdem sind ihr Informationsstand über die lokalen Beteiligungsangebote sowie ihr Zutrauen in die eigenen Kompetenzen ausschlaggebend für ihre Mitsprache. Ein engagierter Freundeskreis sowie der eigene Wunsch, etwas verändern zu wollen, motivieren darüber hinaus, sich schon früh für das Gemeinwesen einzusetzen.

Die Bertelsmann Stiftung nimmt die Ergebnisse der Studie zum Anlass, in den nächsten zwei Jahren gemeinsam mit den Städten Essen, Leipzig und Saalfeld neue Wege für die Partizipation von Kindern und Jugendlichen zu entwickeln. Dabei wird vor allem auf die Qualifizierung und Begleitung der lokalen Akteure gesetzt. In allen drei Städten werden Prozessmoderatoren für Kinder- und Jugendbeteiligung ausgebildet. Durch das Angebot regelmäßiger Trainings in Schulen und Jugendeinrichtungen wird außerdem die Partizipationskompetenz der jungen Menschen gezielt aufgebaut und gestärkt. Parallel dazu fördert die Bertelsmann Stiftung den interkommunalen Austausch und die Vernetzung der Kommunalpolitik durch gemeinsame Fachveranstaltungen und Foren.

Aktive Senioren: Potenziale des Alters nutzen!

Eine seniorengerechte Weiterentwicklung unseres Gemeinwesens muss heute zwei Anforderungen gerecht werden: Auf dem Gebiet der Medizin, der Pflege, des Wohnens und der Bauplanung bedarf es noch vieler innovativer und seniorengerechter Ansätze, um den Anforderungen des Alterns in Würde zukünftig gerecht zu werden. Zudem sind die Potenziale der älteren Menschen für die soziale und ökonomische Weiterentwicklung der Kommune genau in den Blick zu nehmen. Dies gibt Anlass, sich über den intergenerativen Austausch und die Rolle von Geben und Nehmen in unserer Gesellschaft völlig neu Gedanken zu machen.

Denn für eine wachsende Zahl von Menschen bedeutet die Alterung zunächst mehr aktive und gesunde Lebenszeit. Anders gewendet: Wir werden weniger, älter und fitter! Gleichzeitig sind viele ältere Menschen auf der Suche, ihre private Zeit sinnvoll zu füllen und sich zu verwirklichen. Für die kommunale Entwicklung ist es ein kritischer, aber auch vielversprechender Erfolgsfaktor, wenn Senioren sich in ganz vielen gesellschaftlichen Bereichen aktiv einmischen.

Auch hier gilt das erste der drei Grundprinzipien der Engagementförderung: Ressourcenorientierte Verantwortungspartnerschaften sollten nicht nur zwischen staatlichem und privatem Sektor gebildet werden, sondern auch innerhalb der Gesellschaft, zwischen den verschiedenen Gruppen. Auch hier kann man unterschiedliche Potenziale so miteinander verknüpfen, dass dabei etwas Sinnvolles für beide Seiten herauskommt. In der Regel wird hierdurch zudem ein gesellschaftlicher Mehrwert erzielt, der über die bilaterale Beziehung der beiden Akteure hinausgeht. Also: Alt hilft Jung – Jung hilft Alt! Inländer hilft Ausländer – Ausländer hilft Inländer! Senioren helfen Menschen mit Behinderung – Menschen mit Behinderung helfen anderen Gruppen!

Die Rolle der Kommune liegt hier vor allem in der Vernetzung bereits bestehender Initiativen, als Bereitsteller funktioneller öffentlicher Räume, seniorengerechter Informationen und auch als so genannter »Engagement-Scout«. Wo einzelne Gruppen nicht den Überblick haben, wo Interesse besteht, sich zu engagieren, aber der nötige Zündfunke fehlt, kann das Seniorenbüro oder die aktivierende Befragung Hilfestellung leisten, soziale Schätze heben und Initiativen coachen.

Ausblick

Freiwilliges bürgerschaftliches Engagement ist nicht der billige Jakob des Wohlfahrtstaates. Dies gilt besonders unter dem Aspekt des demographischen Wandels und speziell der wachsenden Zahl älterer Menschen in unseren Städten. Wer ehrenamtliches Engagement auf die Funktion der Kostenentlastung öffentlicher Haushalte reduziert, verkennt dessen besondere zwischenmenschliche, ideelle und soziale Qualität und erzeugt ein völlig falsches Konfliktverhältnis zwischen ehrenamtlich und bezahlt Tätigen und ihren Interessenvertretungen. Der demographische Wandel ist eine große Chance für bürgerschaftliches Engagement: Für seine Förderung und Forderung gibt es zwar keine Patentrezepte, wohl aber viele Anregungen und Hilfen.

Bürgerstiftungen

Peter Walkenhorst

Bürgerstiftungen sind eine junge und attraktive Form bürgerschaftlichen Engagements, von der eine Signalwirkung in die Gesellschaft ausgeht. Sie bieten Bürgerinnen und Bürgern die Möglichkeit, auch mit kleineren Beträgen philanthropisch tätig zu werden und so einen persönlichen Beitrag zur Verbesserung der Lebensqualität vor Ort zu leisten.

Als Stiftungen »von Bürgern für Bürger« sind sie wirksame Katalysatoren zivilgesellschaftlichen Engagements. Aufgrund ihrer finanziellen und politischen Unabhängigkeit sind sie wie kaum eine andere Institution in der Lage, vielfältige gemeinnützige Aktivitäten auf lokaler oder regionaler Ebene zu fördern.

Das Ziel einer Bürgerstiftung ist es, Bürgerinnen und Bürgern sowie Unternehmen (Corporate Citizens) zu ermöglichen, ihre spezifischen Beiträge zum Gemeinwohl unter einem gemeinsamen Dach zu verfolgen. Der langfristige Aufbau des Stiftungsvermögens durch Zustiftungen sichert die finanzielle Unabhängigkeit und gewährleistet die Kontinuität der Arbeit.

Mit den Erträgen des Vermögens fördert oder initiiert die Bürgerstiftung eine Vielzahl unterschiedlicher Projekte. Sie versteht sich als Initiatorin, Koordinatorin und Katalysatorin gemeinnütziger Aktivitäten in ihrer Gemeinde, Stadt oder Region. Darüber hinaus mobilisiert und koordiniert sie nicht nur finanzielle Mittel, sondern schafft und fördert neue Möglichkeiten für bürgerschaftliches Engagement. Die Bürgerstiftung bietet den Bürgerinnen und Bürgern eine Möglichkeit, sich nicht nur mit Geld, sondern auch mit Zeit und Ideen für das Gemeinwohl zu engagieren.

Weitere Informationen zur Gründung und Organisation erhalten Sie unter www.buergerstiftungen.de.

Demographie und wirtschaftliche Entwicklung

Arno Brandt, Ulf-Birger Franz, Janin Wieja

Zwischen der Bevölkerungs- und der Wirtschaftsentwicklung einer Region bestehen erhebliche Wechselwirkungen. Regionen mit starkem Wachstum sind besser in der Lage, qualifizierte Menschen an sich zu binden als Regionen, die von Bevölkerungsverlusten und Alterung überdurchschnittlich betroffen sind. Insbesondere jüngere und qualifizierte Arbeitskräfte verlassen ihre Region, wenn berufliche Perspektiven fehlen. Da es sich bei ihnen um die künftige Elterngeneration handelt, sinken in der Folge dort auch die Geburten. So schrumpft und altert die Bevölkerung in wachstumsschwachen Regionen überdurchschnittlich gegenüber der in Regionen mit hoher wirtschaftlicher Dynamik.

Die Bindung qualifizierter Fachkräfte an eine Region wird in Zukunft immer stärker zu einem Erfolgsfaktor für die wirtschaftliche Entwicklung werden. Bei zunehmendem Fachkräftemangel könnten fehlende qualifizierte Arbeitskräfte für viele Kommunen zu einem bedeutenden Standortnachteil werden und Betriebe dadurch in ihrer Existenz gefährden. Auch das Potenzial für Betriebsnachfolgen und Existenzgründungen hängt stark von der Bindungskraft für junge Menschen ab.

Darüber hinaus sind Regionen gefordert, ihr Arbeitskräftepotenzial besser auszuschöpfen, indem sie die Erwerbstätigkeit von Frauen fördern, insbesondere den Wiedereinstieg nach einer Familienphase, indem sie die Zahl Jugendlicher ohne Schulabschluss und Berufsausbildung verringern sowie die Fähigkeiten älterer Menschen stärker würdigen und einbeziehen. In den nächsten Jahren werden die erwerbsfähige Bevölkerung und damit auch die Belegschaften in den Unternehmen altern. Eine ältere Belegschaft muss jedoch keineswegs weniger innovativ oder leistungsstark sein als eine jüngere: Vieles hängt davon ab, ob das Erfahrungswissen Älterer produktiv genutzt wird.

Weniger Einwohner bedeuten in einzelnen Regionen weniger Kaufkraft. Insbesondere lokal ausgerichtete Wirtschaftsbranchen und Betriebe, wie Einzelhandel, Gastronomie oder lokale Kreditinstitute, verlieren durch die Abwanderung potenzielle Kundschaft. Die Nachfrage nach Immobilien sinkt in Regionen mit negativer Bevölkerungsentwicklung tendenziell, was zu Wertverlusten und Leerständen führen kann. Ein solcher Kreislauf ist heute bereits in Teilen Ost-Deutschlands, aber auch einigen Regionen in West-Deutschland (z.B. im Ruhrgebiet) zu beobachten. Er kann zu einer wirtschaftlichen Abwärtsspirale führen und das Standortimage einer Region negativ prägen.

Regionen haben jedoch eine Reihe von Handlungsmöglichkeiten, um die Auswirkungen der zukünftigen Bevölkerungsentwicklung auf die wirtschaftliche Dynamik abzumildern sowie lokale Betriebe und Wirtschaftszweige in ihrer Entwicklung zu unterstützen (NORD/LB 2004). Die Problemlagen, Handlungsmöglichkeiten und Ressourcen für eine erfolgreiche Bewältigung dieser Aufgabe sind allerdings recht unterschiedlich: Während dynamische Ballungszentren wie Hamburg offensive Wachstumsstrategien formulieren (»Hamburg wächst«) und gewaltige Ressourcen dafür mobilisieren können, versuchen viele kleinere und strukturschwache Kommunen, mit erheblich bescheideneren Mitteln den Status quo zu sichern.

Für die einzelne Kommune geht es darum, eine ihren Möglichkeiten angemessene und Erfolg versprechende Entwicklungsstrategie zu finden und umzusetzen (Brandt, Dickow, Franz und Wieja 2005). Dafür stehen drei Basisstrategien und Szenarien zur Verfügung:

Basisstrategie 1: Wachstumsszenario

Wachsende Städte und Regionen können ihre eigenen Stärken grundsätzlich selbstbewusster als andere entwickeln. Deshalb sollten gerade diese Kommunen der Versuchung widerstehen, ihre Bevölkerungsentwicklung als Selbstläufer anzusehen. Sinnvoll ist vielmehr die Weiterentwicklung ihrer Qualitäten und eine Profilbildung, die dank der –

noch vorhandenen – Gestaltungsspielräume, etwa bei der Erschließung neuer Baugebiete, relativ einfach umzusetzen ist.

Kommunen mit Bevölkerungswachstum haben zudem die Möglichkeit, ihre Infrastruktur auf Grund der sich verstärkenden Nachfrage auszubauen und damit qualitative Vorteile gegenüber schrumpfenden Kommunen zu erzielen (denen bereits der bauliche Erhalt bestehender kommunaler Einrichtungen schwerfällt).

Eine wachsende Bevölkerung fragt in der Regel zunehmend Güter und Dienstleistungen nach: Sie wirkt wachstumsverstärkend. Zusätzliche Nachfrage entsteht nach Wohnraum, nach Gütern des täglichen Bedarfs im Einzelhandel, nach Angeboten der Gastronomie, nach Gesundheitsdienstleistungen.

Die Regionen sollten Phasen positiver Bevölkerungsentwicklung gezielt für eine Gewerbeentwicklung und Ansiedlungen nutzen. Gleichzeitig ist der damit verbundene Infrastrukturausbau für eine Verbesserung der wirtschaftsnahen Infrastruktur (z. B. Verkehrsanbindung) und für die Umsetzung neuer Konzepte (z. B. Verbindung des Neubaus einer Berufsschule mit der Einführung neuer berufspädagogischer Konzepte in Kooperation mit den Betrieben) zu nutzen. Eine dynamische Entwicklung ist die beste Voraussetzung für ein selbstbewusstes Standort-Marketing und für eine Erhöhung der Identifikation von Betrieben und Beschäftigten mit dem Standort.

Basisstrategie 2: Schrumpfungsszenario

Die Kommunen sind hier mit der Herausforderung konfrontiert, trotz Einwohnerverlusten eine wettbewerbsfähige Infrastruktur aufrechtzuerhalten. Gelingt dies nicht, droht eine verstärkte Abwanderung. Ziel in diesem Szenario ist es, die vorhandene Bevölkerung möglichst stark an ihren Wohnort zu binden. Dafür sind ihre Identifikation mit der Kommune sowie die Sicherung attraktiver Bildungs-, Betreuungs- und Versorgungsangebote erforderlich.

Schrumpfende Regionen sind gefordert, Wohnen, Arbeiten und Infrastruktur möglichst stark zu konzentrieren und gleichzeitig nicht mehr genutzte Flächen umzunutzen, um damit neue städtebauliche und naturräumliche Qualitäten zu schaffen. Gemeinsam mit den Eigentümern von Immobilien sollten frühzeitig Konzepte gegen mögliche Leerstände von Geschäften und Wohnungen entwickelt

werden, die vor allem das Immobilienangebot attraktiver machen und eine Nahversorgung der Bevölkerung sichern sollen.

Um den Trend zur Abwanderung jüngerer Menschen zu stoppen, sind in besonderer Weise Angebote für junge Familien zu entwickeln. Auch die Sicherung und der Ausbau von Qualifizierungseinrichtungen tragen dazu bei, junge Menschen zu binden und die Wettbewerbsfähigkeit der lokalen Betriebe zu stärken. Insbesondere schrumpfende Regionen sind darauf angewiesen, die Erwerbsbeteiligung aller Bevölkerungsgruppen zu erhöhen, insbesondere die von Frauen und von älteren Menschen, sowie den Anteil von Jugendlichen ohne Berufsausbildung zu reduzieren. Dies erfordert auch ein Bewusstsein der lokalen Wirtschaft, besondere Angebote für diese Gruppen zu entwickeln – etwa zur Vereinbarkeit von Familie und Beruf.

Beim lokalen Gewerbe steht die Bestandspflege im Vordergrund. Unternehmen mit regionalen Absatzmärkten werden neue Märkte erschließen müssen. Wirtschaftsförderung und Kammern können helfen, neue Märkte zu identifizieren und neue Angebote für bestimmte Zielgruppen (z. B. Ältere) zu entwickeln.

Basisstrategie 3: Mix-Szenario

Die meisten Kommunen sind in ihren Ortschaften oder Stadtteilen mit unterschiedlichen Szenarien konfrontiert, sodass eine Kombination der Strategieansätze aus dem Schrumpfungs- und dem Wachstumsszenario sinnvoll ist.

Es zeigt sich, dass der demographische Wandel erheblich heterogener ist, als es durch regionale Bevölkerungsprognosen zum Ausdruck kommt, und dass der Handlungsdruck heute schon größer ist, als viele annehmen.

Eine vorausschauende Regionalplanung und Siedlungsentwicklung kann dazu beitragen, nachhaltige und kompakte Strukturen zu stärken, die gegen demographische Veränderungen widerstandsfähiger sind als ungesteuerte Entwicklungen, die lediglich eine schnelle Flächenvermarktung im Auge haben. Eine vorausschauende Planung, verlässliche Vorgaben zur Flächennutzung und eine schlüssige kommunale Entwicklungsstrategie schaffen auch für Investoren und lokales Gewerbe Planungssicherheit und unterstützen damit eine positive wirtschaftliche Entwicklung.

Im Zusammenhang einer Gesamtstrategie wie auch einzelner Handlungsfelder sollten klare und transparente Ziele und Leitbilder definiert werden. So hat sich die Stadt Stuttgart vorgenommen, die kinder- und familienfreundlichste Großstadt Deutschlands zu werden. Ein Kuratorium, dem über 50 Persönlichkeiten aus Politik, Wirtschaft, Wissenschaft, Kultur, Sport und Medien angehören, soll über die Umsetzung dieses Zieles wachen (Bertelsmann Stiftung 2005: 94 f.). Eine solche Strategie kann sich nicht nur insgesamt positiv auf das Image der Stadt auswirken, sondern ist auch ein Angebot für junge qualifizierte Menschen, die in oder unmittelbar vor der Familiengründungsphase stehen.

Mögliche Handlungsansätze für Kommunen

Wettbewerb um junge Menschen

Der Wettbewerb der Regionen insbesondere um junge und hoch qualifizierte Menschen wird sich deutlich verschärfen. Entscheidend sind dabei zum einen die beruflichen Entwicklungsmöglichkeiten in den Regionen (Einkommenshöhe, vorhandene Unternehmen, Qualifikationsangebote, Vereinbarkeit von Familie und Beruf). Daneben spielen allerdings für junge Hochqualifizierte zunehmend auch weiche Standortfaktoren wie Lebensqualität, Image der Region und das Vorhandensein kreativer Milieus eine wichtige Rolle.

Hier müssen sich vor allem urbane Regionen gegenüber anderen Großstädten positionieren und ihre Qualitäten weiterentwickeln. Neben einer guten Infrastruktur, etwa im öffentlichen Personennahverkehr, gehören dazu auch eine attraktive Kulturszene oder eine interessante Architektur. Für einzelne Zielgruppen wie Hochqualifizierte oder junge Familien sollten spezifische Angebote entwickelt werden. Dabei sind Wohnungspolitik, Kulturpolitik und Wirtschaftsförderung immer weniger zu trennen. Erfolgreiche Großstadtregionen zeichnen sich dadurch aus, dass sie einen kontinuierlichen Dialog mit diesen Zielgruppen führen und Plattformen zur Interaktion schaffen.

Um sich gegenüber anderen Wirtschaftsräumen zu positionieren, müssen Regionen ihre besonderen Qualitäten nach innen und außen betonen. In diesem Zusammenhang sollten nicht zuletzt überregional ausstrahlungsfähige Angebote, die eine hohe Lebensqualität in der Region verkörpern, weiterentwickelt und professionell vermarktet werden. Eine solche Politik trägt nicht nur zu einer Imageverbesserung nach außen bei, sondern erhöht vor allem auch die Identifikation der eigenen Bevölkerung mit der Region und damit die Standortbindung.

Einer der wichtigsten Faktoren im Wettbewerb um junge Fachkräfte ist die regionale Bildungslandschaft. Insbesondere Hochschulen sind ein Magnet für junge qualifizierte Menschen. Die Hochschulstandorte sollten dies nutzen und versuchen, junge Absolventen an die Region zu binden. Dazu tragen enge Netzwerke zwischen lokalen Betrieben und den Hochschulen bei: Studierende können frühzeitig durch Praktika oder Volontariate mit den Betrieben zusammenarbeiten und sich so einen schnellen Berufseinstieg ermöglichen.

Auch mittelständische Betriebe sollten motiviert werden, Rekrutierungsnetzwerke mit lokalen Hochschulen aufzubauen; Großunternehmen tun dies in der Regel bereits. Kommunen können dazu beitragen, potenzielle Existenzgründer aus den Hochschulen zu ermutigen, und ihnen konkrete Angebote in der Region machen. Die Region Hannover bietet jungen Existenzgründern z.B. für ein Jahr kostenlose Räumlichkeiten und Dienstleistungen wie ein kontinuierliches Coaching oder gemeinsame Messeauftritte an.

Arbeitsmarkt- und Qualifizierungspolitik

Angesichts des zurückgehenden Anteils der erwerbsfähigen Bevölkerung und des Arbeitskräftepotenzials werden in Zukunft stärkere Anstrengungen bei der Mobilisierung und Befähigung von Menschen für den Arbeitsmarkt erforderlich sein. Zentral ist in diesem Rahmen auch eine zielgruppenorientierte Qualifizierungspolitik. Die wichtigsten Elemente einer lokalen Arbeitsmarktstrategie:

- Der Anteil Jugendlicher ohne Schulabschluss bzw. Berufsausbildung muss verringert werden, und Migranten müssen stärker bildungsbeteiligt werden. In diesem Kontext sind auch neue Angebote in der vorschulischen Bildung dringend erforderlich. Gemeinsam mit den Schulen und ihrem Umfeld sollten Initiativen ergriffen werden, um die Schulabbrecher-Quoten zu senken. Wichtig sind zudem Aktivitäten, um die Beschäftigungsfähigkeit von Geringqualifizierten zu erhöhen.
- Es müssen Möglichkeiten eines schnelleren beruflichen Wiedereinstiegs nach einer Familienphase geschaffen werden. Davon würden insbesondere qualifizierte Frauen profitieren. Flankierend gibt es vermehrt Angebote der Kinderbetreuung und zur Qualifizierung. Betriebe sollten für lokale Bündnisse für Familien gewonnen werden und mit flexiblen Arbeitszeiten, Rahmenverträgen mit Familien-Service-Beratungen oder eigenen Betreuungsangeboten ihren Teil zur Vereinbarkeit von Familie und Beruf beitragen.
- Es gilt das Bewusstsein zu schärfen für die Qualitäten älterer Arbeitnehmerinnen und Arbeitnehmer, auf deren Mitwirkung (und Erfahrungswissen) die Betriebe immer weniger verzichten können. Hier setzen Kampagnen und Ideenbörsen in Kooperation mit Kammern, Arbeitgeberverbänden und Gewerkschaften sowie Betrieben an. Qualifizierungsangebote, Maßnahmen zur Humanisierung der Arbeitswelt und Teilzeitangebote können einen längeren Verbleib Älterer in den Betrieben und eine größere Arbeitszufriedenheit unterstützen.

Vor allem in Großstadtregionen bilden Menschen mit Migrationshintergrund heute eine sehr große Gruppe unter den Heranwachsenden. In einigen deutschen Metropolen gehört bereits jede/r zweite Jugendliche dazu. Wie weit Regionen in der Lage sind, diese jungen Menschen zu integrieren, wird ganz entscheidend für ihre zukünftige wirtschaftliche Wettbewerbsfähigkeit sein.

Nur wenn es gelingt, eine breite Bildungsbeteiligung herzustellen und auch Zuwanderern Chancen zu geben, ihre eigenen Fähigkeiten zu entwickeln, wird es genügend Arbeitskräfte, Existenzgründer und Interessenten für Betriebsübernahmen geben.

Aktive Bestandspflege

Die lokalen Betriebe sind durch die demographische Entwicklung in zwei Feldern unmittelbar gefordert. Zum einen droht ein Fachkräftemangel, daneben wandeln sich mit der veränderten Zusammensetzung der Bevölkerung auch Vorlieben von Konsumenten, und Kundenpotenziale gehen mit abnehmender Bevölkerung verloren. Beide Entwicklungen sollten Betriebe nicht einfach auf sich zukommen lassen, sondern ihnen durch Strategien frühzeitig begegnen. Wirtschaftsförderungen wie auch Kammern können Unternehmen dabei unterstützen, sich auf neue Entwicklungen einzustellen und geeignete Strategien der Personalentwicklung und Marktentwicklung zu finden.

Personalentwicklung

Für Unternehmen wird es schwieriger, geeignete (Nachwuchs-)Fachkräfte zu gewinnen. Daher sollten regionale Betriebe beim Aufbau und bei der Weiterentwicklung von Personalentwicklungsstrategien unterstützt werden. Dies kann im Rahmen einzelner Fachforen oder auch als umfassendere regionale Initiative erfolgen. Bestandteile sollten sein:

- Rekrutierungsstrategien (auch im Hinblick auf Hochschulabsolventen)
- eine attraktive Berufsausbildung im dualen System
- Personalbindungsstrategien
- Strategien zur Bindung junger qualifizierter Frauen in der Familienphase: schnelle Rückkehr, gute Vereinbarkeit mit Familie
- Strategien zur Bindung älterer Arbeitnehmer: adäquater Einsatz, Gesundheitsprävention, flexible Arbeitszeiten

Wichtig für die Sicherung der betrieblichen Basis ist darüber hinaus eine aktive Unterstützung bei der Suche nach einer geeigneten Unternehmensnachfolge.

Marktentwicklung

Durch einen regionalen Bevölkerungsrückgang wird zunächst die Kaufkraft geschwächt, was insbesondere Auswirkungen auf Branchen mit hoher regionaler Bindung und geringer überregionaler Orientierung hat: Einzelhandel, regionale Kreditinstitute, lokales Verkehrsgewerbe, kommunale Ver- und Entsorger, Gastronomie, Freizeitwirtschaft und andere personenorientierte Dienstleister. Die schwindende Kaufkraft und Nachfrage in diesen Bereichen kann in einzelnen Regionen eine Dynamik in Gang setzen, die das wirtschaftliche Klima und die Investitionsbereitschaft weiter negativ beeinflussen. Anbieter, die keinen Umsatz einbüßen wollen, können dem auf drei Wegen begegnen:

- durch die Erhöhung ihres Marktanteils: Dies kann insbesondere gelingen, wenn andere Anbieter sich aus der Region zurückziehen. So können etwa regionale Kreditinstitute wie Sparkassen und Volksbanken ihre Marktanteile in Orten ausbauen, aus denen sich die großen Privatbanken zurückziehen. Hier wird eine starke lokale Verankerung zum (Image-)Vorteil.
- durch die Entwicklung neuer Produkte und die Ansprache neuer Kundengruppen: Dies kann insbesondere gelingen, wenn neue maßgeschneiderte Angebote (z. B. für Senioren) entwickelt werden.
- durch eine stärkere Bearbeitung überregionaler Märkte: Dies ist gegenüber der Konzentration auf den bekannten Markt mit größerem Aufwand verbunden und erfordert in der Regel zusätzliche Kenntnisse im Marketing.

Unternehmen müssen eine Strategie entwickeln, mit der sie sich frühzeitig positionieren und auch neue Chancen erkennen. So sind mit der Alterung der Bevölkerung für bestimmte Branchen negative wie auch positive Folgen zu erwarten.

Beispiel Bauwirtschaft und Bauhandwerk: Mit der deutlichen Reduzierung der Altersgruppe der »Bauherren« zwischen 25 und 40 Jahren wird die Neubautätigkeit abnehmen. Gleichzeitig wird aber der Bedarf nach altersbedingten Anpassungen im Wohnungsbestand zunehmen. Unternehmen, die diese Trends frühzeitig erkennen und darauf reagieren, haben gute Marktchancen.

Ein wichtiges Feld für die Entstehung neuer Märkte sind Güter und Dienstleistungen, die sich insbesondere an ältere Menschen richten und die unter dem Schlagwort »Seniorenwirtschaft« diskutiert werden. Hierzu sei auf den Beitrag »Kommunale Seniorenpolitik« in diesem Band ab Seite 126 verwiesen.

Public Private Partnerships

Angesichts der knappen öffentlichen Kassen gibt es zahlreiche Versuche, die Privatwirtschaft finanziell in Aktivitäten der Wirtschaftsförderung einzubeziehen. Diese Versuche sind meist mit sehr großen Schwierigkeiten verbunden, da es sich bei den Leistungen der Wirtschaftsförderung oft um öffentliche Güter handelt, die allen Betrieben innerhalb der Gebietskörperschaft zur Verfügung stehen und an deren Finanzierung einzelne Unternehmen folglich wenig Interesse haben. Gleichzeitig ist das Interesse vieler Unternehmen an Sponsoring-Aktivitäten zurzeit eher gering. Anwendung finden Lösungen von Public Private Partnerships (PPP) hingegen häufig bei kommunalen Hochbau- oder Infrastrukturmaßnahmen.

Positive Beispiele in der Wirtschafts- und Regionalentwicklung gibt es vor allem im Stadt- und Regionalmarketing, wo sich Unternehmen durch ein besseres Image des Standorts unmittelbar positive Effekte für sich versprechen. Vereinzelt engagieren sich Unternehmen in regionalen Wirtschaftsförderungs-Gesellschaften oder Projektgesellschaften. Es gibt außerdem gut funktionierende Beispiele für regionale Beteiligungsfonds, die von lokalen Kreditinstituten und Unternehmen und teils sogar Hochschulen gemeinsam getragen werden und junge Existenzgründer mit Kapital versorgen.

Die aktuelle Rechtsprechung des Europäischen Gerichtshofs erschwert die Initiierung von Public Private Partnerships im Rahmen von Wirtschaftsförderungs-Gesellschaften, da sie bei der Übertragung von Leistungen der Wirtschaftsförderung an eine Gesellschaft unter Beteiligung privater Partner eine europaweite Ausschreibung vorschreibt. Dadurch droht ein deutlicher Rückgang von PPPs in den Kommunen (Leutner 2005).

Literatur

Bertelsmann Stiftung (Hrsg.): Demographie konkret – Handlungsansätze für die kommunale Praxis. Gütersloh 2004.

Brandt, Arno, Christin Dickow, Ulf-Birger Franz und Janin Wieja: »Zwischen Schrumpfen und Wachsen – Regionale Strategien zur Gestaltung des demographischen Wandels«. *Neues Archiv für Niedersachsen*. 2. 2005. 69–84.

Leutner, Barbara: »Lokale Dienstleistungen und der EU-Binnenmarkt«. *Der Städtetag*. 4. 2005. 27–31.

Norddeutsche Landesbank (NORD/LB): *Stadt 2015. Handlungskonzept für Kommunen im demographischen Wandel*. Hannover 2004.

Nachhaltige kommunale Finanzpolitik und demographischer Wandel

Helmut Seitz

Der demographische Wandel beeinflusst in hohem Maße die öffentlichen Haushalte in den Städten, Gemeinden und Kreisen. Eine zentrale Voraussetzung für eine aktive Anpassungspolitik ist, dass Kommunen die sich vor Ort abzeichnenden Veränderungen richtig einschätzen. Auf Basis dieser Informationen sind dann Überlegungen darüber anzustellen, in welchen Bereichen welche Maßnahmen zu welchem Zeitpunkt wirksam werden müssen, um den Herausforderungen der demographischen Veränderungen gerecht werden zu können und eine nachhaltige Entwicklung der Finanzlage bei optimaler Leistungsversorgung der Bevölkerung zu sichern.

Dies macht es erforderlich, dass in den einzelnen Handlungs- und Politikfeldern die einnahmen- und ausgabenseitigen Effekte demographischer Einflussfaktoren identifiziert und auch möglichst präzise quantifiziert werden. So führt z.B. eine sinkende Einwohnerzahl zu geringeren Gesamteinnahmen, die Veränderung der Altersstruktur der Bevölkerung zu Verschiebungen in der Struktur der Leistungsnachfrage, und auch die Verfügbarkeit von anderen kommunalen Ressourcen (etwa das Potenzial von Bürgerinnen und Bürgern, die für soziale oder ehrenamtliche Tätigkeiten zur Verfügung stehen) wird von den demographischen Veränderungen tangiert.

Bei der Erarbeitung von Lösungswegen ist für die kommunale Ebene gerade die sorgfältige Betrachtung der Finanzsituation bedeutsam, da versäumte oder unzureichende Anpassungen Ressourcen verbrauchen, die für andere Bedarfe nicht mehr zur Verfügung stehen. Zu berücksichtigen sind auch die Veränderungen im sozialen Gefüge der Bevölkerung, die ihrerseits wiederum die demographischen Prozesse beeinflussen. Dazu einige Beispiele:

- Die Alterung der Bevölkerung, aber auch die Veränderung der Lebensformen führt zu einem Anstieg der Einpersonenhaushalte. Das zieht z.B. Konsequenzen für die Wohnungsnachfrage und die Versorgungsstrukturen bei den kommunalen Gemeinschaftsdiensten (Abfallentsorgung, Wasserver- und -entsorgung usw.) nach sich.
- Die Veränderung der Altersstruktur führt zu Verschiebungen der Nachfrage nach öffentlichen Gütern in Richtung altersrelevanter Leistungen (steigende Nachfrage nach Plätzen in Alten- und Pflegeheimen vs. sinkendem Kapazitätsbedarf bei Schulen).
- Alle Bevölkerungsprognosen gehen – auch vor dem Hintergrund des Erhalts der Wirtschaftskraft und der sozialen Sicherungssysteme – von signifikanten (gesteuerten) Zuwanderungen aus, die zu steigenden Integrationsaufwendungen und -herausforderungen führen werden. Diese Aufgaben sind insbesondere vor Ort, also in den Kommunen, zu bewältigen (steigende soziale und monetäre Kosten der Integration, Vermeidung von »Getto«-Bildung usw.).
- Erhebliche Risiken in Ost und West resultieren aus der offenkundig nicht nachhaltig soliden Finanzierung der sozialen Sicherungssysteme, wie etwa der Pflegeversicherung. So steigen schon seit Jahren die Ausgaben für die »Hilfe zur Pflege« im Rahmen der Sozialhilfe (»Hilfe in besonderen Lebenslagen«), und vielfach werden aufgrund einer steigenden Lebenserwartung, trotz der damit auch verbundenen längeren Lebensgesundheit, zukünftig weitere deutliche Ausgabensteigerungen erwartet.
- Die langfristigen Folgen der Dauerarbeitslosigkeit und der damit verbundenen Unterbrechungen der Erwerbsbiographien dürften dazu führen, dass künftig mehr ältere Menschen auf ergänzende Sozialhilfeleistungen angewiesen sein werden, da ihre Ansprüche an die Sozialversicherung zur Bestreitung des Lebensunterhalts im Rentenalter zum Teil nicht ausreichen werden.

Die Ausgangslage in den kommunalen Haushalten

Die Situation in West- und Ost-Deutschland ist hinsichtlich der Ausgangssituation bei den kommunalen Finanzen ähnlich gelagert. Schon seit Jahren stehen die Haushalte unter erheblichen Anspannungen, wobei sowohl einnahmen- als auch ausgabenseitige Ursachen auszumachen sind.

Entwicklung der Einnahmen

Auf der Einnahmenseite beobachten wir auf allen Ebenen schon seit Jahren eine weitgehende Entkopplung der Entwicklung vom allgemeinen Wirtschaftswachstum. Dies war und ist sowohl ein Reflex auf die allgemeine Wachstumsschwäche als auch Folge der zahlreichen Eingriffe in das Steuerrecht. Während bis Mitte der 90er Jahre die Einnahmen der öffentlichen Haushalte weitgehend parallel zur Entwicklung der Wirtschaftskraft, die mit Hilfe des Bruttoinlandsprodukts gemessen wird, angewachsen sind, hat sich im Zeitraum von 1995 bis 2004 das Bruttoinlandsprodukt zwar um rund 20 Prozent erhöht, aber die Einnahmen des gesamten kommunalen Sektors blieben weitgehend unverändert (Abb. 1).

Entwicklung der Ausgaben

Den stagnierenden bzw. erodierenden Einnahmen der Kommunen standen höhere Ausgaben im laufenden Betrieb gegenüber. Hierzu haben insbesondere auch steigende Aufwendungen für soziale Leistungen beigetragen. Diese sind seit dem Jahr 2000 in den alten Ländern um etwa 17 Prozent und in den neuen Ländern um rund 37 Prozent angestiegen. Ob und, wenn ja, in welchem Umfang letztlich die SGB-II-Gesetzgebung tatsächlich zu Nettoeinsparungen auf kommunaler Ebene führen werden, lässt sich angesichts der unklaren Datenlage zurzeit noch nicht absehen.

In den Westkommunen sind in den letzten Jahren auch die Pensionsausgaben deutlich angestiegen, während sich die gesamten Personalausgaben nur geringfügig erhöht haben. In welchem Umfang Letzteres aber ein Reflex auf einen tatsächlichen Personalabbau ist oder die Auswirkung von Auslagerungen, lässt sich nur schwer beantworten, da zeitgleich in West- wie in Ost-Deutschland auch die Zuweisungen und Zuschüsse an soziale Einrichtungen deutlich angestiegen sind.

Kompensiert wurden in Ost wie in West die stagnierenden Einnahmen und die steigenden Ausgaben in der laufenden Rechnung insbesondere durch eine spürbare Absenkung der Sachinvestitionsausgaben (Abb. 2). In Ost-Deutschland haben sich diese Ausgaben seit 1992 nahezu halbiert, und in West-Deutschland lagen sie im Jahr 2004 um mehr als ein Drittel unter dem Niveau von 1992. Zwischenzeitlich gibt es bei den Pro-Kopf-Sachinvestitionen in den Ost- und Westkommunen kaum noch Unterschiede – trotz der erheblichen Solidarpakttransfers an

Abb 1: Entwicklung des nominalen Bruttoinlandsprodukts (BIP) und der Einnahmen* des kommunalen Sektors insgesamt

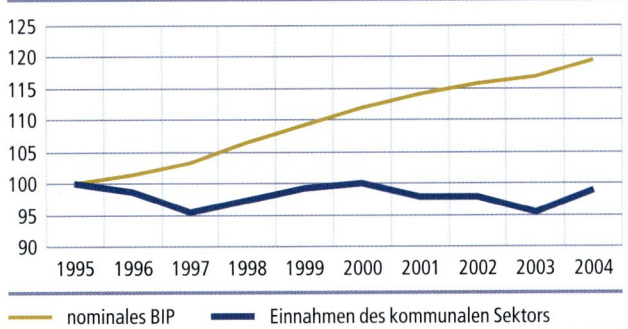

* Netto der Erlöse aus Vermögensverkäufen
Indexreihe 1995 = 100

Quelle: Statistisches Bundesamt

Abb. 2: Entwicklung der Sachinvestitionsausgaben je Einwohner

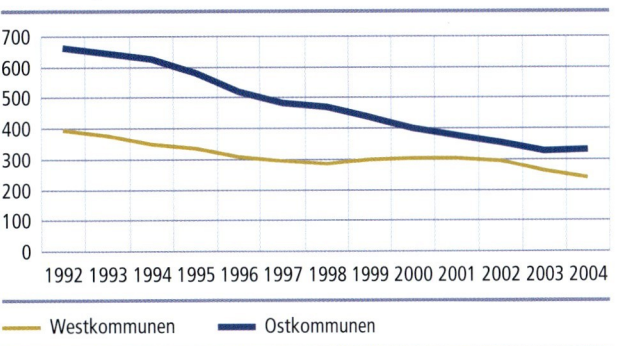

Quelle: Statistisches Bundesamt; Angaben in laufenden Preisen

die neuen Länder zur Finanzierung infrastruktureller Aufholprozesse. Dies lässt darauf schließen, dass die Mittel aus dem Solidarpakt II in den ostdeutschen Ländern – dies gilt für die Landes- wie für die Gemeindeebene – zunehmend weniger in den Ausbau der Infrastruktur fließen, sondern in signifikantem Umfang zur Finanzierung laufender Ausgaben eingesetzt werden.

Fazit

Als ein (vorläufiges) Fazit lässt sich festhalten, dass die Kommunen in Ost und West in den letzten Jahren unter einem erheblichen Anpassungsdruck standen, bestimmt durch stagnierende Einnahmen und zunehmende Ausgaben in der laufenden Rechnung, insbesondere bei den sozialen Leistungen. Nur durch eine deutliche Absenkung der Investitionsausgaben konnte ein weiterer Anstieg der Verschuldung vermieden werden.

Allerdings ist auch festzuhalten, dass in den Länderhaushalten – und natürlich auch im Bundeshaushalt – die Situation eher noch angespannter war. Dies lässt sich nicht zuletzt am drastischen Anstieg ihrer Verschuldung ablesen: Die Pro-Kopf-Schulden der Westflächenländer haben sich seit Anfang 2000 bis Ende 2004 um etwa 31 Prozent erhöht, in den Ostflächenländern sogar um rund 41 Prozent, während sie auf der Kommunalebene in Ost und West nahezu stagnierten.

Der Einfluss demographischer Entwicklungen auf die kommunalen Finanzen

Die demographischen Veränderungen werden die Haushalte der öffentlichen Kommunen stark beeinflussen. Hierbei muss man einnahmen- und auch ausgabenseitig unterscheiden zwischen Effekten, die aus der Veränderung der Bevölkerungszahl und der Veränderung der Altersstruktur der Bevölkerung resultieren.

Auswirkungen auf die Einnahmen

Die absolute Höhe der kommunalen Einnahmen wird weitgehend bestimmt durch das örtliche Steueraufkommen sowie die finanzkraftverstärkenden Zuweisungen aus den

kommunalen Finanzausgleichsystemen. Städte und Gemeinden mit einer sinkenden Einwohnerzahl sind hierbei von einem rückläufigen absoluten Aufkommen aus Steuern sowie Finanzzuweisungen betroffen, ohne dass sich das Volumen der Pro-Kopf-Einnahmen erheblich verändern muss. Dies bedeutet, dass auch das Volumen der Gesamtausgaben entsprechend nach unten angepasst werden muss.

Auch die Veränderung der Altersstruktur wirkt sich auf die Einnahmen aus. So sind die durchschnittlichen Pro-Kopf-Steuerzahlungen der über 60-Jährigen deutlich geringer als die der 30- bis 50-Jährigen, sodass die Alterung der Bevölkerung tendenziell ebenfalls zu einem Rückgang des Steueraufkommens führt – sowohl absolut als auch je Einwohner betrachtet (Bach u. a. 2002).

Effekte auf die Ausgaben

Auf der Ausgabenseite wirkt sich der demographische Wandel noch wesentlich stärker und differenzierter aus. Hier ergibt sich auch das Problem, dass Anpassungen meist nur durch politische Entscheidungen herbeigeführt werden können bzw. müssen, die oft als unangenehm empfunden werden. Im Gegensatz hierzu sind Effekte bei den Einnahmen stark von einer weitgehenden »Automatik« geprägt.

Besonders gravierend ist das Problem der Ausgabenremanenz (Abb. 3). Kommunale Einrichtungen – angefangen bei Schulgebäuden über Kläranlagen bis zur Kommunalverwaltung, den Straßen und Kultureinrichtungen – sind für eine bestimmte Bevölkerungszahl ausgelegt. Ein Rückgang der Einwohnerzahl führt dazu, dass die

Abb. 3: Ausgabenremanenzen bei sinkender Bevölkerungszahl

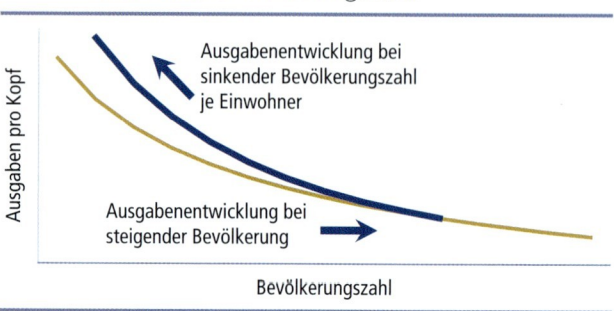

Quelle: eigene Darstellung

Pro-Kopf-Aufwendungen für das Aufrechterhalten der Infrastrukturen und die Betriebs- bzw. Folgekosten ansteigen, da ein Rückbau der Einrichtungen in der Regel nicht im Gleichschritt mit dem Bevölkerungsrückgang erfolgen kann bzw. diese Anpassung versäumt wird. Ist etwa ein Schulgebäude für die Unterbringung von 500 Schülerinnen und Schülern ausgelegt und sinkt deren Zahl sowie auch die Einwohnerzahl in der Gemeinde, so führt dies zu steigenden Kosten der Schulversorgung (je Schüler und je Einwohner). Diese damit verbundenen höheren Pro-Kopf-Ausgaben sind bei einer rückläufigen Bevölkerung besonders problematisch, da zeitgleich auch das Volumen der Einnahmen infolge des Bevölkerungsrückgangs sinkt.

Ausgabenremanenzen treten in nahezu allen Bereichen der Infrastruktur auf und können z.B. durch ihren Rückbau – mit entsprechendem Aufwand – oder durch die vollständige Schließung von Einrichtungen bewältigt werden. Entsprechend müssen dann die Versorgungsbedarfe etwa durch die regionale Konzentration von Schulen, Sporteinrichtungen usw. an zentralen Standorten gedeckt werden. Alternativ können die Einrichtungen auch anderen, insbesondere privaten Verwendungen zugeführt werden. Bei den noch anstehenden Neu- und Umbauten von öffentlichen Einrichtungen sollten diese Möglichkeiten bereits berücksichtigt werden.

Tabelle 1: Wachstumsrate der Pro-Kopf-Ausgaben für Personal und laufenden Sachaufwand in den ostdeutschen Kreisen von 1995 bis 2001 in Prozent

	Personal-ausgaben	laufender Sachaufwand
Landkreise (Kreise und kreisangehörige Gemeinden)		
insgesamt	−15,8	− 6,4
Einwohnerverluste höher als 5 Prozent	−13,3	− 2,9
Bevölkerungszugewinne	−18,3	− 9,5
kreisfreie Städte		
insgesamt	− 9,6	− 5,5
Einwohnerverluste höher als 10 Prozent	− 3,9	1,6
Einwohnerverluste geringer als 10 Prozent	−17,4	−15,1

Quelle: eigene Berechnungen

Dass die Remanenzeffekte erheblich sind, lässt sich bereits an den Daten in Ost-Deutschland ablesen. Tabelle 1 zeigt die Entwicklung der Pro-Kopf-Ausgaben für Personal und laufenden Sachaufwand, differenziert nach dem Bevölkerungswachstum in den Jahren 1995 bis 2001.

Auf der Landkreisebene wurden die Personalausgaben pro Kopf durchschnittlich um knapp 16 Prozent reduziert: In Landkreisen mit überdurchschnittlichem Bevölkerungsverlust sanken die Ausgaben nur um etwa 13 Prozent, während sie in den Kreisen mit Bevölkerungszugewinnen um mehr als 18 Prozent reduziert wurden. In den kreisfreien Städten fallen diese Unterschiede sogar noch höher aus. Ein völlig analoges Bild ergibt sich beim laufenden Sachaufwand: Auch hier ist die Entwicklung der Pro-Kopf-Ausgaben von Städten und Gemeinden mit höheren Bevölkerungsverlusten wesentlich ungünstiger als die derjenigen mit stagnierender oder steigender Einwohnerzahl.

Neben den Ausgabenremanenzeffekten, die letztlich Mehrausgaben für die Bevölkerung bedeuten, ohne dass damit eine Leistungsverbesserung verbunden ist, müssen die demographischen Veränderungen auch zu einer Anpassung der kommunalen Ausgabenstrukturen führen. Sinken Zahl und Anteil der schulpflichtigen Bevölkerung in einer Kommune nachhaltig, so müssen die Infrastrukturen und Ausgaben im Schulbereich dieser Entwicklung angepasst werden. Die hier realisierbaren Ersparnisse sind erforderlich, um die Bedarfe des gestiegenen Anteils der älteren Bevölkerung zu finanzieren.

Eine sorgfältige Analyse der kommunalen Aufgabenbereiche zeigt, dass die Bedarfsverschiebungen und die damit verbundenen notwendigen Anpassungen der Infrastrukturen und Ausgaben nahezu alle Aufgabenbereiche tangieren. Hier einige exemplarische Beispiele:

• Städte und Gemeinden mit gesunkenen Einwohnerzahlen müssen ihre Verwaltungen verkleinern, um sie für die Bürger bezahlbar zu machen.

• Der erhebliche Rückgang der Schülerzahlen, der in Ost-Deutschland schon die Sekundarstufe erreicht hat und in absehbarer Zeit auch in den Westländern spürbar werden wird, muss zu einer Anpassung der Infrastrukturen in diesem Bereich führen. Das heißt konkret: Schließung von Schulstandorten, regionale Konzentration von Schulen, neue Schulformen.

• In der sozialen Sicherung ist mit steigenden Aufgaben- und Ausgabenlasten vor allem bei der »Hilfe in besonderen Lebenslagen« (Krankenhilfe, Hilfe zur Pflege usw.) infolge eines steigenden Anteils älterer und insbesondere auch pflegebedürftiger Personen zu rechnen. Auch hier muss eine »Vorsorgepolitik« im Hinblick auf zukünftige Lasten betrieben werden.

- Remanenzeffekte schlagen insbesondere bei den kommunalen Gemeinschaftsdiensten durch. Unzureichende Anpassungen bzw. falsche Kapazitätsplanungen führen bei einer rückläufigen Bevölkerung zu steigenden Gebühren und/oder öffentlichen Zuschussbedarfen.

Somit ergeben sich gerade in Städten und Gemeinden mit stark rückläufigen Bevölkerungszahlen große Probleme im Hinblick auf die Tragfähigkeit von Infrastrukturen und Verwaltungen in nahezu allen Bereichen. Doch auch bei einer weitgehend stabilen oder gar leicht steigenden Gesamtbevölkerungszahl werden Anpassungen infolge der veränderten Altersstruktur notwendig. Diese müssen nicht unbedingt mit einer Einschränkung der Versorgung verbunden sein, wenn sie durch innovative organisatorische Veränderungen unterstützt werden: Steigerung der Effizienz und/oder der interkommunalen Zusammenarbeit oder vollständige Reorganisation der Verwaltungs- und Gebietseinheiten, wie Kreis- und Gemeindegebietsreformen.

Ausgewählte Handlungsoptionen für Kommunen

Für die Kommunen gibt es angesichts der demographischen Veränderungen wichtige Handlungsoptionen in nahezu allen Aufgabenbereichen. Eine Auswahl soll hier kurz erläutert werden.

Demographiesensible Politik:
Transparente Ausgabenstruktur und Einnahmenentwicklung

Die demographischen Veränderungen mit ihren finanziellen Folgen für die kommunalen Haushalte verlangen von den Städten und Gemeinden vor allem eine vorausschauende demographiesensible Politik. Dies erfordert zunächst Transparenz der demographischen Entwicklung vor Ort, der Anpassungsnotwendigkeiten in den einzelnen Aufgabenbereichen sowie der Auswirkungen auf die Einnahmen.

In einem ersten Schritt muss untersucht werden, welche öffentlichen Leistungen für welche Altersgruppen erbracht werden müssen und welche Ausgaben hierfür aufzuwenden sind. Anschließend gilt es zu untersuchen, wie sich die demographischen Veränderungen auf das Volumen der Gesamteinnahmen auswirken werden, wobei man vereinfachend lediglich die »Kopfzahl« betrachten und die Veränderung der Altersstruktur vernachlässigen kann. Weiterhin müssen, ausgehend von Bevölkerungsprognosen und den zuvor abgeleiteten Erkenntnissen, die künftigen Ausgabenbedarfe ermittelt werden. Hierbei gilt es auch die »Risikopositionen«, wie steigende Lasten bei der Hilfe zur Pflege, zu berücksichtigen.

In den Westkommunen ist darüber hinaus zu beachten, dass nach dem aktuellen Versorgungsbericht die Pensionslasten zwischen 2003 und 2020 um etwa 46 Prozent (unter der Annahme einer jährlichen Versorgungsanpassung von 1,5 Prozent) steigen werden, während in den ostdeutschen Kommunen hier keine großen Ausgabenrisiken bestehen. Vergleicht man den Ist-Zustand aus dem ersten Schritt mit dem abgeleiteten »Soll-Wert«, ergibt sich eine erste grobe Abschätzung des Anpassungsbedarfs, wobei man durchaus mit einem Planungszeitraum von mehr als 15 Jahren arbeiten sollte. Ferner muss man den »Soll-Wert« mit der Einnahmenprojektion vergleichen, um ggf. weitergehende Anpassungserfordernisse identifizieren zu können.

Abb. 4: Anteil der auf die Altersklassen entfallenden kommunalen Ausgaben (2002 und 2030)

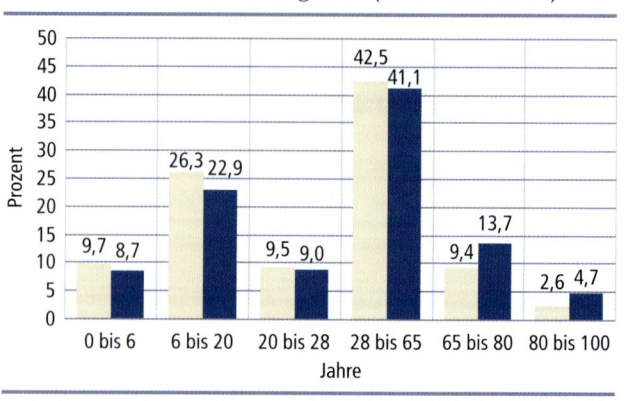

Betrachtet werden hier Nettoausgaben:
bereinigte Ausgaben abzüglich der Zahlungen von den Ländern
Quelle: Seitz und Kempkes 2005

Abb. 4 zeigt exemplarisch einen Ausschnitt aus einer solchen demographischen Langfristfinanzplanung für den aggregierten kommunalen Sektor in der Bundesrepublik – dieser Betrachtung liegt eine Differenzierung nach rund 40 Aufgabenbereichen zugrunde (Seitz und Kempkes 2005). Im Jahr 2002 haben die Kommunen 26,3 Prozent ihrer Ausgaben für Leistungen aufgewendet, die auf die Bevölkerung im Alter von 6 bis 20 Jahren entfallen; dieser Anteil müsste aufgrund der demographischen Veränderungen bis zum Jahr 2030 auf 22,9 Prozent reduziert werden. Auf der anderen Seite steigt der Anteil der Ausgaben für die Bevölkerung im Alter von 65 bis 80 Jahren von 9,4 Prozent im Jahr 2002 auf nahezu 14 Prozent im Jahr 2030.

Mit diesem auf einen Zeitraum von mehr als 15 Jahren ausgelegten langfristigen demographischen Finanzplanungsinstrument kann ein solides Fundament für eine sachorientierte, prospektive kommunale Infrastruktur- und Finanzpolitik geschaffen werden, die auch im politischen Entscheidungsprozess von großem Nutzen ist.

Klare Ziele: Schuldenabbau und nachhaltige Haushaltspolitik

Den zukünftigen Ausgabenrisiken (steigende Soziallasten infolge der Alterung und der Bewältigung der Langfristkosten der Dauerarbeitslosigkeit etc.) und den sinkenden Einnahmen in Städten und Gemeinden mit rückläufiger Bevölkerungszahl können die Kommunen nur mit einer nachhaltigen, vom Schuldenabbau geleiteten und mit klaren (Finanz-)Zielen verankerten Haushaltspolitik begegnen.

Insbesondere in Kommunen mit sinkender Bevölkerungszahl muss die Verschuldung im Interesse der Generationengerechtigkeit abgebaut werden: Ansonsten müssen zukünftig weniger Einwohner steigende Pro-Kopf-Schulden bedienen, wodurch die Handlungsfähigkeit weiter beschnitten wird. Auch künftige Generationen dürfen nicht durch Einrichtungen, Infrastrukturen und Verwaltungsstrukturen belastet werden, deren Finanzierung und Tragfähigkeit nicht mehr gewährleistet werden kann.

Finanzielle Folgen der veränderten Alterstruktur frühzeitig abfedern

Die Anpassungen der Ausgabenstrukturen an die veränderte Altersstruktur sind auf der einen Seite mit Einsparpotenzialen verbunden – hier ist insbesondere der sinkende Anteil der so genannten bildungsrelevanten Bevölkerung bedeutsam –, während auf der anderen Seite Mehrausgaben durch den wachsenden Anteil der älteren Bevölkerung entstehen. In Kommunen mit spürbar sinkenden Einwohnerzahlen werden diese veränderten Ausgabenstrukturen noch überlagert durch die Notwendigkeit, das absolute Ausgabenniveau zu senken, da weniger Einwohner zu weniger Steuereinnahmen, Gebühren und insbesondere Finanzausgleichszahlungen führen (Seitz 2004).

Die zu erwartenden Mehrausgaben bei den »altenrelevanten« Leistungen sind somit zum Teil auch durch bedarfsgerechte geringere Ausgaben bei Leistungen für die jüngeren Bevölkerungsgruppen, deren Anteil an der Gesamtbevölkerung deutlich sinken wird, gegenzufinanzieren. Solche Ersparnisse können und müssen insbesondere auch durch interkommunale Zusammenarbeit (gemeinsame Bildungseinrichtungen, Sportstätten, Betriebshöfe usw.) sowie Verwaltungsreformen (Gebietsreformen) realisiert werden.

Mut zum Handeln

Letztlich brauchen die Akteure vor Ort den Willen und den Mut, die eigene Situation zukunftsorientiert zu bewältigen und hierbei den Perspektiven mindestens das gleiche Augenmerk zuteil werden zu lassen wie den gegenwärtigen dringlichen Handlungsbedürfnissen und -wünschen. Ein solches Herangehen ist – vor allem auch im Sinne einer Generationengerechtigkeit – zentraler Erfolgsfaktor für eine nachhaltige kommunale Finanzpolitik.

Ausblick: Indikatoren zur Abbildung der kommunalen Finanzsituation

Um die Kommunen bei der Bewältigung ihrer Herausforderungen zu unterstützen, hat die Bertelsmann Stiftung ein Indikatoren- und Analyseprojekt initiiert. Das in Zusammenarbeit mit dem Autor durchgeführte Projekt soll zunächst dazu dienen, die finanzwirtschaftlichen Gegebenheiten auf kommunaler Ebene zu beschreiben und einen Vergleich der finanzwirtschaftlichen Performance von Städten und Gemeinden zu ermöglichen. Zudem sollen zukünftige Entwicklungen transparent gemacht und auf dieser Basis konkrete Handlungsempfehlungen für Kommunen erarbeitet werden. Die Ergebnisse der Studie werden im Spätsommer 2006 vorgestellt.

Literatur

Bach, Stefan, u.a. »Demographischer Wandel und Steueraufkommen«. Gutachten des DIW im Auftrag des BMF. Berlin 2002.

Bundesinstitut für Bevölkerungsforschung, BIB. Bevölkerung: Fakten – Trends – Ursachen – Erwartungen – Die wichtigsten Fragen. Wiesbaden 2004. Im Internet unter www.bib-demographie.de.

Seitz, Helmut. »Die Auswirkungen des Bevölkerungsrückgangs auf die Finanzsituation des Freistaates Sachsen und seiner Kommunen«. Georg Milbradt und Johannes Meier (Hrsg.): *Die demographische Herausforderung – Sachsens Zukunft gestalten*. Gütersloh 2004. 20–43. Langfassung unter www.tu-dresden.de/wwvwlemp/publikation.

Seitz, Helmut. »Die ökonomischen und fiskalischen Effekte der Verwaltungsreform in Mecklenburg-Vorpommern«. Gutachten im Auftrag des Innenministeriums von Mecklenburg-Vorpommern. Schwerin 2005.

Seitz, Helmut, und Gerhard Kempkes. »Fiscal Federalism and Demography«. Discussion Paper. TU Dresden 2005. Im Internet unter www.tu-dresden.de/wwvwlemp/publikation.

4. Das Ganze im Blick
Prozesse ressortübergreifend gestalten

Carsten Große Starmann, Ingo Neumann, Kerstin Schmidt, Thorsten Wiechmann

Patentlösungen zur Gestaltung des demographischen Wandels gibt es nicht. Jede Kommune ist anders: Die unterschiedlichen Ausgangslagen und daraus resultierende Entwicklungen des demographischen Wandels führen in den Städten und Gemeinden der Bundesrepublik zu einem sehr heterogenen Portfolio an Herausforderungen. In diesem Sinne ist jede Kommune gefordert, eigene differenzierte Handlungsstrategien zu entwickeln, die sich an den spezifischen regionalen Gegebenheiten orientieren und die unterschiedlichen Akteure der lokalen Gemeinschaft einbeziehen.

In einem Aspekt sind jedoch alle Kommunen gleich: Die Effekte des demographischen Wandels – von der Entwicklung der Bevölkerungszahlen über die Veränderung der Altersstruktur bis hin zu Wanderungsbewegungen – überlagern sich und bedingen vor Ort eine ausgesprochen komplexe Dynamik. Im bewussten und professionellen Umgang mit dieser Komplexität und den Herausforderungen vor Ort liegen dabei wichtige Erfolgsfaktoren. Weil nahezu alle kommunalen Handlungsfelder von den Auswirkungen des demographischen Wandels betroffen sind, erfordert die Gestaltung der Folgen ein strategisches und langfristig orientiertes Gesamtkonzept. Neben einer inhaltlich orientierten Arbeit ist eine klare Fokussierung auf die kommunalen Prozesse notwendige Grundlage für dieses Vorgehen. Dabei kommt es darauf an, die Veränderungsprozesse ressortübergreifend zu gestalten.

In den kleineren Kommunen liegt der Schwerpunkt darauf, Prioritäten in einzelnen Politikfeldern (Steuerung der Siedlungsflächenentwicklung, Kinder- und Familienfreundlichkeit usw.) zu setzen, hierfür Lösungen zu entwickeln und umzusetzen. In den Großstädten steht darüber hinaus die Umsetzung eines ressortübergreifenden Gesamtkonzeptes und somit die prozessuale Entwicklung und Anwendung von integrierten Strategien auf der Agenda. Denn ganz entscheidend ist es, die Fachressorts der Kommunen mit ihren – auch externen – Akteuren einzubinden, das Know-how zu bündeln und dies in eine gemeinsame, zukunftsweisende und demographierobuste Stadtpolitik einfließen zu lassen.

Das folgende Kapitel sensibilisiert für die Wichtigkeit dieser Fragestellungen und zeigt mögliche Vorgehensweisen auf. Zunächst wird ein Strategiezyklus beschrieben, der von der Bertelsmann Stiftung gemeinsam mit kommunalen Praktikern für die Städte und Gemeinden im demographischen Wandel erarbeitet und mit dem Leibniz-Institut für ökologische Raumentwicklung (IöR) in Dresden weiterentwickelt wurde. Hier fließen die Erfahrungen ein, die in der umfangreichen Prozessbegleitung von Kommunen gesammelt wurden.

Weiter geht es danach mit einem konkreten Beispiel aus dem Landkreis Osnabrück, wo bereits ein strategisches Gesamtkonzept entwickelt wurde. Zudem ist beispielhaft dargestellt, wie der Landkreis seinen kreisangehörigen Gemeinden mit Hilfe von Portfolios erste konkrete Handlungsoptionen im Umgang mit dem demographischen Wandel aufzeigt.

Demographie strategisch gedacht – fünf Schritte auf dem Weg zum Erfolg

Carsten Große Starmann, Ingo Neumann, Kerstin Schmidt, Thorsten Wiechmann

Abb. 1: Strategiezyklus für die Entwicklung einer ressortübergreifenden Gesamtstrategie

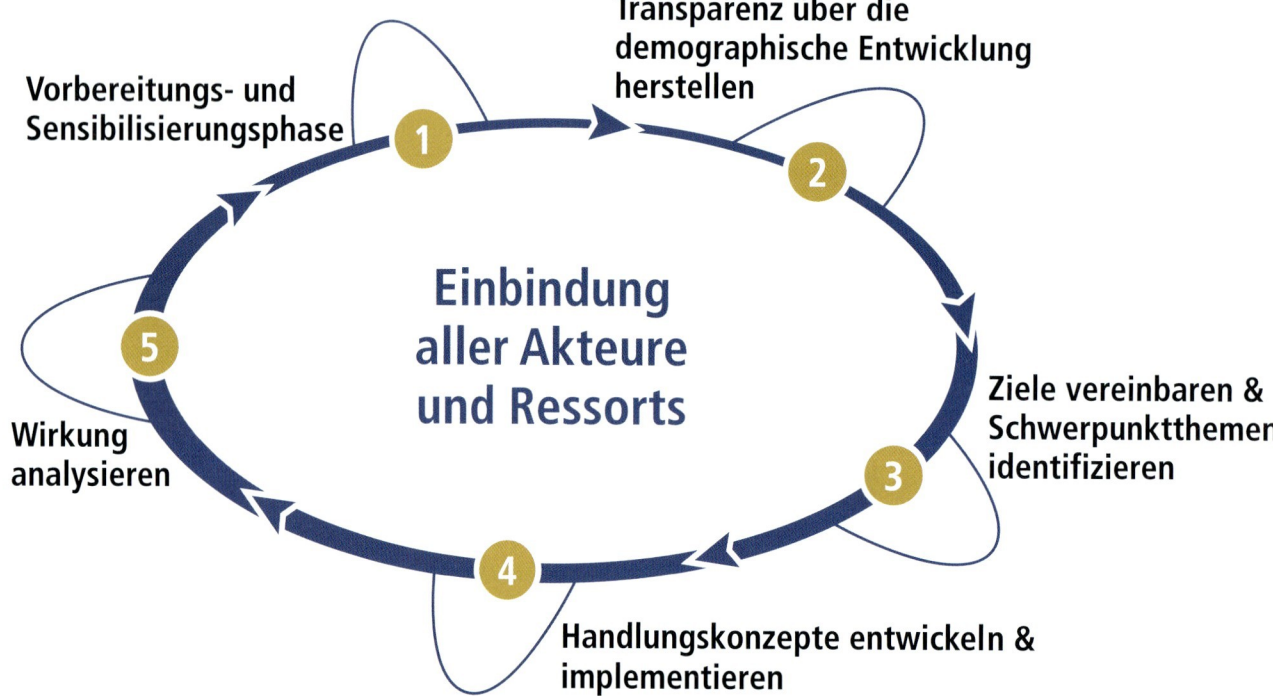

Der Strategiezyklus[1] unterscheidet für die Gestaltung der Folgen des demographischen Wandels vor Ort fünf Phasen. Die Länge des Zyklus sollte sich an der Dynamik des – wirtschaftlichen, sozialen und demographischen – Wandels in der Kommune orientieren. Je dynamischer der Wandel und je häufiger die vergangenen, aktuellen und zukünftig erwarteten Strukturbrüche, desto kürzer sollten die Zyklen verlaufen und desto erfahrungsbasierter sollte der Zukunftsdialog organisiert werden. Je schwächer und konstanter der Wandel, desto intensiver können die Analyse, die Reflexion und Optimierung der Maßnahmen und die Erfolgskontrolle erfolgen. In der Regel und aus ganz pragmatischen Erwägungen ist es wichtig, dass sich der Zyklus auch an den Haushaltsjahren orientiert.

Phase 1: Vorbereitung und Sensibilisierung

Ein so wichtiges, aber auch komplexes Thema wie der demographische Wandel können die Kommunalverwaltungen nicht alleine bewältigen. Hier braucht es breit

angelegte Netzwerke und stabile Partnerschaften in der Kommune, um im Sinne der Zukunftsgestaltung zu guten und tragfähigen Veränderungen zu kommen. Denn entscheidend ist das Handeln und das Zusammenspiel der gesellschaftlichen Kräfte vor Ort: der Familien, der Unternehmer, der Vereine und Verbände, der Kirchen, der sozialen Träger usw.

Der erste Schritt zu einer themenbezogenen Einbindung dieser Akteursgruppen ist eine Sensibilisierung für die Thematik. Hier kommt es darauf an, den demographischen Wandel mit seinen Auswirkungen für die Kommune offensiv zu thematisieren und Betroffenheit zu erzeugen. Die Verantwortlichen (Bürgermeister, Verwaltungsvorstände) müssen klar signalisieren, dass hier ein langfristiger Akzent in der Ausrichtung des kommunalen Handelns gesetzt werden soll. Die kommunale Gestaltung des demographischen Wandels ist Chefsache – hier bietet sich eine erste Gelegenheit, das zu dokumentieren.

Konkret empfehlen wir den Kommunen z.B. die Durchführung einer Auftaktveranstaltung, bei der die wichtigen und thematisch relevanten lokalen Akteure informiert und sensibilisiert werden. Dazu ist es oft hilfreich, auch Experten von außen einzubinden und für Impulsvorträge zu gewinnen.

---

1 Er wurde abgeleitet aus dem Modell »Kompass« der Bertelsmann Stiftung, einem kommunalen Projekt zum Aufbau einer strategischen Steuerung.

Ziele dieser Phase:

- lokale Akteure sensibilisieren
- eine positive Aufbruchstimmung erzeugen
- Partner und Verbündete für die Gestaltung der Prozesse gewinnen
- erste Strukturen für die weitere Arbeit schaffen

Zwei Punkte sind für die Gestaltung des weiteren Prozesses von entscheidender Bedeutung:

1. Akteursportfolio

Prozessorientiertes Arbeiten erfordert gute und belastbare Strukturen. Darüber hinaus ist es aber besonders wichtig, auch die richtigen Akteure der Kommune darin einzubinden, um zu Erfolgen zu kommen. Bereits zu Beginn des Prozesses sollte ein erstes Akteursportfolio erarbeitet werden, das die Personen umfasst, die bei der Gestaltung des demographischen Wandels in der Kommune bedeutsam sind – als handelnde Akteure, Multiplikatoren, Verbündete, aber auch als Skeptiker oder Widerständler. Dieses Portfolio ist ein wichtiger Grundstein für die weitere Arbeit und kann im gesamten Prozess – auch themenbezogen – fortgeschrieben werden. Es ermöglicht zielgruppenspezifisches Arbeiten und macht bestehende oder neu zu gründende Netzwerke deutlich.

2. Intelligente Kommunikation

Die Kommunikation der Themen spielt gerade auf der kommunalen Ebene eine besondere Rolle. Sie ist während des gesamten Prozesses, vor allem aber in dieser ersten Phase, ein Erfolgsfaktor für das weitere Gelingen.

Das Thema demographischer Wandel mit seinen vielen Facetten, Entwicklungen und Handlungsbedarfen »verführt« häufig zu sehr komplexen Darstellungen. Diese haben an der richtigen Stelle – vor allem in der vertiefenden Analyse – natürlich ihre Berechtigung. Doch gerade zu Beginn der Prozesse auf der kommunalen Ebene, wo eine Aufbruchstimmung erzeugt und Verbündete gewonnen werden sollen, sind erste Thesen und knappe Darstellungen von Sachverhalten ebenso wie flammende Redner sehr viel wichtiger und hilfreicher als die komplexe wissenschaftliche Analyse. Bei komplexen und problembehafteten Fragestellungen wie dem demographischen Wandel tendieren viele Politiker erfahrungsgemäß dazu, sich mehr auf die Detailsteuerung alltäglicher und greifbarer Probleme zu konzentrieren als langfristige Weichen-

stellungen vorzunehmen. Will man dies vermeiden, müssen die Entscheidungsträger frühzeitig in den Dialog mit der Kommunalverwaltung und den lokalen Akteuren (mit Arbeitsgruppen, öffentlichen Foren etc.) eingebunden werden.

Für jede Phase muss die richtige Kommunikationsform gefunden werden. Denn nur mit einer adressatenorientierten Information und Kommunikation der Themen und Inhalte können die unterschiedlichen Akteure dauerhaft motiviert und eingebunden werden.

Phase 2: Transparenz herstellen

Jede Kommune entwickelt sich anders, und für jede Kommune in Deutschland ergeben sich andere Herausforderungen im Umgang mit dem demographischen Wandel. Um nun die Folgen genau in den Blick nehmen zu können und konkrete Handlungskonzepte zu entwickeln, muss die Ausgangslage für alle Beteiligten klar sein. Es braucht hier eine genaue Analyse der Trends und Entwicklungen vor Ort. Aus den einzelnen Ressorts sollten die dafür notwendigen Daten und Informationen zusammengetragen werden. Dies kann z.B. durch eine ressortübergreifende Projektarbeitsgruppe geleistet werden, die auch externe Akteure themenfeldbezogen einbinden sollte. Die Ergebnisse fließen z.B. in einen kommunenspezifischen Demographiebericht ein, der die gemeinsame Grundlage für weitere Diskussionen darstellt.

Die Ausgangslage vor Ort mit ihren Ursachen, Trends und Wirkungsverläufen wird analysiert, und erste Einflussmöglichkeiten und Stellschrauben können identifiziert werden. Betrachtet werden sollten dabei sowohl die aktuelle Situation wie auch die zukünftige Entwicklung aufgrund vorliegender Trends und Prognosen. In dieser Phase geht es darum, den Dingen auf den Grund zu gehen, um gemeinsam mit Partnern erste Handlungsansätze auf Basis der Herausforderungen zu identifizieren. Denn erst mit einer Analyse und Transparenz der demographischen Situation ist es möglich, eine kommunenspezifische Strategie zu entwickeln und dann später im Sinne vereinbarter Ziele auch zu priorisieren und umzusetzen.

Ziele dieser Phase:

- Transparenz über die demographische Entwicklung herstellen

- eine gemeinsame Datenbasis für die Kommune festlegen
- das Problembewusstsein schärfen und Auswirkungen an konkreten Beispielen deutlich machen
- Einflussmöglichkeiten herausarbeiten und Chancen verdeutlichen

Phase 3: Ziele und Strategien entwickeln

Schwerpunkt der Ziel- und Strategieentwicklung liegt darin, die Daten und Informationen zu interpretieren sowie die Zielsetzungen festzulegen und zu priorisieren. Die Kommune sollte mit den relevanten Akteuren in einen Zukunftsdialog eintreten und dafür die vor Ort geeigneten Arbeitsformen und -foren entwickeln

Im Fokus der Zukunftsdialoge stehen die Identifizierung von Schwerpunktthemen, die Entwicklung gemeinsamer und integrativer Zielvorstellungen sowie die Erarbeitung langfristiger, auch thematisch umfassender integrierter Entwicklungskonzepte. Wichtig ist hier vor allem, alternative Vorgehensweisen auf Basis der absehbaren demographischen Veränderungen zu entwickeln. Dazu braucht es einen zukunftsoffenen Umgang mit sog. Umfeldszenarien, in denen Handlungsalternativen benannt und Entwicklungschancen dargestellt werden. Konkret kann zu Beginn des Zukunftsdialoges ein Szenarienworkshop sehr hilfreich sein, um die unterschiedlichen Interpretationen über die Vergangenheit, Gegenwart und Zukunft auszutauschen und zu koordinieren.

Ergänzend sollten im Zukunftsdialog auch die bereits geplanten Vorhaben mit Szenarien reflektiert werden. Sie simulieren in ausgewählten Bereichen mögliche Handlungsoptionen in ihrer Wirkung und tragen so dazu bei, dass Prioritäten besser gesetzt werden können. Hier werden erste Handlungsfelder benannt, mit denen die Gestaltung des demographischen Wandels begonnen wird. Der Einsatz dieser lohnenden, da sehr fundierten Szenariomethode erfordert allerdings in der Regel eine professionelle Begleitung.

Aus dem Dialog können zukunftsrobuste Anpassungs- und Präventionsstrategien (ggf. auch Eventualstrategien) entwickelt sowie gemeinsame Visionen und konkrete Ziele vereinbart werden. Gerade in den größeren Städten kommt es entscheidend darauf an, die Analysen vor allem auch auf Stadtteil- bzw. Quartiersebene vorzunehmen und

auch konkrete Ziele für die Stadtteilebene zu entwickeln. Für einen Landkreis bedeutet es, die zugehörigen Gemeinden intensiver zu betrachten und mit ihren Vertretern Schwerpunkte der Entwicklungen zu analysieren.

Ziele dieser Phase:
- im Dialog ein gemeinsames Problemverständnis schaffen sowie Ziele und Schwerpunktthemen erarbeiten und – auch politisch – vereinbaren
- Prioritäten setzen
- mögliche zukünftige Entwicklungen betrachten (auch auf Stadtteil- bzw. teilräumlicher Ebene)

Ein solider Abschluss dieser Phase bildet die Grundlage für alle folgenden Aktivitäten.

Phase 4: Handlungskonzepte erarbeiten und umsetzen

In dieser Phase kommt es darauf an, für die entwickelten Strategien politische Entscheidungen über das tatsächliche Vorgehen zu treffen und im Alltag konkrete Projekte umzusetzen. So werden Erfahrungen gesammelt, wie sich die Städte und Gemeinden zukünftig (noch) besser an den demographischen Wandel anpassen können und wie sie ihre Organisationsstrukturen entsprechend langfristig verändern müssen. Ein wichtiges Element dieser Phase ist das strategische Management des Themas Demographie.

Projekte und Maßnahmen werden konkret formuliert und auch in den Ressourcenplanungen abgesichert. Sie müssen keinesfalls immer neu entwickelt werden. Vielmehr können insbesondere die bestehenden Projekte angepasst oder mit einer geänderten Priorität versehen werden. Besondere Beachtung sollten so genannte Schlüssel- oder Leuchtturmprojekte finden: Sie zeigen anschaulich, wie gemeinsame Zielvorstellungen umgesetzt werden können, geben weiterführende Impulse, erzeugen viel Aufmerksamkeit, können intensiv kommuniziert werden und wirken integrativ.

Faktisch werden Prioritäten auf kommunaler Ebene über die Haushalts-, Investitions- und Finanzplanung gesetzt. Deshalb muss für die Gestaltung des demographischen Wandels darauf hingewirkt werden, dass Stadtentwicklung und Kommunalfinanzen koordiniert und Investitionsprioritäten strategisch integriert werden. Strategien müssen zwingend in das Haushaltsaufstellungsverfahren eingebettet werden. So ist in diesem Zusammenhang auch ein intensiver Dialog mit der Politik notwendig, denn die Folgen des demographischen Wandels reichen weit über die kurzfristigen Wahlperioden hinaus. In vielen Kommunen ist diese Form der zielorientierten Steuerung bereits durch ein strategisches Management etabliert.

Ziele dieser Phase:
- konkrete Projekte modifizieren, neu entwickeln und umsetzen
- Prioritäten in Haushalts-, Investitions- und Finanzplanung absichern
- den Dialog mit den lokalen Akteuren intensiv weiterverfolgen
- über den Fortgang der Projekte eingehend kommunizieren

Phase 5: Langfristige Wirkungen analysieren und bewerten

Jetzt werden die Wirkungen der Maßnahmen analysiert. Sinnvoll ist die Entwicklung eines regelmäßigen Demographie-Controllings – entweder als Bestandteil des strategischen Controllings der Kommune oder als eigene Form. Hier werden die gesetzten Ziele regelmäßig überprüft und ggf. auch modifiziert, soweit Gegensteuerungsmaßnahmen nicht greifen. Für die gemeinsame Reflexion, aber auch für die strategische Ausrichtung der Kommune sind jährliche Strategieworkshops sinnvoll, an denen der Verwaltungsvorstand, Kommunalpolitiker, Fachleute aus den Ämtern sowie Vertreter von Wirtschaftsverbänden, Kammern und Sozialverbänden ebenso teilnehmen wie Journalisten und Vertretungen von Kindergärten, Schulen und Seniorenheimen.

Um den Erfolg von Einzelmaßnahmen im Zeitverlauf bewerten zu können, sollte ein »Demographie-Bericht« etabliert werden: Dieser wird nicht nur einmalig für die Darstellung der Ausgangslage erarbeitet (vgl. Phase 2), sondern dokumentiert in regelmäßigen Abständen, etwa halbjährlich, die Ergebnisse und zeigt weitere Handlungsbedarfe auf.

Innovative Szenarioplanung im Landkreis Osnabrück

Dirk Heuwinkel, Bernward Lefken

Die zunehmende Sensibilisierung für demographische Entwicklungen führt bei den kommunalen Akteuren – Bürgermeister, Ratsmitglieder, Verantwortliche in Institutionen – oft zu der Frage: »Und was machen wir nun?« Die Antwort darauf muss vor Ort gefunden werden, weil die Bedingungen und Trends kleinräumig variieren – auch innerhalb eines Landkreises. Lokale Zielsetzungen und Maßnahmen sind gefordert.

Aus diesem Grund bietet der Landkreis Osnabrück seinen Städten und Gemeinden eine konkrete Arbeitshilfe an, damit insbesondere auch die kleineren Kommunen ortsspezifische Politik- und Handlungsstrategien erarbeiten können. Das Konzept zur Klärung der örtlichen Handlungsansätze ist problemlos auf andere Kommunen übertragbar. Seine Grundzüge werden im Folgenden beschrieben.

Ausgangspunkt: Das ressortübergreifende Handlungskonzept

Die Politik im Landkreis Osnabrück hat früh erkannt, dass man der demographischen Entwicklung nicht weiter tatenlos zusehen darf. Die Folgen der Alterung müssen abgefedert, die Chancen des demographischen Wandels erkannt und genutzt werden. Und auch an den Ursachen kann und muss angesetzt werden, damit sich der negative Trend nicht dauerhaft fortsetzt.

Vor diesem Hintergrund entwickelten Politik und Verwaltung das Mittelfristige Entwicklungsziel (MEZ) »Standortqualitäten sichern, ausbauen und auf den demographischen Wandel ausrichten«. Zur Konkretisierung wurde zunächst verwaltungsintern in der Arbeitsgruppe Demographie[1] ein ressortübergreifendes Handlungskonzept erarbeitet, um die demographischen Strukturen und Trends zu analysieren, Handlungsbedarfe und Maßnahmen zu bestimmen, Akteure und Öffentlichkeit zu sensibilisieren und einzubinden sowie Projekte und Maßnahmen zu koordinieren und durchzuführen. Das Konzept bildet die Grundlage für die konkreten Handlungsschwerpunkte des Landkreises, die im Rahmen der jährlichen Haushaltsaufstellung politisch mitbeschlossen und so auch an die finanziellen Ressourcen gekoppelt werden.

Sensibilisierung der Akteure und der Öffentlichkeit

Der demographische Wandel betrifft alle Lebensbereiche. Folglich ist der Landkreis Osnabrück auch nicht der einzige Akteur. Viele müssen ihre Handlungsmöglichkeiten ergreifen – Familien, Arbeitgeber, soziale Träger, Bauherren usw. –, damit der demographische Wandel bewältigt werden kann.

Deshalb ist es wichtig, allen Akteuren und der Öffentlichkeit die in der Kreisverwaltung erarbeiteten Erkenntnisse über demographische Strukturen und Trends sowie die beim Landkreis erarbeitete Strategie und die ergriffenen Maßnahmen bekannt zu machen: durch Fachveranstaltungen, in Zukunftswerkstätten, Vorträgen und Projekten, wie »Demographischer Wandel – Szenarien und Handlungsfelder aus Sicht von Jugendlichen«, »Demographie und Arbeitswelt« mit Unternehmen, »Demographischer Wandel und Kirchenkreise« etc. Auch ein Thesenpapier und eine Ausstellung transportieren das Thema.

---

1 Hier arbeiten Mitarbeiterinnen und Mitarbeiter der Fachdienste Soziales, Jugend, Schulen sowie Planen und Bauen, die Frauenbeauftragte und der Bildungskoordinator sowie Mitarbeiter der Volkshochschule unter Federführung des Referates für Strategische Steuerung und Kreisentwicklung zusammen.

Analyse der demographischen Strukturen und Trends

Vor der Durchführung von Projekten und Maßnahmen steht eine gründliche Analyse und Beschreibung der Strukturen und Wirkungszusammenhänge. Das Referat für Strategische Steuerung und Kreisentwicklung stellt dazu verlässliche Daten zur Einwohnerstruktur zur Verfügung sowie eine vom Institut für Entwicklungsplanung und Strukturforschung (ies, Hannover) gerechnete kleinräumige »Einwohnerprognose für den Landkreis Osnabrück und seine Städte und Gemeinden«, zusammen mit einem Analysewerkzeug auf CD-ROM.

Der Landkreis und die Städte und Gemeinden verwenden diese Prognose für ihre Fachplanungen. Auch die Kreistagsfraktionen, Kirchen und andere interessierte Institutionen und Personen erhalten die aufbereiteten Daten. Sie werden jährlich fortgeschrieben.

Aktuelle Strukturen und Trends auf Kreisebene

Der Landkreis Osnabrück ist in die allgemeine Entwicklung hin zu einer nachwuchsarmen, ergrauenden Gesellschaft in Deutschland und Europa eingebunden. Die Ausgangssituation ist dabei – verglichen mit dem Durchschnittsalter und der Geburtenzahl je Frau in anderen Teilen Deutschlands – noch relativ günstig.

Gleichwohl führen die demographischen Entwicklungen im Landkreis schon jetzt zu spürbaren Veränderungen. So werden auch dort nur zwei Drittel der Kinder geboren, die für eine gleich bleibende Bevölkerungszahl erforderlich sind. Das Durchschnittsalter steigt – wegen der fehlenden Kinder und der höheren Lebenserwartung – stark an. Migrantinnen und Migranten können diesen Effekt nicht ausgleichen.

Vor allem werden die wellenförmigen Veränderungen der Jahrgangsstärken erhebliche Auswirkungen auf die altersspezifischen Infrastrukturen haben. Die Folgen sind starke Bedarfsschwankungen in Einrichtungen der Kinderbetreuung, Schulen, bei Gesundheitsdiensten, in der Altenpflege usw. Diese Einrichtungen müssen vor Ort bedarfsgerecht und flexibel gestaltet werden.

Dramatisch ist im Landkreis Osnabrück noch nicht die Gesamtentwicklung der Bevölkerungszahlen (2004 bis 2020: +2,8 Prozent), sondern die Umkehrung der Alterspyramide: Während die Zahl der unter 20-Jährigen um 16 600 stark sinkt (–19 Prozent), steigt die Zahl der Hochbetagten (über 80-Jährige) mit 12 500 stark an (+92 Prozent). Im kleinräumigen Nebeneinander von Zuwachs und Rückgang reicht die Bandbreite bei den

- unter 20-Jährigen von +2,4 Prozent in Alfhausen bis -27,8 Prozent in Menslage
- Hochbetagten von +46,0 Prozent in Menslage bis +208,4 Prozent in Wallenhorst

Aufgrund dieser unterschiedlichen Ausgangslagen gibt es eine beachtliche Spannbreite zwischen den kreisangehörigen Städten und Gemeinden von -5,3 Prozent (Badbergen) bis +22,7 Prozent (Alfhausen).

Daraus ergibt sich, dass der Anpassungs- und Steuerungsbedarf in den Städten und Gemeinden im Kreisgebiet ganz unterschiedlich ausfällt und spezifische Strategien erfordert.

Analyse-Werkzeug für die Städte und Gemeinden

Das entwickelte Analyse-Werkzeug hilft den Bürgermeistern, Verwaltungsmitarbeitern und anderen Akteuren vor Ort, die lokalen Strukturen und Trends zu beschreiben, und es gibt Hinweise auf Handlungsmöglichkeiten. Diese sind als Anregungen zu verstehen.

Das Konzept ist einfach: *Portfolio-Abbildungen* zeigen die Lage der Kommune im Vergleich zum Kreisdurchschnitt. Das Portfolio ordnet die Kommunen einem von vier *Quadranten* zu (A, B, C oder D). Je näher die Gemeinde dem Mittelwert des Landkreises kommt, desto weniger ausgeprägt ist die Situation (schraffierter Bereich). Die *Bedeutung der Quadranten* wird in der dazu gehörigen Tabelle 1 erklärt. In Tabelle 2 finden sich dann die Hinweise zum *Handlungsbedarf* in der Gemeinde und auf *mögliche Schritte und Maßnahmen*. Das Analyse-Werkzeug besteht aus neun Portfolios:

Einstieg

Am Anfang werden die demographischen Grunddaten der Gemeinde anhand folgender Portfolios analysiert:

(1) grobe Einschätzung der Bevölkerungsdynamik der Kommune (Entwicklung 1990–2003, Prognose 2003–2020)

(2) Triebkräfte der Einwohnerentwicklung (natürlicher Saldo, Wanderungssaldo)

Anschließend folgt das Analyse-Werkzeug den *Handlungsfeldern* der *Zwei-Wege-Strategie* des Landkreises (Bertelsmann Stiftung 2004):

Weg 1: Den demographischen Trend bremsen und umkehren

Die Analyse unterscheidet hier zwei Handlungsfelder bzw. Portfolios:

(3) kinderfreundliches Lebensumfeld bieten

(4) Integration der Migranten erfolgreich gestalten

Weg 2: Die negativen Effekte abfedern und Chancen nutzen

Die Analyse unterscheidet hier fünf Handlungsfelder bzw. Portfolios:

(5) Infrastrukturen wandelbar machen (Beispiel Schulen der Sekundarstufe 1)

(6) Siedlungen und Standorte an den veränderten Bedarf anpassen

(7) lebenslanges Lernen/»Fitness« der alternden Belegschaften fördern

(8) Potenziale der Älteren nutzen

(9) öffentliche Dienstleistungen an den veränderten Bedarf anpassen

Beispiel: Die Stadt Bramsche im Landkreis Osnabrück

Die Stadt Bramsche ist ein Mittelzentrum mit 30 000 Einwohnern im Landkreis Osnabrück. Sie liegt 15 Kilometer nördlich des Oberzentrums Osnabrück.

Die folgenden Abbildungen und Tabellen zeigen einen Ausschnitt der Ergebnisse und Handlungsvorschläge, die das Analyse-Werkzeug für Bramsche anbietet.

Abb. 1: Grobe Einschätzung der Bevölkerungs- dynamik in der Kommune

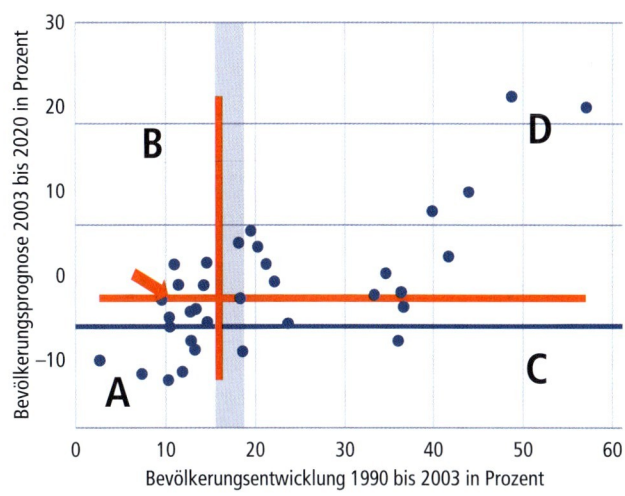

Kreisdurchschnitt
Bevölkerungsentwicklung 1990 bis 2003: +15,5 Prozent
Bevölkerungsprognose 2003 bis 2020: +2,8 Prozent

Einstieg

Analyse der demographischen Grunddaten

Lfd. Nr.	Portfolio/Indikatoren	Ausprägungen			Interpretation
1	**Grobe Einschätzung der Bevölkerungsdynamik in der Kommune**				
	Bevölkerungsentwicklung 1990–2003 in Prozent	unter Durchschnitt (< 15,5)		über Durchschnitt (> 15,5)	A – relativ schwache Bevölkerungsentwicklung geht in Schrumpfung über
					B – weiter mäßiges Einwohnerwachstum
	Bevölkerungsprognose 2003–2020 in Prozent	wachsend (> 0)	B	D	C – Rückgang bzw. Stagnation nach starkem Einwohnerzuwachs
		schrumpfend (< 0)	A	C	D – weiter z. T. deutliches Einwohnerwachstum

Hinweise für strategisches Handeln

Lfd. Nr.	Portfolio/Ausprägungen	Fragestellungen	Handlungsmöglichkeiten
1	**Grobe Einschätzung der Bevölkerungsdynamik in der Kommune**		
	A – relativ schwache Bevölkerungs- entwicklung geht in Schrumpfung über	Die Gemeinde bleibt hinter dem allgemeinen Trend des Landkreises zurück. Was sind die Gründe? Ergeben sich Probleme für die Kommune?	Sie sollten die Ursachen und Folgen des demographischen Wandels in Ihrer Gemeinde/Stadt genauer untersuchen. Betrachten Sie dazu die anderen Portfolios.
	B – weiter mäßiges Einwohnerwachstum	Die Entwicklung verläuft ohne große Trend- änderungen weiter wie in den letzten Jahren. Allerdings muss dennoch für die Zukunft mit erheblichen Verschiebungen in der Alters- struktur gerechnet werden. Welcher Handlungs- bedarf ergibt sich möglicherweise daraus?	Sie sollten die Entwicklung der Altersstruktur (weniger Kinder, mehr Alte) in Ihrer Gemeinde/Stadt genauer untersuchen und ggf. darauf reagieren. Siehe dazu zunächst Portfolios 2, 3 und 4.
	C – Rückgang bzw. Stagnation nach starkem Einwohner- zuwachs	Der bisherige Wachstumstrend setzt sich nicht fort. Welche Bedingungen haben sich geändert? Wie kann gegengesteuert werden?	Gehen Sie den Ursachen und Trendänderungen nach (vgl. Portfolio 2). Die Gemeindeplanung sollte sich auf geringe Bedarfszuwächse und auf den einsetzenden Alterungsprozess (weniger Kinder, mehr Alte) einstellen. Möglicherweise gibt es Potenziale für eine aktive Anwerbung von Neu- bürgern.
	D – weiter z. T. deutliches Einwohnerwachstum	Das starke Einwohnerwachstum der letzten Jahre setzt sich weiter fort. Ist die Gemeinde darauf vorbereitet?	Die Gemeindeplanung sollte sich auf den noch wachsenden Bedarf ein- stellen. Dabei ist zu beachten, dass dieser Bedarf auf längere Sicht deutlich sinken wird. Portfolio 5 zeigt diesen Zusammenhang exemplarisch für den Bereich der Schulen der Sekundarstufe I. Für die anderen demographie- sensiblen Infrastrukturen wie Kindereinrichtungen, Gesundheits- einrichtungen, Schülerverkehr, Pflegeeinrichtungen etc. müssen ent- sprechende Sachverhalte ermittelt und Folgerungen gezogen werden.

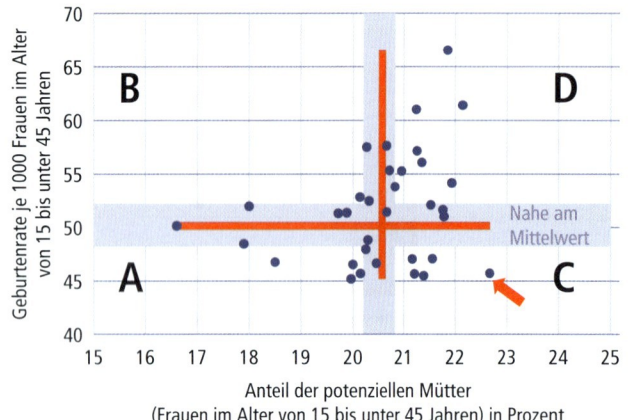

Kreisdurchschnitt

Bevölkerungsanteil der Frauen im Alter von 15 bis unter 45 Jahren: 20,6 Prozent
50 Geburten je 1000 Frauen im Alter von 15 bis unter 45 Jahren

Weg 1: Den demographischen Trend
bremsen und umkehren

Lfd. Nr.	Portfolio/Indikatoren	Ausprägungen			Interpretation
3	**Kinderfreundliches Lebensumfeld bieten**				
	Anteil der potenziellen Mütter (15- bis 45-Jährige) in Prozent	niedrig (<20,6)		hoch (>20,6)	A – wenig potenzielle Mütter und niedrige Geburtenrate
					B – relativ wenig potenzielle Mütter, aber überdurchschnittlich hohe Geburtenrate
	Geburtenrate je 1000 dieser Frauen (15- bis 45-Jährige) in Prozent	hoch (>50)	B	D	C – relativ viele potenzielle Mütter, aber unterdurchschnittliche Geburtenrate
		niedrig (<50)	A	C	D – viele potenzielle Mütter und hohe Geburtenrate

Hinweise für strategisches Handeln

Lfd. Nr.	Portfolio/Ausprägungen	Fragestellungen	Handlungsmöglichkeiten
3	**Kinderfreundliches Lebensumfeld bieten**		
	A – wenig potenzielle Mütter und niedrige Geburtenrate	Familien mit Kindern sind in der Minderheit. Wie kann die Altersstruktur in der Gemeinde/Stadt verjüngt werden? Wie ist die Wertschätzung gegenüber Kindern und Familien?	Ansiedlung junger Eltern Erleichterung der Verwirklichung des Kinderwunsches (z. B. Familienwohnen, Kinderbetreuung, Wohnumfeldqualität) Begrüßung von Neugeborenen
	B – relativ wenig potenzielle Mütter, aber überdurchschnittlich hohe Geburtenrate	Relativ wenige, aber kinderreiche Familien	Kinder- und familienfreundliche Qualitäten sichern, ausbauen, vermarkten Kinderfreundliches Image aufbauen Baugebiete oder Eigentum im Bestand für Familien mit Kindern anbieten
	C – relativ viele potenzielle Mütter, aber unterdurchschnittliche Geburtenrate	Warum bleiben die Geburtenzahlen hinter dem Durchschnitt zurück? Liegt eine Sondersituation durch hohe Frauenerwerbstätigkeit vor (z. B. Kliniken)? Ist die Umzugsmobilität hoch? Strukturelle Rücksichtslosigkeiten gegenüber Familien?	Untersuchen Sie die Ursachen. Lösungen können in einem Ausbau des kinder- und familienfreundlichen Umfeldes (z. B. Familienwohnen, Kinderbetreuung, Wohnumfeldqualität) liegen. Elternleistungen sollten anerkannt, ein kinderfreundliches Klima sollte geschaffen werden (z. B. Begrüßung Neugeborener). Die betrieblichen und sonstigen Möglichkeiten zur Vereinbarkeit von Familie und Beruf (Unternehmenskultur, flexible Arbeitszeiten, betriebliche Kinderbetreuung, Teilzeitarbeitsplätze, Rückkehrmodell etc.) sollten erörtert werden.
	D – viele potenzielle Mütter und hohe Geburtenrate	Die Strukturen deuten auf ein kinder- und familienfreundliches Umfeld hin. Wie kann dieses gesichert und ausgebaut werden? Kann die Gemeinde/Stadt diese Stärke zur Profilierung im Wettbewerb der Kommunen nutzen?	Die offenbar bestehenden kinder- und familienfreundlichen Qualitäten der Gemeinde/Stadt müssen gepflegt und ausgebaut werden, damit sie offensiv vermarktet werden können. Diese Qualitäten finden sich z. B. im Wohnen und Wohnumfeld, in der Verkehrsanbindung, Kinderbetreuung, Schule, Kultur und Freizeit. Betriebliche Regelungen entscheiden über die Vereinbarkeit von Familie und Beruf (Unternehmenskultur, flexible Arbeitszeiten, betriebliche Kinderbetreuung, Teilzeitarbeitsplätze, Rückkehrmodell etc.). Besondere Aufmerksamkeit verdient auch das Zusammenleben der Generationen.

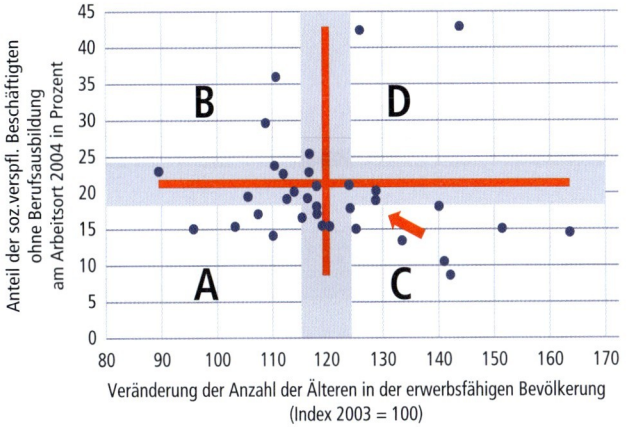

Kreisdurchschnitt
Veränderung der Altersrelation: 120 (Index = 100)
Anteil ohne Beruf: 21,3 Prozent

Weg 2: Die negativen Effekte abfedern und Chancen nutzen

Lfd. Nr.	Portfolio/Indikatoren	Ausprägungen			Interpretation
7	Lebenslanges Lernen/»Fitness« der alternden Belegschaften fördern				
	Veränderung der Alters-relation 20- bis 40-Jäh-rige/40- bis 60-Jährige in der Bevölkerung 2003–2020 (Index 2003 = 100)	gering (<120)		hoch (>120)	A – relativ geringer Anteil jüngerer Erwerbspersonen und relativ geringes Qualifikationsniveau der Beschäftigten
					B – Qualifikationsdefizite
	Anteil sozialversicherungs-pflichtiger Beschäftigter ohne Beruf am Arbeitsort 2004 (Prozent)	hoch (>22)	B	D	D – relativ günstiger Anteil jüngerer Erwerbspersonen und relativ hohes Qualifikationsniveau der Beschäftigten
		gering (<22)	A	C	C – überdurchschnittlich hoher Anteil älterer Erwerbspersonen

Hinweise für strategisches Handeln

Lfd. Nr.	Portfolio/Ausprägungen	Fragestellungen	Handlungsmöglichkeiten
7	Lebenslanges Lernen/»Fitness« der alternden Belegschaften fördern		
	A – relativ günstiger Anteil jüngerer Erwerbspersonen und relativ hohes Qualifikationsniveau der Beschäftigten	Die Strukturen in Ihrer Gemeinde/Stadt erscheinen vergleichsweise günstig für die Bewältigung des Strukturwandels in den Unternehmen.	Sie sollten sowohl die demographischen Trends als auch die Entwicklung der Qualifikation der Beschäftigten weiter beobachten. Zu überlegen ist, wie die offenbar bestehenden Stärken als Standortvorteil gesichert und weiter ausgebaut werden können. Die Einrichtungen der Erstausbildung und Weiterbildung könnten mit den ansässigen Unternehmen eine engere Aus-bildung am Bedarf verabreden. Gelingt es, gut ausgebildeten Nachwuchs vor Ort zu halten, oder zieht er weg? Die Antwort auf diese Fragen führt zu Handlungsansätzen, mit denen gegengesteuert werden kann. Berufliche Bindung hat ihre Entsprechung in einer kinder- und familien-freundlichen Kommunalpolitik (siehe Portfolio 3).
	B – Qualifikationsdefizite	Im Falle von Arbeitslosigkeit wirkt sich ein fehlender Berufsabschluss oft nachteilig aus. Ein überdurchschnittlicher Teil der Beschäftigten in Ihrer Gemeinde/Stadt trägt somit ein erhöhtes Risiko, langfristig arbeitslos zu werden.	Der immer schneller werdende Strukturwandel kann nur mit innovations-freudigen und -fähigen Unternehmerinnen und Unternehmern sowie Mitarbeiterinnen und Mitarbeitern bestanden werden. Deshalb sollte evtl. nach Strategien zur Förderung des lebenslangen Lernens gesucht werden.
	C – überdurchschnittlich hoher Anteil älterer Erwerbspersonen	Für die Betriebe fehlt Innovationspotenzial in den Belegschaften und auch der Zufluss von Know-how durch junge – in der Regel besser ausgebildete – Kräfte fehlt.	Kann der Bedarf der örtlichen Unternehmen an qualifizierten Kräften aus der Gemeinde/Stadt gedeckt werden? Gelingt es, gut ausgebildeten Nach-wuchs vor Ort zu halten, oder zieht er weg? Die Antwort auf diese Fragen führt zu Handlungsansätzen, mit denen gegengesteuert werden kann. Berufliche Bindung hat ihre Entsprechung in einer kinder- und familien-freundlichen Kommunalpolitik (siehe Portfolio 3).

Lfd. Nr.	Portfolio/Ausprägungen	Fragestellungen	Handlungsmöglichkeiten
7	Lebenslanges Lernen/»Fitness« der alternden Belegschaften fördern		
	D – relativ geringer Anteil jüngerer Erwerbspersonen und relativ geringes Qualifikationsniveau der Beschäftigten	Im Falle von Arbeitslosigkeit wirkt sich ein fehlender Berufsabschluss oft nachteilig aus. Ein überdurchschnittlicher Teil der Beschäftigten in Ihrer Gemeinde/Stadt trägt somit ein erhöhtes Risiko, langfristig arbeitslos zu werden. Die Kommune wird dann finanziell gefordert. Für die Betriebe fehlt Innovationspotenzial in den Belegschaften und auch der Zufluss von Know-how durch junge – in der Regel besser ausgebildete – Kräfte fehlt.	Kann der Bedarf der örtlichen Unternehmen an qualifizierten Kräften aus der Gemeinde/Stadt gedeckt werden? Gelingt es, gut ausgebildeten Nachwuchs vor Ort zu halten, oder zieht er weg? Die Antwort auf diese Fragen führt zu Handlungsansätzen, mit denen gegengesteuert werden kann. Berufliche Bindung hat ihre Entsprechung in einer kinder- und familienfreundlichen Kommunalpolitik (siehe Portfolio 3). Der immer schneller werdende Strukturwandel kann nur mit innovationsfreudigen und -fähigen Unternehmerinnen und Unternehmern sowie Mitarbeiterinnen und Mitarbeitern bestanden werden. Deshalb sollte evtl. nach Strategien zur Förderung des lebenslangen Lernens gesucht werden.

A = 1 Fürstenau, 2 Kettenkamp, 3 Gehrde, 4 Georgsmarienhütte, 5 Ostercappeln, 6 Alfhausen, 7 Hagen a. T. W., 8 Wallenhorst, 9 Bohmte

C = 10 Hilter a. T. W., 11 Bippen

Bei der Altersrelation wird das sich ändernde Verhältnis der älteren erwerbsfähigen Bevölkerung (40 bis unter 60 Jahre) zur jüngeren Bevölkerung (20 bis unter 40 Jahre) im Zeitraum 2003 bis 2020 dargestellt.

Anhang
Methodik

Besonderheiten der Prognose

Das verwendete Prognosemodell bewährt sich seit gut 20 Jahren in der Praxis und weist für das Anliegen der Bertelsmann Stiftung – erstmalig eine bundesweit abgestimmte Bevölkerungsprognose auf Gemeindeebene durchzuführen – eine Reihe methodischer Vorzüge auf:

- Die Berechnungen können durch den Komponentenansatz nicht nur für alle Ebenen (Bund, Länder, Landkreise/kreisfreie Städte, Gemeinden) erfolgen, sondern sie werden auch mit der gleichen Berechnungsmethode durchgeführt. Für jede regionale Einheit werden in der Prognose 100 Altersjahre und zwei Geschlechter berücksichtigt (beispielsweise im Gegensatz zur BBR-Methode, die Altersgruppen und Gemeindeaggregate, sog. Gemeindeverbände, verwendet).

- Wanderungsbewegungen werden nicht durch Wanderungssalden, sondern durch die getrennte Ermittlung von Fort- und Zuzügen berücksichtigt. Dadurch ist sichergestellt, dass im Rechenmodell nur Personen fortziehen können, die auch tatsächlich in der jeweiligen Prognoseeinheit verzeichnet sind.

- Die getrennte Berücksichtigung von Fort- und Zuzügen in allen Altersjahren führt im Ergebnis dazu, dass sich spezifische Wanderungsstrukturen deutlich in den Prognoseergebnissen niederschlagen können. Dies ist beispielsweise für das Land Brandenburg der Fall. In allen neuen Bundesländern ist eine massive Abwanderung der Bevölkerung im Alter zwischen 18 und 30 Jahren zu verzeichnen. Auch in den anderen Altersgruppen gibt es in den neuen Bundesländern teilweise große Wanderungsverluste oder zumindest Stagnation. Nicht aber in Brandenburg. Hier werden in den anderen Altersgruppen vergleichsweise hohe Wanderungsgewinne aus der Suburbanisierung Berlins erzielt.

Folge ist eine im Vergleich zu den anderen neuen Bundesländern geringere Bevölkerungsabnahme bis zum Jahr 2020, die auf spezifische Wanderungsstrukturen zurückgeht und durch die gewählte Prognosemethodik auch abgebildet werden kann.

- Die Geburtenraten werden vor Beginn der eigentlichen Prognose mittels altersspezifischer Fruchtbarkeitsziffern der Bundesrepublik Deutschland und der Altersverteilung der Frauen in der jeweiligen Prognoseeinheit hochgerechnet und mit den realen Geburtenzahlen in den Basisjahren verglichen. Daraus ergibt sich für jede Prognoseeinheit ein individueller Korrekturfaktor, der die ermittelten Geburten den realen Verhältnissen anpasst. Dadurch ist beispielsweise gewährleistet, dass Studentinnen in Universitätsstädten, die in der Regel erst ihr Studium abschließen, nicht rechnerisch zu Müttern werden.

- Die Prognosemethodik führt zu Ergebnissen »aus einem Guss«. Das bedeutet, dass alle räumlichen Einheiten unter den gleichen Annahmen gleich behandelt werden (Fortschreibung der Entwicklung in den Basisjahren unter Status-quo-Bedingungen). Dadurch sind Abweichungen insbesondere zu den so genannten koordinierten Bevölkerungsvorausschätzungen (z. B. der 10. koordinierten Bevölkerungsprognose des statistischen Bundesamtes und den Prognosen des Bundesamtes für Bauwesen und Raumordnung, BBR) möglich, in die auch Vorstellungen hinsichtlich der zukünftigen Entwicklung aus 16 statistischen Landesämtern/Landesregierungen einfließen und deren Ergebnisse somit durchaus politisch geprägt (koordiniert) sein können. In der Regel liegen die ies-Ergebnisse für das Jahr 2020 zwischen denen der 10. koordinierten Bevölkerungsprognose des statistischen Bundesamts und der jüngsten Prognose des BBR.

Erläuterung der Indikatoren

Sofern nicht anders vermerkt, beziehen sich alle Angaben auf den Bevölkerungsstand des Jahres 2003 (31.12.2003). Alle Indikatoren wurden auf den Gebietsstand Oktober 2004 umgerechnet.

Eine ausführliche Liste aller 52 dem Wegweiser zugrunde liegenden Indikatoren finden Sie im Internet unter www.aktion2050.de/wegweiser.

+ = plus; – = minus; / = geteilt durch; × = multipliziert mit

Bevölkerung 1996–2003	
Aussage:	Die Bevölkerungszahl hat zwischen 1996 und 2003 um X Prozent zu- bzw. abgenommen.
Hinweis auf:	die Bevölkerungsentwicklung in der Vergangenheit
Berechnung:	(Bevölkerung 2003 – Bevölkerung 1996) / Bevölkerung 1996 × 100
Einheit:	Prozent
Quelle:	Statistische Landesämter

Bevölkerung 2003–2020	
Aussage:	Die prognostizierte Bevölkerungszahl nimmt bis zum Jahr 2020 um X Prozent zu oder ab. Für die Prognose wird die natürliche Entwicklung (Geburten- und Sterbefälle) und das Wanderungsmuster der Jahre 2000 bis 2003 berücksichtigt.
Hinweis auf:	Trends der zukünftigen Bevölkerungsentwicklung
Berechnung:	(Bevölkerung 2020 – Bevölkerung 2003) / Bevölkerung 2003 × 100
Einheit:	Prozent
Quelle:	Statistische Landesämter, Institut für Entwicklungsplanung und Strukturforschung GmbH, Hannover

Medianalter 2020	
Aussage:	50 Prozent der prognostizierten Gesamtbevölkerung des Jahres 2020 sind jünger, 50 Prozent sind älter als dieser Wert.
Hinweis auf:	den Fortschritt des Alterungsprozesses der Bevölkerung
Berechnung:	Dieses Lebensalter teilt die prognostizierte Population statistisch in zwei gleich große Gruppen.
Einheit:	Jahre
Quelle:	Institut für Entwicklungsplanung und Strukturforschung GmbH, Hannover

Bedeutung als Arbeitsort (Arbeitsplatzzentralität)

Aussage:	In der Kommunen arbeiten mehr sozialversicherungspflichtig Beschäftigte als dort wohnen (Wert > 1) oder weniger (Wert < 1).
Hinweis auf:	eine besondere Bedeutung als Wirtschafts- und Arbeitsstandort sowie auf das Pendleraufkommen (Die höhere Bedeutung einer Gemeinde als Arbeitsort als als Wohnort äußert sich in einem Wert > 1)
Berechnung:	sozialversicherungspflichtig Beschäftigte am Arbeitsort / sozialversicherungspflichtig Beschäftigte am Wohnort Stichtag: 30.06.2003
Einheit:	Anteilswert
Quelle:	Bundesagentur für Arbeit, Nürnberg

Arbeitsplatzentwicklung 1998–2003

Aussage:	Die Zahl der sozialversicherungspflichtig Beschäftigten hat zwischen 1998 und 2003 um X Prozent zu- bzw. abgenommen.
Hinweis auf:	Arbeitsplatzzuwachs oder Arbeitsplatzabbau im Verhältnis zu den bestehenden Arbeitsplätzen (Ein hoher positiver Wert weist auf eine hohe positive wirtschaftliche Dynamik hin.)
Berechnung:	(sozialversicherungspflichtig Beschäftigte am Arbeitsort 2003 – sozialversicherungspflichtig Beschäftigte am Arbeitsort 1998) / sozialversicherungspflichtig Beschäftigte am Arbeitsort 1998 × 100 Stichtag: 30.06.2003
Einheit:	Prozent
Quelle:	Bundesagentur für Arbeit, Nürnberg

Arbeitslosenquote

Aussage:	X Prozent der Erwerbspersonen sind arbeitslos.
Hinweis auf:	soziale Belastungen und Probleme sowie die Arbeitsmarktsituation in der Kommune
Berechnung:	Arbeitslose / (sozialversicherungspflichtig Beschäftigte am Wohnort + Arbeitslose) × 100 Stichtag für sozialversicherungspflichtig Beschäftigte: 30.06.2003 Arbeitslosenzahl: Jahresdurchschnitt 2003 Für alle Berechnungen mit »Erwerbspersonen« gilt: Zu den Erwerbstätigen gehören neben den sozialversicherungspflichtig Beschäftigten auch Selbstständige, mithelfende Familienangehörige, Beamte, Richter sowie Berufs- und Zeitsoldaten; über diese liegen jedoch keine Daten auf kommunaler Ebene vor, ebenso wenig wie über nicht bei der BA gemeldete Erwerblose. Daher wird hier vereinfachend die Gruppe der Erwerbspersonen aus der Summe der sozialversicherungspflichtig Beschäftigten und der Arbeitslosen gebildet.
Einheit:	Prozent
Quelle:	Bundesagentur für Arbeit, Nürnberg

Kommunale Steuereinnahmen pro Einwohner

Aussage:	Die über die Jahre 2000 bis 2003 gemittelten Steuereinnahmen einer Kommune betragen im Durchschnitt X Euro pro Einwohner.
Hinweis auf:	den finanziellen Handlungsspielraum der Kommune
Berechnung:	Mittelwert 2000 bis 2003 der Steuereinnahmen / Gesamtbevölkerung 2003 Steuereinnahmen = Mittelwert 2000 bis 2003 von Grundsteuer A + Grundsteuer B + Gewerbesteuer + Gemeindeanteil an Einkommensteuer + Gemeindeanteil an Umsatzsteuer
Einheit:	Euro
Quelle:	Statistische Landesämter

Anteil Hochqualifizierter am Wohnort

Aussage:	X Prozent der sozialversicherungspflichtig beschäftigten Einwohner der Kommune haben einen Hochschul- oder Fachhochschulabschluss.
Hinweis auf:	das Ausbildungs- und Qualifikationsniveau der Bevölkerung und die Attraktivität des Wohnortes für Hochqualifizierte
Berechnung:	sozialversicherungspflichtig Beschäftigte mit (Fach-)Hochschulabschluss am Wohnort / sozialversicherungspflichtig Beschäftigte am Wohnort × 100
Einheit:	Prozent
Quelle:	Bundesagentur für Arbeit, Nürnberg

Anteil Haushalte mit Kindern

Aussage:	In X Prozent aller Haushalte leben Kinder.
Hinweis auf:	die Attraktivität des Wohnortes für Kinder und Familien sowie weitere notwendige Maßnahmen z. B. im Infrastrukturbereich
Berechnung:	Mehrpersonenhaushalte mit Kindern / Anzahl Haushalte × 100 »Kinder« sind in diesem Zusammenhang ledige Personen – ohne Altersbegrenzung –, die mit ihren Eltern oder einem Elternteil in einem Haushalt bzw. einer Familie zusammenleben (auch ledige Stief-, Adoptiv- oder Pflegekinder). Bezugsjahr: 2002
Einheit:	Prozent
Quelle:	GfK AG, Nürnberg

Arbeitskreis Bevölkerungsprognose

Dr. Hansjörg Bucher
Bundesamt für Bauwesen und Raumordnung
Bonn

Ivar Cornelius
Forschungsdatenzentrum der Statistischen Landesämter im Statistischen Landesamt Baden-Württemberg
Stuttgart

PD Dr. E.-Jürgen Flöthmann
Institut für Bevölkerungs- und Gesundheitsforschung (IBG)
Fakultät für Gesundheitswissenschaften
Universität Bielefeld und Universität Rostock

Jens Gebert
Bertelsmann Stiftung
Gütersloh

Carsten Große Starmann
Bertelsmann Stiftung
Gütersloh

Prof. Dr. Ruth Rohr-Zänker
Institut für Entwicklungsplanung und Strukturforschung GmbH an der Universität Hannover (ies)
Hannover

Thomas Schleifnecker
Institut für Entwicklungsplanung und Strukturforschung GmbH
an der Universität Hannover (ies)
Hannover

Claus Schlömer
Bundesamt für Bauwesen und Raumordnung
Bonn

Kerstin Schmidt
Bertelsmann Stiftung
Gütersloh

Bettina Sommer
Statistisches Bundesamt Deutschland
Wiesbaden

Björn-Uwe Tovote
Institut für Entwicklungsplanung und Strukturforschung GmbH
an der Universität Hannover (ies)
Hannover

Literatur

Regionale Kooperation

Adrian, Luise: *Regionale Netzwerke als Handlungskonzept.* Berlin 2003.

Andersen, Christoph, Marcus Beck und Stephan Selle: *Konkurrieren statt Privatisieren. Strategien zur Stärkung der Wettbewerbsfähigkeit kommunaler Dienstleister.* Düsseldorf 2005.

Badger, Mark, Paul Johnston, Phil Martin Stewart-Weeks und Simon Willis: *Connected Republic – Regieren und Verwalten in der Wissensgesellschaft.* 2004. Online unter www.cisco.com/go/connectedrepublic.

Benz, Arthur, und Dietrich Fürst: »Region – ›Regional Governance‹ – Regionalentwicklung«. Bernd Adamaschek und Marga Pröhl (Hrsg.). *Regionen erfolgreich steuern.* 2. Auflage Gütersloh 2003. 11–16. Online unter www.bertelsmann-stiftung.de/verlag.

Gawron, Thomas, und Petra Jähnke: *Kooperation in der Region – Einführung und Problemstellung.* Berlin 2000.

Hesse, Markus: »Von der gemeinsamen Landesplanung zur Regionswerdung«. Hintergrundpapier zur Diskussion um die dezentrale Konzentration und die Zukunft der Landesplanung in (Berlin-)Brandenburg. Berlin 2005. Online unter www.kompetenzzentrum-stadt-region.de/docs/Positionspapier_DeKo.pdf.

Hollbach-Grömig, Beate, et al.: *Interkommunale Kooperation in der Wirtschafts- und Infrastrukturpolitik.* Berlin 2004.

Huber, Andreas, Stephan A. Jansen und Harald Plamper: *Public Merger. Strategien für Fusionen im öffentlichen Sektor.* Wiesbaden 2004.

Huth, Nadja, Anja Scheube und Peter Sedlacek: *Regionalentwicklung durch Städtekooperation in Ostthüringen: Möglichkeiten einer strategischen Allianz zwischen den Städten Altenburg, Gera, Jena.* Jena 2002.

IRS – Institut für Regionalentwicklung und Strukturplanung: *Regionale Kooperation – Notwendigkeit und Herausforderung kommunaler Politik.* Berlin 2000.

Kienbaum Management Consultants GmbH: *Interkommunale Zusammenarbeit.* Düsseldorf 2004.

Kommunale Gemeinschaftsstelle für Verwaltungsmanagement (KGSt): *Interkommunale Zusammenarbeit – ein Beitrag zur Haushaltskonsolidierung am Beispiel eines Projekts der Städte Nürnberg, Fürth, Erlangen, Schwabach.* Köln 2004.

Lummerstorfer, Anton-Josef: *Interkommunale Kooperationen – welche Aufgaben eignen sich?* Linz 2005.

Oppen, Maria, Detlef Sack und Alexander Wegener: *Abschied von der Binnenmodernisierung? Kommunen zwischen Wettbewerb und Kooperation.* Berlin 2005.

Schreiber, Rainer, und Thomas Stahl: *Regionale Netzwerke als Innovationsquelle: das Konzept der »lernenden Region« in Europa.* Frankfurt am Main 2003.

Spannowsky, Willy, und Dietrich Borchert: »Interkommunale Kooperation als Voraussetzung für die Regionalentwicklung«. Forschungsprojekt im Rahmen des Ideenwettbewerbs »Stadt 2030« des Bundesministeriums für Bildung und Forschung (BMBF). Endbericht. Berlin 2002.

Wegener, Alexander: »Die Kriterien zu Good Governance«. Marga Pröhl (Hrsg.). *Good Governance für Lebensqualität vor Ort. Internationale Praxisbeispiele für Kommunen.* Gütersloh 2002. 16–115.

Seniorenpolitik

Augurzky, Boris, und Uwe Neumann: »Ökonomische Ressourcen älterer Menschen«. RWI-Expertise Seniorenwirtschaft. Januar 2005. Online unter www.seniorenwirt.de.

Blaumeister, Hans, Annette Blunck und Thomas Klie: *Handbuch Kommunale Altenplanung. Grundlagen – Prinzipien – Methoden.* Frankfurt am Main 2002.

Bundesministerium für Familie, Senioren, Frauen und Jugend (Hrsg.): »Engagementförderung als neuer Weg der kommunalen Altenpolitik«. Dokumentation der Fachtagung im September 1997. Schriftenreihe Band 160. 2. Auflage. Stuttgart 2001.

Frerichs, Frerich: »Zum internationalen Jahr der Senioren (IV): Offene Altenarbeit – Ein vernachlässigter Bereich der Altenpolitik in Deutschland«. *Theorie und Praxis der sozialen Arbeit* (5) 50. 1999. 169–174.

Haus, Michael (Hrsg.): *Bürgergesellschaft, soziales Kapital und lokale Politik. Theoretische Analysen und empirische Befunde.* Opladen 2002.

Klie, Thomas (Hrsg.): *Fürs Alter planen – Beiträge zur kommunalen Altenplanung.* Freiburg 2002.

Projekt Ruhr GmbH (Hrsg.): *Demografischer Wandel im Ruhrgebiet. Auf der Suche nach neuen Märkten.* Essen

2005. Online unter www.projektruhr.de/images/Download_Neue_Maerkte_28.06.05.pdf.

Schröder, Helmut, und Reiner Gilberg: *Weiterbildung Älterer im demographischen Wandel. Empirische Bestandsaufnahme und Prognose.* Bielefeld 2005.

Sommer, Carola, Harald Künemund und Martin Kohli: *Zwischen Selbstorganisation und Seniorenakademie. Die Vielfalt der Altersbildung in Deutschland.* Berlin 2004.

Stadtentwicklung

Heinrich-Böll-Stiftung (Hrsg.): »Zukunft der Städte: Zentrale Orte, öde Orte, Lebensorte?« Berlin 2004. Online unter www.boell.de/downloads/beilage_stadtentwicklung.pdf.

Stadtumbau

Castells, Manuel: *The information Age: Economy, Society, and Culture.* Band 1: The Rise of the Network Society. Oxford 1996.

Ganser, Karl: »Hände weg, liegen lassen«. Deutsche Akademie für Städtebau und Landesplanung (Hrsg.). *Schrumpfende Städte fordern neue Strategien für die Stadtentwicklung. Aus dem Leerstand in neue Qualitäten?* Wuppertal 2001. 105–112.

Haarhoff, Heike: »Unternehmen Abriss Ost«. *Die Zeit.* 40. 2000. Online unter www.zeit.de/archiv/2000/40/200040_haarhoff.xml.

Hannemann, Christine: »Schrumpfende Städte in Ostdeutschland – Ursachen und Folgen einer Stadtentwicklung ohne Wirtschaftswachstum«. *Aus Politik und Zeitgeschichte.* 28. 2003. 16–23.

Häußermann, Hartmut, und Walter Siebel: »Die Chancen des Schrumpfens. Plädoyer für eine andere Großstadtpolitik«. *Die Zeit.* 13. 1985.

Dies.: *Neue Urbanität.* Frankfurt am Main 1987.

Kil, Wolfgang: »Überflüssige Städte? Über den Leerstand in ostdeutschen Städten«. *db – deutsche bauzeitung.* 6. 2001. 58–63.

Lau, Peter: »Was tun mit kalten Platten? Raum schaffen durch Schrumpfung – in Ostdeutschland geht das jetzt. Da schrumpfen die Städte. Eine einmalige Gelegenheit«. *brand eins.* 5. 2004. 86–93.

Pohlan, Jörg, und Jürgen Wixforth: »Schrumpfung, Sta-

gnation, Wachstum – Auswirkungen auf städtische Finanzlagen in Deutschland«. Norbert Gestring et al. (Hrsg.). *Jahrbuch Stadt Region 2004/05. Schwerpunkt Schrumpfende Städte.* Wiesbaden 2005. 19–48.

Siedentop, Stefan: »Anforderungen an einen qualifizierten Stadtumbau in schrumpfenden Städten«. Uwe Altrock und Dirk Schubert (Hrsg.). *Wachsende Stadt. Leitbild – Utopie – Vision?* Hamburg 2004. 251–263.

Siedentop, Stefan, und Thorsten Wiechmann: »Monitoring des Stadtumbaus – Eine neue Herausforderung?« *Flächenmanagement und Bodenordnung.* 5. 2005. 206–214.

Straubhaar; Thomas: »Toll – endlich Platz! Die Bevölkerung schrumpft. Es gibt mehr Alte. Ist das nicht schrecklich? Ganz im Gegenteil. Für die Wenigen wird alles besser«. *brand eins.* 5. 2004. 116–117.

Wiechmann, Thorsten: »Zwischen spektakulärer Inszenierung und pragmatischem Rückbau – Umbau von schrumpfenden Stadtregionen in Europa«. Irene Iwanov, Gérard Hutter und Bernhard Müller (Hrsg.). *Demographischer Wandel und Strategien der Bestandsentwicklung in Städten und Regionen.* Dresden 2003. 103–126.

Integration

Bertelsmann Stiftung, Bundesministerium des Innern (Hrsg.): *Erfolgreiche Integration ist kein Zufall. Strategien kommunaler Integrationspolitik.* Gütersloh 2005.

Wirtschaft

Brandt, Arno, Christin Dickow, Ulf-Birger Franz und Janin Wieja: »Zwischen Schrumpfen und Wachsen – Regionale Strategien zur Gestaltung des demographischen Wandels«. *Neues Archiv für Niedersachsen.* 2. 2005. 69–84.

Gesellschaft für Konsumforschung (GfK): *Studie 50plus.* Band I und II. Nürnberg 2002.

Institut Arbeit und Technik: »Produkte und Dienstleistungen für mehr Lebensqualität im Alter«. Expertise für den 5. Altenbericht der Bundesregierung. Gelsenkirchen 2004.

Leutner, Barbara: »Lokale Dienstleistungen und der EU-Binnenmarkt«. *Der Städtetag.* 4. 2005. 27–31

Ministerium für Bau und Verkehr, Ministerium für Gesundheit und Soziales des Landes Sachsen-Anhalt: »Sachsen-Anhalt – Deutschland – Europa. Perspektiven einer bevölkerungsbewussten Regionalpolitik«. Tagungsführer zur Abschlusskonferenz »Zukunftschancen junger Frauen und Familien in Sachsen-Anhalt« am 18. und 19. November 2004. Magdeburg 2004.

Norddeutsche Landesbank (NORD/LB): *Stadt 2015. Handlungskonzept für Kommunen im demographischen Wandel.* Hannover 2004.

Steinmann, Gunter, Olaf Fuchs und Sven Tagge: »Mögliche Effekte des demographischen Wandels – Ein Überblick«. *Wirtschaft im Wandel.* 15. 2002. 470–480.

Links

Kommunale Seniorenpolitik

www.netzwerk.nrw.de

Regionale Kooperation

www.bbr.bund.de/
www.bmvbw.de/-,1501/Raumentwicklung.htm
www.difu.de
www.iwh-halle.de
www.luechowdannenbergdialog.de/
www.potsdam-mittelmark.de
www.stadt2030.de
www.tourismusband-elbe.de

Bildnachweis

Seiten 6, 8, 10, 13, 28, 59, 97, 99, 101, 104, 106, 108, 110, 112, 114, 116, 118, 119, 121, 123, 130, 133, 136, 138, 140, 143, 145, 149, 151, 153, 160, 162, 164, 166, 167, 168, 170, 173, 174, 178, 180, 187, 192: Veit Mette, Bielefeld

Seite 126: Seniorenamt, Landkreis Günzburg

Seite 128: Christine Dierenbach, Stadt Nürnberg

Seite 141: Christoph Papsch, Bonn

Seiten 155, 157, 159, 176: Thomas Kunsch, Bielefeld